ANDERS REISEN

Herausgegeben von Ludwig Moos

Im Reisen steckt die Sehnsucht nach der besseren Welt. Wir suchen nach unverdorbener Natur, geselligen Lebensformen, gewachsener Kultur. Nichts davon ist falsch, falsch ist nur, wie wir suchen. Entweder reisen wir touristisch, konsumieren das Angebot einer Industrie, die das Ursprüngliche längst zur Ware verfälscht hat. Oder wir gehen auf den alternativen Trip, jagen voller Sozialromantik dem Unberührten, Unverbrauchten nach – und bilden doch nur die Vorhut des organisierten Tourismus.

Anders Reisen beschreibt andere Wege. Oft nur einen Schritt abseits der üblichen Routen, erschließen sie den anderen Alltag. Anders reisen heißt, sich einzulassen auf das tägliche Leben anderswo, zu lernen, welche historischen Wurzeln und gegenwärtigen Bedingungen es hat. Die soziale Isolation und politische Enthaltsamkeit des Touristen aufzuheben, die fremde Wirklichkeit unverstellt und mit Lust zu erleben, hat verändernde Kraft über die Reise hinaus.

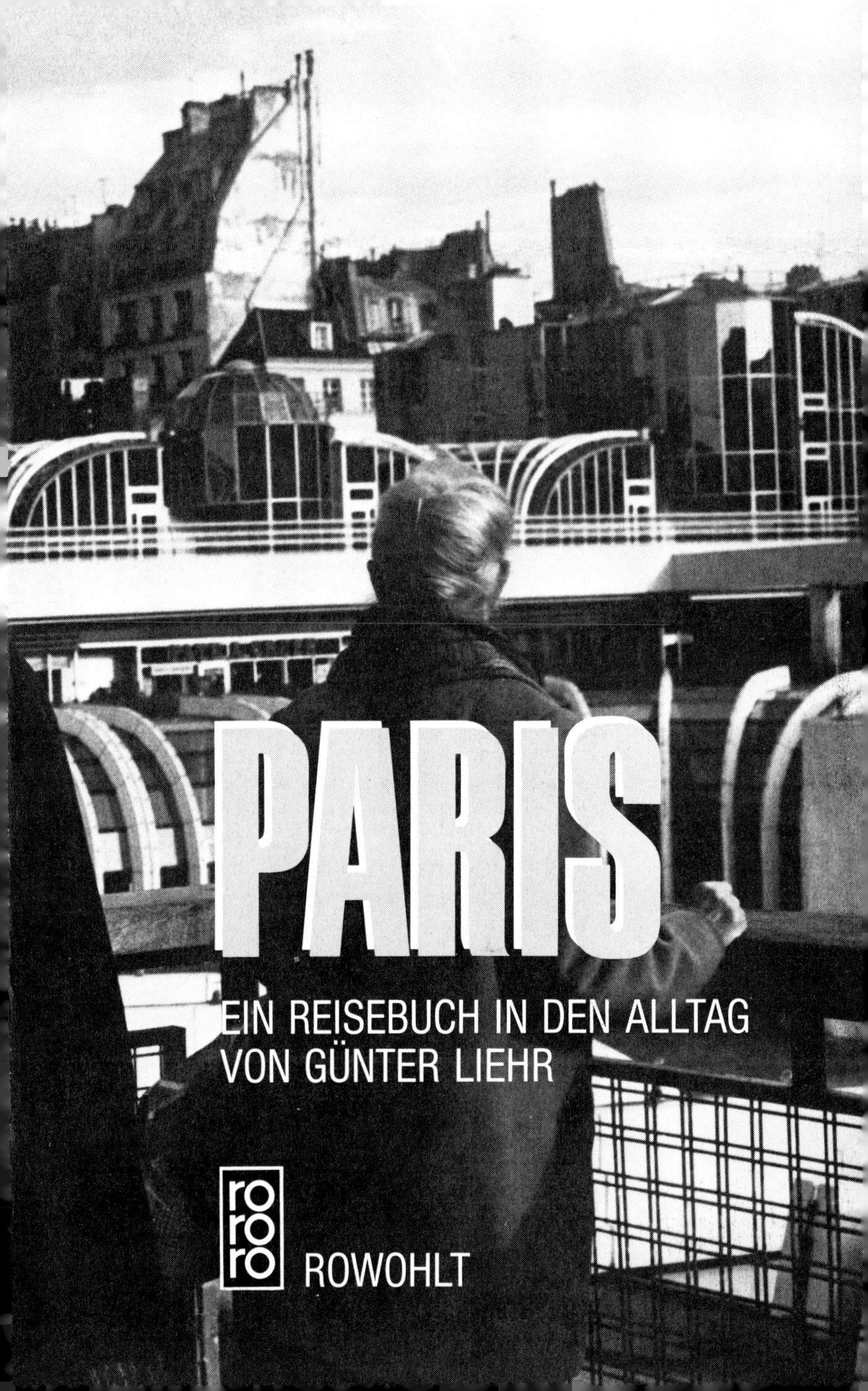

PARIS

EIN REISEBUCH IN DEN ALLTAG
VON GÜNTER LIEHR

rororo

ROWOHLT

Überarbeitete Ausgabe
55.–61. Tausend April 1987

Umschlagentwurf Sabine Mamat
(Foto Ute Köhler)
Layout und Grafik Klaus-Jürgen Gerke
Veröffentlicht im Rowohlt
Taschenbuch Verlag GmbH,
Reinbek bei Hamburg, Mai 1982

Satz Times (Linotron 404)
Gesamtherstellung Clausen & Bosse, Leck
Printed in Germany
1680-ISBN 3 499 17509 6

Inhalt

Metropolis

Unterwegs

Politische Umtriebe

Kultur & Konsum

Praktische Hilfen & Adressen

Bevor es losgeht

Ich heiße Günter Liehr. Geboren bin ich 1949 in Göttingen, habe dann in verschiedenen deutschen Kleinstädten gelebt, in Bonn studiert und bin 1977 nach Paris gezogen, wo ich seither als Deutschlehrer, Übersetzer und «freier» Journalist gearbeitet habe. Schon lange war ich scharf darauf, eine große Metropole von innen kennenzulernen, ganz besonders Paris, denn diese Stadt war für mich, wie sicherlich für viele andere auch, durch Literatur, zahllose Filme und gelegentliche Kurzbesuche zu einer Art Mythos geworden. Aber in einem Mythos kann man nicht wohnen, und schon nach relativ kurzer Zeit wird so ein mitgebrachtes Bild dann von der Erfahrung des realen Alltags abgelöst. Dabei bleiben zwar einige liebgewonnene Klischees auf der Strecke, dafür eröffnet sich aber allmählich der Blick auf eine ganz andere Stadt: Ein Paris wird sichtbar, das viel komplexer und widersprüchlicher, aber auch viel lebendiger ist, als die touristische Mystifikation gleichen Namens. Der neugierige Zugereiste spürt vermutlich eher die verborgenen und faszinierenden Aspekte der Stadt, die Geheimnisse ihres Alltagslebens auf als die meisten Einheimischen, denen ihr Wohnort etwas Altgewohntes und Selbstverständliches ist. Sie würden meist nicht im Traum daran denken, stundenlang in abgelegenen und unbekannten, womöglich schäbigen Vierteln herumzuspazieren. Mit diesem Buch möchte ich ein paar Anreize geben, die standardisierte, auf «Sehenswürdiges» fixierte Oberflächenwahrnehmung ein wenig zu durchbrechen.

«Für das ‹Tableau de Paris› bin ich so viel herumgelaufen, daß ich mit Fug und Recht sagen kann, es mit den Beinen geschrieben zu haben», schrieb Louis Sébastien Mercier in seinem gegen Ende des 18. Jahrhunderts verfaßten Buch über das damalige Paris. Mir ist es ähnlich gegangen. Mit offenen Augen umherstreifen, sich dabei auch von Zufällen leiten lassen und, wenn sich die Gelegenheit bietet – sie bietet sich eigentlich immer –, mit Anwohnern quatschen, das ist sicherlich eine der besten Methoden, den Kontinent der Stadt zu erforschen. Fast jeder Stein, jeder Hinterhof, jeder Straßenname hat in Paris was zu erzählen. Wie kaum anderswo haben hier historische Ereignisse, Aufstände, Revolutionen ihre Spuren hinterlassen – nicht nur in Gestalt berühmter Monumente, sondern gerade auch im Alltäglichen, scheinbar Banalen. Aber Geschichte ist nicht nur etwas Vergangenes, sondern findet permanent statt. Um das eingeschliffene Parisbild zu überwinden, das die Stadt letztlich auf eine Mischung aus Riesenmuseum und Vergnügungspark reduziert, schien mir der Blick auf den modernen Verstädterungsprozeß wichtig, wie er seit Mitte des letzten Jahrhunderts die Stadtlandschaft verändert, zerstört und umkrempelt. Einen starken Anteil an der Faszination von Paris haben für mich die vielen ethnischen Minderheiten, Subkulturen und Nebenwelten. Daher habe ich einiges darüber mitgeteilt, wo und wie sie leben, woher sie kamen und mit welchen Problemen sie konfrontiert sind. Und schließlich habe ich mich bemüht, auf all das hinzuweisen, was sich politisch und kulturell in Paris «bewegt», verschiedene Gruppen und Initiativen vorzustellen und die Kontaktaufnahme mit dem alternativen Paris zu erleichtern.

Dieses Paris-Buch liefert nicht die endgültige Gebrauchsanweisung für die französische Hauptstadt. Die Auswahl der beschriebenen Aspekte ist durchaus subjektiv, und auch die Tourenvorschläge sind nur als exemplarische Anregungen zum eigenen Rumstreunen zu verstehen, denn letztlich wird jeder sein eigenes Paris erwandern und er-fahren. Dazu Lust zu machen ist der Sinn dieses Buches. Mitgearbeitet daran haben:

Hille van Elst (Die etablierte Presse) stammt aus dem Ruhrgebiet und ist vor sechs Jahren an die Seine abgewandert. Sie arbeitet als Journalistin für die französische Presseagentur AFP und ist freie Mitarbeiterin beim Westdeutschen Rundfunk.

Margaret Manale (Frauen in Bewegung) ist in Kalifornien geboren und inzwischen Französin geworden. Sie ist in einem Institut für soziologische Forschungen beschäftigt und seit vielen Jahren in der Frauenbewegung engagiert.

Marc Ofman (Gay Paris) ist geborener Pariser, Bankangestellter und seit langem aktiv in der Schwulenbewegung.

Klaus-Jürgen Gerke (Quand on aime la vie, on va au cinéma), aus Norddeutschland stammender Wahlpariser, ist Filmemacher, Grafiker und Mitherausgeber der alternativen Medizinzeitschrift «Imagine».

Jean-Pierre Gaüzère (Comics) ist selbständiger Grafiker und Pressezeichner. Er arbeitet sowohl für Alternativblätter als auch für große Pariser Zeitungen. Bedanken möchte ich mich schließlich noch bei Maité Aubois, Iris Leseigneur, Eamonn McArdle, Nathalie Raverat und Thierry Steff, die auf die eine oder andere Weise mitgeholfen haben.

À bientôt!

Günter Liehr (Paris, im Januar 1982)

Zur Neuausgabe 1986

«Paris sera toujours Paris», gewiß. Aber im Laufe von vier Jahren hat sich dennoch eine Menge verändert in dieser Stadt. Das Gesicht der Metropole wandelt sich permanent; aus neuen Großbaustellen wachsen die Landmarken des postmodernen «fin de siécle» empor. Ganze Stadtteile sind umgekrempelt worden und oft kaum mehr wiederzuerkennen. Die Schauplätze und Anlaufpunkte der verschiedenen «Szenen» haben sich verlagert, verändert hat sich der «look» der Metropole und ihrer Bewohner. Deutliche Wandlungen gibt es aber nicht bloß im urbanen und modischen Erscheinungsbild, sondern auch in sozialer und politischer Hinsicht. So manches, was sich vor vier Jahren noch munter bewegte, ist inzwischen sanft entschlafen; dafür sind neuartige Bewegungen auf den Plan getreten. Zwar ist bei den bisherigen Auflagen jeweils der Adressenteil auf den neuesten Stand gebracht worden, aber es mußte dann doch irgendwann eine gründlicher überarbeitete Fassung her, mit neuen Textpartien und neuen Bildern, die der Entwicklung von Paris auf den Spuren bleibt. Voilà, hier ist sie.

Günter Liehr (Paris, im Januar 1986)

metropolis

Paris von unten – Ein Einstieg für Neuankömmlinge

«Paris?» – Da fällt den meisten unweigerlich ein ganzer Haufen von Stereotypen ein. Mehr noch als bei anderen Metropolen drängt sich, ob man will oder nicht, ein Sammelsurium von eingeschliffenen Vorstellungen auf, die mit der wirklichen Stadt oft herzlich wenig zu tun haben. Standardisierte Bilder leuchten auf, hervorgerufen und verstärkt durch diverse Filme und nicht zuletzt auch durch die in der Werbung immer wieder runtergeleierten Klischees. Schräg gegenüber vom Eiffelturm steht hier Jacques, der Lebenskünstler, mit Schnurrbart und Baskenmütze an der Theke, hat sein langes Weißbrot unter den Arm geklemmt, trinkt seinen bekannten Aperitif und raucht die bekannten schwarzen Zigaretten in der blauen Packung. Ansonsten ist die Stadt von Malern und Liebespaaren sowie urigen Clochards bevölkert.

Na gut, das ist übertrieben, aber viele Reiseunternehmer helfen fleißig mit, daß sich solche und ähnliche vorgestanzten Erwartungen reproduzieren, und kommen dabei satt auf ihre Kosten. Auf ausgetüftelten Routen, die alles Störende vermeiden, werden Millionen von Touristen durch eine Kulissenstadt gekarrt, die sich mit ein paar Stichworten umreißen läßt: Montmartre, Sacré-Cœur mit zehn Minuten wunderbarem Rundblick, die Champs-Élysées, Notre Dame, der Invalidendom mit dem leibhaftigen Napoleon, der Louvre, Pigalle der Sündenpfuhl, und selbstverständlich Gustave Eiffels Turm-Gebilde, Aufstieg bis zur ersten Plattform inklusive. Den Besuchern wird von denen, die ihnen die Ware «Paris» verkaufen, letztlich nochmal in echt vorgeführt, was ihnen zuvor schon von Postkarten her geläufig war – die reale, gegenwärtige Stadt verschwindet hinter nostalgischem Rummel. Was sie bekommen, ist ein aufbereitetes Machwerk: die Stadt als Torte.

Metro-Polis

«Zazie, erklärt Gabriel und setzt eine majestätische Miene auf, die er mühelos in seinem Repertoire gefunden hat, wenn es dir Spaß macht, wirklich den Invalidendom und das richtige Grab des echten Napoleon zu sehen, werde ich dich hinführen.

Napoleon kann mich mal, erwiderte Zazie. Er interessiert mich nicht im geringsten, dieser Wasserkopf mit seinem saudummen Hut.

Was interessiert dich dann?

Zazie antwortet nicht.

Ja, sagt Charles unerwartet nett, was interessiert dich denn?

Die Metro.»

(Raymond Queneau: Zazie in der Metro. edition suhrkamp 29)

Eine begrüßenswerte Haltung, die uns auf eine günstige Möglichkeit verweist, sich gleich von Anfang an dem Sehenswürdigkeiten-Schmus zu entziehen: Eiffelturm und Konsorten stehen lassen und erstmal abtauchen, den Einstieg in die Stadt von ihren Innereien her beginnen, runtersteigen in den warmen, süßlichen Spezialmief der Metro. Eine Methode, die schon Kafka empfahl, wenn auch mit dialektisch-nörgeligen Untertönen: «Die Metro ist wegen ihrer leichten Verständlichkeit für einen erwartungsvollen und schwächlichen Fremden die beste Gelegenheit, sich den Glauben zu verschaffen, richtig und rasch im ersten Anlauf in das Wesen von Paris eingedrungen zu sein.» (Franz Kafka: Tagebücher. Fischer TB 1346)

Tatsächlich seid ihr hier unten sofort hautnah mit dem wichtigsten Element der Stadt konfrontiert: den Einwohnern. Bis zu zweistündige Untergrundfahrten sind Teil der Alltagsroutine für Massen von Parisern. Mehr als vier Millionen Fahrgäste werden täglich durch die Tunnel gerollt, eine Zahl, die deutlich macht, daß ihr es bei der Metro nicht mit irgendeinem Verkehrsmittel zu tun habt, sondern mit einer gewaltigen Maschinerie, ohne die Paris nicht funktionieren würde. Auf einzigar-

tige Weise präsentiert sich euch in der Untergrund-Kundschaft, auf engstem Raum zusammengedrängt, ein Querschnitt durch die Bevölkerung der Metropole. Alles ist hier anzutreffen: korrekt rasierte höhere Angestellte mit Aktenköfferchen, modisch aufgetakelte Sekretärinnen, Arbeiter, die vor Müdigkeit zur Seite sacken, Pseudo-Punks aus den besseren Vierteln, Rocker aus den Vorstädten mit extremen duck-tail-Frisuren, dazu die kurzgeschorenen

Horden von Wehrpflichtigen, die für ihre Wochenendheimfahrten jeden Freitag und Sonntag mit Seesäcken bepackt Paris unterirdisch durchhetzen müssen, von einem Bahnhof zum andern, weil praktisch alle französischen Eisenbahnstrecken in den Pariser Kopfbahnhöfen enden.

Was besonders auffällt, ist die ethnische Vielfalt der Fahrgäste. Jeder fünfte Einwohner von Paris kommt aus irgendeinem Ausland. Schwarze von den Antillen oder aus Westafrika, Araber aus dem Maghreb, Asiaten aus Indochina und Mischlinge aller Schattierungen rufen die koloniale Vergangenheit und neo-koloniale Gegenwart Frankreichs wach, lassen Rassismus und alltägliche Konflikte vermuten. Im Untergrund freilich werden sie alle, ungeachtet ihrer Herkunft, jeden Tag für einige Zeit zusammengequetscht und zu Beförderungsobjekten nivelliert. Hier unten sind die Menschen, wie Kafka bemerkt hat, «eine städtische Einrichtung, wie zum Beispiel das Wasser in den Leitungen». Die Metro ist so etwas wie der Blutkreislauf der Stadt, ein Röhrensystem, durch das die städtischen Massen zur Arbeit, zum Konsumieren, zum Amüsieren und an ihre Schlafplätze gepumpt werden: «Métro – Boulot – Dodo» (Metro – Maloche – Pofe), wie es ein Slogan vom Mai 68 griffig formuliert hat.

Eröffnet wurde die Metro, das heißt ihre erste Strecke «Porte de Vincennes – Porte Dauphine» im Jahr 1900; unmittelbarer Anlaß war die damals stattfindende Weltausstellung. Der eigentliche Grund zu ihrem Bau aber waren natürlich, wie anderswo auch, die neuen Erfordernisse der industrialisierten Großstadt, in der die verschiedenen Arbeits- und Lebensbereiche immer stärker auseinandertraten. Die bis dahin üblichen Pferde-Omnibusse waren wegen des zunehmenden Verkehrs vielfach Verstopfungen ausgesetzt, weitere Verzögerungen ergaben sich zudem aus der gelegentlichen Eigenwilligkeit der Zugtiere.

Die Beförderung war also langwierig, ihre Dauer nicht recht kalkulierbar – das widersprach den Anforderungen hochkapitalistischer Betriebsamkeit. Nach verschiedenen, oft skurrilen Vorschlägen für ein zeitgemäßes Verkehrsmittel – es gab zum Beispiel ein Projekt, die Fahrgäste in eleganten Gondeln in Baumhöhe über den Boulevards schweben zu lassen – beauftragte man schließlich einen Ingenieur namens Fulgence Bienvenüe mit dem Bau einer unterirdischen, elektrisch betriebenen Bahn. An ihn erinnert heute der Name der Station Montparnasse-Bienvenüe (das heißt also nicht «Willkommen am Montparnasse»).

Die Gestaltung der Eingänge wurde dem Jugendstilkünstler Hector Guimard übertragen. Funktionalistische Nüchternheit war damals nicht gefragt. Man lebte schließlich in der sogenannten «Belle Époque», in der der wirtschaftliche Boom und die Beherrschung neuer Baumaterialien eine eigenartige Technik-Euphorie hervorbrachte; spektakuläre Konstruktionen gaben sich dabei einen kunstvoll-zweckfreien Anschein. Auch Guimards Metro-Eingänge haben Anteil an dieser Ideologie, über die tatsächliche Funktion hinwegzutäuschen. Nur noch an einigen Stationen sind seine grünen, pflanzenartig-verschlungenen Gitter mit den zwei herauswachsenden blumenartigen Lampen zu bewundern. Vielleicht hatten diese Eingänge mit ihrem erotischen Geschnörkel auch den Sinn, die Angst vor dem Abstieg in die Unterwelt zu nehmen ...

Die Metro ist jedoch ein relativ sicheres Verkehrsmittel; größere Katastrophen gab es bisher keine, abgesehen von jener im Jahre 1903, als der Qualm eines in Brand geratenen Zuges sich durch den Tunnel zur nächstgelegenen Station wälzte und fast alle der dort wartenden Passagiere erstickte. Eine große Überschwemmung 1910 füllte die Tunnel randvoll mit Wasser. Es blieb beim Sachschaden. Im Ersten Weltkrieg schützte sich die Pariser Bevölkerung in der Metro vor den bombenschmeißenden kaiserlichen Zeppelinen, im Zweiten dann wandelten die deutschen Besatzer die Station «Place des Fêtes» in eine Flugzeug-

teilfabrik um und richteten in der Station «Buttes-Chaumont» einen Operationssaal ein. Währenddessen dienten die Tunnel-Röhren der Résistance als geheime Verbindungswege. Wenn auch an spektakulären Vorkommnissen recht wenig zu verzeichnen ist, so ereignen sich doch laufend «kleinere», nicht schlagzeilenträchtige Katastrophen: etwa 90 meist erfolgreiche Selbstmordversuche pro Jahr, die den Verkehr auf der jeweiligen Linie für etwa zwanzig Minuten unterbrechen.

Schöne neue Unterwelt

Seit zehn Jahren breitet sich zusätzlich zum herkömmlichen Metronetz ein neues unterirdisches Schnellbahnsystem aus, das als Teil einer

großangelegten urbanistischen Planung die auswuchernden Pariser Vorort-Schlafstädte mit der Innenstadt verbindet: die RER (réseau express régional). Die Menschenströme der kapitalistischen Metropole werden hier perfekt kanalisiert, der unterirdische Alltag gewinnt futuristische Dimensionen: Deutlich zeigt sich die Tendenz, die Bereiche Arbeit-Transport-Konsum störungsfrei ineinanderfließen zu lassen. Nahtlos vollzieht sich der Übergang vom Verkehrsmittel in die Kaufparadiese und Büroräume –, die Menschenmassen werden direkt durch Rolltreppen- und Fahrstuhlsysteme in die großen Einkaufszentren dirigiert, andererseits schieben sich Kaufhaus-Ableger in die Stationen vor. Versandhäuser installieren auf den Bahnsteigen vor ihren Werbeplakaten Einwurfboxen für elektronisch lesbare Bestellkarten. Zudem entfaltet sich in den unterirdischen Zwischenzonen eine blühende Subkultur von Cafeterias und Snack-Bars.

Zur Seelenhygiene für den gestressten, in permanenter Bewegung gehaltenen Metropolenbewohner, der für die diversen Verrichtungen seines Lebens kaum mehr mit dem Tageslicht und der Straße in Berührung zu kommen braucht, sind die neuen Menschenschleusen in psychologisch ausgeklügelten Farben gehalten: «Die Atmosphäre in diesen großen Stationen, diesen Kreuzungspunkten der Masse, muß Sicherheit ausstrahlen, sie muß besänftigend, ermutigend, kurz: euphorisch sein», meint hierzu der Chefarchitekt des RER-Bahnhofs La Défense (Wim Wenders wählte in seinem Film «Der amerikanische Freund» gerade diese Station mit ihren von elektronischen Kameras überwachten Bahnsteigen und Rolltreppen als gespenstische Szenerie für einen Mord aus). Aus verborgenen Lautsprechern fließt obendrein eine süßliche Musiksauce, «music d'ambiance», die das Konflikt-Potential der zusammengedrängten Massen entschärfen soll.

Dafür, daß der Betrieb wie geschmiert läuft, sorgen 14000 RATP-Angestellte – keine sonderlich angenehme und begehrte Arbeit, bei Neonlicht, in stickiger Luft und Wärme. 10000 sind in den letzten zehn Jahren im Zuge von Automatisierungsmaßnahmen ersetzt worden, so zum Beispiel die Locherinnen, die den Zugang zum Bahnsteig kontrollierten. Statt ihrer gibt es jetzt automatische Sperren, die zwar keine persönlichen Mucken haben und auch nicht streiken, die man aber leicht zwecks Schwarzfahrt überspringen kann. An den Locherinnen kam man nicht so ungeschoren vorbei. Dafür gibt es wiederum Rudel von Kontrolleuren, die dem Fahrgast an einer Biegung des Ganges auflauern oder zum Filzen die Züge entern. Mindestens so stumpfsinnig wie das Lochen von Fahrkarten ist die Tätigkeit der meist aus Schwarzafrika kommenden, miserabel bezahlten Bahnsteig-Reiniger, die unablässig, – bahnsteigauf, bahnsteigab – ihre breiten Wischer vor sich herschieben. Wie wichtig sie sind, merkt man, wenn sie streiken. Nach einem Tag bereits verwandelt sich die Metro in eine Müllkippe. An Personal gibt es auf den meisten Stationen nur die Fahrkartenverkäuferin, zu deren Aufgaben es gehört, nach dem letzten Zug, dem «balai» (dem Besen, der die Reste aufkehrt), die Clochards und andere

hartnäckige Siedler zum Aufbruch zu bewegen und die Gitter vor den Eingängen zu schließen. Zur gleichen Zeit versammeln sich auf den Bahnsteigen die Arbeiter, die nachts zwischen 1 und 5 Uhr bei abgeschaltetem Strom die anfallenden Reparaturen in den Tunnels erledigen. Wie alle großen öffentlichen Betriebe veranstaltet die RATP für ihre Angehörigen regelmäßig Shows und Bälle, die allgemein zugänglich sind und in den Stationen durch Plakate angekündigt werden. Sie finden meist in großen altmodischen Ballsälen wie dem «Wagram» oder dem «Balajo» statt. Für Akkordeon- und Tango-Liebhaber sehr zu empfehlen...

Zwangspublikum

Anscheinend perfekt, wie eine gut geölte Maschine, läuft dieses riesige Menschenbeförderungssystem; einige Elemente allerdings gibt es, die das Ideal des reibungslosen Ineinandergreifens aller Zahnrädchen des Großbetriebs «Paris» ein bißchen stören. Dazu gehören die Clochards, die sich gewohnheitsmäßig und der Not gehorchend auf den Metro-Bahnsteigen aufhalten. In letzter Zeit ist es für sie ungemütlicher geworden, denn die alten Holzbänke werden nach und nach durch Plastik-Schalensitze ersetzt. Kein Mensch kann darauf vernünftig schlafen. Für den konditionierten Normal-Fahrgast mit dem nach Rasierwasser duftenden Pokerface, der in korrekt-modische Kleidung verpackt seinen Alltagstrott über sich ergehen läßt, sind die verdreckten, Rotwein trinkenden und mit rauhen Stimmen rumgrölenden Kerle Schönheitsfehler, die ihm jeden Tag unangenehm ins Auge springen. Man ist darauf verfallen, den Pariser Pennern eine

Aura des Romantisch-Folkloristischen zu verleihen – das macht die dauernde Konfrontation mit den gesellschaftlich produzierten Wracks erträglicher. In Wirklichkeit sind die Clochards durchaus keine Aussteiger-Philosophen, sondern meistens kranke, kaputte arme Schweine. In regelmäßigen Abständen werden sie von der Clochard-Spezialeinheit der Flics, der «Brigade de l'assistance aux personnes sans abri», eingesammelt und in graugestrichenen Bussen mit Milchglasscheiben in den Vorort Nanterre zur Entlausung und flüchtigen medizinischen Untersuchung geschafft. Nach einer Nacht läßt man sie dann wieder laufen.

Die Metro-Benutzer werden zum Zwangspublikum für all jene, denen der Untergrund als Asyl dient. Die Metro zieht unter anderem auch Scharen von Leuten an, die einfach eine Zuhörerschaft brauchen. So trifft man in den Wagen häufig auf

Redner, Prediger oder Schimpfer, die ununterbrochen vor sich hinquatschen und die Fahrgäste mit pseudo-politischen, religiös gefärbten oder schlichtweg unverständlichen Ausführungen beglücken. Psychisch gestörte Menschen also – aber sie gerade sind es, die die Illusion der reibungslosen Routine in Frage stellen. Die Passagiere sitzen in solchen Fällen verkniffen da, bemühen sich, unbeteiligt ins Leere zu gucken, oder starren angestrengt in ihre Zeitungen oder Bücher. Die «Spinner» machen auf einen Mangel aufmerksam: daß hier nicht miteinander gesprochen wird, daß selbst bei Tuchfühlung jede Form von Kommunikation peinlichst vermieden wird.

Anderen Dauergästen dient die Metro-Kundschaft als Geldquelle, so etwa den Zigeunerfrauen, die allmorgendlich in Scharen mit ihren Kindern von den Banlieue-Lagerplätzen aufbrechen, mit den Vorortzügen zu den großen Bahnhöfen fahren und sich von dort auf das Metro-Netz verteilen. Während sich die Frauen mit ihren Säuglingen in die Gänge kauern und auf Pappschildern mitteilen, ihr Mann habe sie und das Kind verlassen, sie hätten keine Bleibe und nichts zu essen, klappern die älteren Kinder die Waggons ab und halten den Passagieren die auf kleine Zettel gekrakelte Schreckensmeldung unter die Nase, ihr Vater sei tot und die Mutter erblindet.

Zu den Abwechslungen des Metro-Alltags gehören aber vor allem Musikdarbietungen jeglicher Art. Risikofreudige Musikanten spielen während der Fahrt in den Wagen jeweils zwei bis drei Stücke, während ein Mitarbeiter mit einem Hut die Runde macht. Neuerdings macht die RATP durch Schilder darauf aufmerksam, daß dies untersagt ist. Um also bei eventuellen Kontrollen beweglich zu bleiben, werden leicht transportable Instrumente bevorzugt. Vielgestaltig ist die Musikszene in den Gängen: Wenn hier auch die Gitarre überwiegt, so ist doch je-

de Art von Instrument vertreten: afrikanische Trommeln, lateinamerikanische Harfen, orientalische Saiteninstrumente, Akkordeon, Saxophon, Cello, Querflöte, Drehleier, Synthesizer ... Manchmal bauen Gruppen sogar komplette Anlagen mit Batterieverstärkern und Schlagzeug auf. Alles ist zu finden, auch Leute, die einfach bloß singen, oder Blinde, die einen dudelnden Kassettenrecorder vor sich hinhalten und dafür Geld wollen. Wer legal im Untergrund musizieren will, kann bei der RATP gegen rund 25 Mark eine Lizenz erwerben. «Illegale» riskieren, den in Mengen herumstreunenden Flics in die Hände zu fallen, die ihnen dann nicht nur das Weiterspielen verbieten, sondern gewöhnlich auch noch die Einnahmen abknöpfen. Um die originelleren unter den Metro-Musikern sammeln sich oft größere Menschenmengen. Wer was kann, dürfte ganz gut über die Runden kommen und sich seinen Parisaufenthalt «spielend» finanzieren.

Zum illegalen Metro-Gewerbe zählen auch allerlei fliegende Händler, die hinter einem aufgeklappten Koffer sitzen und laut Brieftaschen, Billigst-Kameras, Uhrarmbänder oder weiß der Teufel was anpreisen. Nähert sich ein Flic, klappen sie ruck-zuck den Koffer zu und ziehen als ganz gewöhnliche Reisende ihrer Wege. Hier unten ist das Geschäftliche streng geregelt. Klar, daß ein so gewaltiges Kundenpotential nicht irgendwelchen kleinen Scharlatanen überlassen wird: Die Funktion der Metro als «Vorzimmer» für Supermarkt und Warenhaus machen riesige Reklameplakate augenfällig. Niemand kann sich dem Anblick der großflächigen Werbung entziehen, sie ist das einzige, was man – bunt und aufdringlich – zwischen den schwarzen Tunnel-Intervallen zu sehen bekommt. Die Metrofahrt wird so zu einem unfreiwilligen Diavortrag. Die vielen Graffitti, Übermalungen und Zerkratzungen sind meist nur Notwehrversuche gegen soviel Augenvergewaltigung. Darunter finden sich manchmal originelle, auf das jeweilige Produkt bezogene Hinweise, zum Beispiel auf Chemikalienzusätze bei Lebensmittelwerbung, auf Tiermassenschlächtereien bei Pelzmantelreklamen oder auf die politische Unterdrückung in lockenden Ferienparadiesen. Plakat-Beschädigungen werden übrigens saftig bestraft, wie auf jedem Bahnsteig angeschlagen steht.

Von Rom nach Stalingrad

Zwischen den Werbeflächen hängen die Schilder mit den Namen der Stationen. Von den Einheimischen werden sie kaum mehr wahrgenommen, sie kennen ihre Strecke ja im Schlaf; für den Paris-Neuling aber sind sie häufig von eigentümlichem Reiz: Ihm fällt noch auf, daß er in 10 Minuten von «Rome» nach «Stalingrad» fährt. Ein ganzes Mosaik französischer Geschichte setzt sich aus diesen Namen zusammen. An eine Menge Schlachten wird erinnert, von den Galliern bis zum Zweiten Weltkrieg. Auf dem Bahnsteig der Station «Bastille», Richtung Pantin, ragt ein letztes Stück der nach ihrer Erstürmung abgerissenen Festung aus der Wand. Neben ein paar Heiligen und konservativen Merkwürden haben auch etliche Revolutionäre und Sozialisten «ihre» Station – Étienne Marcel, der Feuerkopf aus dem Mittelalter, Robespierre, Garibaldi, die Commune-Kämpferin Louise Michel oder Jean Jaurès, der Gründer der sozialistischen Partei. Manche Namen wirken geheimnisvoll oder befremdend. Was verbirgt sich hinter «Bir-Hakeim», «Oberkampf», «Filles du Calvaire»? Fast poetisch lesen sich die vielen Doppelnamen und machen euch vielleicht Lust, auszusteigen und rauszukriegen, wie «Faidherbe-Chaligny», «Barbès-Rochechouart» oder «Marcadet-Poissoniers» von oben aussieht.

Wie dem auch sei: Kaum einer, der sich in Paris aufhält und sich hier bewegen will, wird auf die Metro verzichten können. Sie ist das einzige Verkehrsmittel, das euch den ganzen Tag über relativ schnell und zuverlässig überall hinbringt. Dank ihres dichten Streckennetzes ist innerhalb von Paris jeder Punkt gut zu erreichen. Natürlich ist es schöner, mit einem Bus auf Entdeckungsreise zu gehen, aber zu gewissen Zeiten schwillt der Straßenverkehr derart an, daß ihr oben nur sehr schneckenhaft vorankommt. Was das Fahrrad betrifft, so ist Paris hoffnungslos unterentwickelt. In den Straßen der Stadt sind Radfahrer eine Rarität, das Auto herrscht auf brutale Weise vor, auch Fußgänger bekommen das zu spüren. Ihr solltet euch zum Beispiel gleich abgewöhnen, dem Zebrastreifen irgendeine Bedeutung beizumessen. Wer aber auf die Idee kommen sollte, hier selbst mit seinem Auto mitzumischen, dem kann man nur gratulieren. Eines der letzten europäischen Abenteuer erwartet ihn. Alle anderen jedenfalls werden sich mit den Geheimnissen der Ticketbenutzung, Umsteigeprozedur und der unterirdischen Zeichenwelt vertraut machen, sich also auf die Metro einlassen müssen, um sie als einen Schlüssel zur Stadt zu benutzen (siehe «Praktische Hilfen»). Einiges von der Faszination und Paranoia, von den Widersprüchen, vom systematisierten Chaos dieses Zehn-Millionen-Konglomerats «Paris» teilt sich durch sie bereits mit. Manchen läßt sie vielleicht neugierig werden auf den hinter der Tourismus-Kulissenwelt liegenden Alltag der wirklichen Stadt, von dem sie selbst ein Teil ist. ■

Blick zurück – Szenen aus der Biographie eines Unruheherdes

Die Insel der Parisii

Metro «Cité»: Wer hier ans Tageslicht steigt, sieht sich inmitten klotziger Verwaltungsgebäude – rechts die einschüchternde Fassade der Polizeipräfektur, links der pompöse Justizpalast, ein Stück weiter ein großes Krankenhaus, das Hôtel-Dieu – drei Gebäudekomplexe, die über die Hälfte der Inselfläche bedecken. Kaum jemand wohnt hier, es gibt nur wenige Geschäfte, kein Leben auf der Straße. Abgesehen von der Kathedrale Notre-Dame, die wie ein frischgewaschenes Ausstellungsstück von ihrem öden Vorplatz aus angestaunt werden darf, ist dies eine eher langweilige Ecke. Kaum vorstellbar, daß sich hier das Herz des mittelalterlichen Paris befand, daß hier in einem Labyrinth enger Gassen, Klöster und Kirchen ein dichtes Menschengewühl herrschte.

Vermutlich so um 300 vor Christus hatten sich auf der Seine-Insel Gallier niedergelassen, die dem Stamm der Parisii angehörten. Ihre Siedlung aus runden strohgedeckten Häuschen nannten sie Lutèce, beziehungsweise Lutetia. Die wirtschaftliche Grundlage des Ortes war der Warentransport auf der Seine, aus dem sich später der Reichtum und die Vormachtstellung der Pariser Kaufleute entwickeln sollte. Ein halbes Jahrhundert vor Christus wurde die Inselsiedlung von den Römern erobert, und die machten dann daraus eine Stadt nach ihrem Gusto: Sie ersetzten die Hütten der Gallier durch Steinhäuser; Tempel, Theater und Bäder entstanden, vor allem am südlichen Ufer, wo heute an der Kreuzung des boulevard St. Michel mit dem boulevard St. Germain Reste einer Thermenanlage streunenden Katzen als Heimstatt dienen. Im 4. Jahrhundert bekam Lutetia den Namen «Civitas Parisiorum», wovon schließlich «Paris» als geläufiges Kürzel übrigblieb. Wie im Römischen Weltreich üblich, kamen auch hierher eines Tages christliche Missionare. Ihr Anführer war ein Grieche namens Dionysius (Denis). Wie so manche andere seiner Zunft endete er als Märtyrer: Er wurde nördlich der Stadt enthauptet und lief dann, wie die Legende zu berichten weiß, mit dem Kopf in der Hand noch bis in jenen später St. Denis genannten Ort, der heute eine stramm kommunistisch regierte Industrievorstadt im «Roten Gürtel» von Paris ist.

Nach der Vertreibung der Römer durch die unzivilisierten Merowinger kam Paris, das vorher immerhin ein wohlgeordnetes römisches Provinznest war, ziemlich herunter. Wohngebäude und Befestigungsanlagen verrotteten, so daß die Normannen, die seit Beginn des 8. Jahrhunderts ihre Plünderfahrten Seineaufwärts unternahmen, bei ihrem ersten Besuch leichtes Spiel hatten und die Stadt zwangen, sich gegen eine enorme Summe freizukaufen. Das gab den Pariser Bürgern zu denken. Sie bauten die Befestigung ihrer Insel aus und errichteten das große und das kleine Châtelet, zwei burgartige Brückenköpfe, auf dem rechten und linken Ufer, von denen nur der Name übriggeblieben ist («Châtelet», das ist heute der größte unterirdische Verkehrsknotenpunkt der Welt). Die folgenden Normannenattacken – immerhin blieben diese unbeliebten Nachbarn ungefähr 70 Jahre in der Gegend – konnten nun weitgehend abgewehrt werden, Brandschatzung und Plünderung beschränkten sich auf die Umgebung der Stadt.

Unter dem Geschlecht der Kapetinger wurde Paris dann schließlich Hauptstadt des Frankenreiches und nahm einen beachtlichen Aufschwung. Die Pariser hatten das Monopol für den Warentransport auf der Seine. Das Zeichen der Händlergilde, ein Segelschiff, ziert noch heute das Stadtwappen; ihr gewählter Vorsteher, der «Prévôt», galt als wichtigster Vertreter der gesamten Bürgerschaft.

Ville – Cité – Université

Paris dehnte sich rapide über die Insel hinaus auf beide Ufer aus, Klöster und Vorortansiedlungen wuchsen dort zu einem dichten Gewirr von Gassen zusammen. Die hygienischen Verhältnisse waren katastrophal: die Straßen, oft nicht mehr als drei Meter breit und ohne jeden Abfluß, glichen schlammigen Rinnsalen. Die Gänse- und Schweineherden der Klöster trieben sich in ihnen herum, die Metzger nahmen hier ihre Schlachttiere aus und ließen die Eingeweide liegen. Auch der Abfall aus den Häusern wurde – nach einem kurzen, gesetzlich vorgeschriebenen Warnruf – schwungvoll auf die Gasse entleert.

Der bestialische Gestank, der auf der Stadt lastete, drang schließlich gegen Ende des 12. Jahrhunderts bis in die königliche Nase von Philippe Auguste, der daraufhin die Straßen pflastern ließ und erste Ansätze einer Straßenreinigung ins Leben rief. Er sorgte sich überhaupt recht aktiv um die Belange seiner Hauptstadt. So ließ er die erste überdachte Markthalle errichten, ganz in der Nähe des späteren Standorts der «Hallen», und eine neue Befestigungsmauer bauen, von der sich Reste, zum Teil in Wohnhäuser verbaut, noch auf Hinterhöfen finden. Sie umschloß drei Stadtteile, die sich deutlich voneinander unterschieden: Auf dem rechten Ufer lag die Stadt der Händler, «la ville», hier herrschte der «prévôt des marchands». Die Île de la Cité war vom Klerus dominiert, und auf dem linken Ufer schließlich, einst von den Römern bewohnt und daher «Quartier Latin» genannt, entstand aus einer Reihe von Klöstern und Seminaren rund um den Hügel Ste. Geneviève (auf dem jetzt das Panthéon thront) die Universität, die dem Viertel seinen besonderen Charakter verlieh. Sie wurde bald ein Hauptanziehungspunkt für Scholaren aus ganz Europa, die hier meist ein elendes Dasein fristeten. Um der größten Misere abzuhelfen und die in der Gosse lebenden Studentenscharen unterzubringen, wurden diverse Kollegien ins Leben gerufen. Das vom königlichen Kaplan Robert de Sorbon gegründete, die «Sorbonne», wurde besonders berühmt und gab später der gesamten Universität den Namen.

«In der Universitätsstadt herrschte ein strenges Regiment. Die Studenten wurden belauert und bewacht. In Schlafsälen, die von funzligen, stinkenden Öllampen spärlich beleuchtet waren, schliefen hier Reihe an Reihe die Hörer. Um Mitternacht wurden alle eingetragenen Studierenden gezählt und namentlich aufgerufen. Wehe dem, der bei diesem nächtlichen Appell fehlte. Der nächste Tag brachte fürchterliche Strafen.» (Paul Zech: Das Leben des François Villon. In: Die lasterhaften Balladen und Lieder des François Villon. dtv 43)

Dafür hielten sich viele Studenten außerhalb ihrer Kollegien mit Saufgelagen und Prügeleien schadlos. Es konnte ihnen nicht viel passieren, denn rechtlich unterstanden sie dem Uni-Rektor, die Stadtpolizei hatte ihnen nichts zu sagen. Hier lebte und studierte auch François Villon, der eigenwilligste Dichter des Mittelalters, von dem Bert Brecht so einiges übernommen hat. Im Kaschemmen- und Bordell-Milieu des Quartier Latin verfaßte er seine ersten saftigen Lieder und machte Bekanntschaft mit der kriminellen Vereinigung der «Coquillards», der er dann langezeit als schlauer Kopf angehörte.

Hauptstadt des Aufruhrs

Für die «kleinen Leute», das Volk von Paris, war das Leben im Mittelalter alles andere als rosig. Pestepidemien, Hungersnöte, drückende Steuerlasten und Arbeitslosigkeit sorgten für ein leicht entflammbares Aufruhrpotential. Auch hatte sich in der Stadt ein selbstbewußtes Handelsbürgertum entwickelt, das gegenüber dem Königtum eine größere politische Autonomie durchzusetzen bestrebt war. Diese beiden Aspekte machten Paris zu einer für Monarchen höchst ungemütlichen Stadt.

Bereits lange vor dem Ausbruch der Französischen Revolution manifestierte sich die stets vorhandene Bereitschaft zur Revolte in verschiedenen spektakulären Ereignissen.

So im 14. Jahrhundert, als unter der Führung des Vorstehers der Händlergilde, Étienne Marcel, Paris für kurze Zeit unabhängig wurde. Étienne Marcel gelang es, den Machtkampf mit dem Regenten um die Vorherrschaft in Paris für sich zu entscheiden: Handwerker und Tagelöhner, wegen einer empfindlichen Geldentwertung in Aufruhrstimmung, folgten dem Aufruf des Prévôts zum Generalstreik und versammelten sich auf der place de Grève (der heutigen place de l'Hôtel de Ville) – «se mettre en grève» wurde später der französische Ausdruck für «streiken». Die Kraftprobe wurde durch einen Gewaltstreich entschieden: Marcel drang mit den von ihm dirigierten vereinigten Berufsständen in den Königspalast ein und erreichte mit Hilfe eines effektvollen Gemetzels die Unterwerfung des Regenten – er zwang ihn, die rotblaue Pariser Bürgermütze aufzusetzen. Die Gemeinde von Paris hatte sich gegen die legitime königliche Macht durchgesetzt. Étienne Marcel kaufte ein Haus an der place de Grève, das er zum kommunalen Machtzentrum bestimmte: das erste Rathaus von Paris, bereits an der Stelle des heutigen Hôtel de Ville, vor dem jetzt sein Denkmal steht. Erster Bürgermeister war Marcel nicht lange: Im Wirrwarr um die Verteidigung der Stadt gegen die Engländer wurde er von Gegenspielern mit einer Axt erschlagen. Der Regent, dem es vorher gelungen war, aus Paris zu fliehen, kam mit einer Armee zurück und bestrafte die Stadt mit Massenhinrichtungen und einer kollektiven Geldbuße für ihren «Verrat».

Immerhin aber hatte die Pariser Bevölkerung gezeigt, wie sehr mit ihr gerechnet werden mußte. Es war ein Vorspiel für kommende Ereignisse, in denen sie als treibende Kraft in der französischen Geschichte unübersehbar werden sollte. Von den späteren Aufständen dieses «Pöbels» gingen Entwicklungen aus, die weit über Frankreich hinaus die europäischen Länder im Mark erschütterten.

Mehrmals noch, bevor die Pariser dann 1789 dem Feudalsystem den Garaus machten, erwiesen sie ihre Gefährlichkeit in einer Reihe von Revolten. Freilich fehlte der Bereitschaft zum Aufruhr weitgehend noch eine politische Perspektive, es ging dabei oft wirr und ziellos zu. In der «Bartholomäusnacht» zum Beispiel wurde der Unmut des Volkes von oben kanalisiert und in ein Massaker an den Protestanten umgelenkt. Bei den Aufständen der «Ligne» (1558) oder «Fronde» (1649), in denen erneut der Hof aus Paris floh, ließ sich die Revolte von unten vor den Karren bestimmter Adelsfraktionen spannen.

Nicht zuletzt unter dem Eindruck des blutigen und chaotischen Fronde-Aufstandes, den er als Minderjähriger miterlebt hatte, beschloß Ludwig XIV., den Hof aus Paris auszulagern. Er wählte als Platz für seinen Prunkpalast Versailles, ein weltabgeschiedenes, von Wäldern und Teichen umgebenes Dorf westlich von Paris. Hier installierte er einen neuartigen Königs-Kult, durch den die früher gern aufmuckenden Adligen an den Hof gebunden und zu Statisten degradiert wurden. Nach den vorangegangenen Bürgerkriegswirren und Zerfallserscheinungen wurde nun ein zentralistischer Staatsapparat aufgebaut; das absolutistische Regime gab wirtschaftliche Anreize. Was sich da jedoch als blühende, glänzende Machtentfaltung der

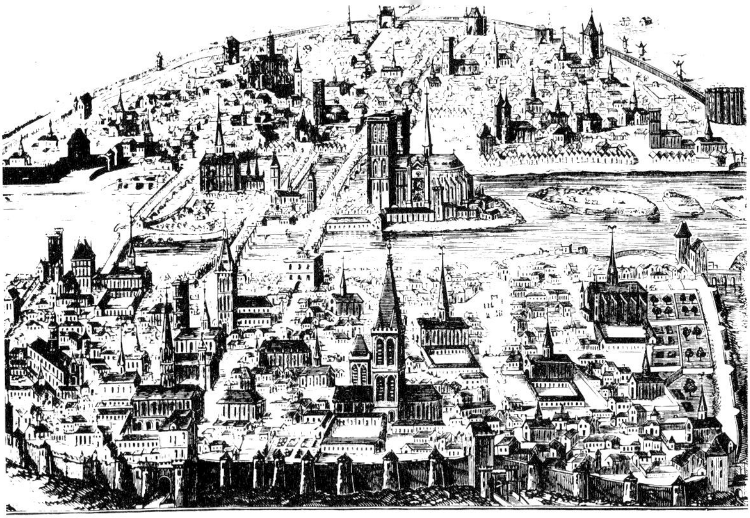

Paris um 1600

Monarchie darstellte, war bereits der Anfang vom Ende. Im Zuge der wirtschaftlichen Entwicklung bekam die nach wie vor ständisch-feudale Sozialordnung Bruchstellen – sie wurde angesichts der zunehmenden Bedeutung des Kapitals zur anachronistischen Zwangsjacke.

Die Vorstädte steigen herab

Gegen Ende des 18. Jahrhunderts spitzte sich die Krise der von der feudalen Ordnung gefesselten Wirtschaft zu. Starker Bevölkerungszuwachs und Lebensmittelknappheit, die Parasitenrolle des Adels und die Verschwendung am Hof von Versailles bereiteten das Klima für den Ausbruch der Revolution. Drei Millionen Bettler streiften durch Frankreich, während der als Ausschweifungsspezialist berüchtigte Ludwig XV. sich in Versailles eine Art Kurtisanenzuchtanstalt hielt und sich ansonsten durch eine besonders grausame Rechtsprechung hervortat. In den Cafés und Arkadengängen des Palais-Royal, dem damaligen Zentrum des öffentlichen Lebens, heizten bürgerliche Agitatoren die Menge an und verbreiteten in popularisierter Form die Gedanken der Aufklärung.

Am 14. Juli 1789 schließlich zogen aufgebrachte Menschenmassen, vor allem aus den Pariser Vorstädten, durch Paris. «Les faubourgs descendent!» (Die Vorstädte steigen herab) wurde zum Schreckensruf für die Bewahrer der Ordnung. Am 12. Juli war die Entlassung des Reform-Ministers Necker durch den König sowie die Zusammenziehung von Truppen um die Hauptstadt bekannt geworden – ein schwerer Schock für die krisengebeutelten Städter: Das Gerücht eines aristokratischen Komplotts gegen die Reformkräfte schien bestätigt. Kurz vorher hatte die Einberufung der Generalstände durch Ludwig XVI. die Hoffnung der Bevölkerung neu belebt: grundlegende Änderungen des wirtschaftlichen und politischen Systems hatten sich bereits abgezeichnet, die Ständevertretung hatte sich in eine von gemäßigten Bürgern und liberalen Aristokraten beherrschte Nationalversammlung verwandelt.

Nun schienen die auf friedlichem Wege eingeleiteten Reformen aber wieder bedroht. Gräben wurden ausgehoben, Barrikaden errichtet, Gruppen aus den «Faubourgs» versuchten, sich Schußwaffen zu organisieren. Dabei zogen sie unter anderem auch zur Bastille, dem berüchtigten Gefängnis. Im Unterschied zur Invaliden-Kaserne, wo über 30000 Gewehre abgeholt werden konnten, leistete die Besatzung hier aber Widerstand. Erst als die gerade gebildete Bürgerwehr ein paar Kanonen herbeischleppte, gab der Kommandant auf und ließ die Zugbrücke herunter. Die Einnahme der Bastille bezeichnete das Ende des «ancien régime», der alten Herrschaft. Das steinerne Symbol der verhaßten Feudalherrschaft wurde noch im selben Jahr genußvoll abgerissen (Reste in der Métro-Station Bastille). Angesichts des bewaffneten Aufstands zog der König die Truppen lieber wieder ab. In der Stadt hatte nun das Volk das Heft in der Hand.

Die Pariser nutzten die Gunst der Stunde, drangen in das Hôtel de Ville ein und gründeten die «Commune de Paris», eine eigene Gemeindevertretung, wie sie ihnen seit Étienne Marcels Tagen verwehrt worden war. Sie entwickelte sich bald zu einem radikalen Revolutionsnest. Der angeschlagene König sah sich genötigt, die neue Institution anzuerkennen – er ließ sich sogar im Rathaus die dreifarbige Kokarde überreichen und verkündete mit bewegter Stimme: «Mein Volk kann sich immer auf meine Liebe verlassen.» Das Volk war sich da wohl doch nicht so sicher. Jedenfalls wurde zur Verteidigung der erreichten und zukünftigen Erfolge aus der Bürgermiliz die Nationalgarde gebildet.

Sturm auf die Bastille 1789

«Allons enfants ...»

Eine durch die Brotknappheit erregte Menge von Frauen aus dem Faubourg St. Antoine und dem Hallenviertel zog am 5. Oktober über die Champs-Élysées – damals noch eine ländliche Allee außerhalb der Stadt – nach Versailles. Angesichts der aufgebrachten Leute vor seinem Palast, zu denen wenig später auch noch die Nationalgarde stieß, ließ der König eiligst seine Getreidespeicher öffnen und versprach die bis dahin verweigerte Annahme einiger Reformdekrete. Damit meinte er sich aus der Affäre gezogen zu haben. Er irrte sich: Die Volksmenge wollte durchaus nicht abziehen, statt dessen ertönte immer lauter der Ruf «Nach Paris!». Dem König blieb schließlich nichts anderes übrig: In einem langen Zug von Karossen, begleitet von den zerlumpten Bewohnern der Faubourgs, zog der gesamte Hofstaat von Versailles in die für Könige so unbehagliche Brutstätte des Aufruhrs.

In Paris hatten sich seit kurzem Revolutionsclubs wie der «Club des Jacobins» oder der «Club des Cordeliers» gebildet, deren Versammlungen erheblich zur allgemeinen Politisierung beitrugen. Die Hoffnung des gemäßigten Bürgertums auf eine konstitutionelle, an eine Verfassung gebundene Monarchie erwies sich in der Folgezeit immer deutlicher als Illusion. Der König setzte insgeheim auf das antirevolutionäre Bündnis, das die konservativen europäischen Staaten auf Betreiben der adligen Emigranten gebildet hatten. Als Ludwig dann, als Kammerdiener verkleidet, aus Paris zu fliehen versuchte, wurde offensichtlich, wie wenig Verlaß auf ihn war.

Der Krieg zwischen Frankreich

Hungerrevolte 1789

und der antirevolutionären Koalition brach 1792 aus und dauerte mit wenigen Unterbrechungen bis 1815. Bald gab es keinen Zweifel mehr, daß der König und seine Gemahlin Marie-Antoinette mit dem Feind konspirierten. Die von ihnen erhoffte französische Niederlage schien nahe, die Hauptstadt war von den vorrückenden Koalitionstruppen bedroht. Die antiroyalistische Stimmung verstärkte sich, die revolutionären Sektionen und die «Commune» forderten die Absetzung des mit dem Feind paktierenden Monarchen. Als schließlich der Herzog von Braunschweig den Parisern mit fürchterlicher Vergeltung und Zerstörung drohte, falls der königlichen Familie auch nur ein Haar gekrümmt werden sollte, brachte er damit das Faß zum Überlaufen. Aus dem ganzen Land kamen nun Abordnungen nach Paris, um die Stadt und die Revolution zu verteidigen: die «Föderierten», unter ihnen auch eine Gruppe aus Marseille, die im Faubourg St. Antoine mit einem neuen Kampfgesang umherzog, der später zur französischen Nationalhymne wurde. Am 10. August war es dann soweit: Die «Sansculotten», die radikalen Vorstädter, griffen zu ihren Piken und stürmten gemeinsam mit den Föderierten das Tuilerien-Schloß. Der König wurde gefangengenommen, einige Monate darauf sollte durch seine Hinrichtung ein demonstrativer Schlußstrich unter die Monarchie gezogen werden.

Jakobiner und Sansculotten

«Wer der Revolution gefolgt ist, wird wissen, daß alle ihre Haupterеignisse in Paris angelegt und ausgeführt wurden», schrieb 1793 der deutsche Republikaner Georg Forster. Man könnte hinzusetzen: Paris gab nicht nur den Schauplatz ab, sondern trat auch selbst in Aktion – in Gestalt seines «Volkes», dem eigentlichen Motor der Revolution. Das Verhältnis zu dieser Kraft von unten, den Sansculotten (den ‹Hosenlosen›), die sich in den revolutionären Vereinen der Pariser Stadtviertel politisiert hatten, beherrschte die Auseinandersetzungen der beiden Hauptfraktionen in der Nationalversammlung. Während die Girondisten versuchten, den Druck von unten abzuwehren und die «Ordnung» zu bewahren, war für die Montagnards, die vor allem dem Jakobinerclub entstammten, das Bündnis mit der Volksbewegung unerläßlich – zu einer Zeit, da die Revolution von außen und auch durch die vom Adel entfesselten Bürgerkriege von innen bedroht war.

Unter dem Druck der aufständischen Basis, deren Schwerpunkt die «Commune» war, setzten sich die Montagnards mit Robespierre, dem «Unbestechlichen», Danton, Marat und Saint-Just als den prominentesten Vertretern durch. Nun hob jene Phase an, die als «Schreckensherrschaft» in die Geschichtsbücher eingegangen ist. Die Jakobiner waren darauf bedacht, sich die Sympathie der Sansculotten zu sichern; mit Hilfe der Guillotine, dieser gerade vor kurzem erfundenen Tötungsmaschine, kamen sie der Forderung nach rabiaten «revolutionären» Maßnahmen entgegen. Ausgerechnet Robespierre, vorher ein überzeugter Gegner der Todesstrafe, wurde zur Symbolfigur des legalen Terrors. Groß war die Gefahr, in die Mühlen der Revolutionstribunale zu geraten. Zunächst waren natürlich alle «Feinde der Revolution» bedroht: verbliebene Aristokraten, Familien von Emigranten, Händler, die zu hohe Preise verlangten – aber auch, wer bloß vom bösen Nachbarn denunziert wurde, fand sich oft in Schnellverfahren zum Tode verurteilt. Tausende von Menschen fielen in Paris dem Terror zum Opfer. «Die Köpfe fielen wie Dachziegel im Sturmwind», wie es der öffentliche Ankläger Fouquier-Tinville ausdrückte.

Ganze Adelsfamilien saßen in dem zum Gefängnis umfunktionierten Palais du Luxembourg und warteten ab, bis sie an die Reihe kamen. Das Hauptgefängnis aber war die Conciergerie, jener burgartige Rest des mittelalterlichen Königspalastes auf der Île de la Cité. Wer so was mag, kann dieses schaurige Gemäuer besichtigen und auch einen Blick in den düsteren kleinen Hof werfen,

Ah! ça ira, ça ira, ça ira,
Les aristocrates à la lanterne!
Ah! ça ira, ça ira, ça ira,
Les aristocrates, on les pendra!

Le despotisme expirera
La liberté triomphera,
Ah! ça ira, ça ira, ça ira, ça ira,
Nous n'avons plus ni nobles,
ni prêtres,
Ah! ça ira, ça ira, ça ira,
L'égalité partout régnera
L'esclave autrichien le suivra,
Ah! ça ira, ça ira, ça ira,
Et leur infernale clique
Au diable s'envolera.

in dem die Verurteilten in Zwölfergruppen aufgeteilt wurden, bevor man sie auf rumpelnden Karren durch die Zuschauermenge über den Pont-Neuf zum Platz der Revolution (heute Concorde) brachte. Später stand die Guillotine zeitweilig auf der heutigen place de la Nation. Nicht weit davon, 35 rue de Picpus, befindet sich ein kleines Nonnenkloster. Man muß klingeln, um reinzukommen, kann dann durch einen langen Garten gehen und findet hinter einer Mauer die Gräber der Hingerichteten. Der gesamte französische Adel ist auf diesem versteckten Friedhof vertreten.

Das Ende des «Unbestechlichen»

Ein weiteres Merkmal dieser spektakulären Revolutionsphase war die aufflammende Feindschaft der Sansculotten gegen die Kirche und ihre Vertreter. An die Stelle der Religion war bei einem großen Teil der Pariser Bevölkerung ein Kult um die Revolutionsmärtyrer, vor allem um Marat, getreten. Antireligiöse Spott-Maskeraden wurden aufgeführt, ein neuer nicht-christlicher Kalender eingeführt: In ihm war der Sonntag abgeschafft, die Woche hatte zehn Tage. Die Kirchen, sofern sie nicht geplündert und zerstört wurden, wandelte man in Tempel der Vernunft um, so auch Notre-Dame. Der Bischof von Paris wurde zur Abdankung veranlaßt, und in der «Commune» freute man sich (zu früh), daß damit religiöser Fanatismus und Priester-Gaukelei ihren letzten Seufzer getan hätten.

Die Regierung allerdings bemühte sich, diese antireligiöse Bewegung zu bremsen. Überhaupt wurde das Verhältnis zu den Sansculotten immer problematischer. Die Jakobi-

ner blieben letztlich dem Bürgertum verpflichtet – das Privateigentum ernsthaft anzutasten, stand für sie nicht zur Debatte. Schließlich kam es zum Bruch mit der Volksbewegung. Deren Hochburg, die «Commune de Paris», wurde der Regierungskontrolle unterstellt und damit lahmgelegt, radikale Anführer wie Hébert wurden hingerichtet. Wenig später traf das gleiche Los auch die gemäßigten Kräfte um Danton, aber solche Rundumschläge retteten Robespierre und seine «Wohlfahrtsregierung» nicht mehr. Nachdem sie die Unterstützung der Pariser Unterschicht verloren hatten, wagte sich im Konvent eine Opposition hervor und stürzte die herrschenden Jakobiner. Die Enthauptung des «Unbestechlichen» war ein Fest für die besseren Kreise.

In der Folgezeit wütete erst mal im Gegenzug der Weiße Terror: Reaktionäre Banden von Jugendlichen, die «Jeunesse dorée» (goldene Jugend), streiften durch die Stadt und machten Jagd auf alles, was nach Jakobiner roch. Die während der Schreckensherrschaft eingeschüchterte Bourgeoisie räumte jetzt auf: Die Sansculotten wurden als blutrünstiger Pöbel verketzert, ihre Vereine verboten, die «Commune» aufgelöst, dafür aber die Kirchen wieder geöffnet.

Schluß mit der Revolution

Die Bourgeoisie war daran interessiert, die Revolution zu beenden, denn das Wesentliche war ja erreicht: eine auf Privateigentum und freier Wirtschaft gegründete Gesellschaft. Nun wollte man endlich in Ruhe seinen Geschäften nachgehen. Die Aufgabe, für diese Ruhe zu sorgen, übernahm der junge General Bonaparte, der 1799, am 18. Brumaire (nach dem Revolutionskalender), an die Macht geputscht wurde und sich fünf Jahre darauf mit Kaiserwürden ausstattete.

Unter seiner Herrschaft war die Pariser Bevölkerung bemerkenswert ruhig. Ja, Napoleon war sogar beim «niederen Volk» besonders populär, denn obwohl die Rechte der Arbeiter stark eingeschränkt wurden und das Volk von jedem politischen Einfluß ausgeschlossen blieb, ging es ihm materiell besser als vorher. Bonaparte hatte nämlich begriffen, wie bedrohlich die Lage für die jeweils Herrschenden werden kann, wenn der Pöbel von Paris hungert und unzufrieden wird. Also sicherte er sich nach unten ab und kümmerte sich persönlich darum, daß gerade die Faubourgs immer hinreichend versorgt waren. Auch in schwierigen Zeiten sorgte er für stabile Brotpreise in Paris, bei Anzeichen beginnender Arbeitslosigkeit ließ er geschwind öffentliche Projekte in Angriff nehmen, wie zum Beispiel den Bau des Canal d'Ourq. «Der Winter wird streng, Bürger Minister, das Fleisch wird sehr teuer. Man muß in Paris Arbeit schaffen!»

Darüber hinaus beruhte Napoleons Popularität auf einer systematischen Eigenpropaganda, wie er sie wohl als erster mit Bravour betrieben hat. Die Berichte über seine militärischen Erfolge waren Pflichtlektüre in den Schulen, die streng kontrollierte Presse half mit, an seiner Legende zu stricken, die «schönen Künste» übten sich in Personenkult.

Napoleons Elefant

Zur Erbauung des Volkes ließ Napoleon in der Hauptstadt allerlei Verschönerungen durchführen. Gemäß seiner Erkenntnis: «Die Stadt Paris hat nicht genug Monumente. Man muß ihr welche geben!» entstanden zur Glorifizierung des selbsternannten Kaisers beispielsweise die aus erbeuteten Kanonen gegossene Säule auf der place Vendôme oder die klassizistische Madeleine, die er sich als Tempel für seine ruhmreiche Armee gewünscht hatte. Der Kaiser hatte auch etwas für Triumphbögen übrig. Der Carrousel-Bogen, den man ihm zwischen Louvre und Tuilerien errichtet hatte, war ihm etwas zu mickrig– ein guter Grund, das eindrucksvolle Monstrum auf der place de l'Étoile in Auftrag zu geben.

Eine besonders eigenwillige Idee hatte er für die place de la Bastille, die seit dem Abriß der verruchten Festung leer und öde dalag. Hier wollte er einen großen Brunnen hinsetzen lassen, mit einem riesigen Elefanten in der Mitte, aus dessen Rüssel das Wasser hervorschießen sollte.

1813 wurde zur Probe ein fünfzehn Meter hohes Gipsmodell hingestellt – der endgültige Elefant sollte natürlich aus Metall gegossen werden.

Nun ging es aber gerade zu dieser Zeit mit der kaiserlichen Größe allmählich bergab. Die Bourgeoise, für die Napoleon zunächst die wesentlichen revolutionären Errungenschaften gerettet und abgesichert hatte, wurde unzufrieden mit ihm. Sein maßloser persönlicher Ehrgeiz, sein Größenwahn, schoß weit übers Ziel hinaus. Ruinöse Folgen für die Wirtschaft zeichneten sich ab. Seine bislang erfolgreiche Eroberungspolitik erlitt empfindliche Rückschläge. Die Katastrophe des Rußlandfeldzugs und die sogenannte Völkerschlacht bei Leipzig waren Vorboten seines nahen Endes. So zeigten sich die Bürger schließlich durchaus erleichtert, als sie nach der Schlacht von Waterloo 1815 ihren «Retter» endgültig los waren.

Was geschah nun aber mit dem Elefanten? Man war sich nicht einig, ob der Plan nach dem Abtreten des Kaisers noch ausgeführt werden sollte; der Gipselefant blieb erst mal einfach stehen. Für eine Weile wurde ihm ein Wächter beigegeben, der in einem der Beine wohnte. Mit den Jahren bröckelte das Tier in Wind und Regen vor sich hin, der Koloß geriet in Vergessenheit. Nach der Revolution von 1830 wollte man auf dem Platz lieber eine Säule zum Gedenken an die Opfer aufstellen; indessen stand der Elefant immer noch, halb verrottet, in seiner Ecke, bis 1846 endlich sein Abriß verfügt wurde. Bei der Demolierung entströmten dem Leib des riesigen Gipstieres Heerscharen von Ratten, die in den folgenden Wochen die umliegenden Viertel terrorisierten: ein letzter Gruß des Kaisers.

Die «Glorreichen Drei»

Die Restauration hatte die Bourbonen wieder an die Macht gebracht. Wenngleich es nicht zu einer Rückkehr zum feudalen Wirtschaftssystem des «ancien régime» kam, gaben dennoch die stockreaktionären Aristokraten, vor allem die zurückgekehrten Emigranten, zunehmend den Ton an und bestimmten mit ihren Versuchen, die ewigen Werte der Vergangenheit wiederzubeleben, das politische Klima. In dieser Phase begann das Proletariat, sich zaghaft zu organisieren, was sich jedoch meist auf die Gründung von Selbsthilfevereinen beschränkte. Zwischen der noch unentwickelten Arbeiterbewegung und den gleichzeitigen radikalen Soziallehren von Saint-Simon oder Fourier gab es kaum Berührungspunkte.

Die Wirtschaftskrise, die Teuerung und Arbeitslosigkeit für die ohnehin elende Unterschicht in der überbevölkerten Stadt brachte, hatte die für eine Revolution nötige Bereitschaft zum Aufstand geschaffen. Auslöser für die «Trois Glorieuses», die drei Tage dauernden revolutionären Ereignisse aber wurden die Maßnahmen, die der König gegen die Opposition ergriff. Besonders die Verschärfung der Pressezensur rief am 27. Juli 1830 Protestaktionen von Journalisten und Studenten hervor, die sich bald durch die Teilnahme der Handwerker und Arbeiter in einen Volksaufstand verwandelten. Am 28. Juli waren die zentralen Viertel mit Barrikaden übersät. Die Truppen, die die Regierung einsetzte, hatten in den engen Gassen wenig Chancen. Außerdem verbrüderten sich die Soldaten massenweise mit den Barrikadenkämpfern. Am 29. Juli war Paris völlig in den Händen der Aufständischen – 6000 Barrikaden verzierten die Stadt. Während sich der König wohlweislich nach St. Cloud in Sicherheit gebracht hatte, überwältigten seine Untertanen die Schweizergarde und drangen in den Louvre und in die Tuilerien ein, wo sie sich in den königlichen Betten und Speisekammern amüsierten. Die eiligen Zugeständnisse, die Charles X jetzt noch anbot, kamen zu spät. Aber kaum hatte es mit der Revolution geklappt, da sorgten sich verantwortungsbewußte Vertreter des «gemäßigten» Bürgertums angesichts der begeisterten Masse bereits, die Bewegung könnte ihnen entgleiten und wer weiß wohin führen. Schnell wurde im Kreis um den Journalisten und Historiker Thiers eine akzeptable Lösung ausgeheckt: die konstitutionelle Monarchie mit Philippe von Orléans als einem der Bourgeoisie verpflichteten König. Die Revolution wurde wieder mal nicht von denen gewonnen, die sie gemacht hatten.

Fortsetzung folgt

1848 dann noch einmal das gleiche Szenario: «Ein gutes Stück kann man zweimal sehen», meinte Heinrich Heine, der als Augenzeuge dabei war. Wieder war die Masse der Handwerker und Arbeiter das treibende Element beim Aufstand in den Straßen von Paris, wieder wurde ein Thron gestürzt – diesmal der des Bürgerkönigs Louis-Philippe –, eine Revolution, aus der die Zweite Republik hervorging.

Massaker in der rue Transnonain (Honoré Daumier)

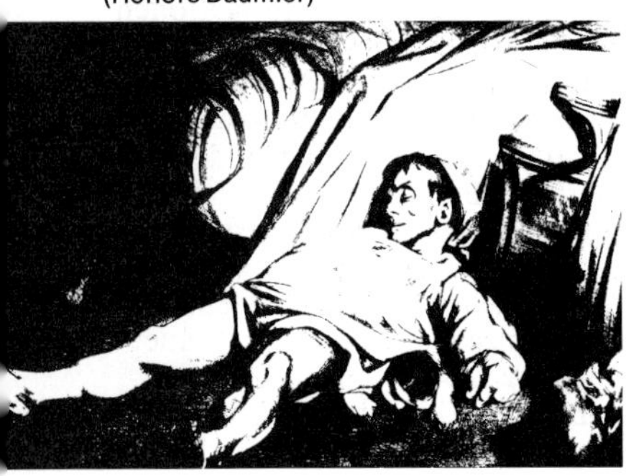

Aber innerhalb der letzten achtzehn Jahre hatte sich einiges verändert: Frankreich war in die erste Phase seiner Industrialisierung eingetreten, was für die Arbeiter eine drastische Verschlechterung ihrer Lage bedeutete. In finsteren Wohn-Löchern, durch keinerlei soziale Gesetzgebung geschützt, bei Hungerlöhnen und Arbeitstagen bis zu siebzehn Stunden lebte das französische Proletariat unter ähnlichen Bedingungen, wie sie Friedrich Engels an Hand der englischen Verhältnisse beschrieb. Radikale Gesellschaftstheorien, wenn auch noch stark utopisch und romantisch gefärbt, begleiteten die entstehende Arbeiterbewegung und ließen die Forderung nach «Sozialismus» laut werden, was auch immer damit im einzelnen gemeint war.

Die brutale Niederwerfung von Streiks und Revolten hatte die Opposition der Arbeiter gegen das Regime des Bürgerkönigs verschärft. Bis heute im Gedächtnis geblieben ist, vor allem wegen einer berühmten Graphik von Honoré Daumier, das Massaker in der Rue Transnonain, einer Straße im «Barrikadenviertel» Beaubourg, wo sich heute im Gefolge des Centre Pompidou zahlreiche Touristen-Schnellabfütterungsstätten, Galerien und Andenkenläden ausbreiten und aus den ehemals düsteren, engen Gassen eine herausgeputzte Fußgängerzone geworden ist. Damals wurden hier sämtliche Bewohner eines Hauses von Soldaten niedergemetzelt, weil angeblich von dort Schüsse abgegeben worden waren.

Die Revolution als Fest

Es fing damit an, daß ein republikanisches Bankett verboten wurde. Das führte im Februar 1848 zu einer zunächst friedlichen Demonstration, die sich durch den blutigen Zusammenstoß mit bewaffneten «Ordnungskräften» auf dem boulevard des Capucines, da wo heute die Oper steht, in einen revolutionären Aufstand verwandelte.

Diese Revolution, die schon am nächsten Tag den König aus der Stadt vertrieb, trug Züge eines großen Festes: In den Straßen hingen Lampions, es wurde viel getanzt und gesungen, Bürger und Arbeiter umarmten sich, alles war durchtränkt von euphorischer Brüderlichkeit. Lustig ging es auch im Tuilerienschloß zu, das von der siegreichen Masse eingenommen und traditionsgemäß entweiht wurde. Während sich einige den eßbaren Vorräten widmeten, veranstalteten andere in den königlichen Gemächern eine fröhliche Travestie, äfften das höfische Gebaren nach und führten im Theatersaal mit den dortigen Instrumenten ein schrilles Konzert auf – ein lustvolles Chaos.

Schließlich wurde der Thron die Treppen runtergeschleppt, im Triumphzug über die Boulevards zur place de la Bastille gebracht und dort unter großem Jubel verbrannt. Den König selbst hatte man laufen lassen. «Armer Ludwig Philipp!» rief ihm Heine nach, «In so hohem Alter wieder zum Wanderstab greifen! Und in das nebelkalte England, wo die Konfitüren des Exils doppelt bitter schmecken!»

Freiheitsbäume und Barrikaden

Bald hatte sich im Hôtel de Ville eine provisorische Regierung zusammengerauft. Man redete viel von «Fraternité» und auch von Sozialismus. Das Pflanzen von Freiheitsbäumen kam zeitweilig sehr in Mode. Aber auf den konfusen Verbrüderungstaumel, der die Interessenunterschiede vernebelte – es gab sogar ernsthafte Diskussionen, die Tricolore durch die Rote Fahne zu ersetzen –, folgte sehr bald die große Ernüchterung. Nachdem die Wahlen zur Nationalversammlung stattgefunden hatten, hielt man sich in bürgerlichen Kreisen die Linken vom Leib, ihre Forderungen wurden abgeblockt, vergessen war das Gerede vom «Sozialismus».

Die Schließung des Nationalwerkstätten, zuvor als Maßnahme gegen die Arbeitslosigkeit eingerichtet, wirkte schließlich auf die notleidenden Arbeiter wie eine unerträgliche Provokation. Im Juni wurden in den Pariser Arbeitervierteln wieder Barrikaden errichtet, der zweite Akt der 48er Revolution begann. Wieder wurde die Stadt zum Schlachtfeld: In den Gassenlabyrinthen, in Kirchen (zum Beispiel St. Vincent de Paul an der Gare du Nord), sogar in den unterirdischen Steinbrüchen von Montmartre kämpften die Aufständischen verzweifelt gegen eine haßerfüllte, durch massenhaften Zulauf aus der Provinz verstärkte bürgerliche und monarchistische Übermacht. Brutal wurde der Aufstand zusammengeschossen. Der Schleier, der die Klassengegensätze bedeckt hatte, war zerrissen, von nun an waren die Verhältnisse klarer.

Zum ersten Präsidenten dieser so mutig vor der «Roten Gefahr» geretteten Republik wurde ein eingefleischter Anti-Republikaner gewählt: Louis Bonaparte, der Neffe Napoleons, der sich dann auch wenig später durch einen Putsch zum Diktator und schließlich – der Name verpflichtet – zum Kaiser aufschwang – ein «Abenteurer, der seine trivial-widrigen Züge unter der eisernen Totenlarve Napoleons versteckt» (Marx: Der 18. Brumaire des Louis Bonaparte). Der Onkel-Imitator profitierte von der nach wie vor großen Beliebtheit seines Familiennamens. Auch vermochte er mit Hilfe populistischer Demagogie zunächst einige der von der Republik verratenen Arbeiter zu gewinnen.

Der Operettenkaiser

Im «Second Empire» erlebte der französische Kapitalismus einen kräftigen Aufschwung, gefördert durch Maßnahmen der Regierung, in der einige industriebegeisterte ehemalige Saint-Simonisten (Frühsozialisten) mitarbeiteten. Trotz solcher Erfolge zeigten Pressezensur und Verhaftungswellen die Unsicherheit des Kaiserdarstellers. Den Parisern verordnete er ein Blendwerk imperialer Prachtentfaltung, einen luxuriösen höfischen Mummenschanz. «Sein Prinzip war: die gesellschaftliche Wirklichkeit mit ihren Widersprüchen durch die Erzeugung von Freude und Glanz zu verdrängen» (Siegfried Kracauer: Jacques Offenbach und das Paris seiner Zeit. edition suhrkamp 971). Paris erlebte unter der Herrschaft des Empereur eine erste Blüte der Unterhaltungsindustrie. Es begann die große Zeit des Boulevards, der Operetten Jacques Offenbachs, des Klatsch- und Tratsch-Journalismus, der neureichen Protzerei.

Die Arbeiter nahmen die zeitweilig demonstrierte «Arbeiterfreundlichkeit» der stetig zwischen links und rechts lavierenden Regierung beim Wort und setzten das Streikrecht durch. Nach der Gründung der Ersten Internationale 1864 entstand auch eine Pariser Sektion, die tagte in einem neun Quadratmeter großen Verschlag in der rue Gravilliers 44, auf dem Hinterhof, der noch immer existiert. Besondere Aktivität zeigte die Internationale bei der Gründung von Gewerkschaftszellen und beim Initiieren von Streiks. Die kaiserliche Geste der Volksverbundenheit führte somit nicht zum erhofften Ergebnis. Statt Dankbarkeit und Loyalität zu zeigen, machte sich dieses «Volk» daran, seine Angelegenheit selbst in die Hand zu nehmen.

Unterdessen führte der Herrscher auch einige Kriege, wie sich das für einen Napoleon geziemt. Zunächst bereicherte er durch ein paar wackelige Siege auf der Krim und in Italien die Liste der Pariser Straßennamen um «Sébastopol», «Alma», «Magenta» und «Solférino». Seine letzte Unternehmung jedoch, der Krieg gegen Preußen, der angesichts einer immer lauter und selbstbewußter werdenden Opposition seine schwindende Autorität wieder festigen sollte, ging ihm gründlich daneben.

Preußen und Proletarier

Kaum war in der Hauptstadt bekannt geworden, daß die vom Kaiser angeführte Armee bei Sedan ihr Debakel erlebt und der Kaiser selbst sich den Preußen ergeben hatte, schlug die Stunde der Faubourgs. Nach einem kurzen Aufstand wurde im Rathaus eine provisorische, republikanisch orientierte Regierung gebildet. In zwanzig Arrondissement-Komitees sammelten sich derweilen

Die Ernährungslage unter der Belagerung

Tiere des Jardin des Plantes erzielten folgende Preise:

1 Zwergzebra	350 F
2 Damhirsche	500 F
1 junges Zebra	400 F
2 Rentiere	800 F
1 bengalischer Hirsch	300 F
2 Büffel	300 F
11 Hasen	100 F
2 Kamele	4000 F
2 Elefanten	27000 F

Das Fleisch der Zootiere wurde in den Schlachtereien der vornehmen Viertel als Leckerbissen zu astronomischen Preisen verkauft. Elefantenfleisch kostete zum Beispiel am 31. Dezember 1870:

1 Pfd. Rüssel oder Filet	40 F
Füße, das Stück	20 F
Unterseite	8–40 F

Preise der Nahrungsmittel in den armen Vierteln:

1 Stange Lauch	1 F
1 Kohlkopf	16 F
1 Pfd. Pferdefleisch	10 F
1 kg Butter	100 F
1 Rübe	1,20 F
1 Sellerieknolle	2 F
1 Ei	2 F
1 kg Hundefleisch	8 F
1 Ratte	0,50–0,75 F

Der Tagessold eines Nationalgardisten betrug 1,50 F

(Aus: Die politische Lithographie im Kampf um die Pariser Kommune 1871. Verlag Gaehme-Henke, Köln 1976) die politisch radikalsten Kräfte unter Beteiligung der Internationale und bildeten ein Zentralkomitee, in dem sofort revolutionäre Töne laut wurden.

Aber erst mal ging der Krieg weiter. Fünf Monate lang wurde Paris von den deutschen Truppen belagert. Immer düsterer sah die Versorgungslage der zwei Millionen Einwohner aus, die von jeglichem Nachschub abgeschnitten waren. Die Zootiere des Jardin des Plantes wurden an Metzger und Restaurants versteigert – Zebras, Büffel, Kamele und Elefanten erzielten astronomische Preise und wurden von den besseren Herrschaften als Delikatessen verzehrt. In den ärmeren Vierteln waren die Leute froh, wenn sie Hunde-, Katzen- oder Rattenfleisch gegen Wucherpreise erwerben konnten oder ein Stück von einem zusammengebrochenen Pferd erwischten.

Um die Stadt zu halten, blieb nichts übrig, als auch die Arbeiter zur Nationalgarde zuzulassen, die bis dahin eine ausschließlich bürgerliche Einrichtung war. Nur: Das Pariser Proletariat unter Waffen, das war eine äußerst heikle Situation für die Bourgeoisie. Der Stadtkommandant und Chef der provisorischen Regierung, General Trochu, wollte unter diesen Umständen so schnell wie möglich kapitulieren und schickte die Truppen bewußt in eine blutige Niederlage, um ihren Verteidigungswillen zu brechen: Lieber gemeinsame Sache mit den Preußen als mit den Pariser Proleten machen ...
Am 28. Januar 1870 konnte die Kapitulation unterschrieben werden.

Das Ergebnis der kurz darauf abgehaltenen Wahlen zur Nationalversammlung war für alle Republikaner ein Schock: Mit den Stimmen der konservativen Provinz hatte sich eine royalistische, antirepublikanische Mehrheit durchgesetzt, die sogleich den notorischen Orleanisten Thiers zum Regierungschef bestimmte – eine Restauration des Königtums schien bevorzustehen.

Die Tage der Commune

Die Pariser Bevölkerung war erregt, die Nationalgarde weigerte sich, die Waffen abzugeben. Kein Wunder, daß die neue Nationalversammlung vorzog, sich in Versailles und nicht in der Hauptstadt niederzulassen. Als Thiers versuchte, mit Hilfe von Regierungstruppen den Parisern die Kanonen wegzunehmen, die sich auf den Höhen von Montmartre und Belleville beziehungsweise im Jardin du Luxembourg befanden, erlebte er eine unangenehme Überraschung: Die Soldaten verbrüderten sich mit der Nationalgarde, zwei als Arbeiterschlächter berüchtigte Generäle wurden von der empörten Menge umgebracht. Der Regierungschef und seine Minister verließen Paris verstohlen durch die Hintertür und flohen nach Versailles, wo sich allmählich alle reaktionären Kräfte sammelten.
Indessen wehte vom Hôtel de Ville die rote Fahne. Das entstandene Machtvakuum ermöglichte nun die Wahlen zu einem autonomen Gemeinderat, der «Commune de Paris», die von den Versaillern natürlich nicht anerkannt wurden. Diese Commune, wen wundert's, war alles andere als einheitlich in ihrer politischen Zielsetzung: Die unterschiedlichen Gruppen hatten nicht genügend Zeit, ein zusammenhängendes Programm zu entwickeln. Als politisches Modell für Frankreich schwebte ihnen eine dezentralisierte Föderation selbständiger Kommunen

Proklamation der Commune am Hôtel de Ville, 1870

vor. «Die Einheit, die uns bisher das Kaiserreich, die Monarchie und der Parlamentarismus aufgezwungen hatten, war nichts als die sinnlose, willkürliche und lästige Zentralisation des Despotismus. Die politische Einheit, die Paris erstrebt, ist die freiwillige Vereinigung aller lokalen Initiativen ...» Viele der von ihnen getroffenen Maßnahmen zielten auf die Linderung der unmittelbaren Not in der Stadt, andere bezeugen eher den Anspruch der Commune, eine revolutionäre Gegenregierung zu sein. Zum bunten Gemisch von Dekreten gehören: Stundung der Mieten, Rückgabe verpfändeter Gegenstände, Festsetzung des Brotpreises, Requirierung leerstehenden Wohnraums, aber auch die Trennung von Staat und Kirche, die Einführung weltlicher Schulen, die Kürzung der hohen Beamtengehälter, Übernahme der von den Besitzern verlassenen Betriebe durch Arbeiterkollektive.

Besonders bemerkenswert ist der Pazifismus der Commune: Am 12. April wurde ein Dekret zum Sturz der Vendômesäule erlassen. Sie sei, so hieß es, «ein Monument der Barbarei, ein Symbol der brutalen Gewalt und des falschen Ruhms, eine Bejahung des Militarismus, eine Leugnung des internationalen Rechts, eine dauernde Beleidigung

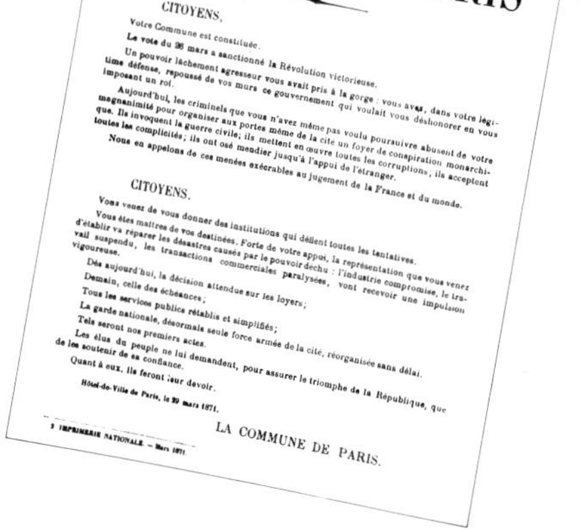

N° 44

RÉPUBLIQUE FRANÇAISE

LIBERTÉ — ÉGALITÉ — FRATERNITÉ

N° 44

COMMUNE DE PARIS

CITOYENS,

Votre Commune est constituée.

Le vote du 26 mars a sanctionné la Révolution victorieuse.

Un pouvoir lâchement agresseur vous avait pris à la gorge : vous avez, dans votre légitime défense, repoussé de vos murs ce gouvernement qui voulait vous déshonorer en vous imposant un roi.

Aujourd'hui, les criminels que vous n'avez même pas voulu poursuivre abusent de votre magnanimité pour organiser aux portes même de la cite un foyer de conspiration monarchique. Ils invoquent la guerre civile; ils mettent en œuvre toutes les corruptions; ils acceptent toutes les complicités; ils ont osé mendier jusqu'à l'appui de l'étranger.

Nous en appelons de ces menées exécrables au jugement de la France et du monde.

CITOYENS.

Vous venez de vous donner des institutions qui défient toutes les tentatives.

Vous êtes maîtres de vos destinées. Forte de votre appui, la représentation que vous venez d'établir va réparer les désastres causés par le pouvoir déchu : l'industrie compromise, le travail suspendu, les transactions commerciales paralysées, vont recevoir une impulsion vigoureuse.

Dès aujourd'hui, la décision attendue sur les loyers;

Demain, celle des échéances;

Tous les services publics rétablis et simplifiés;

La garde nationale, désormais seule force armée de la cité, réorganisée sans délai.

Tels seront nos premiers actes.

Les élus du peuple ne lui demandent, pour assurer le triomphe de la République, que de les soutenir de sa confiance.

Quant à eux, ils feront leur devoir.

Hôtel-de-Ville de Paris, le 29 mars 1871.

LA COMMUNE DE PARIS.

3 IMPRIMERIE NATIONALE. — Mars 1871.

26. März

Was für ein Tag!

Diese warme, helle Sonne, die die Kanonenrohre vergoldet, dieser Duft der Blumenbouquets, das Flattern der Fahnen, das Gemurmel dieser Revolution, die ruhig und schön vorbeizieht wie ein blauer Fluß; die Schauder, die Lichter, die Blechtrompeten, die Bronzereflexe, die aufflammende Hoffnung und der Duft der Ehre, das ist angetan, die siegreiche republikanische Armee vor Stolz und Freude trunken zu machen.

O großes Paris!

Feige, wie wir sind, sprachen wir schon davon, dich zu verlassen, wegzugehen, weil wir dachten, deine Vorstädte wären tot!

Verzeih! Vaterland der Ehre, Stadt des Heils, Biwak der Revolution!

Was auch immer geschieht, sollten wir von neuem besiegt werden und morgen sterben, unsere Generation hat ihren Trost! Wir sind für zwanzig Jahre Niederlage und Angst entschädigt. Trompeten, blast mit dem Wind! Trommeln, wirbelt zum Aufbruch!

Umarme mich, Kamerad, der du graue Haare hast wie ich! Und du, Knirps, der du hinter den Barrikaden Murmeln spielst, komm her, damit ich auch dir einen Kuß gebe!

Der 18. März hat dir ein schönes Leben beschert, Bursche! Du wärst sonst wie wir im Dunst aufgewachsen, durch Dreck gewatet, hättest dich im Blut gewälzt, wärst vor Scham krepiert, hättest die unsäglichen Leiden der Getretenen erlitten!

Das ist vorbei!

Wir haben für dich geblutet und geweint. Du wirst unsere Erbschaft antreten.

Sohn der Verzweifelten, du wirst frei sein!

(Jules Vallès: Jacques Vingtras. März bei Zweitausendeins, Frankfurt/M.

der Besiegten durch den Sieger». Der Maler Gustave Courbet, der diesen sympathischen Abriß angeregt hatte, mußte dann später die Kosten für die Wiedererrichtung der Säule tragen.

Die «blutige Woche»

Die Pariser Commune blieb ohne Unterstützung durch die Provinz. Ähnliche Versuche in Lyon und Marseille wurden schnell niedergeschlagen. Der Pazifismus der Commune, ihre Abneigung gegen einen Bürgerkrieg, erleichterte es den Versaillern, ihrerseits den Bürgerkrieg vorzubereiten. Bismarck half mit, indem er die französischen Kriegsgefangenen entließ.

Am 2. April begann Thiers mit dem Angriff. Die Regierungssoldaten zeichneten sich dabei durch besondere Brutalität aus – gefangene Kommunarden wurden rücksichtslos umgebracht. Am 21. Mai drangen die Regierungstruppen in die Stadt ein, die «blutige Woche» begann. Das barrikadengespickte Paris der Commune schrumpfte immer weiter nach Nordosten zusammen, Tuilerienschloß und Rathaus wurden zu Verteidigungszwecken in Brand gesteckt. Durch Geiselerschießungen hoffte die Commune, die Schlächtereien der Versailler einzudämmen – vergebens. Die Bourgeois nahmen fanatische Rache an den aufständischen Parisern. Am 28. Mai fiel nach verzweifelten und aussichtslosen Straßenkämpfen die letzte Barrikade.

Tag und Nacht «arbeiteten» nun die Kriegsgerichte. Die Exekutierten wurden meist gleich in der Nähe verscharrt, zum Beispiel in der Grünanlage rund um den Turm St. Jacques neben der place du Châtelet; Hunderte wurden auch im Park Monceau erschossen und in eilig ausgehobene Massengräber geworfen. Kein Mahnmal erinnert heute daran. Der einzige Hinweis auf den Blutrausch der Zurückgekehrten findet sich auf dem Friedhof Père-Lachaise: An der «Mur des Fédérés», vor der 150 Kommunarden exekutiert und Tausende begraben wurden, macht eine Inschrift auf die Toten der Commune aufmerksam.

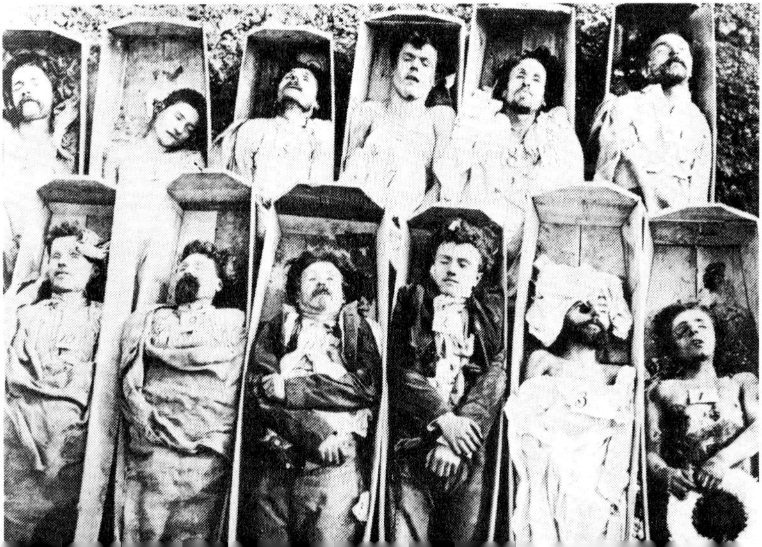

Die Dritte Republik: von Sacré-Cœur zur Volksfront

Nun wehte der Wind von rechts, das Sagen hatten die Erzkonservativen, die einen antidemokratischen, restaurativen Mief um sich verbreiteten. Der Einfluß der Kirche, besonders ihrer reaktionärsten Fraktion, war groß wie schon lange nicht mehr. Paris, die Stadt, von der in der Vergangenheit so fürchterliche Frevel gegen das gottgewollte Herrschaftssystem begangen worden waren, hatte Buße nötig. Der ultrarechte Orden «Sacré-Cœur» betrieb die Errichtung einer monströsen Kirche auf dem Montmartre, die als Zeichen der Sühne auf die sündig gewordene Stadt herabschauen sollte. 1910 wurde das Zuckerbäckermonument fertiggestellt. Etwas nützlicher war da schon die Verschönerung, die sich ein frankophiler Engländer namens Wallace ausgedacht hatte, um die von den Schrecknissen des Krieges und der Commune gebeutelten Pariser zu trösten: Er schenkte ihnen 50 gußeiserne, grüngestrichene Brünnlein, von denen noch heute einige den durstigen Spaziergänger mit Leitungswasser erquicken.

Obwohl alles nach einer Wiedereinführung der Monarchie aussah, brachten Streitigkeiten zwischen den Monarchistenfraktionen und maßlose Ansprüche des Thronanwärters die Restauration zum Scheitern, und in der Folgezeit konnte sich dann doch die (dritte) Republik konsolidieren. 1880 wurde eine Amnestie für die Kommunarden erlassen, und von da an begannen auch

die Linken ihren Platz im Parteienspektrum einzunehmen und sich den Spielregeln des Parlamentarismus anzupassen. Die sozialistische Bewegung, deren herausragende Figur zunächst der mit Marx und Engels in Kontakt stehende Jules Guesde war, war lange zersplittert. Erst 1905 gelang der Zusammenschluß zur SFIO (Section française de l'internationale ouvrière), von der sich dann 1920 wieder die kommunistische Partei abspaltete.

Während sich die Arbeiterbewegung parlamentarisierte, wurde Paris gegen Ende des letzten Jahrhunderts durch eine Reihe von Bombenattentaten anarchistischer Grüppchen und Einzelkämpfer erschüttert. In den Anarcho-Blättern gab es die Rubrik «Anweisung zur Herstellung nichtbürgerlicher Produkte». Mit Dynamit sollte die Gesellschaft wieder in Aufruhrstimmung versetzt werden – ein verzweifelter Reflex auf die verlorengegangene Spontaneität.

Der nächste Pariser Aufruhr kam indessen nicht von der Linken, son-

Wallace-Brunnen

Zeichnung von Max Lingner

Szene aus dem Volksfront-Film «Le Grand Fossé»

dern von der Rechten. Am 6. Februar 1934 entwickelte sich eine Demonstration, an der sich das ganze Spektrum antidemokratischer Kräfte, von den Royalisten bis zu den Faschisten beteiligte, zu einem aufständischen Marsch, der sich auf das Parlament zubewegte. Auf der place de la Concorde kam es zu blutigen Gefechten mit der Polizei, die die gegenüberliegende Nationalversammlung zu schützen hatte. Diese rechtsradikale Revolte, der über zwanzig Menschen zum Opfer fielen, war für die linken Parteien Anlaß zur Bildung einer Einheitsfront gegen die faschistische Gefahr. 1936 errang die «Front Populaire» die Parlamentsmehrheit, und Sozialistenchef Léon Blum wurde Ministerpräsident. Der Beginn der zweijährigen Volksfrontära war begleitet von Ausbrüchen der Euphorie und Hoffnung. Die Arbeiter erwarteten nun grundlegende gesellschaftliche Veränderungen, viele hielten die Situation gar für revolutionär, überall flammten spontane Streiks auf, alles schien möglich. Aber die Desillusionierung ließ nicht lange auf sich warten – die neue Regierung dachte nicht daran, den Rahmen der bürgerlichen Ordnung zu sprengen. Die Führer der sozialistischen und kommunistischen Partei taten alles, um die autonomen Bewegungen der Basis zu bremsen, die militante Begeisterung wurde in eine Unzahl wohlgeordneter Massenaufmärsche vom Platz der Bastille zum Platz der Nation kanalisiert. Alles was die Volksfront den Arbeitern bescherte, waren einige – zweifellos wichtige – Sozialreformen wie die Vierzig-Stunden-Woche und das Recht auf bezahlten Urlaub, Reformen, die zum Teil von den späteren Regierungen wieder einkassiert wurden.

Die Zornausbrüche von Paris

Die Dritte Republik endete 1940, mit dem Einmarsch der Deutschen. Während der vier Besatzungsjahre eskalierten in Paris Attentate und Sabotageakte der Résistance und die «Vergeltungsaktionen» von SS und Gestapo. Im Sommer 1944 dann, nach der Landung der Alliierten in der Normandie, begannen die Deutschen ihre Zelte recht hastig abzubrechen. Die Befreiung von Paris, so das Kalkül der Résistance, sollte aber nicht passiv abgewartet werden, sondern aus der Bevölkerung kommen. Es galt, politische Tatsachen zu schaffen, die weder vom eher konservativen Chef der Exilregierung Charles de Gaulle noch von den Amerikanern ignoriert werden konnten – denn in der Résistance war die KPF stark vertreten.

Die zur FFI (Force Française de l'Intérieur) zusammengeschlossenen Widerstandsgruppen, deren Kommandostelle sich in den Katakomben unter dem Platz Denfert – Rochereau befand, waren allerdings schlecht bewaffnet und auf das listige Ausnutzen ihrer Ortskenntnisse angewiesen: Als Verbindungssystem benutzten sie den Pariser Untergrund: Metrotunnel, Kanalisation, ehemalige Steinbrüche. Dort unten hatten sie einen medizinischen Service eingerichtet, das Telefonnetz der Besatzer unbrauchbar gemacht und eigene Leitungen verlegt. In allen Stadtteilen wurde durch Plakate zum Volksaufstand aufgerufen. Die punktuellen Scharmützel häuften sich, die Résistance nahm Verwaltungsgebäude ein und verhaftete die Beamten des Vichy-Regimes.

«Pariser, zu den Waffen!» – Plakat der Résistance

Für den im Hotel Meurice an den Tuilerien residierenden deutschen Kommandeur General Choltitz war dieser Aufstand eine unangenehme Überraschung. Ihm war daran gelegen, die «Ordnung» bis zum Einmarsch der Alliierten aufrechtzuerhalten. Zu seiner Ehre sei gesagt, daß er dem wahnwitzigen, mehrfach wiederholten Befehl Hitlers nicht nachkommen wollte, Paris bis zuletzt zu verteidigen, das heißt zu zerstören. Angesichts der unerwarteten neuen Situation drohte er allerdings damit.

Unterdessen nahmen die von der Résistance besetzten Zeitungsredaktionen die Arbeit wieder auf. «Auf die Barrikaden!» oder «Kämpft wie die Löwen!» riefen die Schlagzeilen. Aus Fenstern, Türen, Metroeingängen wurde nun geschossen, die deutschen Straßenhin-

Ein Wagen wird angekündigt. Sogleich versperren Männer, welche die Armbinde der Résistance tragen, mit bewundernswerter Schnelligkeit den Zugang zu den Quais für Passanten, bringen die Frauen in die Toreinfahrten. Eine neue Schlacht. Die Insassen des Wagens, zwei Deutsche, verteidigen sich eine Stunde lang mit einem Mut, der Achtung abnötigt, und ich kann nicht umhin, an das zu denken, was sie verspüren: derart verlassen in dieser glühenden Hitze, in dieser Stadt, die gestern so alltäglich war und heute so schwer zu erkennen ist, blutig und zornig, mit ihren zahllosen Fallen. Die da werden entkommen: während sie kämpfen, repariert ihr Fahrer den defekten Wagen; plötzlich macht er eine Kehrtwendung und fährt wieder los; sicherlich werden sie anderswo getötet, an den Stadttoren oder am carrefour de l'Odéon oder auf der place de la République.

(Jean-Paul Sartre: Paris unter der Besatzung. Rowohlt, Reinbek 1980)

weisschilder wurden abmontiert: Die Wehrmacht-LKWs verirrten sich und wurden eine leichte Beute der Résistance. In der École Polytechnique und den Laboratorien der Sorbonne stellten Chemiker Molotow-Cocktails her. Am 22. August wurde auf Plakaten der Aufruf der Julirevolution von 1830 wiederholt: «Aux barricades, aux barricades, coupez les arbres, dépavez les rues ... Vive le peuple!» Und wirklich machten nun viele bisher unbeteiligte Bewohner mit: Die letzten Tage der «Libération» wurden zu einem der «großen Zornausbrüche von Paris» (Jean-Paul Sartre). Überall wuchsen Barrikaden empor, die Anlieger steuerten Betten, Matratzen, Herde, Badewannen zum Bau der Hindernisse bei. Nur in den reichen Vierteln des Westens war wenig los, dort waren die Bourgeois eher besorgt wegen der bedrohlichen «revolutionären» Machenschaften. Die Deutschen waren in ihren Stützpunkten eingeschlossen und zogen es vor, sich einzuigeln. Nur die Gestapo wütete bis zuletzt und schaffte lastwagenweise gefangene Widerstandskämpfer in den Bois de Boulogne, um sie dort vor dem Wasserfall zu erschießen. Beim Einmarsch der Division Leclerc ging dann alles sehr schnell. Nach einem letzten Panzergefecht auf der place de la Concorde wurde schließlich das Hotel Meurice eingenommen. Einige fanatische Heckenschützen der SS und der faschistischen Miliz schossen noch ein paar Tage nach der Kapitulation von den Dächern. Dann war diese Episode endgültig vorbei. Heute erinnern die überall in den Pariser Straßen angebrachten Tafeln an die Toten der Libération. Jedes Jahr Ende August werden sie mit Blumen geschmückt.

Immer wieder also ist Paris in gewissen Abständen in Bewegung geraten, immer wieder hat diese Stadt mit ihrer Bevölkerung, ihren Gebäuden und Straßen den Lauf der Geschichte – und nicht nur den der französischen – beeinflußt. Die Tradition des Aufstandes, der Barrikaden, ist nie ganz in Vergessenheit geraten. Selbst der karnevalistisch gezähmte Nationalfeiertag am 14. Juli hat als Anlaß den Sturm auf die Bastille. Bisher ist es nicht gelungen, das Unruhepotential dieser Stadt abzutöten; das bewiesen zuletzt die Ereignisse des Mai 1968 – und die sind noch gar nicht so lange her. Allerdings wurden im Anschluß daran die Straßen des Quartier Latin hektisch asphaltiert; so wird es das nächste Mal etwas schwieriger werden, an den Strand heranzukommen, der ja bekanntlich unter dem Pflaster liegt ... ■

Haussmann und seine Erben – Von Paris zur «région parisienne»

Die Region von Paris ist heute eine gigantische, von über 10 Millionen Menschen bewohnte, verstädterte Landschaft, die bevölkerungsreichste Agglomeration Europas. In der Mitte des in die «Île de France» zerlaufenden Stadt-Breis befindet sich ein eiförmiger Kern, der noch bis in die zwanziger Jahre von Befestigungsanlagen umrahmt wurde und heute durch die «Périphérique», eine sechsspurige Asphaltpiste, deutlich von der Umgebung abgegrenzt ist: «Paris» im engeren Sinn, die frühere «Hauptstadt des 19. Jahrhunderts», mit dem Autokennzeichen und der Postleitzahl 75.

Die Festlegung dieses Kern-Paris mit seinen 20 Arrondissements, das längst nur noch einen Bruchteil der gesamten Stadtwüste bildet, geht zurück auf das Jahr 1860, also auf das «Second Empire», die Regierungszeit Napoleons III. Damals wurden unter der Leitung des Baron Haussmann und auf Anordnung des Kaisers zum erstenmal umfassende, am Reißbrett geplante Eingriffe in das Gewebe der Stadt unternommen. Dabei bekam Paris jene Züge, die noch heute in weiten Teilen seinen besonderen Charakter ausmachen: Es entstanden die breiten Boulevards und Avenuen, die eindrucksvollen Reihen der gleichartigen, bräunlich-gelben Bürgerhäuser mit ihren grauglänzenden Schieferdächern und den durchgehenden Linien verzierter Balkon- und Fenstergitter.

Bis zu dieser Umgestaltung war das Wachstum der Stadt im allgemeinen «organisch», das heißt ungeplant verlaufen. Die Eingriffe von oben bleiben sporadisch und punktuell, betrafen mal Kanalisationsmaßnahmen, mal Detailverschönerungen wie die Errichtung einzelner Plätze, Brücken, Brunnen oder Denkmäler. Ansonsten wuchs die Stadt, wie sie wollte.

Auf dem Stadtplan könnt ihr deutlich drei konzentrische Boulevardringe erkennen. Sie entsprechen jeweils dem Verlauf einer Stadtmauer und geben daher Auskunft über verschiedene Ausdehnungsstufen von Paris. Der innerste Boulevardring mit den sogenannten «Grands Boulevards» (Capucines, Italiens, Bonne Nouvelle, Temple, Beaumarchais) folgt der Stadtbefestigung des 14. Jahrhunderts. Er trennt die mittelalterliche «Stadt» von den «Faubourgs», was noch heute an den Straßennamen zu sehen ist: Nach Überkreuzen des Boulevards wird zum Beispiel aus der rue St. Denis die rue Faubourg St. Denis, aus der rue St. Antoine die rue Faubourg St. Antoine. Während in der inneren Stadt die Bevölkerung lange Zeit gesellschaftlich gemischt war – um die Paläste der Aristokraten scharten sich die Häuser der Armen –, wohnten in den Faubourgs fast ausschließlich jene Handwerker und Arbeiter, die bei den diversen Aufständen und Revolutionen das treibende Element waren.

Im 18. Jahrhundert wurde das Stadtgebiet erweitert: Die Faubourgs kamen dazu, und um das Ganze wurde eine Zollmauer gebaut. Diese neue Grenze, die das Paris von 1784 bis 1860 umschloß, fällt zusammen mit dem mittleren Boulevardring: Dazu gehören unter anderem die boulevards de Clichy, Rochechouart, Belleville, St. Jacques, Edgar-Quinet... Wer nach Paris hinein wollte, mußte die Zollbarrieren passieren. Eine Reihe von Waren mußten hier versteuert werden, unter anderem auch der Wein. Die Folge war, daß sich unmittelbar

Paris im 17. Jahrhundert

jenseits der Barrieren an den Ausfallstraßen eine Ansammlung von Kneipen bildete, in denen billiger, zollfreier Wein ausgeschenkt wurde. Damit bekamen die an die Zollmauer angrenzenden Dörfer einen neuen, eigentümlichen Charakter: Hier entstanden volkstümliche Vergnügungsetablissements, Musiktheater, Ballsäle, Kaschemmen. Sonntags wälzten sich Mengen von Arbeitern mit oder ohne Familie vor die Tore, um sich vollaufen zu lassen, zu tanzen oder sich sonstwie zu unterhalten. Auf diese Zeit gehen einige der heutigen Pariser Amüsiergegenden zurück.

Die Gemeinden außerhalb der Zollmauer konnten noch bis in die zweite Hälfte des 19. Jahrhunderts weitgehend ihren dörflichen Charakter bewahren. Ihre friedliche Umgebung aus Weinbergen und Gärten zog eine Reihe von Pariser Bürgern an, die sich hier ihre Sommervillen bauten. In Montmartre findet sich noch immer der letzte Rest eines Weinbergs: Nicht weit von der Zuckerbäckerkirche Sacré Cœur werden jedes Jahr rund 200 Flaschen Großstadt-Säuerling geerntet und sodann mit großem Trara versteigert.

Zur Jahrhundertwende hin überwucherte die Stadt die alten Dorfkerne und dehnte sich aus bis zum äußeren Boulevardring. Mittlerweile sind von den alten Dörfern nur noch spärliche Reste zu finden: ins vornehme 16. Arrondissement eingebettet die Häuschen von Auteuil, umrahmt von trostlosen Wohnblocks die alte Dorfkirche von Charonne und natürlich das sattsam bekannte Zentrum von Montmartre, einem Touristenrummelplatz erster Ordnung (was nicht heißen soll, daß dieses Viertel keinen Besuch lohnt:

Ihr braucht bloß die paar Hauptstraßen des großen Herdenauftriebs zu meiden und werdet, vor allem auf der Rückseite des Hügels, eine Menge schöner Ecken mit zahlreichen Treppenaufgängen und versteckten kleinen Plätzen entdecken).

Haussmann greift ein

Der Baron Haussmann war Präfekt von Paris und ein treuer Diener seines Chefs Napoleon III. Dessen Idee war es, die Hauptstadt gründlich umzukrempeln und zu verschönern. Auf sein Geheiß sollte Paris die «Königin der Welt» werden, die schönste, spektakulärste, berühmteste Stadt von allen. Und Haussmann war das geeignete Instrument, diesen kaiserlichen Wunsch in die Tat umzusetzen.

Worum ging es dabei? Paris hatte bis 1850 ein ziemlich einheitliches, mittelalterliches Stadtbild bewahrt, war vor allem in den zentralen Vierteln ein Labyrinth verwinkelter Gassen geblieben, in deren engen Gemäuern sich eine ständig anwachsende Bevölkerung zusammendrängte. Die hygienischen Verhältnisse waren mehr als beklagenswert. Angesichts dieser bedrohlichen Krankheitsherde schien eine Sanierung dringend notwendig. Zudem war angesichts der schwungvoll einsetzenden Industrialisierung der Zustand der Straßen ein untragbarer Anachronismus. Man kam hier mit größeren Wagen nicht durch, Waren und Menschen ließen sich nicht vernünftig transportieren. Paris wurde Knotenpunkt des neu entstehenden Eisenbahnnetzes, Zentrum eines sich entwickelnden nationalen Marktes, also mußte es für diese neue Funktion hergerichtet werden. Dazu gehörten Verkehrsadern, die den modernen Bedürfnissen angepaßt waren; breite Straßen mußten her, die den Verkehr von den Bahnhöfen in die Stadtteile weiterleiteten und die Menschenströme zu den großen Kaufhäusern dirigierten, die in dieser Zeit entstanden. Es galt also, ein allgemeines Kreislaufsystem ein «System von arterienartigen Verbindungen zu schaffen.

Über diesen wirtschaftlich-funktionalen Aspekt hinaus wurde freilich die Umgestaltung von Paris vor allem als «Verschönerung» angepriesen: Das Bürgertum, das die ökonomische Macht erobert hatte, drückte mittels der Haussmann-Renovation der Stadt seinen ästhetischen Stempel auf. Das neue Gesicht von Paris ist Ausdruck des Selbstbewußtseins und des Geschmacks der neuen Klasse: Geometrische, gerade Linien, weite Perspektiven, die zu gleichförmigen Fronten aufgereihten, stattlichen Häuser – alles das bildet zusammen

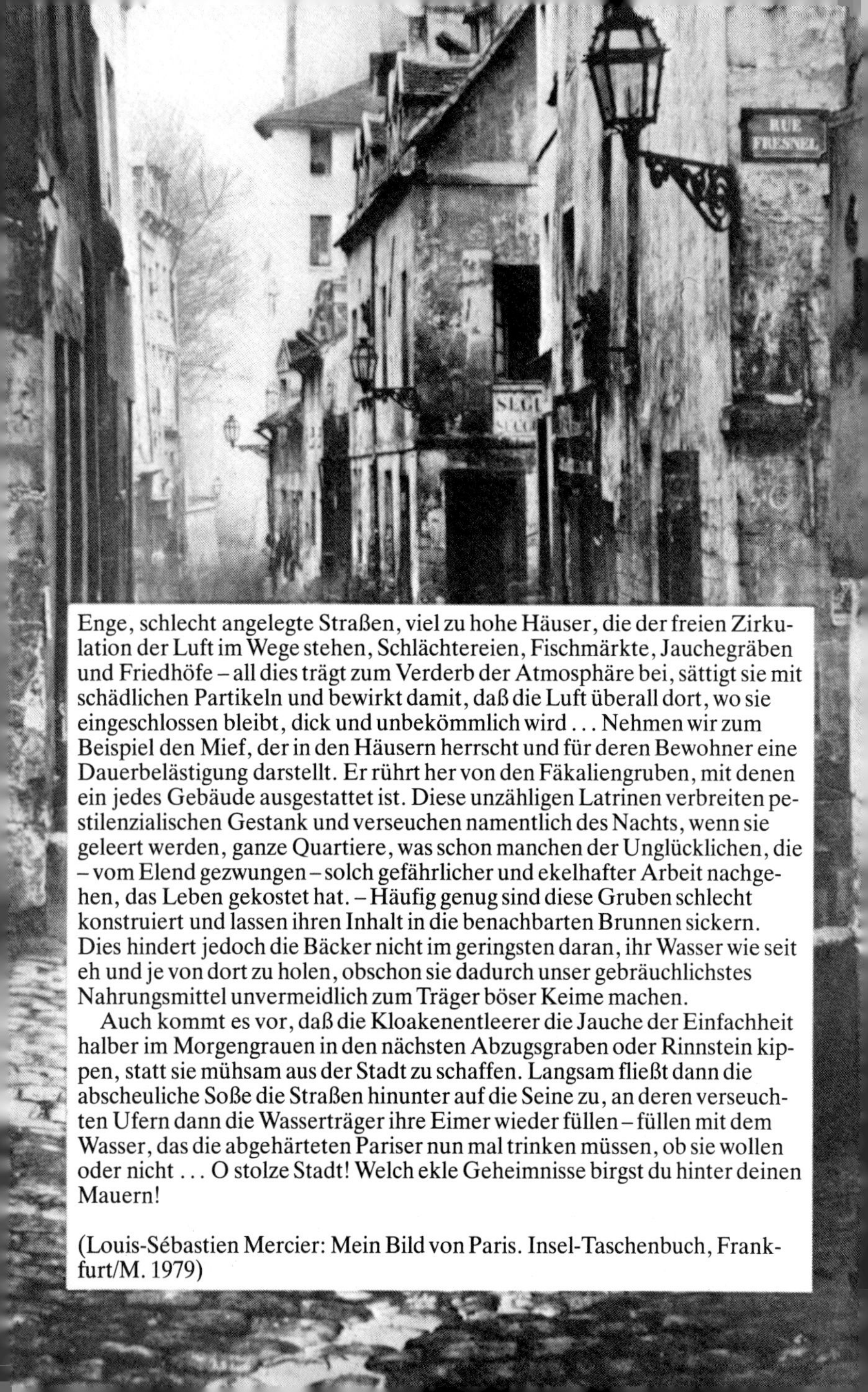

Enge, schlecht angelegte Straßen, viel zu hohe Häuser, die der freien Zirkulation der Luft im Wege stehen, Schlächtereien, Fischmärkte, Jauchegräben und Friedhöfe – all dies trägt zum Verderb der Atmosphäre bei, sättigt sie mit schädlichen Partikeln und bewirkt damit, daß die Luft überall dort, wo sie eingeschlossen bleibt, dick und unbekömmlich wird ... Nehmen wir zum Beispiel den Mief, der in den Häusern herrscht und für deren Bewohner eine Dauerbelästigung darstellt. Er rührt her von den Fäkaliengruben, mit denen ein jedes Gebäude ausgestattet ist. Diese unzähligen Latrinen verbreiten pestilenzialischen Gestank und verseuchen namentlich des Nachts, wenn sie geleert werden, ganze Quartiere, was schon manchen der Unglücklichen, die – vom Elend gezwungen – solch gefährlicher und ekelhafter Arbeit nachgehen, das Leben gekostet hat. – Häufig genug sind diese Gruben schlecht konstruiert und lassen ihren Inhalt in die benachbarten Brunnen sickern. Dies hindert jedoch die Bäcker nicht im geringsten daran, ihr Wasser wie seit eh und je von dort zu holen, obschon sie dadurch unser gebräuchlichstes Nahrungsmittel unvermeidlich zum Träger böser Keime machen.

Auch kommt es vor, daß die Kloakenentleerer die Jauche der Einfachheit halber im Morgengrauen in den nächsten Abzugsgraben oder Rinnstein kippen, statt sie mühsam aus der Stadt zu schaffen. Langsam fließt dann die abscheuliche Soße die Straßen hinunter auf die Seine zu, an deren verseuchten Ufern dann die Wasserträger ihre Eimer wieder füllen – füllen mit dem Wasser, das die abgehärteten Pariser nun mal trinken müssen, ob sie wollen oder nicht ... O stolze Stadt! Welch ekle Geheimnisse birgst du hinter deinen Mauern!

(Louis-Sébastien Mercier: Mein Bild von Paris. Insel-Taschenbuch, Frankfurt/M. 1979) ein Monument des Sieges der Bourgeosie. Paris ist – so spricht es die ästhetische Gesamtkonzeption aus – von nun an «ihre» Stadt.

Paris wird aufgeschlitzt

Außer dem verkehrstechnischen und dem ästhetischen gab es aber noch ein weiteres Motiv für den Umbau von Paris: ein politisch-strategisches. Die alten, eng-verschachtelten Viertel waren Nester des Aufruhrs, ihre schmalen Gassen barrikadenfreundlich; in ihnen lebte der gefährliche Pöbel. Haussmann macht in seinen Memoiren kein Hehl daraus, daß es ihm bei seiner Stadterneuerung auch darum ging, diese Brutstätten der Revolte unschädlich zu machen. Die breiten Boulevards, denen bereits ein großer Teil der mittelalterlichen Stadtsubstanz zum Opfer fiel, waren unter anderem auch als Truppen-Aufmarschbahnen gedacht. Zu diesem Aspekt gehört auch, daß an bestimmten Punkten der Stadt Kasernen errichtet wurden. Eine besonders schlaue Lösung fand der große Urbanist für den Canal St. Martin. Der bot nämlich bis dahin den Aufrührern der berüchtigten östlichen Faubourgs eine schwer überwindbare Verteidigungslinie. Haussmann, der weder Kosten noch Aufwand zu scheuen brauchte, ließ den Kanal einfach überdecken und schuf so den heutigen boulevard Richard-Lenoir, unter dem heute nach wie vor Lastkähne im Dunkeln ihrer Wege ziehen.

Mit der Entscheidung für die Total-Sanierung brachen mehrjährige Wühlarbeiten über Paris herein – die Stadt verwandelte sich in eine einzige große Baustelle. Rücksichtslos wurde sie, wie Émile Zola sagte, «mit Säbelhieben zerhackt», abgerissen wurde alles, was sich im Weg der schnurgeraden Schneisen befand. «Dem alten Paris mit seinen aufrührerischen Vierteln, mit seinen Barrikaden, wurde der Bauch aufgeschlitzt», freut sich Haussmann in seinen Erinnerungen, wo er vom Durchstich des boulevard Sébastopol berichtet. Das Paris des Mittelalters wurde ausgenommen wie eine Gans. Die Île de la Cité zum Beispiel verwandelte sich unter dem Zugriff der Verschönerer von einer eng bebauten, verwinkelten Wohngegend in eine öde Verwaltungsinsel.

Wo aber zogen all jene hin, deren Wohnungen der Spitzhacke zum Opfer gefallen waren? Da die neuen Häuser nicht für sie vorgesehen waren, blieb ihnen keine andere Wahl, als in die billigen Viertel des Nordens und Ostens, vor allem auf das Gebiet der neuannektierten Arrondissements auszuweichen. Hier drängten sie sich unter Bedingungen zusammen, die oftmals schlimmer waren als die vorherigen. Nur waren sie halt jetzt unter sich, das Paris der «Canaille» war klar abgegrenzt vom Paris der Bürger. Somit war der Klassengegensatz, der im Juni 1848 politisch aufgebrochen war, nun auch geographisch fixiert.

Glaspaläste und Slums: La Belle Époque

In der nachfolgenden Phase, der sogenannten «Belle Époque», änderte sich am Gesicht der Stadt nicht allzuviel. Einige noch nicht abgeschlossene Haussmann-Projekte wurden auch nach dem Sturz des Regimes weitergeführt, so der Bau der Oper und des boulevard Raspail, aber die Zeit der umfassenden urbanistischen Planung war zunächst mal vor-

bei: Auf den Wirtschaftsdirigismus des Zweiten Kaiserreichs folgte die Ära des liberalen Laisser-faire-Kapitalismus – jeder Eingriff von oben war verpönt.

Architektonisch manifestierte sich die Belle Époque daher vor allem in einzelnen Gebäuden, wie dem «Grand Palais» und dem «Petit Palais», die zur Weltausstellung von 1900 in der Nähe der Champs-Élysées errichtet wurden. Eine neuartige Technikeuphorie regierte, neue Materialien und Bauweisen wurden entwickelt. Kühne Dachkonstruktionen aus Stahl und Glas ermöglichten es, das Tageslicht auf eine bis dahin nicht gekannte Weise auszunutzen. Neben dem riesigen Dach des Grand Palais, einer Mehrzweck-Ausstellungshalle, sind natürlich vor allem die Bahnhofshallen Zeugnisse der neuen Glasarchitektur, aber auch die zu dieser Zeit gebauten Bankgebäude und Kaufhäuser haben in ihrem Zentrum meist einen Lichthof, über dem sich eine gläserne Kuppel wölbt. Allerdings wurde der technische Aspekt dieser Gebäude meist hinter einer konventionellen, mit allerlei Stilanleihen versehenen Fassade verborgen. Die nackt zutage tretende Stahlkonstruktion hätte unangenehm deutlich an die Herkunft aus der Industrie, an Fabrikarbeit erinnert. Ein spektakuläres Bauwerk verging sich gegen diese Regel: der 1889 errichtete Eiffelturm. Er wurde denn auch prompt als Ausbund an Häßlichkeit, als Skandal empfunden, und es dauerte eine geraume Weile, bis sich die Pariser an das metallene Monster gewöhnt hatten.

Auch die Jugendstil-Architektur gehört in diese Zeit um die Jahrhundertwende. Vielleicht findet ihr auf euren Streifzügen hier und da mal eines der mit unsymmetrischen, pflanzenartigen Ornamenten und verschlungenem Gitterwerk verzierten Häuser von Lavirotte oder Hector Guimard, «style nouille», Nudelstil, nannten die Leute das zwar damals spöttisch, weil manches an verknotete Spaghetti erinnerte, aber Interessenten mußten diesen Avantgarde-Künstlern einiges hinblättern; daher findet man ihre Werke fast aus-

Jugendstiltür an der avenue Rapp

schließlich in den reichen Vierteln, etwa im 7. oder 16. Arrondissement. Nur Guimards extravagante Metroeingänge haben den «Nudelstil» gewissermaßen unters Volk gebracht.

Die Belle Époque war schön bloß für die eine Hälfte, die «bessere», der Stadt. Die andere bekam vom neuen Bürgerglanz und -protz recht wenig ab, für sie wurde es zunehmend düsterer. Massen von Arbeitern waren im Zuge der Industrialisierung zugewandert und hausten ganz erbärmlich. Skrupellose Profitschinder, damals an keinerlei Auflagen gebunden, errichteten Slumbehausungen oft ohne jegliche sanitäre Einrichtung. Hunderttausende lebten in finsteren Löchern zur Untermiete oder dichtgedrängt in schäbigen Schlafsälen, die sich «Hotel» nannten, terrorisiert durch demütigende Reglements und der Willkür von Besitzern und Aufsehern ausgeliefert. Krankheiten wie Typhus und Tuberkulose griffen um sich, die Lebenserwartung im Pariser Osten war beträchtlich niedriger als im Westen. Paris bestand aus zwei grundverschiedenen Welten. Sogar in der Körpergröße machten sich die Unterschiede bemerkbar: Statistiker entdeckten, daß die Bewohner des wohlhabenden 16. Arrondissements im Durchschnitt um mehrere Zentimeter größer waren als die der Arbeiterviertel.

Pavillons und Wohnmaschinen

Immer mehr Industriebetriebe siedelten sich nun an den Rändern und in der weiteren Umgebung von Paris an, besonders an der Seine und entlang der neuen Eisenbahnlinien. Wie ein Magnet zog die Stadt Menschen aus allen französischen Provinzen an. Während sich die Bevölkerung des inneren Paris bei 2,8 Millionen einpendelte, wucherte die Banlieue immer weiter aus. Das Wohnungschaos in der Agglomeration Groß-Paris wurde untragbar. Der liberale Kapitalismus zeigte sich unfähig, die Situation zu meistern. Mietreglementierungen und Bauvorschriften erwiesen sich als unerläßlich. Auf dem Gelände der Befestigungsanlagen, die in den zwanziger Jahren demoliert wurden, entstand ein Ring von klotzigen Sozialwohnungsbauten.

Darüber hinaus wurde ein eigenwilliger Plan entwickelt, die Wohnungsmisere der Arbeiter zu bekämpfen und gleichzeitig zur Hebung ihrer Moral beizutragen: Man beschloß, den Erwerb eigener kleiner Häuschen in der Banlieue zu fördern. Fern von den gefährlichen Herden des Aufruhrs würden die Proletarier, schön voneinander isoliert, zu richtigen kleinen Bürgern werden, ihr Gefühl für Eigentum würde entwickelt, ihr Familiensinn gestärkt. Ansonsten sollten sie natürlich weiter brav in die Fabrik gehen. So wuchsen in den zwanziger und dreißiger Jahren in der Umgebung von Paris endlose Reihen gleichförmiger Einfamilienhäuser, «Pavillons», aus dem Boden, nicht, weil kleinkarierte Spießer nach ihrem eigenen kleinen Reich lechzten, sondern als Folge eines ideologisch gefärbten Regierungsprogramms.

Das stieß natürlich wegen der aberwitzigen Platzverschwendung bald an Grenzen. Ein ganz anderes Konzept zur Sanierung von Paris wurde von dem Architektur-Papst Le Corbusier schon 1925 entworfen: Sein «genialer» Plan sah vor, außer einigen übrigzulassenden bekannten Monumenten ganz Paris aus uniformen, kreuzförmigen Wolkenkratzern neu zu bauen, die nur fünf Prozent der Gesamtfläche einnehmen würden, der Rest sollte aus Grünflächen bestehen ... Diese Vision ließ man ihn zwar nicht realisieren, aber sein Konzept der riesigen «Wohnmaschine» kam nach dem Zweiten Weltkrieg reichlich zu Ehren. Überall in der Banlieue wuchs eine triste Bauklotzarchitektur empor – «cages à lapins», Kaninchenställe, nennt der Volksmund diese Blöcke. Die Banlieue wurde mehr und mehr zu einem diffusen Gemisch aus Pavillons, Fabriken, monströsen Schlafstädten und Resten alter Dorfkerne.

Die große Modernisierung

In den fünfziger Jahren versuchte man mit absurden Mitteln dem chaotischen Ausufern der Stadt-Suppe entgegenzuwirken. Das Wachstum der «région parisienne» sollte eingedämmt, die Industrie stärker auf die Provinzregionen verteilt werden. Was dabei unausgesprochen auch eine Rolle spielte, war das bedrohliche Anwachsen des «Roten Gürtels», der kommunistisch verwalteten Gemeinden um Paris. Um eine größere Dezentralisierung zu erreichen, wollte man die Region Paris möglichst unattraktiv machen. So wurden bewußt die Metrolinien nicht über die Stadtgrenzen hinaus verlängert, die Unternehmer bekamen Prämien für die Abschaffung von Arbeitsplätzen. Das nutzte aber letztlich alles nichts: Der Zustrom aus der Provinz wurde eher noch stärker. Die eigenartig Paris-feindliche Politik erwies sich als illusionärer Blödsinn.

1965 setzte sich dann eine Haltung durch, die das krasse Gegenteil dieser Paris-Verkleinerungsträume war: In einer Weise, die an Haussmann erinnert, sollte die Stadt zentral in den Griff genommen und zu einer im Weltmaßstab konkurrenzfähigen, modernen Metropole ausgebaut werden. Hierzu mußte die Stadt vor allem für die internationalen Konzerne attraktiv gemacht und ihre Infrastruktur den neusten Erfordernissen angepaßt werden. In diesem Sinne begann man alsbald mit der Modernisierung der bisherigen «Hauptstadt des 19. Jahrhunderts». Staunend sah die Bevölkerung die neuen Verwaltungszentren der Multis, die Hochhauskomplexe von La Défense und der «Front de Seine» oder den gigantischen Montparnasse-Turm, emporwachsen.

Auch verkehrsmäßig wurde die Stadt für die modernen Anforderungen hergerichtet. Besonders unter

Haussmanns Boulevards bewährten sich – Polizeiluftbild Mai '68

Pompidou wurde alles daran gesetzt, Paris «autogerecht» zu gestalten: Die «Périphérique» entstand, jener Autobahnring entlang der Stadtgrenze, über dessen tägliche Staus und Auffahrunfälle die Hörer des Pariser Radiosenders F. I. P. von fröhlichen weiblichen Hauchstimmchen informiert werden. Quer durch die Stadt, von der Porte de St. Cloud bis zur Bastille, ließ der Präsident eine Schnellstraße bauen, die an der Stelle früherer beschaulicher Seine-Quais verläuft. Gerechterweise trägt diese Glanzleistung seinen Namen: «Voie Expresse Georges Pompidou».

Paris als Inszenierung

Die in den sechziger Jahren begonnene Modernisierung bedeutet für Paris auch eine tiefgreifende soziale Mutation: die Abriß- und Neubauaktionen haben eine weitergehende Verbürgerlichung der Hauptstadt zur Folge. Haussmanns Sanierungsidee wird radikal zu Ende gedacht: die noch verbliebenen innerstädtischen Arbeiterviertel werden eins nach dem anderen abrasiert, an ihrer Stelle entstehen zumeist Appartements für mittlere und höhere Angestellte. Außerdem wird die Hauptstadt nicht nur von ihrem Proletariat, sondern auch von ihrer Industrie gesäubert. Immer mehr Fabriken verschwinden aus dem Norden und Osten, dafür wird Paris zu einer Hochburg des «tertiären Sektors» ausgebaut. Zur Kahlschlag-Renovation, die das ehemals volkstümliche Viertel in sterile Betonlandschaften verwandelt hat, tritt ergänzend das Aufmotzen der «historischen» Viertel im Zentrum hinzu. Hier gibt man sich Mühe, die Straßenbilder zu konservieren, hier wird

Zaghafte Postmoderne: das neue Hallenviertel

nichts abgerissen, und wenn doch, dann so, daß die Fassade stehen bleibt. Mehr und mehr entsteht so eine Art Vorzeige-Paris, eine große Kultur- und Unterhaltungsanlage mit allem Drum und Dran. Bezeichnend für diesen Trend ist die Veränderung der Gegend um die ehemaligen Hallen. Nachdem man den Pariser Großmarkt in den Vorort Rungis ausgelagert hatte und die vielen, vom Markt direkt abhängigen Gewerbetreibenden nachgezogen waren, wurde dieses vorher ziemlich ärmliche Viertel rasch von der Kommerz-Schickeria entdeckt. Boutiquen und Edelkneipen zogen in die Läden der Fisch- und Gemüsehändler, später auch Croissant-Shops und Burger-Kings.

Inzwischen hat sich das Quartier zum neuen «Herzen» von Paris entwickelt. Als Kraftzentrum mitten drin liegt das «Forum», ein kraterförmig in die Tiefe gebautes Einkaufsparadies. Von allen Seiten führen Rolltreppenschächte hinunter in eine mehrstöckige Welt aus Geschäften aller denkbaren Branchen, Cafés, Snacks, Restaurants. In den großen Kommerzkuchen des Forums sind auch ein paar Kultur-Rosinen untergemischt – Kinos, Konzertsäle, ein Hologramm-Museum, hier und da etwas Kunst am Bau. Zur Relativierung des glitzernden Betriebs versammelt sich auf der untersten Etage die Gemeinde der Rastas mit ihren großen Radio-Maschinen, daneben lungern arbeitslose Jugendliche und kleine Drogenhändler herum. Hier geht das Ganze dann über in die größte Untergrundstation der Welt, «Châtelet – Les Halles», wo sich vier Metro- und zwei Schnellbahnlinien kreuzen. Um das Forum herum entstand auf dem Terrain der abgerissenen eisernen Hal-

Von Hand und vollautomatisch

len des Haussmann-Architekten Baltard ein Ensemble aus aufdringlich verspiegelten Pavillons mit pilzartig geschwungenen Formen, die Ränder des Geländes wurden mit zaghaft postmodern gestylten Wohnanlagen bebaut – architektonisch nicht gerade ein großer Wurf, eher aufgedonnertes Mittelmaß. Das sprichwörtliche «trou des Halles», das tiefe Loch, das über zehn Jahre lang vor der Kirche St. Eustache gähnte, ist seit Ende 1985 wieder angefüllt: mit unterirdischem Schwimmbad, Turnhallen, Billardsaal, Ausstellungsräumen und einer «Vidéothèque», wo sämtliche audiovisuellen Dokumente gesammelt werden sollen, die was mit der Kapitale zu tun haben. Obendrauf wächst Ziergrün heran, das mal ein Park werden soll, dazwischen stehen reichlich geschmacklose Straßenlaternen herum sowie merkwürdige grüne Metallbögen als Schmuckelemente, abgetrennt ist ein «Abenteuergarten» für Kinder.

Der Stadtteil «Les Halles» ist heute zur bevorzugten Bastion der Insider-Jugend geworden. Die Trendsetter, die den Ton angeben bei den jeweiligen Jugendmoden, sie haben hier ihre Hauptquartiere in den einschlägigen Cafés und Bars – Café Costes, Père Tranquille, Au Diable des Lombards, Potager des Halles oder wie sie gerade heißen mögen. Hier ist «was los», bzw. eigentlich ist da gar nix los. Es wird rumgesessen, der «look» gepflegt, die eigene Blasiertheit genossen. Es sind nicht mehr wie einst politisierte Quartier-Latin-Studenten, sondern diese bunten Konsum-Vögel des Hallenviertels, die heute die Aufmerksamkeit auf sich ziehen. So ist das Quartier durchaus repräsentativ für aktuelle Entwicklungen in der Metropole. Das cleane Paris breitet sich aus als gesäuberte, geglättete Fußgängerzone. Sauberkeit ist eines der Hauptanliegen der rechten Stadtväter. So sind zum Beispiel an Stelle der klassischen Pissoirs allenthalben die neuen «Sanisettes» aus dem Boden geschossen – ovale Bedürfnisanstalten aus geripptem Beton, vollautomatisch, keimfrei, manche gar mit Musik, und das alles für nur einen Franc, wahrhafte «chiottes de luxe». Den Menschen die «Sanisettes», den Kötern die «Caninettes»: zur Beseitigung der Hundescheiße von öffentlichen Wegen ist eine Armada grünweißer Spezialmotorräder im Einsatz, ausgerüstet mit Kot-Absaugevorrichtung und -Container. Täglich knattern sie über die Bürgersteige und machen Jagd auf die allgegenwärtigen Häufchen – ein hoffnungsloses Unterfangen. Entwickelt wurden diese Krafträder von der auf urbanes Mobiliar spezialisierten Firma Decaux, die das Antlitz von Paris in den letzten Jahren ganz entscheidend mitgeprägt hat. Aus ihren Design-Studios stammen außer Beton-Klos und Reinigungsfahrzeugen auch die städtischen Abfalleimer, die stromlinienförmigen Reklame- und Informationstafeln sowie sämtliche Bushaltestellen. Man kann kaum hundert Meter durch Pariser Straßen gehen, ohne auf ein Decaux-Objekt zu stoßen.

Die Baustellen des Präsidenten

Angestrengt modernisiert wird die Kapitale auch auf anderer Ebene: eine beispiellose Menge von Kulturbaustellen ist während Mitterrands Amtszeit in Angriff genommen worden. Einerseits entsprechen sie dem

Im Einsatz gegen Hundekacke

Bedürfnis der Herrscher, in der Hauptstadt Spuren zu hinterlassen und sich der Nachwelt zu empfehlen. Das hat etwas von der Attitüde des Fürsten, der seiner Residenz den Stempel aufprägt, und ein Hauch von Monarchie liegt ja über dieser fünften Republik mit ihrer herausgehobenen Präsidentengestalt. So pompös und aufwendig wie der Sozialist Mitterrand hat's allerdings bisher noch keiner gehalten; über sein gewaltiges Bauherren-Bedürfnis wird denn auch in der Presse gern ironisch hergezogen. Aber abgesehen vom Herrscherwunsch, sich zu verewigen, geht es auch darum, die Hauptstadt mit zugkräftigen Attraktionen auszustatten, ihr durch zeitgemäßen Glanz und grandiose Einrichtungen auch künftig einen Spitzenplatz im Wettkampf der internationalen Metropolen zu sichern. Von seinem Vorgänger Giscard d'Estaing übernahm der Präsident das Vorhaben, die Gare d'Orsay, einen stillgelegten Belle-Époque-Bahnhof am linken Seineufer, zu einem Museum des 19. Jahrhunderts zu machen. Allerdings setzte er dabei eigene Akzente: das «Musée d'Orsay», zunächst als traditionelle Weihestätte der bildenden Kunst mit dem Schwerpunkt Romantik gedacht, wurde um soziale und politische Gesichtspunkte erweitert und umfaßt nun auch Bereiche wie Architektur und Fotografie. – Eine andere Präsidentenbaustelle liegt gleich gegenüber am anderen Ufer: dort wird der Louvre zum «Grand Louvre» umgerüstet. Das Finanzministerium verschwindet aus dem Nordflügel, das bringt erheblich mehr Platz für die bisher unzureichend präsentierten Kunstwerke und die fast drei Millionen Besucher. Für den Freiraum zwischen den beiden Flügeln hat sich der amerikanisch-chinesische Stararchitekt Ieoh Ming Pei eine hochaufragende gläserne Pyramide ausgedacht, unter der die künftige Haupteingangshalle liegen soll. Von dort aus werden die Menschenströme dann unterirdisch in die einzelnen Abteilungen des Riesenmuseums geleitet. Heftigen Lärm gab es in der Öffentlichkeit um dieses Konzept, für das sich der Fürst im Élysée selbstherrlich entschieden hatte. Wieso eine Pyramide? Das weiß kein Mensch. Außer Pei und Mitterrand, vielleicht. – 1989 findet die 200-Jahr-Feier der Französischen Revolution statt. Pünktlich zu diesem Ereignis soll am symbolträchtigen Ort der place de la Bastille die neue «Opéra populaire» ihre Pforten öffnen. Dreimal so groß wie die alte, aus dem letzten Jahrhundert stammende Oper soll sie werden und die Opernhäuser von New York und Sidney möglichst in den Schatten stellen. Demoliert wurden dafür ein stillgelegter Bahnhof, das Kino Paramount-Bastille sowie mehrere alte Wohnhäuser. Proteste von Stadtteilinitiativen blieben nutzlos. Die Volksoper, konzipiert von dem in Toronto lebenden Lateinamerikaner Carlos Ott, bietet sich im Modell dar als überdimensionaler Kasten im aufgelockerten Bürohausstil, der den weitläufigen Platz von der Ostseite her wuchtig überragt und die angrenzenden Bürgerhäuser wie Spielzeug erscheinen läßt. Der Unsummen verschlingende Singspiel-Palast, von dem niemand weiß, ob er vollzukriegen sein wird, soll auch dazu beitragen, endlich mehr Kultur in die «populären» Quartiere des Pariser Ostens zu bringen. Nur werden sie wohl bald so populär nicht mehr sein; die Oper wird die angrenzenden Viertel schicker und

La Villette: vom Bauskandal zum Kulturpark

um einiges teurer machen.

Teilweise von seinem Vorgänger übernommen hat Mitterrand auch das Projekt «La Villette». Auf diesem weitläufigen, von Kanälen durchzogenen Gelände im Norden von Paris befand sich früher der große Schlachthof der Kapitale. Zu Pompidous Zeiten war dort mit einem Neubau begonnen worden, der sich bald als totale Fehlplanung erwies und als Betonruine ungenutzt herumstand. Um das Skandalobjekt vergessen zu machen, hatte Giscard beschlossen, um das Schlachthof-Skelett herum ein Technik-Museum zu errichten. Bevor es damit losgehen konnte, wurde er allerdings abgewählt. So entstand als Mekka des französischen Modernitäts- und Technologiekults unter dem sozialistischen Präsidenten das klotzige «Musée national des sciences, des techniques et des industries», natürlich das größte seiner Art auf der Welt. Die vier Hauptabteilungen heißen: «Kosmisches Abenteuer», «Entwicklung des Menschen und seiner Umwelt», «Materie und Arbeit», «Sprache und Kommunikation». Aber das Museum ist in La Villette nur eine von vielen Attraktionen: drumherum entsteht auf dem Terrain des einstigen Schlachthofs der größte Pariser Park seit Haussmanns Zeiten – ein «Park des 21. Jahrhunderts», angefüllt mit Kultur-, Bildungs- und Freizeiteinrichtungen, die im Rhythmus ihrer Fertigstellung nach und nach zugänglich werden. Da ist die «Grande Halle», in der früher vor dem Schlachten die Rinder geparkt wurden; heute beherbergt diese gewaltige alte Stahlkonstruktion wechselnde Großausstellungen. Ebenfalls bereits in Betrieb: der Rock- und Schlagertempel «Le Zénith» sowie «La Géode», ein Rundum-Kino in Gestalt einer silbrigen Kugel, die ein ästhetisches Gegengewicht zum großen Museumsquader bildet. Im Werden sind außerdem ein Musikzentrum mit Auditorium für 4000 Hörer und eine Vielzahl von «folies», kubischen Gebilden, die als Reiz- und Anlaufpunkte gleichmäßig über die Gesamtfläche verteilt sind und Cafés, Restaurants, Bäder oder sonstwas enthalten sollen. Alles in allem also ein Action-Park, wo dem Volk auf spielerisch-unterhaltsame Weise die Zukunftstechnologien schmackhaft gemacht werden sollen. – Demselben Geist verpflichtet ist das vielleicht spektakulärste der neuen Vorhaben: der gigantische Triumphbogen von La Défense, der als markante Architekturgeste die am Louvre beginnende Pariser Prachtschneise abschließen soll. Dort, im Viertel der Verwaltungstürme internationaler Konzerne, in der Fluchtlinie der beiden napoleonischen Bögen gelegen, wird ein 110 Meter hohes, mit blendend weißem Carrara-Marmor verkleidetes Tor errichtet, dessen Durchlaß breit genug wäre für die Champs-Élysées und hoch genug für die Türme von Notre-Dame. Beherbergen soll dieser eckige Koloß den «Carrefour international de la communication», eine heilige Stätte der Informatik und der neuen Medien, die mithelfen soll, Paris zu einer High-tech-Hochburg zu machen. Mitterrands Triumphbogen ist gedacht als Vitrine der Spitzentechnologie, als Begegnungszentrum der einschlägigen Profis und Businessleute, mit einer Abteilung fürs breite Volk, wo Computer der fünften Generation, hochkomplizierte Videoanlagen und dergleichen angefaßt und ausprobiert werden dürfen – eine Art Techno-Spielwiese für Leute wie du und ich. Da sollen dann die Familien Ausflüge in die Zukunft unternehmen, so wie sie früher sonntags in den Zoo gegangen sind. Aber selbst für die altmodischen oder unwilligen Skeptiker kann es vielleicht reizvoll sein, diesen Triumphbogen der Medienzukunft zu besuchen, denn oben auf dem Dach wird es eine immense Aussichtsplattform mit Dachgarten und wahrscheinlich einer Café-Terrasse geben, von wo man einen prächtigen Blick haben wird auf das Paris der früheren Jahrhunderte.

Le Villes Nouvelles: die Utopie der Technokraten

Urbanistische Eingriffe, Modernisierungen spektakulärer Art gibt es in jüngster Zeit auch weiter draußen, in der Banlieue, dort wo das Gros der Bewohner der Pariser Region lebt. Die wurde in den fünfziger und sechziger Jahren geprägt durch die «grands ensembles», aus dem Boden gestampfte Großsiedlungen aus kastenförmigen Blocks und Türmen mit hoher Aufnahmekapazität – uniforme Wohnmaschinen, in denen man Massen von Arbeitern und kleinen Angestellten unterbrachte. Zum ersten Symbol dieser zunächst noch ungewohnten Bauweise wurde die Bauklotz-Siedlung Sarcelles. Von ihren Schöpfern mit funktionalistischen Argumenten als hygienisch, lichtdurchströmt und durchgrünt gepriesen, avancierte sie gleichwohl in der französischen Öffentlichkeit schnell zum Schreckbild und zum Inbegriff menschenverach-

Es war wie das Gelobte Land, aber nicht in dem Sinne des Paradieses, sondern in dem Sinn, daß sich der Zustand der Welt endlich unverstellt und unverlogen zeigte. Aus einer riesigen Metrostation kommt man über mehrere Rolltreppen auf eine weite, steinerne Plattform, an deren Rand schon überall die Häusertürme stehen, viele noch im Bau ...

Eine Musterwohnung mit dem poetischen Namen «Eve» stand im Dreck zur Besichtigung, ein Quadratmeter 2800 Francs. Einige Häuser waren schon bewohnt, sie hatten große Innenhöfe, durch die Passagen pfiff der Wind. In einem Innenhof sah ich auch einen Kinderspielplatz: Er bestand nur aus einem quadratischen Sandkasten, zwanzig mal zwanzig Meter. Zwei Kinder saßen dösend darin. Es gab ein Schnellkaufgeschäft, das «Quick food» hieß. An einer Snack-Bar mit Sandwiches und dergleichen stand traurig mit altfranzösischen Buchstaben: «Brasserie» ... La Défense müßte eigentlich Sperrzone sein – weil da die Geheimnisse der technokratischen Welt sich ganz unverschämt verraten. Ein Stacheldraht gehört ringsherum und Schilder «Fotografieren verboten». Aber die verantwortlichen Unmenschen in ihren menschenwürdigen Umgebungen sind sich schon zu sicher. Geil lassen sie auf den Tafeln vor den Hochhausunterschlupfen ihre Namen leuchten: Bank von Winterthur, Chase Manhattan Bank, Siemens, Esso ... Die Architekten und Planer sollen sich inzwischen von ihren eigenen Entwürfen distanzieren, hört man. Was ist das, ein Architekt?

(Peter Handke: Als das Wünschen noch geholfen hat. Suhrkamp, Frankfurt/M. 1974)

Neo-Stadt: Das Radhaus von Marne-la-Vallée

tender Architektur: Sarcelles, das war die Hölle der grünen Witwen, die Brutstätte für Depressionen, Alkoholismus und Verwahrlosung, Auslöser einer sozialen Krankheit, die mit dem Namen «La Sarcellite» bezeichnet wurde. Viele der Insassen dieser «grands ensembles» waren aus den alten Pariser Arbeitervierteln vertrieben worden; zwischen 1962 und 1975 verließen im Zuge dieser von manchen Kritikern so genannten «Renovierungsdeportation» 500000 Menschen die Stadt. Wenn auch die neuen Blocks vielleicht größeren Komfort boten als die vorigen Behausungen, so bekamen sie doch bald eine schlechte Presse, wurden als «Kaninchenställe» gegeißelt, als «villes-dortoirs», als seelenlose, monotone Schlafstädte ohne Infrastruktur, Bildungs- und Freizeiteinrichtungen. Meist waren sie weit draußen auf billiges Bauland gestellt, für viele ihrer Bewohner waren und sind stundenlange Transportzeiten die Regel. 1965 wurde dann aber eine urbanistische Großintervention beschlossen: erstmals sollte die Entwicklung der Pariser Region rational geplant werden, und zwar gleich bis ins Jahr 2000. Der damals aufgestellte Leitplan ist auf dem Hintergrund der vorausgegangenen baulichen Verfehlungen zu sehen, aber auch im Zusammenhang mit der gaullistischen Modernisierungspolitik und den neuen Anforderungen, die sich daraus für den Großraum Paris ergaben. Kernpunkt des Plans ist die Schaffung von kompletten neuen Großstädten, «villes nouvelles». Und zwar sollten es wirkliche Städte sein, mit allem was dazugehört, konzipiert für 400000 bis 500000 Einwohner, mit allen denkbaren städtischen Einrichtungen, anspruchsvoller Architektur und einem ausreichenden Angebot an Arbeitsplätzen, wodurch die täglichen Migrationsströme ins Zen-

Kulissenzauber: Ricardo Bofills «Abraxas-Palast»

trum Paris gedrosselt, die mehrstündigen Anfahrten in überfüllten Vorortzügen oder auf verstopften Straßen vermieden werden könnten. Durch die Ausstattung mit administrativen, kommerziellen und kulturellen Einrichtungen würden die «villes nouvelles» zu vollwertigen urbanen Polen und damit zu Entlastungszentren für die vom Erstickungstod bedrohte Hauptstadt werden. Allerdings sind die «neuen Städte» mehr als bloß urbanistische Problemlösungen. In ihnen manifestiert sich die politische und wirtschaftliche Strategie des gaullistischen Staates: sie sind Teil einer Operation, die die verstädterte Region von Paris den Bedürfnissen des fortgeschrittenen Kapitalismus anpaßt. Auch hier geht es um die Zurückdrängung der traditionellen Industrie zugunsten des tertiären Sektors und der zukunftsträchtigen Spitzentechnologie. Im Rahmen dieser Strategie sollten die «villes nouvelles» zu dynamischen Polen der Modernisierung werden, eine aktive Rolle spielen bei der Umwandlung der Stadtregion zu einem geballten postindustriellen Kraftzentrum – das aufpolierte, gänzlich entproletarisierte Paris als Königin in der Mitte, die erwachsenen Villes-nouvelles-Töchter im Abstand von 30 Kilometern drumherum. – 1969 wurde mit den Bauarbeiten angefangen. Fünf neue Städte – Cergy-Pontoise, Evry, St. Quentin-en-Yvelines, Marne-la-Vallée und Melun-Sénart – begannen aus dem Boden der Île de France zu wachsen. Freilich war in den Entwicklungsprognosen der sechziger Jahre die in den Siebzigern ausbrechende Krise nicht einkalkuliert. Der Bevölkerungszuwachs blieb weit hinter den Erwartungen zurück, die erhoffte Ansiedlung von Unternehmen in den neuen Stadtzonen vollzog sich nur sehr zögernd. Bald geriet die Bautätigkeit ins Stocken, und jahrelang boten die «villes nouvelles» das traurige Bild von halbaufgegebenen Riesenbaustellen. Schließlich mußte bei den Zielwerten erheblich zurückgesteckt werden: die angestrebte Einwohnerzahl wurde um die Hälfte auf nunmehr 200000 reduziert. Erst in den achtziger Jahren, also mit erheblicher Verspätung, haben die neuen Städte endlich Gestalt angenommen und sich im großen und ganzen als funktionsfähig erwiesen.

Es lohnt sich unbedingt, da mal hinzufahren, sich diese schöne neue Welt etwas näher anzuschauen. Beispielsweise nach Marne-la-Vallée, das hat eine Menge Eindrücke zu bieten und ist sehr einfach zu erreichen: mit der Super-Metro RER, Linie A 4 bis Noisy-le-Grand. Da ist man dann gleich im City-Bereich der Neo-Stadt. Die ist nämlich nicht zusammenhängend konzipiert, sondern besteht aus verschiedenen Quartiers, die weit auseinander wie Inseln im mehr oder weniger Grünen liegen, die Verbindung wird von großzügig breiten Schnellstraßen hergestellt. Das «urbane Herz», der zentrale Bezugspunkt der Siedlungszone, ist zwar mit einer Bahnstation versehen, vor allem aber mit weitläufigen Parkebenen. Von dort aus erreicht der motorisierte City-Besucher die abgetrennte Fußgängerebene: er tritt ein ins Reich der Supermarkt-Caddies. Überall stehen sie herum im Kernbereich. Tatsächlich besteht das urbane Herzstück im wesentlichen aus einem überdimensionalen Einkaufszentrum mit mehreren, durch Laufbänder verbundenen Etagen – ein Konsumlabyrinth mit permanenter und penetranter Musik-Berieselung. Die kulturelle Animation ist mit dem Warenparadies aufs engste verquickt, Theater, Kunst und Kino wirken so wie Unterabteilungen des «centre commercial». In seiner Umgebung wurde ganz besonderer Wert auf «innovative» Architektur gelegt; die neue Stadt soll sich deutlich absetzen von den tristen Wohnscheiben der «grands ensembles». Hier wurden bekannte und teure Architekten engagiert, unter deren Regiment der Beton zeigt, was er kann: es gibt verschachtelte Pyramiden, Terrassen, Bögen, Wohnhäuser in Gestalt von Rädern, das alles in sämtlichen Farbtönen von zahnpastagrün über sandsteingelb bis himmelblau, ein Sammelsurium, das den etwas angestrengten Willen erkennen läßt, auf jeden Fall die funktionalistische Tristesse der «grands ensembles» zu vermeiden. Da sind Piazzas mit Skulpturen und Laternen, da gibt es an Gassen erinnernde gewundene, gepflasterte Fußwege und ein Budget für Animation, mit deren Hilfe städtische Lebendigkeit hergestellt werden soll. Freilich ist das alles bloß inszeniert. Das «Urbane» ist hier keine Frage der Geschichte, sondern des Designs, seine Ornamente sind schmückendes Beiwerk zum reibungslosen Fließen der Verbraucherströme. Die «villes nouvelles» sind damit so was wie Städte zweiten Grades und können durchaus als zeitgemäßer Ausdruck einer neuen Alltagszivilisation angesehen werden. – Zu ihren spektakulärsten Baumeistern gehört der Katalane Ricardo Bofill. In Saint-Quentin-en-Yvelines hat er mit seinen «Arcades du lac» eine Art Versailles für mittlere Angestellte errichtet, in Marne-la-Vallée erhebt sich sein «Palacio d'Abraxas», ein rötlicher bis ockerfarbener Komplex mit 600 Wohnungen, ein monumentales Gebilde mit Amphitheater-Elementen und Triumphbögen, eine Beton-Collage aus historischen Zitaten, aus Giebeln, Säulen, Balustraden. Versatzstücke aus dem großen Selbstbedienungsladen der Baugeschichte wurden hier neu montiert zu einem verwirrenden Gebilde. «Die Stadt braucht das Theatralische», sagt Meister Bofill, der im übrigen behauptet: «der beste Architekt der Welt, nach Michelangelo und Gaudí, das bin ich!» Sein Werk in Marne-la-Vallée bezeichnet er als «ein Denkmal, das dem alltäglichen Leben gewidmet ist». Manchen Kritikern sind allerdings dabei eher Mussolini, Disneyland oder Cinecittà eingefallen. Tatsächlich wurde der Abraxas-Palast schon mehrfach als Filmkulisse benutzt, so in Terry Gilliams schaurig-schöner Zukunftsvision «Brazil».

Empfehlenswert: der Blick von oben

Die Komposition des Stadtbilds, das laufend sich verändernde Gemisch aus alt und neu, erschließt sich besonders gut durch «Überblicke» von oben. An hohen Aussichtsposten ist in Paris kein Mangel, nur sind halt die bekannteren von ihnen kostenpflichtig. Runtergucken gegen Geld gestatten Eiffelturm, Notre-Dame, Tour Montparnasse, Arc de Triomphe.

Aber es geht auch gratis: Da wäre einmal der klassische Blick vom Montmartre runter – Standpunkt direkt vor dem Hauptportal von Sacré-Cœur. Nun ja, hier herrscht meistens ein gewaltiger Betrieb, dieses Plätzchen gehört zum Standardprogramm sämtlicher Busrundfahrten, aber den Blick muß das ja nicht unbedingt trüben. Ein sehr starkes Panorama habt ihr auf der obersten Etage des Centre Pompidou, ebenfalls kostenlos. Auch sehr zu empfehlen: die Freiluft-Cafeteria ganz oben im Warenhaus Samaritaine, nicht weit vom Louvre –, man muß da nicht unbedingt was verzehren. Schließlich ein sehr zeitgemäßes Seherlebnis: mit dem Plexiglas-Außenfahrstuhl des Hotels Sofitel (an

Blick vom Centre Pompidou

der Porte de Sèvres, Metro Balard) – der fährt hoch zu einem Schwimmbad im 23. Stock und bietet eine Aussicht über den Südwesten von Paris.

Wo lebt sich's wie?

Paris wird mehr und mehr zu einer Stadt für mittlere und höhere Einkommen, zu einer Stadt der Business-Leute, Beamten und Angestellten. Dennoch ist die Nivellierung längst nicht vollständig. Viele der zwanzig Arrondissements, auf die sich die 2,3 Millionen Pariser aufteilen, sind Welten für sich, die sich in Sozialstruktur und Lebensstil nach wie vor merklich unterscheiden. Die Sozialgeographie der Stadt weist verschiedene Milieus auf, die wenig miteinander gemein haben, obwohl die Pariser sehr dicht aufeinanderhocken, viermal so dicht zum Beispiel wie die New Yorker. Kaum zu vergleichen ist etwa das Leben in den «Beaux Quartiers» des Westens mit jenem in den Bruchbuden der östlichen Sanierungsgebiete, und es ist natürlich auch nicht dasselbe, ob man in einem schuhkartonförmigen Wohnblock untergebracht ist oder in einem intakten, traditionsreichen Viertel wohnt.

Goldener Westen – proletarischer Osten

Die «Beaux Quartiers»: Das sind zunächst mal die herrschaftlichen Straßenzüge des 16. Arrondissements, das sich an den Bois de Boulogne schmiegt und im Nordwesten in den Vorort Neuilly übergeht – eine gleichermaßen «gute» Adresse; beides sind Wohnlagen aristokratischen beziehungsweise großbürgerlichen Zuschnitts. Hier werden die Kinder standesgemäß von Kindermädchen bedient und zur Schule gebracht, die kostbaren Rassehunde von Hausangestellten ausgeführt. Neben reichen Amerikanern und etlichen Filmstars haust hier die Crême des französischen Geldadels – durchweg Leute, die mehrere große Schlitten in der Garage stehen haben, möglichst einen gewesenen oder derzeitigen Minister, wenigstens aber einen General in der Familie aufweisen können, vielleicht auch ein Schloß auf dem Lande oder mindestens doch ein Reitpferd. Politisch ist man hier stockkonservativ, was sonst? Die in diesem Paris der Reichen beheimatete «Jeunesse dorée» stößt sich ihre Hörner in den Nachwuchsorganisationen der rechten und manchmal auch rechtsextremen Parteien ab, bevor sie nach Absolvierung der einschlägigen Eliteschulen verantwortungsvolle Posten in Wirtschaft, Politik und Militär übernimmt. Viele Häuser des Sechzehnten liegen in Privatstraßen mit bewachten, goldverzierten Eingangstoren. Ruhig und gediegen ist die

Atmosphäre, kein pöbelhafter Trubel auf der Straße, die langen Reihen von regelmäßigen Fassaden erwecken den Eindruck gepflegter Uniformität – die Prachtentfaltung beschränkt sich weitgehend auf das Innere. Teuerste Adresse ist die avenue Foch, eine parkähnlich erweiterte, auf die place de l'Étoile mündende Allee, in der auch einige arabische Ölscheichs standesgemäß Unterschlupf gefunden haben.

Auch das 7. Arrondissement, südlich der Seine gelegen, gehört zum Goldenen Westen von Paris. Der einstige Faubourg St. Germain war bis ins 19. Jahrhundert bevorzugtes Wohnviertel des Adels, heute residieren Botschaften und Ministerien in den Stadtpalästen, hinter denen sich von außen unsichtbare und natürlich öffentlich nicht zugängliche kleine Parks befinden. Bis auf einige wenige Straßen strahlt diese Gegend eine dem 16. Arrondissement vergleichbare, elegante Langeweile aus.

Östlich schließt sich auf dem rechten Seine-Ufer das Business-Zentrum an: Es erstreckt sich über das 1., 2., 8. und 9. Arrondissement. Börse, Banken, Versicherungspaläste, Firmenniederlassungen und Büros jeder Art drängen sich beiderseits der Champs-Élysées, um die Oper und um den Bahnhof St. Lazare. Dies ist die Gegend mit der höchsten Dichte von Metrostationen und Tiefgaragen, mit der größten Verkehrszusammenballung der Stadt. Auf diesen paar Quadratkilometern werden die meisten Telefongespräche von ganz Frankreich geführt, sind die meisten Fernschreiber installiert. Es gibt hier viermal mehr Angestellte als Bewohner, jeden Morgen strömen Massen von dezent gekleideten Managern und Heerscharen von Sekretärinnen und sonstigen Büroangestellten zusammen – über 500000 Menschen pro Tag. Geht man indessen abends die tagsüber so quirligen Verkehrsadern entlang, sieht man nur wenige erleuchtete Fenster. Während der letzten hundert Jahre hat sich die Bevölkerung fast halbiert, fortschreitend verwandeln sich Wohnungen in Geschäftsräume, an den Eingängen der prachtvollen Mietshäuser aus der Haussmann-Ära prangen Serien glänzender Metallschilder von Import-Export-Firmen und Agenturen jeglicher Art. Es gibt keine Märkte und nur wenige Kramläden für den täglichen Bedarf, und die Cafés, die mittags von den Angestelltenheeren gestürmt werden, machen abends schon früh zu.

Ganz anders das Leben in den populären Gegenden des Nordens und Ostens: Schon der Montmartre mit seinen steil und kurvig aufsteigenden, engen Straßen vermittelt den Eindruck, Welten entfernt zu sein von den mondänen Vierteln wie vom anonymen Business-Paris. Dies ist immer noch vorwiegend ein Viertel der kleinen Leute, wenn auch zunehmend durchmischt mit teuren Appartements, die ihren Mietern den begehrten Panoramablick auf die Stadt bieten. Nur wenige hundert Meter vom Pornoshop- und Transvestiten-Eldorado des boulevard Clichy entfernt, ein paar Schritte abseits vom Rummel der Place du Tertre mit ihren betrügerischen «Malern», Neppern und Bauernfängern, die den Provinzlern und Pauschaltouristen den industriell produzierten Abhub sämtlicher Paris-Klischees andrehen, geht es beschaulich-kleinstädtisch zu.

Weiter nach Osten wird dann die Atmosphäre der äußeren Arrondissements zunehmend proletarischer.

Werktags wie weekends

Da liegt, von Bahngleisen eingerahmt, das Quartier «La Chapelle», über das der Pariser Schriftsteller Léon-Paul Fargue zu berichten weiß: «Vor fünfunddreißig Jahren heizte man hier noch Wärmehallen, die nach Männerhosen und ausgedienter Lokomotive rochen, Wärmehallen, die kaum lauwarm waren, doch gepriesen in der Welt der Armen, um die sich die Gauner von der Zunft der Vogelfreien versammelten wie Fliegen um ein Stück Munsterkäse.» Einen «wimmelnden, dröhnenden Zirkus» nannte Fargue sein Heimatviertel, das auch heute noch den eigenartigen Charme pittoresker Häßlichkeit besitzt. Gleich daneben liegt La Villette, das einen Teil des 19. Arrondissements bildet, ein Mischmasch aus Wohngebiet, Industriebetrieben, Gasometern, Kanälen und den Attraktionen des neuen «Parc de la Villette». Weiter Richtung Südosten geht es dann nach Belleville, Ménilmontant und Charonne, in das weite, hügelige 20. Arrondissement, dessen Viertel sich, wiewohl von Abrißschneisen zerfräst, dennoch Reste ihrer Lebensweise bewahrt haben, bis hin zu bestimmten Dialekt-Wendungen, die nur hier zu finden sind.

Stress – ein Pariser Markenzeichen

So unterschiedlich diese Milieus der Stadt im einzelnen auch sein mögen, so unüberbrückbar die Kluft zu sein scheint, die sich aus der Verschiedenheit von Klassenzugehörigkeit und Lebensstandard ergibt – einige Eigenschaften des Pariser Lebens scheinen allgemein gültig. Besonders auffällig: die allesdurchdringende Hektik, die hier den Alltag beherrscht. Die Rücksichtslosigkeit im Straßenverkehr ist verblüffend: Schimpftiraden, obszöne Gesten und sinnlose Hupkonzerte bei kleinsten Anlässen sind gang und gäbe. Taxifahrer, die dem wilden Rhythmus ganztags ausgesetzt sind, befinden sich regelmäßig am Rande des Nervenzusammenbruchs und explodieren bei jeder Gelegenheit. Auch zu Fuß wird viel gedrängelt und gerempelt, stets begleitet von einem gemurmelten «Pardon!» – eine Vokabel, die der Pariser Bürger automatisch an die hundertenmal täglich benutzt. Diese Hetzerei – zu ihren Hauptursachen gehören sicher die langen Anmarschwege, die der Arbeitszeit zum Teil mehrere Stunden hinzuaddieren – ist den Menschen in Fleisch und Blut übergegangen und hat so etwas wie eine kollektive Eigenart herausgebildet. Eine Antwort auf die Frage: «Wie leben die Pariser?» ist jedenfalls: «schnell!» Erst im engeren Bereich des eigenen Viertels wird ein paar Gänge runtergeschaltet: Dort haben die Leute das Gefühl, zu Hause zu sein, das restliche Paris ist (feindliches) Ausland. Hier kennen sich die Leute vom Sehen, rufen sich «Ça va?» über die Straße zu und entspannen sich an der Theke ihres Stammcafés – das Leben nimmt auf einmal fast provinzielle Züge an.

Gewohnheitstiere

Festverwurzelte Riten bestimmen wie unumstößliche Gesetze das Verhalten an den Wochenenden. In riesigen Pulks brechen Armeen von Pariser Familien zur gleichen Zeit auf, um ins «Grüne» auszuschwärmen. Weder kilometerlange Staus noch die Aura aus blauem Abgasdunst können sie davon abbringen, sich wieder und wieder in dieses Unternehmen zu stürzen, von dem Jean-Luc Godard zu seinem bösen Film «Weekend» inspiriert wurde. Ganz katastrophal wird es zu Beginn der Sommerferien: Da potenziert sich das Weekend-Phänomen zu apokalyptischen Ausmaßen, obwohl jedesmal wochenlang vorher das Verkehrsministerium die Einwohner der Hauptstadt durch Radio-Aufrufe und Plakataktionen beschwört, doch bitte nicht gleichzeitig loszufahren.

Der Wochenendflucht in die Umgebung entspricht eine Gegenbewegung: In Massen strömen die Vorstädter in die Stadt rein und stürmen, mit der wilden Entschlossenheit, sich zu amüsieren, die Vergnügungszentren. Sie erobern Restaurants, Theater und Kinos und stürzen sich in die Orgie von Narzißmus, die sich des Nachts in den «boîtes», den stinkteuren Diskotheken abspielt, die jeweils gerade in Mode sind. Und «Mode» ist das unerbittliche Prinzip, das hier regiert. Mit dem Besuch dieser nächtlichen Gegenwelten ist die Pflicht oder Lust verbunden, sich – bisweilen bis zur Unkenntlichkeit – aufzutakeln, um nicht etwa peinlich aufzufallen als jemand, der nicht genügend auffällt. Leicht verzweifelte Züge haften diesem schillernden Betrieb an, dessen Kunden sich bis zum Morgengrauen als bunte Paradiesvögel fühlen und nach Kräften austoben dürfen. Danach aber wartet auf die meisten von ihnen doch nur wieder der nervende Alltagsrhythmus von «Métro – Boulot – Dodo». ■

Dreharbeiten zu «Weekend»

Minderheiten und Subkulturen – Verborgene Welten der Stadt

Worin der Hauptreiz einer solchen Monsterstadt besteht, ist sicher kaum eindeutig zu bestimmen. Ein wesentlicher Faktor für die Faszination, die von großen Metropolen ausgeht, ist die Vielfalt der Bevölkerung, die dem riesigen Stadtbrei das kosmopolitische Gewürz verschafft. Diese Verschiedenartigkeit sorgt zunächst schon mal an der Oberfläche laufend für sinnliche Attraktionen: Es gibt unendlich viel zu sehen, hören, riechen und schmecken. Dauernd ist man konfrontiert mit fremdländischen Gesichtern, eigentümlich gekleideten Leuten, geheimnisvollen Kramläden vollgestopft mit unbekannten, fremdartig duftenden Nahrungsmitteln oder offenen Fenstern, aus denen sonderbare Musik- oder Sprachfetzen herausdringen. Paris hat in dieser Hinsicht eine Menge zu bieten – die Stadt steckt voller Subkulturen –, sie ist ein Sammelbecken ethnischer und kultureller Minderheiten, von denen viele inmitten des modernen Alltags der Metropole ihre Eigenheiten bewahrt, zumindest aber im Leben der Stadt ihre Spuren hinterlassen haben.

Zu den Fremden sind auch noch viele der Franzosen zu zählen, die aus der Provinz in die Hauptstadt zugewandert sind. Sie bleiben oft über Generationen hinweg unter sich, siedeln sich in bestimmten Vierteln an und bewahren ihre althergebrachten Gewohnheiten. Das gilt beispielsweise für viele Bretonen, die sich im 14. Arrondissement niedergelassen haben, aber auch für die Leute aus der Auvergne: Seit Generationen kommen sie aus dem kargen, windigen Zentralmassiv mit ihrem ländlichen Dialekt nach Paris und wirken hier wie Angehörige einer völlig anderen Kultur. Viele von ihnen haben mit ihren Ersparnissen Kneipen eröffnet, ein Großteil der Pariser Café-Inhaber sind heute Leute aus der Auvergne. Traditioneller Treffpunkt der «Auvergnats» war lange Zeit die rue de Lappe in der Nähe der Bastille, mit ihren volkstümlichen Tanzlokalen, aus denen mittlerweile bis auf wenige Ausnahmen Nachtclubs geworden sind. Übriggeblieben sind hier ein paar seltsame Geschäftchen, in denen breitgebaute Omas Würste und Pasteten oder Holzschuhe aus der Auvergne feilbieten. Einen etwas hinterwäldlerischen Eindruck macht die rue de Lappe noch immer, mit ihren Handwerkern, den ärmlich-kahlen Bistros und den kopfsteingepflasterten Gängen, die von ihr abzweigen.

Trotzki, Aznavour, Khomeini und die «boat people»

Für alle Zugereisten, seien es französische Provinzler oder Ausländer, ist Paris ein schwieriges Pflaster – die «Eingeborenen» machen es ihnen beim Versuch, sich zu integrieren, nicht leicht. Neuankömmlinge klagen oft über die Arroganz der Alteingesessenen. Angesichts der mangelnden Kontaktfreudigkeit der Pariser bleiben daher viele Neubürger unter sich und bilden zwangsläufig Kolonien. Dennoch war Paris immer eine aufnahmebereite Stadt für alle Arten von Asylanten und Emigranten – eine Tradition, die auf die Grundsätze der Französischen Revolution zurückgeht. Aus vielen Ländern kamen und kommen aus politischen Gründen ins Exil gezwungene oder wegen rassistischer Exzesse vertriebene Menschen hierher, manche vorübergehend, andere für immer. Im Pariser Exil lebten zeitweilig so illustre Persönlichkeiten wie Marx, Lenin, Trotzki, Picasso, Walter Benjamin oder der Ajatollah Khomeini. Die russischen Revolutionäre fanden ebenso Aufnahme wie später jene Russen, die vor der Revolution flohen, die Emigranten aus Nazi-Deutschland und Franco-Spanien suchten hier Zuflucht wie später die aus Chile, Brasilien und Argentinien. Alle haben sie etwas zum Charakter der Stadt beigesteuert, zu ihrem politischen, wirtschaftlichen, musikalischen oder kulinarischen Leben.

Zu Beginn des Jahrhunderts flohen die Armenier vor dem Völkermord durch die Türken. Viele kamen nach Paris, der harte Kern findet sich im 9. Arrondissement, um die rue de Trevise herum. Armenische Buchläden und orientalisch-überladene Geschäfte, über denen Namen wie Sarafian, Manouchian oder Aznavour prangen, bezeugen ihre Anwesenheit ebenso wie die Restaurants, in denen es Köstlichkeiten wie «Ougheghi Aghtsan» oder «Erevani Khorouatz» gibt.

Die Chilenen, die nach dem Pinochet-Putsch hier Asyl suchten, haben Paris unter anderem um ein chilenisches Theater und mehrere Musikgruppen wie zum Beispiel «Quilapayun» bereichert. Die meisten der zigtausend exilierten Brasilianer sind zwar nach der 1979 erlassenen

Amnestie wieder nach Hause zurückgeflogen, haben aber in Paris eine Vorliebe für brasilianische Musik hinterlassen.

1954, nach dem Ende des französischen Indochinakrieges, wurden einige Zehntausend Vietnamesen in Frankreich naturalisiert: die Vorhut der unzähligen Vietnam- und China-Restaurants, von denen die Stadt dicht überzogen ist. Seit 1975 kommt ein neuer, noch nicht abgerissener Strom von Menschen aus Südostasien nach Frankreich und mit Vorliebe nach Paris: die «boat people», eine geduldige Reservearmee, die von den Unternehmern gern gegen die eher schon mal aufsässigen Nordafrikaner ausgespielt wird. Viele von ihnen haben Unterkunft in den hypermodernen, bis zu dreißigstöckigen Wohntürmen des neu aus dem Boden gestampften 13. Arrondissements gefunden. Die Franzosen mochten in diese Ungetüme anfangs nicht so recht einziehen. Daraufhin wurden die leerstehenden Wohnungen relativ billig den Hilfskomitees angeboten, und nun leben jeweils mehrere hundert Familien aus Kambodscha oder Vietnam in den Dingern, die sinnigerweise klangvolle italienische Namen wie «Puccini», «Rimini» oder «Verdi» tragen und eigentlich für mittlere Angestellte konzipiert waren. In wenigen Jahren ist um die avenue d'Ivry und die avenue de Choisy herum die Pariser «Chinatown» entstanden, ein bizarres Durcheinander von häßlichen modernen Türmen und verfallenen Gassen, garniert mit fernöstlichen Kramläden, Supermärkten und chinesischen Neon-Schriftzeichen. Auf den Straßen sieht man in der Mehrzahl asiatische Gesichter. Wahrscheinlich so um die 30000 Chinesen leben hier, aber genau weiß das niemand. Die Wohnungen sind in der Regel überbelegt, viele werden als Arbeitsstätten zweckentfremdet. Unter kläglichen Bedingungen schuften dort Frauen bis spät abends an Nähmaschinen, Vierzehn-Stunden-Tage sind keine Seltenheit. Die Polizei hält sich da weitgehend raus. Das Quartier gilt als «sicher», es gibt wenig ruchbar werdende Kriminalität, keine Gefahr auf den Straßen, die Flics haben ein Interesse daran, daß das so bleibt. Sie mischen sich möglichst wenig ein in die internen Belange der Chinesen, drücken auch ein Auge zu bei den vielen illegalen Spielzirkeln; es ist eh kaum möglich, da durchzublicken. Die Bewohner des Viertels gelten ansonsten als arbeitsam und aufstiegsorientiert. Kaum ein Chinese belastet die Arbeitslosenstatistik. Es ist nicht üblich, sich beim Arbeitsamt einzuschreiben, und es ist auch nicht nötig: für Neuankömmlinge wird gesorgt, sie kriegen Jobs in der Textilbranche, bei einem der Sojabohnen-Züchter oder in einem der unzähligen China-Restaurants. Wenn sie mal nicht gleich untergebracht werden können, bekommen sie eine inoffizielle Unterstützung von ihrer «communauté». Auf jeden Fall werden Kontakte mit der französischen Umwelt und Administration auf ein Minimum beschränkt. Die Pariser lesen gierig Reportagen von Journalisten, die versucht haben, in die Geheimnisse dieser hermetischen Welt einzudringen, diese Minderheit ist ihnen ja noch ziemlich unbekannt. Im übrigen sind sie entzückt darüber, daß ihnen das neue Chinesenviertel eine der raren Möglichkeiten in Europa bietet, authentische ostasiatische Küche kennenzulernen. Über 150 chinesische und vietnamesische Re-

Chinesischer Supermarkt, avenue d'Ivry

staurants gibt es im 13. Arrondissement, sie haben wenig gemein mit den allseits bekannten, auf europäischen Geschmack zurechtgetrimmten Chop-Suey-Tempeln. Neugierige wagen sich auch schon mal in einen der Supermärkte an der avenue d'Ivry, wo so aufregende Sachen wie Soja-Paste, gezuckerte Schweinswürstchen (aaah!), getrockneter Seetang oder frische Lychees zu haben sind.

Ashkenazim und Sephardim

Eine schon zahlenmäßig besonders bedeutende Gruppe ist die jüdische Bevölkerung von Paris: Ungefähr 400000 Juden leben hier. Damit ist die französische Hauptstadt eines der größten jüdischen Zentren der Welt – für Freunde der koscheren Küche kein Problem, hier was Passendes zu finden. Im ersten Jahr der Französischen Revolution erhielten die Juden in Frankreich die vollen Bürgerrechte, während sie in Deutschland darauf bis 1848 und mancherorts sogar bis 1868 warten mußten. Vor 1789 war ihnen allerdings der Aufenthalt in Paris verboten, weshalb die gleichwohl existierende kleine Gemeinde gezwungen war, ihren religiösen Gebräuchen heimlich, im Verborgenen nachzugehen. Ein Relikt aus dieser Zeit ist die winzige Begräbnisstätte der portugiesischen Juden in der rue de Flandre Nr. 44, damals weit draußen an einer Landstraße im Hinterhof eines Gasthauses versteckt, heute von Wohnblocks eingeschlossen, fast völlig vergessen und unkrautüberwachsen.

Nach der Französischen Revolution kamen vorwiegend Juden aus dem Elsaß und aus Osteuropa nach Paris, so daß bald gegenüber den bis dahin die Gemeinde dominierenden Sephardim, den Juden aus dem arabisch-spanischen Mittelmeerbereich, die Ashkenazim, das heißt diejenigen Juden, deren Vorfahren im Mittelalter im deutschen Sprachraum ansässig waren und die jiddisch sprachen, die Mehrheit bildeten. Ihr klassisches Wohnviertel ist nach wie vor das «Marais», dort besonders die rue des Rosiers und die von ihr abzweigenden Gassen: rue des Écouffes, rue des Hospitalières St. Gervais, rue Ferdinand-Duval, rue Pavée. Dies ist eine Hochburg der strenggläubigen, auf traditionelle Weise lebenden Juden. Das Viertel vermittelt eine Ahnung, wie es einst in vielen polnischen und russischen Städten vor der Vernichtung der Juden durch die Nazis ausgesehen haben mag. Männer mit Hüten und langen Bärten stehen auf der Straße zusammen und unterhalten sich auf jiddisch – in einer Sprache, die in Paris noch recht lebendig ist; so erscheinen allein vier jiddischsprachige Zeitungen, die im kleinen Zeitungsladen der rue des Écouffes, gegenüber der Privat-Synagoge von Rabbi Benharrous zu haben sind. In den Schaufenstern der Devotionaliengeschäfte seht ihr siebenarmige Leuchter, Gebetsschals und andere religiöse Gerätschaften. Uralte, verstaubte hebräische Wälzer finden sich in einem musealen Buchladen. Die Metzgereien stehen unter der Kontrolle des «Beth-Din», des Großrabbinats von Paris, das über die Einhaltung der Reinheitsvorschriften wacht. Die Bäckereien der rue des Rosiers, wie «Finkelsztajn» oder «Moskaitch», produzieren exquisite osteuropäische Gebäckspezialitäten; nicht weit davon der meist rammelvolle Delikatessenladen von Jo Goldenberg, verbunden mit einem (nicht gerade billigen) Restaurant, dessen Speisekarte mit Klassikern der ostjüdischen Küche lockt. Besonders lebhaft ist diese Gegend am Samstag abend, wenn die Sabbat-Ruhe beendet ist. Der Sabbat richtet sich nicht nach der Uhrzeit, sondern nach der natürlichen Tageszeit: Er dauert jeweils von Freitag Sonnenuntergang bis Samstag Sonnenuntergang, im Sommer endet er also wesentlich später als im Winter, dann öffnen die Bars, Geschäfte und Restaurants der jüdischen Viertel manchmal erst nach 22 Uhr.

Im Sentier, dem Viertel des Kleiderhandels

Eine traditionell jüdische Domäne ist das Textilgewerbe: Schneiderei und Kleiderhandel. Davon sind das Marais und das Viertel «Sentier» im 2. Arrondissement deutlich geprägt. Sentier: Hier wird fast nichts außer Klamotten produziert – ein ganzer Stadtteil voller Schneiderei-Betriebe jeder Größenordnung, von denen aus die Pariser Modegeschäfte, aber auch die ganze übrige europäische und außereuropäische Boutiquenwelt mit «prêt-à-porter» versorgt werden. Zwischen den herrschaftlichen alten Stadtpalästen des Marais, in denen der Hofadel des 17. Jahrhunderts wohnte, finden sich außerdem Spezialgeschäfte für sämtliches Kleidungszubehör wie Gürtel, Schnallen, Knöpfe und was nicht alles. Nördlich der Großen Boulevards, in der rue Faubourg-Poissonnière, liegen aufgereiht die Läden der Kürschner und Pelzgroßhändler. Dort, im 9. Arrondissement, befindet sich um die rue Richer herum das zweite große jüdische Zentrum von Paris.

Seit den fünfziger Jahren hat sich das Zahlenverhältnis zwischen Ashkenazim und Sephardim gründlich geändert. Über 200000 Juden aus Tunesien, Marokko und schließlich Algerien kamen nach Frankreich, als diese Länder ihre Unabhängigkeit erlangt hatten und es im Zuge der Konflikte um Israel dort zu antijüdischen Ausschreitungen gekommen war. Die Neuankömmlinge unterschieden sich stark von der eingesessenen europäischen Gemeinde. Sitten und Lebensweise ähnelten in vieler Hinsicht denen der Araber, auch der religiöse Ritus weist markante Unterschiede auf. Ein Schwerpunkt der sephardischen Juden ist Belleville, wo eine überwiegend nordafrikanische Atmosphäre herrscht und meist arabisch gesprochen wird. Die Schilder über Geschäften und Restaurants erinnern an die Herkunft ihrer Besitzer aus Tunis, La Goulette und von der Insel Djerba. Hier bekommt ihr – koscher, versteht sich – sämtliche nordafrikanischen Genüsse wie Couscous oder Tschatschouka billig und meist in beeindruckenden Mengen.

Der Fortschritt erreicht das Marais

«Frankreich den Franzosen»

Wo von der jüdischen Bevölkerung die Rede ist, muß auch der Antisemetismus erwähnt werden, der sich auf verschiedene Weise bemerkbar macht, sei es in Gestalt faschistischer Graffiti in der Metro und auf Häuserwänden, sei es in Form hämischer Bekundungen von Front national – Politikern oder in rechtsextremen Presseorganen wie «Minute».

Der Antisemitismus blickt in Frankreich auf eine lange Geschichte zurück. Ein besonderer Kristallisationspunkt war die Dreyfus-Affäre im 19. Jahrhundert. Der Skandal eines Justizirrtums, durch den der jüdische Hauptmann Dreyfus wegen Spionage verurteilt und in die Strafkolonie Cayenne deportiert wurde, spaltete damals das politische Frankreich in zwei feindliche Lager und trug zur Formierung der antisemitischen Kräfte bei. Während der deutschen Besatzung und des Vichy-Regimes kroch dann all das, was sich an dumpfem Irrationalismus angesammelt hatte, ans Tageslicht hervor und konnte sich mit Unterstützung einschlägiger NS-«Spezialisten» nach Belieben entfalten.

Als diese Zeit glücklich vorüber war, wurden in der französischen Geschichtsschreibung und im öffentlichen Bewußtsein vor allem die ruhmreichen Taten der Résistance hochgehalten, die häßlicheren Aspekte der Vergangenheit dagegen verdrängt. Aber das Verdrängte hat ja bekanntlich die Tendenz, wiederzukehren. In voller Blüte steht zur Zeit die «Nouvelle Droite» (Neue Rechte), die mit ihren Lehren von der biologischen wie intellektuellen Ungleichheit der Rassen und ihrer Verherrlichung des keltisch-heidnischen gegenüber dem jüdisch-christlichen Kulturerbe auch bei «ehrenwerten» konservativen Politikern und Intellektuellen beachtlichen Einfluß hat. Den Vorwurf des Rassismus weisen die Anhänger dieser sich modern gebenden Denkerschule entrüstet von sich: Ihnen geht's nur um Theorie, um Wissenschaft. Mit dem vulgären Neonazi-Schmuddelkram hat man hier nichts zu schaffen. Die Arbeitsteilung funktioniert, die Dreckarbeit machen andere. Konkurrierende faschistische Grüppchen mit jeweils eigenen Emblemen wie Pfeilbündeln oder Keltenkreuzen nehmen die rassistischen Anschläge für sich in Anspruch, beziehungsweise schieben sie sich gegenseitig in die Schuhe

Kaum verwunderlich, daß sich angesichts solcher Bedrohung militante jüdische Selbstverteidigungsgruppen bilden, von denen sich die Nazi-Anhänger immer öfter blaue Augen und blutige Nasen holen.

In einer besonderen Lage sind die Arbeitsemigranten, «travailleurs immigrés»: Hunderttausende von Portugiesen, von Nord- und Schwarzafrikanern, die in und um Paris leben und arbeiten. Sie sind weit weniger als alle anderen Minderheiten in die französische Gesellschaft integriert. Freiwillig oder gezwungenermaßen ist ihre Anwesenheit meist provisorisch, die Perspektive einer Rückkehr in ihre Heimatländer wird aufrechterhalten – sei's von ihnen selbst, sei's vom französischen Staat, der alles daransetzt, die Zahl der Arbeitsemigranten zu verringern. Wie in anderen Ländern sind sie es, die die unbeliebtesten, schmutzigsten Arbeiten machen. Oft leben sie zusammengepfercht in Massenunterkünften, sind permanent von Ausweisung bedroht und überdies Zielscheibe für alle erdenklichen Formen von Rassismus. In letzter Zeit verschärft sich der Druck durch zunehmende Arbeitslosigkeit und Wirtschaftskrise. «La France aux Français» lautet der Schlachtruf chauvinistischer Gruppen. Lebensweise und kulturelle Tradition der «Immigrés» werden von vielen französischen Normalbürgern von oben herab betrachtet, wenn nicht sogar verachtet. Daran ändert auch nichts, daß man halt schon mal mit der Familie Couscous essen geht.

Reise nach Barbès

Der größte Teil der «travailleurs immigrés» lebt in Vorstadt-Enklaven, in den tristen Beton-Gettos der «Banlieue parisienne». Innerhalb von Paris sind vor allem die Sanierungsgebiete von ausländischen Arbeitern bevölkert. Hier gewährt man ihnen vorübergehend Unterschlupf – so lange, bis dann auch diese Viertel für französische Menschen mit höheren Einkommen hergerichtet werden. Eine Gegend, die sich schon erstaunlich lange ihren von zumeist mohammedanischen Bewohnern geprägten Charakter bewahrt hat, ist das Viertel Barbès – jener Teil des 18. Arrondissements, der im Süden vom boulevard de la Chapelle, im Norden von der rue Ordener, im Westen vom boulevard Barbès und im Osten von der Eisenbahnstrecke begrenzt wird, die zur Gare du Nord führt.

Wenn ihr gegen 18 Uhr aus der Metro «Barbès-Rochechouart» kommt, könnt ihr leicht den Eindruck kriegen, hier exterritoriales Gebiet zu betreten: Entlang den stählernen Füßen der Hochbahn herrscht ein geradezu orientalisches Gewühl. Kunterbunte Tücher werden hier feilgeboten und Festgewänder für die arabischen Frauen, von denen hier freilich sehr wenig zu sehen ist. Auffallend viele Koffergeschäfte reihen sich aneinander: Koffer sind ein wesentliches Utensil für Leute, die gezwungenermaßen mobil leben. Die Hauptadern der Exilwelt von Barbès sind die rue de la Goutte d'Or – benannt nach einem Wein, der hier mal wuchs, einem goldenen Tröpfchen –, der boulevard de la Chapelle, die rue Myrha und die rue des Poissonniers. Hierher kommen auch die, die außerhalb wohnen, hier treffen sie sich in bestimmten Cafés mit Leuten aus ihren Heimatdörfern, sitzen auf wackligen Stühlen unter Wandbehängen mit Sprüchen des Propheten und spielen Domino, während in einer Ecke unbeachtet der Fernseher läuft. Hinterhof-Moscheen, Dampfbäder und Kinos mit arabischen Filmen sind neben den Cafés die Kommunikationszentren. Die Straßen von Barbès bieten den Arabern eine vertraute Szenerie. Vor den «Boucheries Musulmanes» drehen sich die gegrillten Hammelköpfe, in den Vitrinen der «Pâtisseries Orientales» ist teuflisch süßes Zuckerwerk aufgestapelt, aus den Schallplattenläden und den Musikboxen der Cafés tönen die Stimmen von Oum Kalzoum, Djamel Allam, Idir, Djurdjura. Wenn die Stars der nordafrikanischen Musikszene in Paris gastieren, dann hängen hier die meisten Plakate, hier rekrutieren sie einen Großteil ihres Publikums.

Ein ständiges Ärgernis in Barbès sind freilich die Kontrollen der Flics. In größeren Gruppen durchkämmen sie das Viertel, oft wird man hier Zeuge von Festnahmen auf der Straße. Meist sind es Illegale, die erst – mit erhobenen Händen – auf Waffen abgeklopft und dann häufig unsanft in die grauen Polizeiwagen gebracht werden. Seit kurzem ist die Polizei dabei, Barbès systematisch zu «säubern». Erst wurden die Billig-Bordelle geschlossen, dann ging es den ambulanten Glücksspielern an den Kragen: Tchic-tchic wurde verboten, ein auf der Straße gewöhnlich auf einem Pappkarton improvisiertes Würfelspiel, bei dem in Windeseile größere Mengen Geldscheine ihren Besitzer wechselten. Das Spiel wird trotz des Verbots weiterhin praktiziert, nur jetzt mit größerem Risiko und einem Aufpasser, auf dessen Warnruf hin sich die Menge blitzschnell zerstreut.

Das schwarze Paris

Neben den Arabern leben in Barbès auch viele Schwarzafrikaner und Kreolen. Die Afrikaner, die hier häufig in ihren heimischen langen Gewändern, den «Boubous», rumlaufen, kommen in der Mehrzahl aus Mali, Mauretanien und dem Senegal. Die meisten von ihnen sind relativ jung und unverheiratet, viele sind Analphabeten. Sie hausen oft eng zusammengedrängt in Billigstunterkünften oder Fremdarbeiterheimen. Außergewöhnlich ausgeprägt sind bei ihnen das Gemeinschaftsgefühl und die gegenseitige Hilfeleistung. In ihren Behausungen reproduziert sich meist die hierarchische Struktur der afrikanischen Dorfgesellschaft, und wie in den Dörfern der Savanne oder des Sahel wird in den Pariser «Foyers des immigrés» die Autorität der älteren Ratgeber respektiert. Auch werden wie daheim die «Marabouts» aufgesucht, die Nachfolger der Medizinmänner im mohammedanischen Afrika. Fetische, Amulette und Ratschläge für alle Lebenslagen sind bei ihnen gegen bar erhältlich. An den einschlägigen Metroausgängen verteilen sie ihre kleinen Werbekärtchen, auf denen dann etwa zu lesen ist: «Monsieur Diallo, Großer Marabout und berühmtes afrikanisches Medium. Blickt in die Zukunft, behebt Liebesprobleme, heilt Impotenz, selbst in hoffnungslosen Fällen, verhilft zu sozialem Aufstieg, gibt Schutz gegen schlechte Einflüsse und böse Geister.» Es ist ein lukratives Gewerbe: Immer größer wird die Zahl derer, die sich ihre Marabout-Praxis in Barbès einrichten.

Durch die Afrikaner hat sich auch das Lebensmittelangebot um neuartige, bisher unbekannte Varianten bereichert: Igname, Gombo, Christophinen, grüne Kochbananen und Kinkaliba sind in die Gemüseläden eingezogen, in den schwarzen Lokalen könnt ihr, wenn euch das reizt, Foufou, Ndole, Ngondo, Yassa und Maffé ausprobieren.

Seit 1979 existiert in einem ehemaligen Fabrikgebäude das «Théâtre Noir», ein Zentrum für alle Formen schwarzer Kultur, das Theater-, Film- und Musikveranstaltungen wie Ausstellungen organisiert und außerdem Tanz-, Perkussions- und Theaterworkshops für Erwachsene und Kinder anbietet – ein zwar punktueller, aber erfolgreicher Versuch, die Zigtausende von Schwarzen in Paris aus ihrer gettohaften Isolierung zu reißen und einen Stolz der eigenen Kultur gegenüber entwickeln zu lassen.

Neben den Afrikanern aus den ehemaligen französischen Kolonien leben in Paris auch viele Schwarze von den Karibikinseln Guadeloupe und Martinique, die offiziell als überseeische französische Departements gelten. Diese Leute sind demnach Franzosen, haben es also in einiger Hinsicht leichter als die «travailleurs immigrés», sind aber dennoch, weil schwarz, mit sehr ähnlichen Problemen konfrontiert. Nicht zufällig wohnen sie meist dort, wo auch die Arbeitsemigranten leben: in Belleville und Barbès, in den düsteren Straßen des Pariser Nordens, zwischen Eisenbahnbrücken und

Abrißlandschaften, weit weg von ihren sonnigen Inseln, auf denen sie keine Arbeit fanden. Durch sie ist Paris zu einer Hochburg für die Musik aus der Karibik geworden. In den Antillen-Schallplattenläden am boulevard Rochechouart drängeln sich die Fans, die hier oft stundenlang drinbleiben, um sich rhythmisch zur Musik zu wiegen, denn die Platten sind ihnen zum Kaufen meist zu teuer. Nicht weit davon gibt es die schwarzen Coiffeur-Salons, wo in mühevoller Kleinarbeit die kunstvollen Zöpfchenfrisuren mit den bunten Perlen geschaffen werden. Ihren tristen Pariser Alltag kompensieren die schwarzen Antillen-Franzosen durch eine bemerkenswerte Festfreudigkeit. Wenn sie samstags ausgehen, werfen sie sich gewaltig in Schale. Sehr beliebt bei Männern sind weiße Anzüge und bunte Hemden mit großen Kragen. Die Türhüter der karibischen Tanzschuppen, wo die Salsa-Bands aus Kuba oder Nueva York spielen, bestehen auf «korrekter» Kleidung. Wer da rein will, muß sich also mal feinmachen. Drinnen dampft und wuselt es vor Leuten, die sich bis zum Morgengrauen austoben.

«à bas le racisme!»

Auffallend viele Farbige von den Inseln sieht man als Polizisten rumlaufen. Das ändert nichts daran, daß gerade in der Polizei der alltägliche Rassismus weit verbreitet ist. Demütigende Kontrollen in der Metro und auf der Straße, Razzien in Araber-Cafés, häufig begleitet von rassistischen Beschimpfungen, haben den Flics bei den Ausländern einen besonders schlechten Ruf beschert. Vor allem die Feindschaft gegen Araber ist in Teilen der Pariser Polizei tief verwurzelt und hat eine düstere Tradition. Ein markantes Datum in diesem Zusammenhang ist der 17. Oktober 1961. An diesem Tag – mitten im Algerienkrieg – wollten einige zehntausend in Paris ansässige Algerier gegen die über sie verhängte Ausgangssperre nach 20 Uhr friedlich demonstrieren. Die Demonstranten wurden von der Polizei mit haßerfüllter Brutalität angegriffen, niedergeknüppelt und zusammengeschossen. Zwischen 200

und 300 Algerier wurden dabei getötet – noch Tage nach diesem Massaker fischte man Leichen aus der Seine. Über diese rassistische Gewaltorgie wurde von offizieller Seite der Mantel des Schweigens gedeckt, Zeitungsmeldungen über die Schlächterei fielen der Zensur zum Opfer.
Für die ausländischen Arbeiter hat sich gerade jetzt in den achtziger Jahren das Klima merklich verschärft. Krise und Arbeitslosigkeit haben eine Schlammwelle des Rassismus hochgespült, auf der triumphierend der rechtsextreme Volkstribun Jean-Marie Le Pen reitet, der Führer der faschistischen «Front national». Die Ultrarechten sind inzwischen zu einer ernstgenommenen Komponente des politischen Lebens geworden, sie sitzen in Parlamenten und Rathäusern und können ihre Haßparolen breitenwirksam über die öffentlichen Medienkanäle ablassen. Ihre rassistische Demagogie hat einmal abgefärbt auf die «gemäßigte», das heißt republikanische Rechte, zum anderen hat sie mitbewirkt, daß bei Monsieur und Madame Dupont gewisse Hemmungen weggefallen sind: der bislang latente Rassismus wurde schamloser und offener. Anti-Araber-Graffiti vermehren sich, Anpöbelungen werden häufiger, und mit beklemmender Regelmäßigkeit kommt es seit ein paar Jahren zu Gewaltakten, vor allem in der Banlieue. Vor allem gegen Jugendliche richten sich die Aggressionen, etliche sind von wildgewordenen Papis mit Jagdgewehren erschossen worden. Eben diese arabischen Jugendlichen, die Angehörigen der sogenannten «Zweiten Generation», waren es auch, von denen erste deutliche Reaktionen auf die bedrohliche Entwicklung kamen: «les beurs», wie die in Frankreich aufgewachsenen Kinder nordafrikanischer Eltern im Jugendjargon heißen, veranstalteten mehrere Märsche durchs ganze Land, um die Öffentlichkeit wachzurütteln. Zugleich begannen sie, ihren Platz in der französischen Gesellschaft einzufordern. Diese Märsche gaben 1984 den Anstoß zur Entstehung von «SOS-Racisme», einer Initiative, die von Studenten und Jugendlichen verschiedener Herkunft ausging, unabhängig von herkömmlichen Organisationen, und die auf eine breite antirassistische Mobilisierung abzielt. Ein großer Erfolg wurde ihr Emblem, eine kleine Hand zum Anstecken mit der Aufschrift «touche pas à mon pote» (Rühr meinen Kumpel nicht an). Über eine Million konnten davon vertrieben werden, manche Fernseh-Showstars begannen sogar, diese Dinger zu tragen. Die Leute von SOS-Racisme setzten nach und organisierten verschiedene Tourneen und Konzerte, das spektakulärste auf der Pariser place de la Concorde, mit einem beachtlichen Aufgebot an Musikern der ersten Garnitur, die kostenlos mitmachten. Über 300 000 Menschen aller Hautfarben nahmen teil an der antirassistischen Großfete, ein Zeichen dafür, daß nun doch langsam etwas in Bewegung kommt, daß viele allmählich begreifen, welche Gefahr sich da zusammenbraut. – Ein Kommunikationsmittel, das versucht, Verbindungen zwischen den verschiedenen Minderheiten herzustellen, ist die Wochenzeitschrift «Baraka». Sie berichtet vor allem über Ereignisse aus Paris und der Banlieue und gibt Auskunft über politische und kulturelle Aktivitäten. Dabei wendet sie sich nicht nur an die «beurs», sondern an alle Franzosen.

Gastarbeiter, Besatzer, Touristen – Die Deutschen in Paris

Die üblen Verhaltensweisen gegenüber ausländischen Arbeitern sind aus Deutschland sattsam bekannt. Deshalb kann es nicht schaden, daran zu erinnern, daß sich vor noch gar nicht so langer Zeit viele Deutsche in einer ganz ähnlichen Situation befanden wie heute die Afrikaner in Paris oder die Türken daheim. 1867 schrieb der Schriftsteller Louis Bamberger: «Um die Zeit, wenn Ihr Euch nach einer Vorstellung der ‹Afrikanerin› oder der ‹Schönen Helena› in einem der Kabinetts des Café Anglais zu Tisch setzt, stehen an den äußersten Enden der Stadt Tausende von Deutschen auf, um für den folgenden Tag die Morgentoilette von Paris zu besorgen. Vielleicht ist es Euch einmal im Leben passiert, ein solches Souper ungewöhnlich zu verlängern, und wenn Ihr dann nach Sonnenaufgang heimgegangen seid, hat Euch der Anblick ganzer Brigaden fremdartig aussehender Straßenkehrer überrascht. Im Winter tragen die Männer einen Pelz von Hundefell; die Frauen und Kinder – denn auch solche sind in die Brigade einrangiert – tragen alte Kaliko-Lumpen und ein rotes oder grünes wollnes Tuch über den Kopf gebunden. Ohne daß Ihr sie sprechen hört, nur den Physiognomien nach, werdet Ihr Euch überzeugen, daß sie keine Landsleute von Euch sind.»

Im 19. Jahrhundert trieben Arbeitslosigkeit und Hungersnöte Hunderttausende aus dem damals vorwiegend noch bäuerlichen Deutschland ins Ausland. Etwa 40000 wurden in Paris ansässig, außerdem zogen viele Tausende auf ihrem Weg in die Vereinigten Staaten durch die französische Hauptstadt und machten hier Zwischenstation, um etwas Geld zu verdienen. Die deutschen «Gastarbeiter» verrichteten damals in Paris im allgemeinen die miesesten und schlechtestbezahlten Arbeiten: Sie waren häufig Straßenkehrer, Lumpensammler oder Steinbrucharbeiter, ihre Familien waren kinderreich, sie lebten am unteren Ende der sozialen Skala und wurden dementsprechend von den Einheimischen verachtet. Folglich blieben sie unter sich und bildeten Kolonien. Viele von ihnen lebten zusammengepfercht in großen Mietshäusern, die «deutsche Höfe» genannt wurden.

Die erbärmliche Lage des deutschen Proletariats in Paris rief den pietistischen Pastor Bodelschwingh auf den Plan, dessen Missionswerk vor allem unter den hessischen Straßenkehrern aktiv wurde. Im Norden der Stadt, an der damaligen Route d'Allemagne, der heutigen avenue Jean-Jaurès, kaufte er ein Grundstück und errichtete darauf ein Gemeindezentrum mit Schulen und Kinderkrippen. Weitere pietistisch geleitete Zentren sowie eine Reihe von protestantischen Kirchen entstanden in den anderen von Deutschen bewohnten Vierteln. Ein katholisches Gegenstück gründete ein französischer Priester im Faubourg St. Antoine: die Gemeinde Saint-Joseph-des-Allemands, wo er bis zu 6000 Deutsche um sich scharte. Nach und nach entstand ein bescheidenes Netz deutscher Einrichtungen; außer Kirchen und Schulen gab es bald auch Zeitungen, Lesekabinette und, als Horte typischer deutscher Geselligkeit, auch ein paar Bierkneipen, die zu Treffpunkten für Gesangvereine und Handwerkerzirkel wurden.

Die Geächteten und die Gerechten

Einige dieser Vereine wurden zu Keimzellen der deutschen Arbeiterbewegung. Aus dem «Deutschen Volksverein», einem Diskussionsclub politisierter Handwerker, entstand der geheime «Bund der Geächteten», aus dem wiederum 1836 der «Bund der Gerechten» hervorging. Geistiger Führer dieser deutschen Handwerker-Kommunisten war der Schneidergeselle Wilhelm Weitling, der den «Gerechten» ihr erstes Manifest gab: «Die Menschheit wie sie ist und wie sie sein sollte». Da die zurückkehrenden Handwerksgesellen begannen, diese Lehren auch in Deutschland zu verbreiten, wurden die Treffpunkte der Deutschen in Paris von den Spitzeln der preußischen Regierung scharf beäugt.

Wenig Kontakt gab es zunächst zwischen der Handwerkerkolonie und den deutschen Literaten und Journalisten, die sich in Paris aufhielten. Von ihnen hatten viele vor allem nach der französischen Julirevolution von 1830 ihre Heimat verlassen, weil sie genug hatten von Karlsbader Beschlüssen, Demagogenverfolgung und totaler Pressezensur. Paris war für sie so etwas wie eine Wallfahrtsstätte der Revolution, Inbegriff von Bürgerfreiheit und Fortschritt. Das belegen überschwengliche Zeugnisse wie Ludwig Börnes «Briefe aus Paris» oder Heinrich Heines Aufsatzsammlung «Französische Zustände» und «Lutetia». Arnold Ruge sah «hier und nur hier» den «Brennpunkt des europäischen Geistes, das Herz der Weltgeschichte», für Georg Forster war Paris «der einzige Maßstab der Vollkommenheit». Börne berichtete nach seiner Ankunft: «Ich kann es Ihnen nicht genug sagen, wie mir so behaglich worden gleich von der ersten Stunde an. Das moralische Klima von Paris tat mir immer wohl, ich atme freier ... Ich möchte wissen, ob es andern Deutschen auch so begegnet wie mir, ob ihnen, wenn sie nach Paris kommen, wie Knaben zumute ist, wenn an schönen Sommerabenden die Schule geendigt und sie springen und spielen dürfen!»

Auch Karl Marx siedelte mit Frau und Kind 1843 nach Paris über, um hier, in dieser Laborküche der Revolutionen, die «Deutsch-Französischen Jahrbücher» herauszugeben, von denen dann aber nur ein Heft erscheinen konnte. Er schrieb im übrigen hier für eine Wochenzeitung, den «Vorwärts», die außer ihm auch Heine, Engels, Herwegh und Bakunin zu ihren Mitarbeitern zählte. Der Pariser «Vorwärts» war in Europa die einzige unzensierte Zeitung in deutscher Sprache. Allerdings nicht sehr lange, denn auf Betreiben der preußischen Regierung wurde 1845 die Redaktion aufgelöst und Marx aus Frankreich ausgewiesen. In Paris war Marx Beobachter, nicht aber Mitglied der Geheimbünde gewesen. Erst 1847 vereinte er sein in Brüssel ansässiges Korrespondenz-Komitee mit dem «Bund der Gerechten», der noch im gleichen Jahr in «Bund der Kommunisten» umbenannt wurde. Für den verfaßte Marx mit Engels zusammen ein Programm: das «Kommunistische Manifest».

In Paris wurden die radikalen Arbeiterorganisationen nach der Niederschlagung des Aufstandes vom Juni 1848 verfolgt und aufgelöst. Erst im Zweiten Kaiserreich entfalteten sich allmählich wieder neue Initiativen. Unter den Deutschen for-

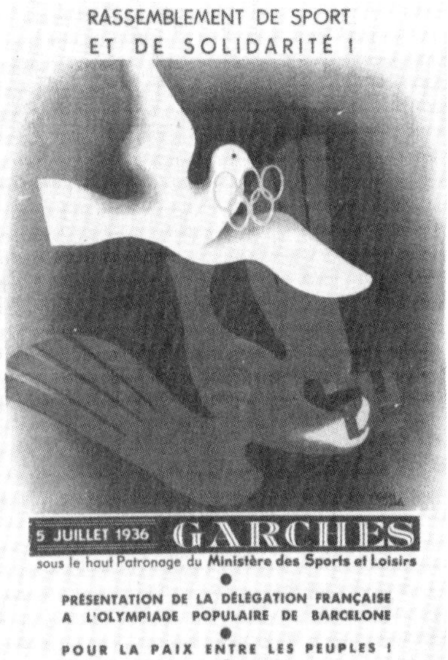

mierte sich zunächst eine lockere Vereinigung von Anhängern Ferdinand Lassalles, die sich einmal pro Woche in einem Bierlokal trafen und politischen Einfluß auf andere, eher «gesellig» ausgerichtete Formationen wie den Turnverein oder den Gesang- und Arbeiterverein «Germania» ausübten. Vor allem aus Anhängern dieser Bewegung rekrutierten sich die Mitglieder einer deutschen Sektion der Ersten Internationale in Paris, deren Wortführer der spätere Kommunarde Leo Frankel war. «Wenn ihr Euch nur ferne von der Fahne der Sozialdemokratie haltet, weil ihr von den Gedanken umfangen seid, daß ihr als Söhne Deutschlands für die französische Arbeiterbewegung weder zu wirken braucht noch dürft, dann befindet ihr Euch in einem bedauerlichen Irrthum» – so lautete einer seiner Aufrufe an die deutschen Arbeiter in Paris. Frankel hatte jedoch mit der Anwerbung seine liebe Not und klagte: «40 Mitglieder unter soviel deutschen Arbeitern ist geradezu gesagt erbärmlich. Dies hat der Deutsche (man soll keinen Nationaldünkel haben!) den Franzosen voraus, daß er immer den Schlendrian geht; Bierkneipen und Gesangvereine sind die einzigen Elemente, die die Deutschen zusammenführen ...» Die deutsche Sektion existierte nur sehr kurze Zeit: 1870, mit dem Ausbruch des Krieges gegen Preußen, wurde die Mehrzahl der in Paris ansässigen Deutschen ausgewiesen.

Emigrantenkultur

Größere Mengen von Deutschen kamen erst nach 1933 wieder nach Paris. Es waren jene, die vor den Nazis flüchteten. Von den 150000 deutschen Emigranten, die sich damals

AUF DEM FRIEDHOF AM MONTMARTRE

Auf dem Friedhof am Montmartre
Weint sich aus der Winterhimmel.
Und ich spring mit dünnen Schuhen
Über Pfützen, darin schwimmen
Kippen, die sich langsam öffnen
Kötzel von Pariser Hunden
Und so hatt' ich nasse Füße
Als ich Heines Grab gefunden.

Unter weißem Marmor frieren
Im Exil seine Gebeine
Mit ihm liegt da Frau Mathilde
Und so friert er nicht alleine.
Doch sie heißt nicht mehr Mathilde
Eingemeißelt in dem Steine
Steht da groß sein großer Name
Und darunter bloß: FRAU HEINE

Und im Kriege,
~~Wie auch immer~~ als die Deutschen
An das Haken-Kreuz die Seine-
Stadt genagelt hatten, störte
~~Störte~~ Sie der Name HEINE! / HENRI
Und ich weiß nicht wie, ich weiß ~~bloß~~ nur
Das: er wurde weggemacht,
Und wurd wieder angeschrieben
Von Franzosen manche Nacht.

Auf dem Friedhof am Montmartre
Weint sich aus der Winterhimmel
Und ich sprang mit dünnen Schuhen
Über Pfützen, darin schwimmen
Kippen, die sich langsam öffnen
Kötzel von Pariser Hunden
Und ich hatte nasse Füße
Als ich Heines Grab gefunden.

(Februar 79)

Wolf Biermann, in seiner eigenen Schreibe

zeitweilig in Frankreich aufhielten, zogen die meisten nach Amerika oder sonstwohin weiter. Denjenigen, die längere Zeit blieben, wurde der Aufenthalt nicht gerade leicht gemacht. Die kurze Zeit der Volksfrontregierung ausgenommen waren sie ständig von Ausweisung bedroht; für die konservativen französischen Regierungen galten sie als Unruhestifter und Kriegshetzer. Da die Flüchtlinge in der Mehrzahl Juden waren, wurden sie zudem zu Zielscheiben antisemitischer Gruppen. Die meisten fanden keine Arbeit; sie lebten zum großen Teil in sehr dürftigen Verhältnissen. Schlecht ging es vor allem den Intellektuellen, die von ihrer Sprache abhängig waren. Selbst Einstein kriegte in Paris keinen Job. Viele konnten nur durch die Unterstützung von Hilfsorganisationen überleben und saßen ansonsten tagein tagaus trübsinnig in den Emigrantencafés rum.

Trotz allem aber wurden Versuche unternommen, auf kulturellem oder politischem Gebiet tätig zu werden: Deutsche Theater und Orchester entstanden – kurzlebig die meisten –, 1935 gar eine «Freie Deutsche Hochschule». Der «Deutsche Klub» und der «Arbeitskreis deutscher Anti-Hitler-Jugend in Paris» versuchten, zur politischen Aufklärung über das Hitlerreich beizutragen. Außerdem gab es eine «Deutsche Freiheitsbibliothek» und das «Internationale antifaschistische Archiv», das 1934 eine Ausstellung über das Dritte Reich veranstaltete.

Eine große Zahl von Unternehmungen dieser Art entstand auf die Initiative von Willi Münzenberg hin, dem ehemaligen Leiter des sogenannten Münzenberg-Konzerns, der während der Weimarer Republik verschiedene KPD-nahe Medien vereinte. Auf Münzenberg ging auch die Gründung des «Lutetia-Kreises» zurück, einer Organisation unter Vorsitz von Heinrich Mann, die auf eine Einigung der häufig miteinander zerstrittenen deutschen Emigranten in Paris hinarbeitete. Eine weitere Erscheinungsform der Emigrantenkultur war die Exilpresse, deren Ziel es war, über den Naziterror aufzuklären und vor der Kriegsgefahr zu warnen. Das «Pariser Tageblatt» erschien immerhin mit einer täglichen Auflage von 14000 Exemplaren. Dennoch wurden die deutschen Zeitungen von der französischen Öffentlichkeit kaum beachtet.

Als dann der Krieg ausbrach, wurden all jene, die das Land nicht rechtzeitig verlassen konnten, als «feindliche Ausländer» interniert. In den Lagern steckte man unterschiedslos Emigranten und Nazis zusammen. Für die, die weder Geld noch Beziehungen hatten, war die einzige Möglichkeit, da herauszukommen, die Verpflichtung in der Fremdenlegion. 9000 Internierte wählten diesen Ausweg. Als dann 1940 die «anderen» Deutschen kamen und einen Teil Frankreichs besetzten, wurden die meisten der Emigranten den neuen Herren ausgeliefert. Was mit ihnen weiterhin geschah, kann man sich ungefähr vorstellen.

Hakenkreuze über «Groß-Paris»

Am 14. Juni 1940 rückten die deutschen Besatzungstruppen in Paris ein. Mit schmetternder Blasmusik zogen sie die Champs-Élysées hinunter – ein Spektakel, das sie dann täglich wiederholten. Die Schriftstellerin Anna Seghers erlebte die Ankunft der Hitler-Armee aus der Perspektive der Emigrantin: «Ich

An der Abgeordnetenkammer

ging eines Sonntags früh nach Paris hinein. Die Hakenkreuzfahne wehte wirklich auf dem Hôtel de Ville. Sie spielten wirklich vor Notre-Dame den Hohenfriedberger Marsch. Ich wunderte mich und wunderte mich. Ich lief quer durch Paris. Und überall deutsche Autoparks, überall Hakenkreuze, mir war ganz hohl, ich fühlte schon gar kein Gefühl mehr. – Ich grämte mich, daß all der Unfug aus meinem Volk gekommen war, das Unglück über die anderen Völker. Denn daß sie sprachen wie ich, daß sie pfiffen wie ich, daran war kein Zweifel.»

Zunächst versuchten die Franzosen wegzugucken, die ungebetenen Gäste und ihre teutonischen Musikdarbietungen zu ignorieren. Aber allmählich wurde ihre Gegenwart alltäglich: Man sah sie überall, sie saßen mit ihren grünlichen Uniformen in den Straßencafés und streckten die bestiefelten Beine von sich, sie schlenderten durch die Parks und warteten auf den Metrobahnsteigen auf den Zug, wie alle anderen. «Vier Jahre hindurch haben wir gelebt», erzählt Jean-Paul Sartre, «und die Deutschen lebten auch mitten unter uns, untergetaucht im gleichförmigen Leben der großen Stadt.»

Die Deutschen ihrerseits machten sich gleich emsig ans Werk und organisierten mit der bekannten Gründlichkeit das «deutsche» Leben in der besetzten Stadt. Der Kommandeur von «Groß-Paris» bezog das feine Hotel «Meurice» in der rue de Rivoli, gegenüber den Tuilerien. Deutsche Verkehrsschilder tauchten auf, deutsche Einrichtungen wie Soldatenheime, Soldatenkinos oder Soldatenbordelle öffneten ihre Pforten, am Parlament und am Eiffelturm verkündeten große Spruchbänder: «Deutschland siegt an allen Fronten» ...

Ersatzkultur und Kulturersatz

Paris war nach der Teilung des Landes in eine besetzte und eine «freie» Zone nicht mehr die Hauptstadt von Frankreich, sondern stand völlig unter der Herrschaft der Besatzer. Trotzdem, oder gerade deshalb, versuchten die Deutschen, an der Oberfläche einen Schein von Normalität zu verbreiten, den Alltag möglichst so weiterlaufen zu lassen, als sei nichts Besonderes geschehen. Um die Bevölkerung ruhig zu halten, galt es vor allem, den gigantischen Pariser Unterhaltungsbetrieb schnell wieder flott zu machen. So wurden eiligst die Theater und Kinos geöffnet, französische Regisseure, Schauspieler und Sänger umworben und verwöhnt, damit den Parisern rasch die gewohnte Zerstreuung geboten werden konnte.

Die Bevölkerung machte davon reichlich Gebrauch – Kinos und Theater waren gewöhnlich rammelvoll. Das hatte freilich ganz handfeste Gründe: Lebensmittel und Heizmaterial wurden immer knapper, zu Hause war es kalt, im Kino aber warm. Das wenige, was es gab, gab es auf Bezugschein, es wurden offiziell alkohol- und fleischlose Tage eingeführt. Das deutsche Wort «Ersatz» fand damals Aufnahme in das französische Vokabular. Auf den Straßen hörte man das Klapp-Klapp der holzbesohlten Schuhe, Autos fuhren keine, da es kein Benzin gab, dafür wimmelte es von Fahrrädern und rikschaähnlichen Fahrrad-Taxis. Vielleicht ist die Erinnerung hieran mit ein Grund dafür, daß Paris heute so fahrradfeindlich ist. Zur Besserung der Versorgungslage wurde angeordnet, auf allen Grünflächen Nutzpflanzen anzubauen. Tomaten sprossen in den Tuilerien, Erbsen im Jardin du Luxembourg, in Blumentöpfen wurden Radieschen gezogen. Ansonsten blühte der Schwarzmarkt: Es gab plötzlich eine zwielichtige Fauna von Neureichen, die mit den Besatzern prima zurechtkamen.

Als Kompensation für die vielen Entbehrungen wurden die Pariser reichlich mit Kultur aus deutschen Landen versorgt. Mit Hilfe der «Propaganda-Staffel» versuchte die Besatzungsmacht, sich so günstig wie möglich darzustellen. Mit großem Aufwand umwarb man die französischen Intellektuellen, mit Kultur-Austauschprogrammen wurde deutsch-französische Annäherung inszeniert. Das Deutsche Institut in der rue St. Dominique bot Gratis-Deutschkurse an, in der Comédie Française spielte das Berliner Schillertheater «Kabale und Liebe». Alles was an deutschen Musikern und Dirigenten Rang und Namen hatte und nach Hitlers Machtergreifung im Lande geblieben war, kam nach Paris, um hier aufzuspielen, unter anderem auch schon der junge Herbert von Karajan. In der Orangerie wurden die Brutalo-Skulpturen von Hitlers Lieblingsbildhauer Arno Breker ausgestellt. In den Kinos liefen neben den französischen Produktionen alle einschlägigen Nazi-Filme: Die Pariser kamen so in den Genuß von Werken wie «Hitlerjunge Quex», «Triumph des Willens» und dem antisemitischen Hetzfilm «Jud Süß». Verboten waren natürlich Filme aus den feindlichen Ländern. Als Ersatz für die lockeren amerikanischen Komödien bediente man die Filmfreunde mit solch eminenten Unterhaltungskünstlern wie Heinz Rühmann, über dessen kleinkarierte Scherzchen zu lachen ihnen indessen nicht recht gelingen wollte.

Hinter den Kulissen

Diese täuschende Oberfläche, die da mittels Propaganda hergestellt werden sollte, bekam bald Bruchstellen – die düsteren Aspekte der Okkupation wurden zunächst nur vereinzelt, später immer deutlicher sichtbar. Da gab es Plakate, die für die freiwillige Arbeit in der deutschen Kriegsindustrie warben: «Schluß mit den schlechten Zeiten», sagt eine Mutter, die ihr Kind umarmt, «Papa verdient Geld in Deutschland!» Mit der Freiwilligkeit war es aber nicht weit her. Tausende von Franzosen wurden zur Fremdarbeit gezwungen. Greiferkommandos unternahmen beispielsweise Razzien in Kinos, um vor allem die Jüngeren für die Arbeitertransporte nach Deutschland auszuheben.

Ein ernüchternder Kontrast zu dem deutsch-französischen Kulturgefasel war der in großem Maßstab organisierte Kunstraub durch die Nazis. Eine eigens hierzu geschaffene Organisation unter dem Reichsleiter Alfred Rosenberg schaffte heimlich Gemälde, Skulpturen, Wandteppiche und Möbel, meist aus jüdischem Besitz, güterzugweise ins «Reich», während vorne im Rampenlicht und in Goebbels' Auftrag Marika Rökk die Beine schwang und Zarah Leander brünstige Lieder ins Mikrofon raunte. Ein großer Kunstfreund war der Reichsmarschall Göring. Er kam oft und gerne nach Paris, um sich hier das eine oder andere Dekorationsstück für seinen privaten Wohnsitz unter den Nagel zu reißen und sich's hernach im Luxusrestaurant «Maxim's» wohl sein zu lassen.

Dem bemühten Schein von Harmlosigkeit widersprachen am deutlichsten die Aktivitäten von SS und Gestapo, die allerdings vorwiegend im Dunkeln, nach der nächtlichen Ausgangssperre, stattfanden und somit nicht unmittelbar für alle sichtbar waren. «Die Gestapo nahm oft ihre Verhaftungen zwischen Mitternacht und fünf Uhr vor. In jedem Augenblick schien es, als könnte die Tür aufgehen und einen kalten Lufthauch, etwas Nacht und drei leutselige Deutsche mit Revolvern hereinlassen ... Morgens fand man auf den Straßen unschuldige kleine Deutsche wieder, die mit einer Aktentasche unterm Arm ihren Büros zueilten und mehr Anwälten in Uniform als Militärs ähnelten. Man versuchte auf diesen ausdruckslosen und vertrauten Gesichtern ein wenig von der haßerfüllten Wildheit wiederzufinden, die wir uns während der Nacht vorgestellt hatten. Vergebens.» (Jean-Paul Sartre: Paris unter der Besatzung, rororo 4593)

«Filmkritik»
unter der Besatzung

Die Gestapo kam, um Geiseln oder Résistance-Verdächtige festzunehmen. Die Geiseln, die als Vergeltung für Gewaltakte gegen Wehrmachtsangehörige dutzendweise erschossen wurden, waren häufig Kommunisten oder sonstwie politisch Mißliebige. Aber auch unvorsichtige Passanten, die nach der Ausgangssperre auf der Straße aufgegriffen wurden, fanden sich plötzlich als Geiseln hinter Gittern wieder. Vor allem war die Gestapo natürlich hinter allen her, die etwas mit dem Widerstand zu tun haben könnten. Für die Aufspürung und Folterung der Résistance-Angehörigen bediente sie sich gerne ihrer französischen Filiale, einer größtenteils aus Gangstern zusammengestellten

Truppe, die ihr berüchtigtes Hauptquartier in der rue Lauriston, in vornehmster Lage hatte.

Als Erschießungsstätte für Geiseln und Widerstandskämpfer erlangte der Mont Valérien traurige Berühmtheit, eine alte Festung bei Suresnes, westlich von Paris, in der zwischen 1940 und 1944 4500 Menschen erschossen worden sind. In der zweckentfremdeten Kapelle, in der sie ihre letzte Nacht verbrachten, sind noch ihre in die Wand eingeritzten Inschriften zu sehen.

Bei Nacht und Nebel

Während der Besatzungszeit hatten nun auch endlich all die französischen Faschisten Oberwasser: kleine Gruppen wie die «Jeune Front» des heutigen Pressezaren Robert Hersant, die sich damals durch das Zerschlagen der Schaufenster jüdischer Geschäfte hervortaten, oder die französischen «Führer»-Typen wie Jacques Doriot, ehemaliger KP-Abgeordneter, der 1936 die PPF (Parti Populaire Français) gründete, die größte der faschistischen Organisationen in Frankreich. Durch Leute dieses Schlags ließen die Nazis in Presse und Rundfunk ihre Geschäfte besorgen, unterstützt durch eine Reihe prominenter Intellektueller, auf die der Faschismus große Faszination ausübte, wie Céline, Montherlant oder Drieu La Rochelle. Gleichwohl hatten die Deutschen bei «Radio Paris» die Zügel in der Hand. Bei Divergenzen zwischen den verschiedenen Kollaborateurfraktionen wurden NS-Propagandaspezialisten, beispielsweise Kurt Georg Kiesinger, aktiv und sorgten für Ordnung. Die Eifrigsten unter den Kollaborateuren hatten Gelegenheit, sich in der LVF (Légion des Volontaires Français contre le Bolchevisme) oder auch in der französischen SS-Division «Charlemagne» für das neue Hitler-Europa zu engagieren.

Das finsterste Kapitel der Besatzungszeit war die Judenverfolgung. In einer ersten Phase versuchte man, die Bevölkerung einzustimmen und sie an den Erkenntnissen der deutschen Rassenforschung teilhaben zu lassen: Im Palais Berlitz, nahe der Oper, wurde die große Ausstellung «Le Juif et la France» veranstaltet; zur «wissenschaftlichen» Verbreitung des Antisemitismus wurde ein spezieller Lehrstuhl an der Sorbonne eingerichtet, ein «Deutsches Propaganda-Atelier» suchte den Judenhaß durch Plakataktionen zu schüren. Allmählich eskalierten die antisemitischen Maßnahmen. Zunächst änderte man alle Straßennamen, die irgendwas Jüdisches an sich hatten. Dann wurden Geschäfte und Theater «arisiert». In der beschlagnahmten Rothschild-Villa tafelte die Nazi-Prominenz mit Pariser Kollaborateuren. Der gelbe Stern wurde eingeführt, die Bewegungsfreiheit der jüdischen Bürger immer weiter eingeschränkt, bis man sie schließlich deportierte. Die antijüdischen Aktionen liefen unter der Leitung des SS-Manns Dannecker, ihm zur Seite stand sein treuer Gehilfe Heinrichsohn, bis vor kurzem noch «christlicher» Bürgermeister im Fränkischen. Ihren Höhepunkt erreichten sie mit der großen Razzia vom Juli 1942: Bei Nacht und Nebel wurden 20000 Menschen festgenommen und in einer inzwischen abgerissenen Radrennbahn in der Nähe des Eiffelturms zusammengepfercht, dann in das KZ Drancy in der nördlichen Banlieue geschafft und von dort wenig später nach Auschwitz deportiert.

Freundschaft, Sauerkraut und Expressionismus

Nach alldem ist es wenig verwunderlich, daß nach dem Zweiten Weltkrieg in Paris die Begeisterung für Deutsche nicht sonderlich groß war. In einer Meinungsumfrage der fünfziger Jahre rangierten sie als unsympathischstes Volk an letzter Stelle der Beliebtheitsskala. Dann aber sorgte die neue politische Konstellation – der Kalte Krieg, die Entstehung von NATO und EWG und die Herren de Gaulle und Adenauer – für das Ausbrechen der deutsch-französischen Freundschaft. Zunächst bescheidene, dann immer stärker anschwellende Scharen von Deutschen zogen wieder nach Paris – diesmal in friedlicher Absicht, als Touristen. So ab Ostern fallen sie jährlich in ihr beliebtestes Kurzreiseziel ein. Im Umkreis touristischer Attraktionen wird inzwischen mit «Man spricht Deutsch» und «Würstchen mit Sauerkraut» geworben. Einige gewerbetreibende Frauen in der Gegend der place Pigalle können längst «Kommst du mit, Süßer?» flöten, und mancher Anmacher der Striptease-Höhlen ruft zeternd: «Ja bitte komm Sie hier Ficken gucken!»

Und die Kultur? Der geht es – danke – prächtig. Deutsche Theaterstücke, Filme und Kunstausstellungen stehen hoch im Kurs; besonders seit der monumentalen Show «Paris-Berlin 1900–1933», die 1978 im Centre Pompidou lief, sind die Berliner zwanziger Jahre und der Expressionismus bei der Pariser Kulturwelt in Mode. Ein erstaunlicher Kult wird mit den neueren deutschen Filmen getrieben: Bis zu zwanzig pro Woche in Originalversion, mehr Herzogs, Fassbinders, Wenders, Syberbergs und Schlöndorffs als in irgendeiner deutschen Großstadt – da fällt einem der Spruch vom Propheten ein, der in seinem eigenen Land nichts gilt.

Als Kulturbastion hervorzuheben ist auf jeden Fall das Goethe-Institut in der avenue d'Iéna mit seinem breitgefächerten Angebot. Außerdem gibt's in Paris drei deutsche Buchhandlungen sowie die deutsch-französische Monatszeitschrift «Pariser Kurier», die sich allerdings im wesentlichen auf Hofberichterstattung beschränkt: Titelfotos, auf denen sich französische und deutsche Spitzenpolitiker die Hände schütteln, sind die Regel.

unterwegs

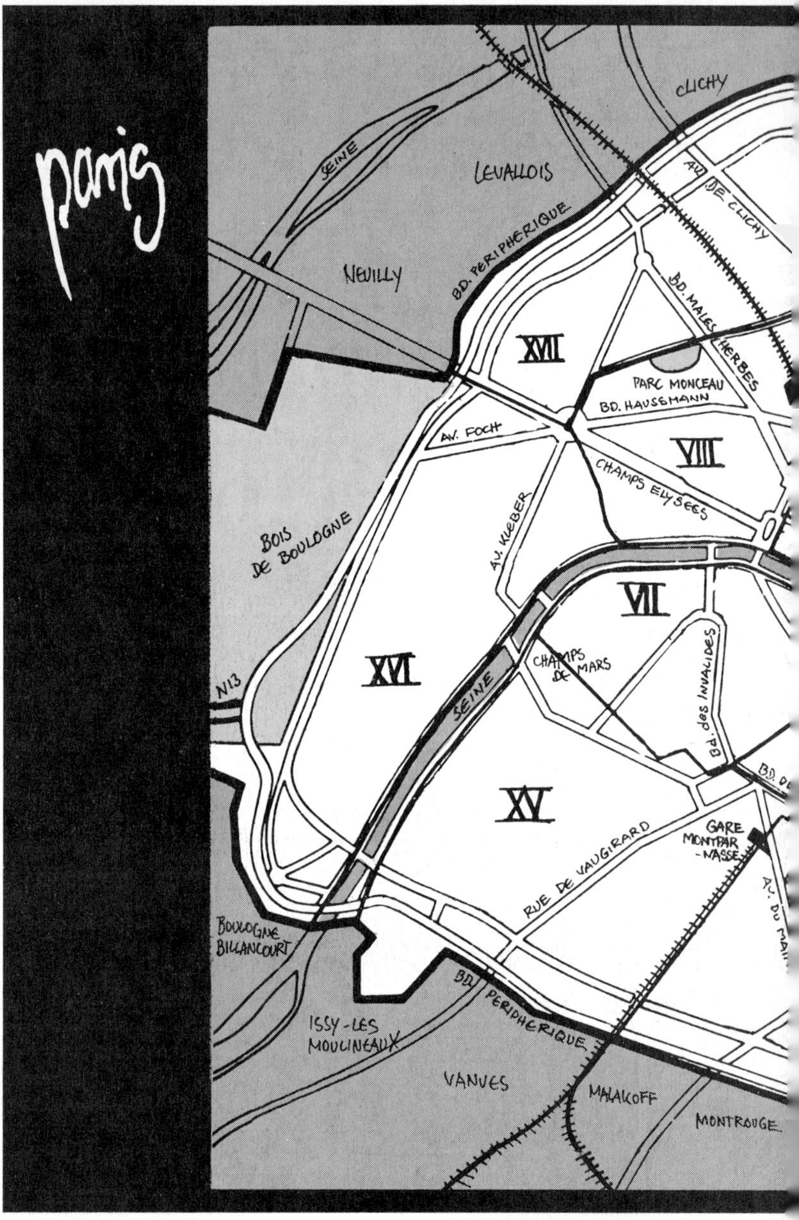
paris
CLICHY
SEINE
LEVALLOIS
AV. DE CLICHY
BD. PERIPHERIQUE
NEUILLY
BD. MALESHERBES
XVII
PARC MONCEAU
BD. HAUSSMANN
AV. FOCH
VIII
CHAMPS ELYSEES
BOIS DE BOULOGNE
AV. KLEBER
VII
CHAMPS DE MARS
Bd. des INVALIDES
XVI
N13
SEINE
XV
GARE MONTPAR-NASSE
RUE DE VAUGIRARD
BOULOGNE BILLANCOURT
BD. PERIPHERIQUE
ISSY-LES MOULINEAUX
VANVES
MALAKOFF
MONTROUGE

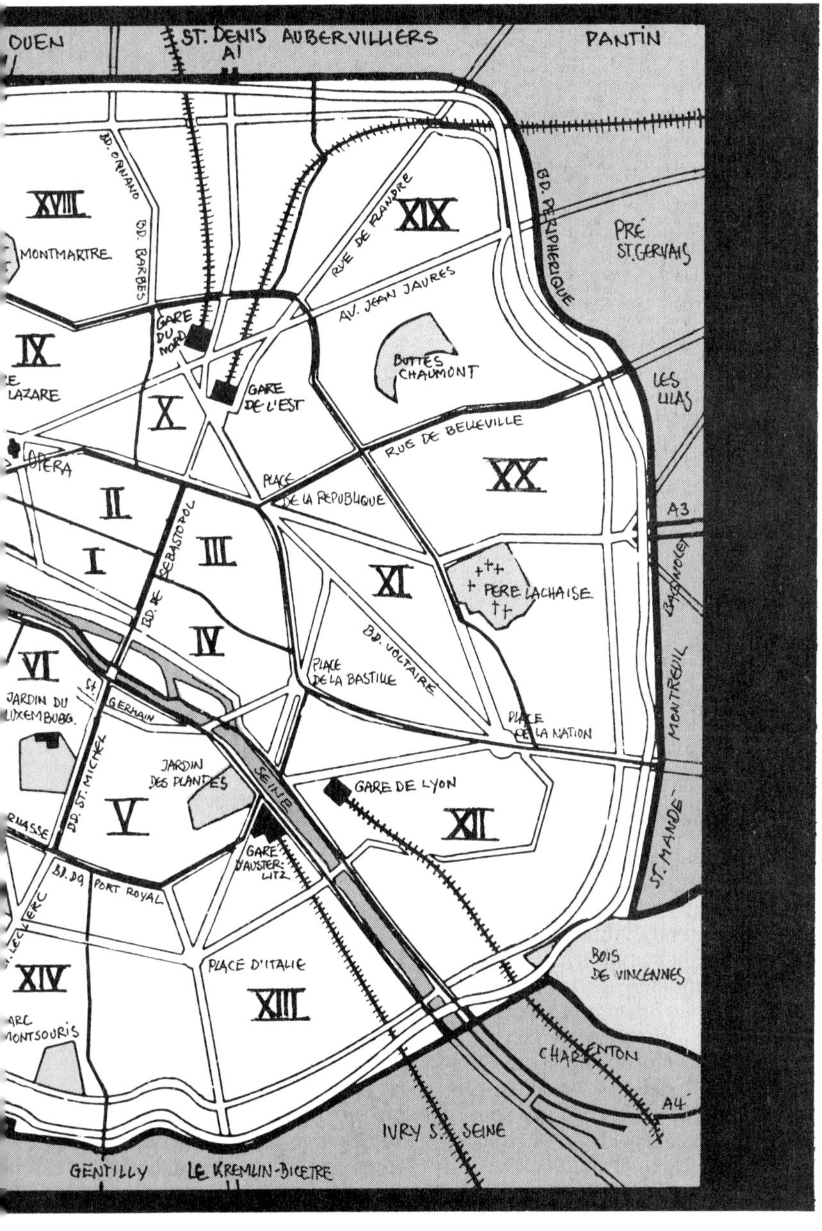
OUEN
ST. DENIS
A1
AUBERVILLIERS
PANTIN
BD. ORNANO
BD. BARBES
XVIII
MONTMARTRE
RUE DE FLANDRE
XIX
BD. PERIPHERIQUE
PRÉ ST. GERVAIS
AV. JEAN JAURES
GARE DU NORD
IX
LAZARE
BUTTES CHAUMONT
GARE DE L'EST
X
LES LILAS
RUE DE BELLEVILLE
OPERA
XX
PLACE DE LA REPUBLIQUE
II
A3
BD. DE SEBASTOPOL
III
I
XI
PERE LACHAISE
BAGNOLET
IV
BD. VOLTAIRE
VI
PLACE DE LA BASTILLE
MONTREUIL
JARDIN DU LUXEMBURG
St. GERMAIN
PLACE DE LA NATION
JARDIN DES PLANTES
SEINE
GARE DE LYON
BD. ST. MICHEL
V
XII
ST. MANDÉ
GARE D'AUSTERLITZ
BD. DU PORT ROYAL
LECLERC
XIV
PLACE D'ITALIE
BOIS DE VINCENNES
XIII
PARC MONTSOURIS
CHARENTON
A4
IVRY S. SEINE
GENTILLY
LE KREMLIN-BICETRE

Großbürgergettos und Arbeiterviertel – Mit Bahn und Bus ins nördliche Paris

Unsere Erkundungsreise durch das Paris nördlich der Seine, das rechte Ufer, beginnt in Auteuil (Metro: Église d'Auteuil). Auteuil ist eines der drei ehemaligen Dörfer (die anderen beiden sind Passy und Chaillot), aus denen das teure 16. Arrondissement zusammengewachsen ist.

«Paris ist die Hauptstadt von Frankreich und das 16. Arrondissement die Hauptstadt von Paris» hatte Victor Hugo gesagt. Schon früh war dieser außerhalb der Stadt liegende Flecken Rückzugsgebiet der besseren Kreise. Erfolgreiche Künstler hatten hier ihre Landhäuser, Literaten schätzten die Synthese aus Gartenlandschaft, Dorf und mondänen Salons. Balzac indessen gefiel vor allem, daß er hier draußen vor seinen Pariser Gläubigern einigermaßen verborgen war. Sein einstiges Haus in der rue Raynouard ist jetzt Museum: Dort könnt ihr Möbel und Hausrat des Meisters bewundern, unter anderem die berühmte Kaffeekanne, ohne die der manische Schreiber nachts nicht wachgeblieben wäre. Auch die Geheimtreppe ist zu besichtigen, auf der er vor seinen Gläubigern entwich, als die schließlich doch rausgekriegt hatten, wo er steckte.

Im benachbarten Passy ging es etwas lebhafter zu: Seit man dort im 17. Jahrhundert Thermalquellen entdeckt hatte, florierte ein regelrechter Kur- und Badebetrieb, wobei die Heilkraft der Wässerchen eher ein Vorwand war. Verlockender war das Drum und Dran: die Feste, das Glücksspiel und der erotische Freiraum, den so ein «Bad» seinen Gästen bot. Als letzter Rest davon übriggeblieben ist ein einsamer Brunnen auf dem square Lamartine, dessen angeblich mineralhaltiges Wasser die gesundheitsbewußten Anwohner kanisterweise nach Hause schleppen. Schon im letzten Jahrhundert muß es dann im Sechzehnten recht ruhig und gediegen zugegangen sein. Heinrich Heine jedenfalls, der eine Zeitlang hier lebte, bestand nach seiner schweren Erkrankung darauf, nach Paris zurückgebracht zu werden: «In Passy möchte ich nicht begraben werden, der Friedhof muß ziemlich langweilig sein.» Nun liegt er auf dem kurzweiligen Friedhof Montmartre, wo ihm so amüsante Leute wie die rheinische Frohnatur Jacques Offenbach, der Frühsozialist Charles Fourier und die schöne Madame Récamier Gesellschaft leisten.

Der dörfliche Charakter von Auteuil ist inzwischen fast völlig verschwunden. Zu ahnen ist er nur noch in einigen abgeschirmten Ecken wie den Privatvierteln «Hameau Boileau» oder «Villa Montmorency». Sie sind Zeugnisse einer ersten Zuwanderungswelle der Pariser Bourgeoisie: nach der Angliederung an die Hauptstadt waren zunächst die früheren aristokratischen Besitztümer in kleine Parzellen aufgeteilt und mit romantischen, von Gärten umgebenen «Landhäusern» im Cottage-Stil bebaut worden. Dann, gegen Ende des Jahrhunderts, kam es zu einer großangelegten Erschließung und Bebauung, die einstigen Dörfer bekamen ein weltstädtisches, gediegen-vornehmes Gepräge. Die Bourgeoisie ließ sich im neu entstehenden Pariser Westend stattliche Residenzen errichten. Man konnte sich's hier leisten, die angesehensten Kräfte für sich arbeiten zu lassen, neben den Fin de siècle-Pompbauten finden sich auch viele eindrucksvolle Beispiele für die Avantgarde-Architektur der Jahrhundertwende und der beginnenden modernen Ära. Für Liebhaber des Jugendstils ist das Sechzehnte fast eine Art Freilichtmuseum, gerade dessen größter Meister in Frankreich, Hector Guimard, hat hier eine Menge schöner Bauten hinterlassen – etwa in der avenue Mozart Nr. 122 und gleich daneben in der Villa Flore, oder an der Ecke rue Agar / rue de la Fontaine, wo er gleich einen ganzen Block von Mietshäusern der gehobenen Kategorie hinstellen durfte, mit einem bis heute fast unverändert gebliebenen Bistro in der rue de la Fontaine Nr. 17. Schräg gegenüber (Nr. 14) steht das Castel Béranger, ein Meisterwerk des 27jährigen Guimard, das ihm den ersten Preis im Pariser Fassadenwettbewerb einbrachte. Besonders beeindruckend ist das Türgitter am Hauptportal – ein metallenes Großornament aus ineinander verschlungenen pflanzlichen Formen. Architektonisch reichhaltig ist auch die rue Jasmin: neben zwei Guimard-Häusern sind dort auch mehrere Gebäude im Art-Deco-Stil, einem Übergangsstil zur Moderne, zu sehen, und gleich um die Ecke, am Ende einer kleinen Privatstraße namens square du Docteur Blanche versteckt, stehen die ersten Häuser von Le Corbusier, dieses großen Gurus der modernen Architektur – mit ihren klaren, strengen Formen machen sie einen verblüffenden Eindruck, zumal wenn man sich vorstellt, daß sie aus dem Jahre 1923 stammen. – In der nahen avenue Mozart könnt ihr nun den Bus Nr. 22 nehmen, der das gesamte Arrondissement der Länge nach durchfährt. Wer Lust hat, kann an der place du Trocadéro die Fahrt unterbrechen und von der Plattform des Palais de Chaillot herunter einen klassischen Postkartenblick auf Eiffelturm und andere Türme genießen – umgeben von knipsenden japanischen Reisegruppen, akrobatischen Rollschuhfahrern und schwarzen Kleinhändlern, die mechanische Vögel fliegen lassen. Das Palais, dessen Flügel zu beiden Seiten wuchtig aufragen, war für die Weltausstellung von 1937 errichtet worden, in einem monumentalen Neoklassizismus, der Ähnlichkeit hat mit faschistischen und stalinistischen Bauten aus derselben Zeit. Deutlich wurde das, als sich während der Ausstellung die Pavillons des Hitlerreichs und der Sowjetunion unten an der Brückenauffahrt zum pont d'Iéna drohend gegenüberstanden. Die Nazis waren durch Spionage an die Baupläne der Rivalen rangekommen, und Hitlers Lieblingsarchitekt Speer trug Sorge dafür, daß der deutsche, von einem Hakenkreuzadler gekrönte Ausstellungsklotz den sowjetischen, mit einer Hammer- und-Sichel-Skulptur verzierten um einiges überragte.

Vom Trocadéro bringt uns der Bus weiter zur place de l'Étoile, die offiziell place Charles-de-Gaulle heißt, was aber kein Mensch sagt. Dieser Platz mit dem Denkmal des napoleonischen Größenwahns in der Mitte ist nach wie vor so was wie eine nationale Weihestätte. Am tollsten ist es am 14. Juli: da wallt unter dem Torbogen eine riesenhafte Tricolore, und zu später Stunde strahlen Flakscheinwerfer blau-weiß-rote Lichtbündel in den Nachthimmel. Der Bus fährt halb um diesen ebenso erhabenen wie öden Platz herum und biegt dann in die avenue de Friedland ein. Dort heißt es umsteigen in den 31er, der eine Straße weiter von der avenue Wagram losfährt. Das 17. Arrondissement, das er zunächst durchquert, hat zwei deutlich unterscheidbare Teile: einen noblen, in dem sich das vornehme Paris fortsetzt, und dann, jenseits der Bahngleise, die von St. Lazare in Richtung Normandie führen, einen volkstümlich-schäbigen. Hier beginnt plötzlich das Paris der kleinen Leute, es geht nicht mehr halb so vornehm, dafür doppelt so lebendig zu.

Der Montmartre von hinten

Der Bus fährt nun in einem weiten Bogen an der Rückseite des Montmartre vorbei, durch die belebten Geschäftsstraßen rue Guy-Môquet und rue Ordener und am Rathaus des 18. Arrondissements vorbei.

Wer will, kann hier aussteigen und über eine der vielen, von Treppen unterbrochenen Straßen (zum Beispiel rue de la Fontaine-du-But, rue Becquerel, rue Mont-Cenis) diesen berühmten Berg von seiner untouristischen Seite besteigen. Er ist übrigens ziemlich unstabil. Früher wurde hier in unterirdischen Steinbrüchen Gips gewonnen, daher ist er von Höhlen und Gängen durchlöchert wie ein Termitenbau. In denen hausten einstmals Verbrecher, und sie boten auch verfolgten Revolutio-

Original ...

... und Fälschung

nären, unter ihnen Jean-Paul Marat, zeitweilig Unterschlupf. Sie wurden gerne für schwarze Messen und anderen finsteren Hokuspokus benutzt, auch hat man in ihnen Reste von Dinosauriern entdeckt. Noch heute soll es zuweilen da unten zu seltsamen Zusammenkünften kommen ...

Der Bus 31 biegt inzwischen in den boulevard Barbès ein, wo es zunehmend unfranzösischer wird. Vorbei geht es an türkischen Reisebüros, nordafrikanischen Garküchen und dem Araber-Kino «Barbès-Palace», wo zwei Actionfilme nacheinander für ein Spottgeld laufen – im Winter gehen sich die Unbehausten dort aufwärmen. An der Haltestelle Barbès-Rochechouart heißt es aussteigen und die Straße überqueren. Hier herrscht ein farbiges Gewühl, denn diese Kreuzung ist der Knotenpunkt der schwarz- und nordafrikanischen Einkaufs- und Freizeitszene. Massen drängeln sich vor dem Billigst-Kaufhaus «Tati», an der Ecke werden Kürbiskerne und geröstete Maiskolben feilgeboten (siehe auch: Reise nach Barbès, Seite 29–83).

Von hier aus geht die Fahrt mit der Hochbahn weiter in Richtung «Nation». Aus der Metro bieten sich starke Ausblicke auf das untenliegende orientalische Paris und über das Gleisgestrüpp der Nord- und Ostbahn. Die Reise geht nur zwei Stationen weit, bis «Stalingrad» (mit diesem vielleicht befremdlichen Namen soll nicht an die inzwischen ja umgetaufte russische Stadt erinnert werden, sondern an jene Schlacht, die die entscheidende Wende im Zweiten Weltkrieg einleitete).

Von der Rotonde zum Galgenberg

Halb von den Hochbahngleisen eingerahmt steht hier etwas verloren ein alter Rundbau, die «Rotonde de la Villette», eine der noch kurz vor der Französischen Revolution errichteten Zolleinnahmestellen des ancien régime. In ihrem Schatten zur Rechten bietet sich das behaglich-altmodische Bistro «La Rotonde» als Zwischenstation an, um neue Kräfte zu sammeln. Als nächstes droht nämlich ein längerer Fußmarsch.

Zunächst geht es die rue de Flandre hinauf, die so heißt, weil sie die alte Ausfallstraße in Richtung Flandern ist. Eigentlich existiert nur noch eine Straßenseite, die andere ist wegsaniert und durch zeitgenössische Bunkerarchitektur ersetzt. Der Gesamteindruck dieser Straße ist eher schäbig, aber hinter der Straßenfront liegen einige überraschende Hinterhöfe mit alten Betrieben und Handelskontoren, zum Beispiel in der Nummer 40. In einem prächtigen Hofgebäude präsentiert sich hier eine ehrwürdige Fabrik für Bierzapf-Vorrichtungen. Zwei Häuser weiter verbirgt sich – winzig und nur schwer zugänglich – hinter einem öden Neubaublock ein uralter Friedhof, auf dem die Pariser Juden vor der Revolution, als sie kein Aufenthaltsrecht besaßen, heimlich ihre Toten beerdigten. Die wenigsten Anlieger wissen etwas davon.

Ein paar Schritte die Straße hinauf, vorbei an der Metrostation «Riquet», und es trifft den arglosen Spaziergänger wie ein Faustschlag: Dort erhebt sich ein Gebäudekomplex, der zum monströsesten zählt, was in Paris an neuerer Architektur verbrochen worden ist. Schnell weiter und dann rechts in die rue de Crimée einbiegen. An der kleinen Kirche St. Jacques-St. Christophe vorbei, die mit ihrem beschaulichen Vorplatz gar nicht recht in dieses zerrissene Viertel zu passen scheint, geht

rue de Flandre

es über eine seltsame Ziehbrücke, von der aus der Blick zwischen zwei Lagerhäusern hindurch auf die große Wasserfläche des Bassin de la Villette fällt. Napoleon hatte es anlegen lassen, um die von ihm geplanten Pariser Brunnen mit dem Wasser zu versorgen, das über einen Kanal aus dem Flüßchen Ourq in das Becken geleitet wird. Kaum vorstellbar, daß hier mal die elegante Welt an den mit Pappeln bestandenen Ufern entlangflanierte und im Winter in Pelz und Zylinder auf dem Eis Schlittschuh lief. Heute bietet das Bassin den traurigen Anblick eines heruntergekommenen Hafenbeckens. Die Lagerschuppen zu beiden Seiten stehen leer, nur wenige Lastkähne benutzen Napoleons Wasserreservoir, um von hier in den Canal St. Martin und weiter in die Seine zu tuckern. Nach der Kanalbrücke kreuzt die rue de Crimée eine breite, verkehrsreiche Straße, die avenue Jean-Jaurès, benannt nach der großen Vater-

Am Canal de l'Ourq

figur der französischen Sozialisten. Früher hieß die mal rue d'Allemagne, denn hier entlang ging's nach Deutschland – aber dann kam der Erste Weltkrieg, und da konnte eine nach dem Erbfeind benannte Straße nicht mehr toleriert werden. Links von dieser Kreuzung schlug früher das wirtschaftliche Herz des Viertels La Villette. Dort befand sich bis in die sechziger Jahre eine aus Viehmarkt und Schlachthof gebildete Welt für sich, von der aus ganz Paris mit Fleisch versorgt wurde. «Cité du Sang», Stadt des Blutes, wurde dieses ausgedehnte Schlachthof-Universum auch genannt. Über tausend Arbeiter, dazu die vielen Viehhändler und Metzger, zumeist starke, wuchtige Typen, gaben den Straßen und Kneipen von La Villette einen spezifischen Charakter. Als dann die Gebäude zu eng und zu unhygienisch geworden waren, wurde der Schlachthof abgerissen, um einem neuen Platz zu machen, der sich dann aber als gigantische Fehlplanung erwies. Nachdem man den alten geschlossen hatte, waren die Metzger in den neuen Großmarkt Rungis abgewandert. Die neue Riesenanlage von La Villette wurde am Bedarf vorbeigebaut und nie bezogen – eine Millionenpleite. Da hat man noch ein paar Millionen, besser: Milliarden dazugelegt und das Betongerippe zum größten Technik-Museum der Welt ausgebaut.

Nachdem sie die avenue Jean-Jaurès überquert hat, steigt die rue de Crimée leicht an: hinauf auf den Kahlen Berg, «calvus mons», beziehungsweise Chaumont. Dort stand einstmals der Gibet du Montfaucon – ein riesiges, weithin sichtbares Galgengerüst, an dem bis zu 40 Delinquenten neben- und übereinander aufgeknüpft werden konnten und tagelang im Wind hin und her schaukelten. Zuerst aber führt die Straße über eine kleine Eisenbahnbrücke. In der Mitte des Gitters hängt ein winziges, fast völlig verrostetes Schild, auf dem gerade noch zu entziffern ist, daß am 22. August 1944 unter dieser Brücke eine Gruppe der französischen Résistance nach schwerem Kampf einen deutschen Eisenbahnzug samt Besatzung in ihre Gewalt gebracht hat. Neben dieser Brücke befindet sich der Eingang zu einem der verrücktesten Pariser Parks. Als die Hauptstadt im letzten Jahrhundert ein neues Gesicht erhalten sollte, fiel den Planern auch der kahle Hügel mit der düsteren Tradition ins Auge – ein Schandfleck, der nicht ins Konzept bonapartistischer Prachtentfaltung paßte. Bauen konnte man da nichts Richtiges, weil der Boden allzu unterhöhlt und brüchig war, also nutzte der Stadtverschönerer Haussmann die Gelegenheit, an die Stelle dieses öden und schaurigen Ortes ein grünes Fleckchen, den Parc des Buttes Chaumont, anzulegen. So durften sich denn hier ehrgeizige Gartenarchitekten austoben. Sie brachten eine wildromantische Kitschland-

Diese große Oase in einem plebejischen Viertel, einer verrufenen Gegend, wo ein für Morde berüchtigtes Licht herrscht, dieser verrückte, dem Kopf eines Architekten entsprungene Austragungsort des Konflikts zwischen Jean-Jacques Rousseau und den wirtschaftlichen Verhältnissen des Pariser Lebens ... Hier ist das wahre Mekka der Selbstmörder. Diese Brücke, auf die wir über einen sanften Hang gelangen. Ein kleines Geländer setzt endlich der Möglichkeit, sich von hier hinabzustürzen, Schranken. Mit dieser erhöhten Vorsichtsmaßnahme hat man dem Verbot einer Praktik Ausdruck geben wollen, die an diesem Ort epidemisch geworden ist. Und seht nur, wie folgsam die Menschen werden – niemand, der sich mehr von dieser leicht zu übersteigenden Brüstung hinabstürzt, weder nach links, wo man auf dem hellen Weg aufschlug, noch nach rechts, wo der zärtliche Arm des Sees, der die Insel umgibt, den Selbstmörder am Ende seines gleichmäßig beschleunigten Taumelns empfing, ein Taumeln, bei dem die Quadratur seiner Masse im direkten Verhältnis zur unendlichen Größe seines Verlangens steht.

(Louis Aragon. In: Pierrte Gallissaires [Hg.]: Das Paris der Surrealisten.)

schaft zustande, die Disneyland zur Ehre gereichen würde. Da geht euer Weg jetzt quer durch: steile Hänge runter, felsige Treppen rauf, rüber zur anderen Seite, wo an der avenue Simon-Bolivar der Bus von der Linie 26 (Richtung Porte de Vincennes) wartet. Mit ihm wird nun der Trip die rue des Pyrénées hinunter bis zur place Gambetta fortgesetzt, dem belebten Rathausplatz des 20. Arrondissements.

Ein Friedhof der Sonderklasse

Hier gleich um die Ecke liegt der größte und berühmteste Pariser Friedhof. Falls ihr noch nicht durch die bisherigen Strapazen völlig geschafft seid, solltet ihr dieser seltsamen Stadt in der Stadt einige Zeit widmen, die offiziell «Cimetière de l'Est» heißt, von aller Welt aber «Père Lachaise» genannt wird (ein gewisser Père La Chaize war mal Beichtvater am französischen Königshof und hatte eine Weile in dem Schlößchen gelebt, auf dessen Terrain sich nun der Gottesacker ausbreitet).

Als 1804 der Friedhof eröffnet wurde, löste dies bei der potentiellen Kundschaft wenig Begeisterung aus. Wer wollte sich schon, wenn er was auf sich hielt, hier draußen außerhalb der Stadt, auf dem damaligen Gebiet der popeligen Gemeinde Charonne beerdigen lassen? Um den neuen Friedhof attraktiv zu machen, wurden daher erst mal ein paar berühmte Tote aus anderen Friedhöfen hierher transferiert. Dieser Werbeschachzug erwies sich als sehr wirkungsvoll. Nun drängelte sich auf einmal alles, um in der Nachbarschaft von Molière und La Fontaine zur ewigen Ruhe gebettet zu werden. Inzwischen liegt hier neben einer Menge normaler Sterblicher die Crême französischer Politiker, Feldherrn, Wissenschaftler und Kunstmenschen, dazu noch eine Vielzahl ausländischer Berühmtheiten.

Eine solche Örtlichkeit zieht natürlich viele Besucher durchaus verschiedener Art an. An ihrer Spitze, und vor allem an Wochenenden, haufenweise Touristen: Sie kommen mit dem Plan in der Hand und wollen die Prominenten sehen. Und das Angebot ist ja auch wirklich einmalig: Molière, Balzac, Chopin, Édith Piaf, Marcel Proust, Oscar Wilde, Saint-Simon, Ludwig Börne, Nadar, Gertrude Stein, Modigliani und viele andere sind abzuhaken. Außer den Touristen halten sich aber auch Einheimische auf dem Père-Lachaise auf. Für viele Rentner und Mütter mit kleinen Kindern aus den umliegenden Vierteln hat der Friedhof die Funktion eines großen Parks. Er ist in der Tat die größte Grünfläche des Arrondissements, mit prächtig gedeihender Flora und Fauna. In den Bäumen nistet eine Unzahl von Vögeln, darunter viele seltene Arten, weshalb auch Vogelfreunde gerne hierherkommen. Eine andere Gruppe von Besuchern gewinnt der Totenstadt sehr spezielle Reize ab: Der Père-Lachaise ist eine Hochburg heimlicher morbider Erotik. In, zwischen oder auf den Grabmälern finden sexuelle Aktivitäten aller Stilrichtungen und Schwierigkeitsgrade statt. Im Inneren der oft recht geräumigen Grabhäuschen finden sich neben allgemeinem Gerümpel und Abfällen bisweilen Zeugnisse unbeschreiblicher Praktiken ...

Wenn ihr euch weniger auf die Suche nach den Berühmtheiten macht und statt dessen ziellos-locker in dem in 97 Divisionen aufgeteilten Gelände herumstreunt, werdet ihr

sicher auf mancherlei Kuriositäten stoßen. Eine Unzahl eitler, makabrer und grotesker Grabmäler sind hier zu entdecken. Neben den unvermeidlichen Engeln, Obelisken und Pyramiden finden sich alle nur denkbaren Monumente und Verzierungen – bei dem einen steht eine Kanone auf der Platte, bei einem anderen eine Lokomotive, ein dritter präsentiert sich selbst in Lebensgröße und in Stein gehauen, wieder ein anderer hat einen Leuchtturm als Grabmal. Dazu kommt eine bunte Sammlung erhebender und oft unfreiwillig-komischer Sinnsprüche.

Bestimmten Gräbern werden von Eingeweihten geheime Kräfte nachgesagt, viele Ruhestätten politischer oder sonstiger Idole werden regelmäßig von Verehrern aufgesucht und geschmückt oder aber auch von Feinden geschändet – aus ganz verschiedenen Gründen. So geschah es einmal, daß der geflügelten Sphinx, die das Grab von Oscar Wilde bewacht, von zwei prüden Engländerinnen die (männlichen) Geschlechtsmerkmale abgeschlagen wurden. Sie dienten daraufhin der Friedhofsverwaltung als Briefbeschwerer. Verunglimpfende Beschriftungen treffen vorwiegend politische Tote. Davon betroffen sind Leute wie der stalinistische KPF-Führer Maurice Thorez oder der einstige Ministerpräsident der Dritten Republik und Schlächter der Pariser Commune, Adolphe Thiers, dessen tempelartiges Grabmonument regelmäßig im Mai, wenn sich die «Blutige Woche» jährt, mit Inschriften wie «Mörder des Volkes» oder «Dreckskerl» versehen wird.

Im Verteidigungskampf der Commune war der Père-Lachaise selbst eine der letzten Bastionen. Hier hatte sich ein harter Kern von Kommunarden verschanzt. Als dann der Friedhof von den Regierungstruppen gestürmt wurde, kam es zu schrecklichen Gemetzeln. «Hinter den Gräbern gedeckt, vertheidigen die Föderirten Schritt für Schritt ihren Zufluchtsort. Man kämpft grauenvoll Mann an Mann. In den Grüften finden Gefechte mit blanker Waffe statt. Freund und Feind rollt sterbend in dieselben Gräber» (Prosper Lissagaray, Geschichte der Commune von 1871, edition Suhrkamp). Die gefangenen Commune-Kämpfer wurden anschließend an der Friedhofsmauer erschossen und gleich davor verscharrt. Heute ist die «Mur des Fédérés» ein Wallfahrtsort der französischen Linken.

Ein Pilgerziel ganz anderer Art liegt in der sechsten Division. Etwas abseits des Hauptwegs hockt stets eine kiffende oder biertrinkende kleine Trauergemeinde herum: Hier ruht James Douglas Morrisson, der Sänger der «Doors». Die Umgebung

ist stark in Mitleidenschaft gezogen. Die Grabmäler in der Nachbarschaft sind allesamt rücksichtslos mit Doors-Texten, selbstverfaßten Versen und diversen Botschaften vollgemalt, leere Bierflaschen und Zigarettenkippen verzieren das Terrain – this is the end, beautiful friend.

Viele verdienstvolle Menschen liegen auf dem Père-Lachaise, deren Namen nur noch recht wenigen bekannt sind oder zumindest vorbeischlendernden Ausländern nicht viel sagen. Da ist zum Beispiel Antoine Auguste Parmentier, der in Frankreich die Kartoffel als Nahrungsmittel eingeführt hat. Als Grabschmuck gediehen über seinen sterblichen Resten stets einige besonders üppige Exemplare dieser mit seiner Person so eng verbundenen Nutzpflanze – so lange, bis sie während des letzten Krieges von hungrigen Lebenden geerntet und verspeist wurden. Ist der Vater der Kartoffel wenigstens bei Franzosen noch einigermaßen berühmt, so ist ein anderer Wohltäter arg in Vergessenheit geraten – der Doktor Cullerier nämlich, auf dessen Grabstein zu lesen ist: «Son nom rappelle ses vertus» (Sein Name erinnert an seine Tugenden). Leider eben nicht. Dieser löbliche Mann war es, der nach einem Studienaufenthalt bei seinem englischen Kollegen Dr. Condom den Franzosen jenes Utensil beschert hat, das der nichtfranzösische Volksmund gemeinhin mit «Pariser» bezeichnet.

So, nachdem dies geklärt ist, wird es allmählich Zeit, dieser Stadt der Toten den Rücken zu kehren und wieder in den Lärm und Abgasgestank der anderen Welt einzutauchen. Die letzte Etappe kann mit dem Bus Nr. 61 (Haltestelle auf der avenue Gambetta, Richtung Austerlitz) bewältigt werden. Sie endet an der Gare de Lyon, wo ihr euch im Barockpalast-ähnlichen Bahnhofsrestaurant «Train Bleu» einen Apéritif genehmigen dürft! ■

Rive Gauche — Von Austerlitz nach Bir-Hakeim

Gleich hinter dem Haupteingangstor des Jardin des Plantes, neben der Metrostation «Gare d'Austerlitz» sitzt grünlich angelaufen der Evolutionstheoretiker Lamarck. Zu seiner Rechten besteht die Möglichkeit zum Erwerb eines Luftballons, links steht eine «Prüfe dein Gewicht» - Waage, die mißtrauisch von einem Stegosaurus bewacht wird. Dieser Garten, der seit der Französischen Revolution offiziell «Muséum d'Histoire Naturelle» heißt, ist gewissermaßen ein grüner Einstieg ins Quartier Latin, diesen von Bildung und Wissenschaft beherrschten Stadtteil. Wenn ihr die von dichten Bäumen überschattete allée Buffon entlanggeht, vorbei am Anatomie-Museum, durch dessen hohe Fenster das Skelett eines Riesenwals herübergrüßt, vorbei an Eisbuden, Dauerläufern, penibel beschilderten Blumenbeeten, Ilex aquifolium und Hibiscus syriacus, kommt ihr auf der anderen Seite links von der zoologischen Abteilung raus und befindet euch dann gegenüber einem weißgetünchten Gebäudekomplex mit orientalischen Verzierungen: Das ist die große Moschee von Paris, religiöser Bezugspunkt für die kopfstarke mohammedanische Minderheit. Sie wurde in den zwanziger Jahren im marokkanischen Stil errichtet, viele islamische Staaten haben Geld und Geschenke gegeben. Sehr zu befürworten ist ein kurzer Besuch im Café der Moschee, dessen Eingang sich an der Ecke rue Linné/rue Daubenton befindet: ein gedämpft beleuchteter orientalischer Raum mit holzgetäfelter Decke, farbigen Wandfliesen und entspannter Atmosphäre, wo ein wortkarger älterer Herr herumschlurft und «thé à la menthe» sowie arabisches Gebäck serviert. Der Haupteingang der Moschee liegt um die Ecke an der place du Puits-de-l'Ermite, wo überm Tor ein elektrisch beleuchteter grüner Halbmond erstrahlt. Hier steht auch das reichverzierte Minarett – nur einen Muezzin gibt es leider nicht.

Quartier Latin – Hauptstadt der Wissenschaften

Nun aber aus dieser orientalischen Enklave wieder zurück ins Quartier Latin. Im allgemeinen wird damit

Die große Moschee (oben) und das Anatomiemuseum (unten)

Über den Dächern des Quartiers

ein Gebiet bezeichnet, das sich über das 5. und einen Teil des 6. Arrondissements erstreckt. Die Universitäten, Elitegymnasien, Fachhochschulen, Institute und Bibliotheken auf diesem Terrain bilden zusammen den intellektuellen Wasserkopf Frankreichs. Seit dem Mittelalter ist dies ein Hauptmagnet für Wissenschaftler und Studenten aus aller Welt. Aber bei aller Konzentration von Geist war diese Gegend viele Jahrhunderte hindurch in großen Teilen alles andere als prächtig: Die Bevölkerung war ärmlich, die Kriminalitätsrate hoch. Viele Straßen galten als unsicher, vor allem um die place Maubert herum, dem früheren Zentrum des Viertels. Wo sich heute Vietnamesen beim Wochenendeinkauf treffen, war einst die Hinrichtungsstätte dieses Teils von Paris. Auf dem leeren Denkmalsockel in der Mitte des Platzes stand früher die Statue von Étienne Dolet, einem Drucker und Philosophen, der hier wegen Verbreitung ketzerischen Gedankenguts auf dem Scheiterhaufen endete. Während der deutschen Besatzung wurde sein Standbild abmontiert und eingeschmolzen.

Noch heute gibt es hier einige enge Gassen mit sehr alten Häusern. Inzwischen sind die allerdings von Grund auf renoviert und auch die Art der Bewohner hat sich stark verändert. In einem dieser Sträßchen, der rue de Bièvre, unter deren Pflaster der kleine Fluß Bièvre fließt, wohnt zum Beispiel der französische Staatspräsident Mitterand. Ganz in der Nähe waren die ersten aus Klöstern hervorgegangenen Kollegien entstanden, Keimzellen der späteren Hochschulen. Reste dieser alten Gemäuer finden sich heute noch in neueren Häusern. Die Feuerwache in der rue Poissy zum Beispiel befindet sich im Refektorium eines alten Bernhardiner-Klosters.

Später dann verlagerten sich die Bildungsinstitutionen an den Hang der Montagne Sainte-Geneviève, wo sie sich zur Universität formierten. Diesen Berg geht es jetzt rauf, von der Moschee aus entweder über die rue Lacépède, oder besser noch über deren Parallelstraße, die rue Rollin. Da geht es von der rue Monge aus zunächst einen sehr romantischen Treppenaufgang hoch, man glaubt sich in einem Film von René Clair oder Marcel Carné. Oben befindet man sich dann auf einmal in einer intimen, schmalen Gasse mit altersschiefen Häusern. An ihrem anderen Ende liegt zur Linken die von Cafés umsäumte place de la Contrescarpe, in deren Mitte sich seit jeher Clochards versammeln.

Noch vor einigen Jahren traf man sie auch in den damals noch schäbigen Kneipen der angrenzenden rue Mouffetard. Als Ernest Hemingway in dieser Gegend hauste, ging es hier noch reichlich derb zu: «Das ‹Café des Amateurs› war die Kloake der rue Mouffetard, jener wundervollen, engen, wimmelnden Marktstraße, die zur place de Contrescarpe führt. Die Hochklosetts der alten Mietshäuser, eines auf jedem Stockwerk neben der Treppe, mit den zwei durch Querleisten verstärkten, schuhförmigen Erhöhungen zu jeder Seite der Öffnung, damit die locataire nicht ausrutschen würde, entleerten sich in Kloaken, die nachts durch Pumpen in von Pferden gezogene Tankwagen entleert wurden ... Niemand jedoch entleerte das ‹Café des Amateurs›, und der vergilbte Anschlag, auf dem die Bestimmungen und gesetzlichen Strafen für Trunkenheit in der Öffentlichkeit verzeichnet waren, war genauso fliegenbesudelt und unbeachtet, wie die Kundschaft gleichbleibend und übelriechend war.» (Ernest Hemingway: Paris, ein Fest fürs Leben. rororo, Reinbek 1971)
So was gibt's hier jetzt nicht mehr. Die rue Mouffetard, eine uralte

Das meistdekorierte Denkmal

Straße, die dem Verlauf der römischen Ausfallstraße nach Italien folgt, hat sich gründlich verwandelt. Boutiquen und Restaurants haben Einzug gehalten, die Häuser sind aufs modernste renoviert. Nur im unteren Teil der Straße hat sich, dank des Marktes, der dort nach wie vor stattfindet, etwas von ihrem alten Charakter erhalten.

Bücher und Hamburger

Wenn ihr von der rue Lacépède her in der gleichen Richtung weitergeht, kommt ihr erst in die rue de l'Estrapade und dann in die rue Fossés St. Jacques. Rechts liegt da zuerst das ehrwürdige Lycée Henri IV, das sich zum Teil im Gebäude einer mittelalterlichen Abtei befindet. Viele später berühmt gewordene Franzosen haben dieses Internat absolviert. Es gehört zu jenen drei, vier Pariser Elitegymnasien, deren Besuch im allgemeinen das Vorspiel zu einer soliden Karriere war und ist. Es gibt allerdings auch schwarze Schafe wie den

Immer enger und finsterer wurden die Gassen, die Häuser, oft zehn Stockwerk hoch, wuchsen schwarz und drohend wie Felsenwände empor und ließen nur einen schmalen dunkelblauen Streif des Himmels sehen. Ich kam in die Rue Mouffetard. Seltsame Welt, wer das nicht gesehen, kennt Paris nicht! Eine andere Luft weht dort, andere Menschen hausen dort und sprechen eine andere Sprache. Alles wimmelt von Volk; die zehn Stock hohen, menschenüberfüllten Häuser sind wie wühlende Ameisenhaufen. Hier wird kein Rock gesehen, hier herrscht die Bluse, und die Kappe sitzt schief auf dem schwarzen struppigen Haare. Weiber mit undenklichen Hauben keifen und schreien, Kinder in schmutzigen Lumpen spielen im Kot. Seltsame Schenken hallen von Lärm und Gesang, werfen durch ihre Vorhänge düstere Lichter auf das Pflaster und erfüllen die Luft vom Geruch der seltsamsten Frituren. Laternen hängen über den Türen, Zettel mit Ziffern schwanken darunter, hier wird der blaue Wein zu zwei und vier Sous getrunken. Warenlager von seltsamster Art sind Haus bei Haus: altes Eisenwerk, altes Kleiderzeug, undenkliches Gerät aller Art hängt in diesen Spelunken. Lumpen und Kleider trocknen an allen Fenstern. Obst und Fleisch vom erbärmlichsten Aussehen liegt bei hundert Krämern zum Kauf ... Hier ist alles arm; doch ehe er seine Hand nach einem Almosen ausstreckt, verhungert der Proletarier lieber, der hier wohnt. Wundert Euch dieser Stolz? Wir sind im zwölften Arrondissement, im wahren Barrikadenviertel von Paris. Hier wird jedes Haus eine Festung, wenn draußen die Trommel wirbelt, und mit der alten Flinte, mit Fensterblei und Nägeln geladen, steigt der Arbeiter hinab, wenn die Stunde gekommen. O Paris, dachte ich, indem ich so zwischen der Rue Mouffetard und der Rue Copeau stand, ich verdenke dir's nicht, daß du zitterst, wenn der Ruf erschallt: die Vorstädte steigen nieder!

(Alfred Meißner, 1849. In: Paris. Deutsche Republikaner reisen. Herausgegeben von Karsten Witte. Insel, Frankfurt/M. 1980)

Henri-IV-Schüler Alfred Jarry, der mit seinem Theaterstück «Ubu Roi» für den ersten Pariser Theaterskandal des 20. Jahrhunderts sorgte – es begann mit dem Wort «Merdre!», woraufhin sich wildes Protestgeheul erhob. Leider soff sich der bettelarme Vor-Surrealist schon mit 34 Jahren zu Tode.

Nun kreuzt der Weg die rue d'Ulm (sprich Rüdülm). Bei den nach ausländischen Städten benannten Straßen kann man fast sicher sein, daß die Franzosen da irgendeine Schlacht gewonnen haben – so auch hier, nämlich gegen die Österreicher. Die Demonstration nationaler Größe funktioniert ungebrochen, steinerner Inbegriff der «gloire» ist das Panthéon, das rechts gebieterisch emporragt. Es steht an der Stelle einer früheren Kirche, die der heiligen Geneviève geweiht war, der Pariser Schutzpatronin, und war selbst ursprünglich als Kirche geplant. Dann brach aber die Revolution herein, und man beschloß, das Gebäude in eine Begräbnis- und Huldigungsstätte für ruhmreiche Franzosen zu verwandeln. Schwierig war nur die Entscheidung, wer dazugehören sollte. Je nach politischem Zeitgeschmack war man da ganz verschiedenartiger Auffassung: Manche Toten durften hier nur kurz verweilen, andere sind im Laufe ihrer post-mortalen Karriere ein paarmal rein- und rausgetragen worden. Inzwischen herrscht dort ein gewisser Pluralismus, so daß jede Parteirichtung in diesem sehr französischen Bauwerk ihre Heiligen vorfindet.

Nach der Kreuzung mit der rue d'Ulm liegt rechts ein anderes, wesentlich unscheinbareres Erbe der Französischen Revolution: das Büro der Freidenker («la libre pensée»), die Vertretung eines kleinen, aber zähen Vereins in der Tradition der antiklerikalen Sansculotten, der einmal monatlich in einer eigenen Rundfunksendung (im offiziellen Radio) seine atheistische Position vertreten darf. Noch etwas zum antikirchlichen Aspekt der Französischen Revolution: Damals wurden die nach Heiligen benannten Straßen dadurch entheiligt, daß aus den in die Häuserwände eingemeißelten Straßennamen das «Saint» ausgekratzt wurde. An einigen Stellen ist das noch zu sehen, so auch hier in der rue Fossés Saint-Jacques, unten an der Ecke, wo die Straße auf die rue St. Jacques trifft.

Über die rue Malebranche oder die rue Soufflot kommt ihr runter zum Platz Edmond Rostand, von dem auch die rue Gay Lussac abzweigt, eine der Hauptkampfstätten des Mai 68, jedenfalls was das Quartier Latin betrifft. Gerne werden heute noch Fotos mit brennenden Autos und Pflastersteinbarrikaden gezeigt. Hier um den boulevard St. Michel herum präsentieren sich die französischen Denkerschulen mit ihren letzten Erzeugnissen in den Schaufenstern der Buchläden. Hier werden intellektuelle Moden lanciert und Theoriestars gekürt, ähnlich wie drüben auf dem rechten Ufer im «prêt-à-porter»-Geschäft die Kleidermoden. Dies ist der zentrale französische Marktplatz für Geistesfrüchte. Gleich neben den Produktionsstätten (Universitäten, Hochschulen) sitzen hier die großen Verlage, und auch die Auslieferung an die Endverbraucher erfolgt zu einem großen Teil gleich vor Ort: Es wimmelt von Buchhandlungen auf der Rief Goosch.

Auf dem boulevard St. Michel selbst geht es eigentlich recht volkstümlich-kommerziell zu: Hier herrscht ein jugendlich-touristischer Betrieb. Auf der Straße und hinter verglasten Fensterfronten wird, wie überall in der westlichen Welt, fast food verschlungen, die Straße ist von billigen Boutiquen gesäumt. Drüben, links neben dem «O'Kitch» biegt die rue Monsieur le Prince ab, sie ist wesentlich intimer als der lärmende Boulevard. Diese Straße folgt dem Verlauf der Pariser Stadtbefestigung aus dem 12. Jahrhundert, und in den Wänden und Fundamenten der Häuser zur Rechten finden sich vielfach Teile des uralten Mauerwerks, so etwa in der Herrentoilette des altehrwürdigen Restaurants «Polidor». In der rue Monsieur-le-Prince liegt eines der wenigen Kinos mit regelmäßigen Mitternachtsvorstellungen: «Les Trois Luxembourg», und es haben sich einige exotische Bücherwelten hier eingenistet: Da gibt es neben einer armenischen, spanischen, chinesischen und parteikommunistischen auch eine pazifische Buchhandlung (Ozeanien, Tahiti usw.). Am unteren Ende der Straße führen rechts ein paar Stufen in die rue Antoine-Dubois runter, eine kurze Verbindungsstraße zur rue de l'École de Médecine, wo euch sofort die Bushaltestelle der Linie 63 ins Auge fällt. Zur Abwechslung ein Stück mit dem Bus zu fahren, ist vielleicht ganz erholsam.

Mit dem Bus an die Seine

Er fährt zunächst am Danton-Denkmal vorbei, das ungefähr an der Stelle steht, wo sich Dantons Wohnung befand. Direkt gegenüber öffnet sich eine Passage auf den boulevard St. Germain: der cour du Commerce St. André. Dort drin, in der Nummer 8, hatte der Revolutionär Marat eine Druckerei. In der Nr. 9 aber

war der Humanmediziner Guillotin tätig: Der wackere Doktor probierte hier die von ihm konzipierte Maschine an Lämmern aus.

Der Bus windet sich nun um ein paar Ecken in die enge rue St. Sulpice hinein und fährt am Viertel St. Germain-des-Prés vorbei. Dessen große Zeit waren die Jahre nach dem letzten Krieg, bis etwa Mitte der fünfziger Jahre. Da trafen sich hier in Cafés und Jazzkellern Pariser Intellektuelle wie Camus, Sartre und Simone de Beauvoir mit Künstlern und Unterhaltern wie Jacques Prévert, Boris Vian oder Juliette Greco. Es war dies die Zeit der sogenannten Existentialisten, in den meisten Fällen jugendliche Normalitätsverweigerer, die, wie die Legende es will, im allgemeinen wenig Geld hatten, tagsüber diskutierend in Cafés herumhingen und nachts in verräucherten Kellern Boogie-Woogie und Bebop tanzten. Schon damals trug man bevorzugt Turnschuhe. Von der Presse und den bourgeoisen Kreisen, aus denen die «Existentialisten» meist selber stammten, wurden sie naserümpfend und mit Argwohn betrachtet: sie verhöhnten den bürgerlichen Lebensstil, lebten freudig im Dreck, hörten befremdende Musik, waren schmuddelig gekleidet und wer weiß, was sie da in ihren Kellern alles trieben! Sie hatten äußerlich durchaus etwas Punkähnliches, unterschieden sich aber durch ihre philosophischen oder literarischen Ambitionen. Dieses Milieu brachte immerhin einige Leute hervor, die zur intellektuellen Avantgarde zählten. Heute sind alle diese Stätten entweder verschwunden, oder sie haben sich in snobistische und touristische Etablissements verwandelt, so das «Café Flore», in dem Sartre ganze Tage lang saß und schrieb, oder das «Deux Magots», wo heute amerikanischen Touristen das Geld aus der Tasche gezogen wird.

Der Bus überquert die rue de Rennes, die zur Linken vom Montparnasseturm überschattet wird, fährt an der sehr exklusiven Lesben-Disco «Le Katmandou» in der rue du Vieux Colombier vorbei und danach am ältesten Pariser Kaufhaus «Au Bon Marché», das Émile Zola in seinem Roman «Paradies der Damen» beschrieben hat. An der Chambre des Députés kommt der Bus dann an die Seine. Von der gegenüberliegenden place de la Concorde hatten 1934 die vereinigten Rechtsradikalen versucht, auf das Parlament vorzurücken. Als Reaktion auf diese offen zutage getretene faschistische Bedrohung formierte sich die Volksfront aus Sozialisten und Kommunisten und gewann die Wahlen von 1936.

Weiter geht es am Fluß entlang. Am anderen Ufer ragt das monumentale Dach des Grand Palais hervor, daneben das kleinere des Petit Palais: Beide Paläste wurden für die Weltausstellung von 1900 gebaut, ebenso wie der mit verschnörkelten Kandelabern verzierte Pont Alexandre III, an dem die Strecke vorbeiführt. Die hier an den Quais liegenden Kähne sind fast alle Wohnschiffe, viele äußerst luxuriös eingerichtet.

Grand Palais von innen

Auf dem Marsfeld

Nun könntet ihr an der Haltestelle «Bosquet-Rapp» aussteigen. Direkt neben dieser führt eine kleine Treppe nach unten: Hier kann Montag und Mittwoch nachmittags die Kanalisation besichtigt werden. Wer sich dafür nicht so interessiert, kann gleich die Straßenseite wechseln, um in die avenue Rapp zu gelangen. Die gediegenen großen Häuser lassen auf den bourgeoisen Charakter des 7. Arrondissements schließen. Besonders hervorzuheben ist, aber das wird euch auch von selbst auffallen, das Gebäude mit der Nummer 29: ein Prachtstück des Jugendstilarchitekten Lavirotte. Es dauert eine Weile, bis man all die verschiedenartigen Formelemente dieses Art-Nouveau-Monuments gewürdigt hat. Aber gleich zwei Häuser weiter verbirgt sich links ein weiteres Jugendstil-Kleinod: der square Rapp, eine kleine Welt aus metallenen und steinernen Schnörkeln, über der sich, wie bestellt, zur Abrundung des Bildes auch noch der Eiffelturm erhebt.

Ganz nah ist nun das Marsfeld, der Parc du Champ de Mars. Dieser Park, wie er sich heute präsentiert, existiert erst seit den zwanziger Jahren – vorher war das hier ein Manövergelände für die Schüler der École Militaire, und zwar schon während des ancien régime, also vor der Revolution. Auch Pferderennen wurden hier gelegentlich veranstaltet. Dann war das Marsfeld Schauplatz von Festlichkeiten während der Französischen Revolution: Hier fand das gewaltige Fest der Föderation am 14. Juli 1790 statt, als sich der Sturm auf die Bastille zum erstenmal jährte, und 1794 wurde das «Fest des höchsten Wesens» zelebriert, womit die antireligiösen Ausschreitungen kompensiert werden sollten. Später dann wurde auf diesem weiten Feld eine Reihe von Weltausstellungen veranstaltet: 1867, 1878, 1889, 1900, 1937. Jedesmal entstand bei diesen Mischungen aus Volksfest, Industrie-Show und nationaler Selbstdarstellung eine Menge oft sehr phantasievoller Gebäude, von denen die meisten allerdings nach dem Ende der Ausstellungen wieder abgerissen wurden. Einige wurden verkauft und in andere Stadtgegenden verpflanzt, und nur wenige blieben an ihrem Platz stehen. Zu diesen gehört das Palais de Chaillot am anderen Seine-Ufer, das für die Ausstellung von 1937 errichtet worden war, und natürlich, unübersehbar, der Eiffelturm.

Gustave Eiffel war eine große Nummer in der Stahlarchitektur, die damals einen gewaltigen Boom erlebte. Von ihm stammt unter ande-

Weltausstellung auf dem Champ des Mars 1889

rem auch die Selbstmörderbrücke im Park Buttes-Chaumont sowie das Stahlgerippe der New Yorker Freiheitsstatue. Den Wettbewerb für den vorgesehenen Weltausstellungsturm, zu dem 700 Projekte eingereicht wurden, gewann er spielend. Eigentlich hieß dieser Eiffel offiziell zunächst Boenickhausen. Ein Vorfahre von ihm kam aus der Eifel und legte sich zusätzlich den Namen seiner Herkunftsregion zu, wohl weil die Franzosen das besser aussprechen konnten. Erst 1880 konnte Gustave Boenickhausen, genannt Eiffel, seinen Namen definitiv ändern. Man stelle sich bloß mal vor: der berühmte Pariser Boenickhausen-Turm! Wie sähe das aus!

Auch der Eiffelturm sollte zunächst, wie die anderen Gebäude, nach der Ausstellung wieder verschwinden. Viele waren dafür, denn von Anfang an war sein ästhetischer Wert äußerst umstritten. Es hatte Protestdeklarationen namhafter Künstler gegen das schockierende Stahlgerippe gegeben. Aber führende Militärs fanden dann rechtzeitig heraus, daß der Riesenturm wunderbar als Telegraphenstation zu nutzen war: Drahtlos konnten von hier aus die Truppen mobilisiert werden. Als Zentrale des militärischen Funknetzes hatte also der Turm eine wohlbegründete Daseinsberechtigung und blieb deshalb stehen. Inzwischen ist er auch von wissenschaftlichem Nutzen. Meteorologische Beobachtungen und physikalische Experimente lassen sich hier machen, hier kann die Luftverschmutzung untersucht und medizinische Höhenforschung betrieben werden; dann ist er auch ein toller Blitzableiter für die ganze Umgebung, und seit einiger Zeit ist auch ein Fernsehsender installiert. Ganz oben, auf der dritten Etage, verbirgt sich eine exklusive Privatwohnung, die leider fürs Publikum nicht zugänglich ist: Eiffel hatte sie sich vertraglich ausbedungen. Da stehen seine alten Möbel von 1889, Sessel und Sofas, es gibt ein kleines Badezimmer und einen alten Phonographen, persönliches Geschenk des Erfinders Thomas Edison. Manchmal verbrachte Großvater Eiffel hier oben mit seinen Enkeln das Wochenende und erlebte dann morgens aus luftiger Höhe den Sonnenaufgang über der Stadt.

Bei guter Pflege wird der Turm ewig halten, hatte der Ingenieur verkündet. Daher wird Eiffels Meisterwerk alle sieben Jahre von Kopf bis Fuß frisch gestrichen – mit 52 Tonnen Farbe. Aber die Investition lohnt sich: Der Turm, der im Besitz einer Turm-Aktiengesellschaft ist, hat sich als sehr profitabel erwiesen. Einmal durch die Eintrittspreise, dann auch durch die Läden unten in den Füßen sowie auf den verschiedenen Etagen, wo es viel Schönes zu kaufen gibt, vor allem natürlich kleine Eiffeltürme. Zwei Millionen werden davon hier pro Jahr abgesetzt, auch in Form von Dauerlutschern oder Tischfeuerzeugen. Auch die beiden Restaurants, auf der ersten und zweiten Etage, werfen eine Menge Geld ab. Das auf der ersten war während der deutschen Besatzung ein «Soldatenheim», reserviert für Angehörige der Wehrmacht. Auch der Führer war mal hier. Zu Fuß ist er bis zum zweiten Stock raufgestiegen, ein Saboteur hatte vorher die Aufzüge unbrauchbar gemacht. Hitler ließ sich auch vor dem Turm fotografieren, in einer Pose, wie sie der Spießerseele dieses Eroberers entsprach. Als er dann 1944 wutschnaubend den Befehl gab, Paris zu zerstören, sollte ausdrücklich auch dieses symbolträchtige Gebäude dran glauben. Es blieb stehen und konnte daher noch mehrfach von kleveren Gaunern an gutgläubige Naivlinge «verkauft» werden – zuletzt 1960 von einem englischen Gemüsehändler; der bot den Turm einer holländischen Metallverwertungsfirma an, die begeistert zugriff: 20 Centimes das Kilo, das war wirklich ein erstaunlich günstiger Preis.

Die Freiheitsstatue im Hof

Roboterwelt

Links vom Eiffelturm an der Seine entlang führt eine Uferpromenade. Am Quai liegen Wohnschiffe und Ausflugsboote. Hinter der Metrostation Bir-Hakeim stand bis 1959 der Pariser Sportpalast (Vélodrome d'Hiver), der mit dem Berliner große Ähnlichkeit hatte. 1942 wurden dort nach einer Großrazzia 30 000 Pariser Juden zusammengepfercht, bevor man sie ins KZ Drancy in der Banlieue und später nach Auschwitz transportierte.

Heute beginnt hier die «Front de Seine», ein großes Ensemble von brandneuen Wohn- und Bürotürmen. Auto- und Fußgängerverkehr spielten sich auf verschiedenen Ebenen ab, manchen gilt dies schon als architektonische Meisterleistung. Steigt ruhig mal in diesen Hochhauswald hinein, es lohnt sich. Einige der Türme heißen nach Göttern: Mars, Castor, Pollux, Mercure. Die ganze Komposition verbreitet das Flair moderner Gemütlichkeit. Farbige Kunststoffbrunnen gibt's da, Sitzbänke, Hinweissäulen, Blumenkübel und runde Telefonzellen – alles in dem gleichen Design, mit herrlich bunten Plastikflächen, die sich wenigstens gut zum wilden Plakatieren eignen und auf denen arabische oder iranische Graffiti-Kleinkriege geführt werden. Piktogramme untersagen den Hunden das Pinkeln an einigen Stellen und fordern sie an anderen dazu auf. Die Fenster des japanischen Hotels Nikko haben die Form von TV-Mattscheiben. Das Ganze wirkt wie eine Landschaft für Roboter. Ungefähr in der Mitte dieser Pracht ist in der Unteretage eine entzückende Grünanlage hergerichtet worden, mit Rasen, der aussieht, als wäre er wie alles andere hier aus Kunststoff, und einem Kunst-am-Bau-Brunnen, der an die Reste eines Flugzeugabsturzes gemahnt. Ehe man sich's versieht, ist man im Centre Beaugrenelle, dem hochmodernen Einkaufszentrum der Front de Seine. Unaufgefordert öffnen sich die Glastüren, Muzak dudelt aus unsichtbaren Lautsprechern. Je tiefer man ins Konsumlabyrinth reingleitet, desto absurder und unwirklicher wird es – ein künstliches Paradies mit goldglänzenden Treppengeländern und Plastik-Bistro im Lichthof.

Irgendwie kommt man hier auch wieder raus, und wenn ihr den Ausgang zum pont de Grenelle findet, könnt ihr dort auf der Brücke eine Kopie der New Yorker Freiheitsstatue bewundern, die die Amerikaner den Franzosen zum Dank dafür geschenkt haben, daß die Franzosen den Amerikanern die Freiheitsstatue geschenkt haben. Dann könnt ihr in der Mitte der Seine über die allée des Cygnes, in erholsamer Distanz von der Brutalo-Architektur, zum Pont de Bir-Hakeim zurückwandern, während beiderseits die Schiffe an euch vorbeifahren. Auf der schönen doppelstöckigen Brükke, einer der eindrucksvollsten von Paris, könnt ihr dann entweder nach links zur Station Passy oder nach rechts zur Station Bir-Hakeim gehen und von dort das Weite suchen. ■

Pont Alexandre III

Front de Seine

Reise in den Osten – Belleville

Um nach Belleville zu kommen, nehmt ihr am besten den Bus Nr. 96 Richtung Porte des Lilas. Der fährt vom Bahnhof Montparnasse ab, ihr könnt aber natürlich auch irgendwo unterwegs einsteigen (allerdings besser nicht während der Hauptverkehrszeit).
Diese Linie führt quer durch die Stadt, vom großbürgerlich-stattlichen Haussmann-Paris der geraden Linien (rue de Rennes, boulevard St. Germain, boulevard St. Michel) über die Île de la Cité, vorbei am Rathaus und ein Stück durchs «Marais», ein altes Viertel, in dem im 17. Jahrhundert die Adelsfamilien ihre Stadtpaläste bauen ließen; dann geht's die rue Oberkampf entlang (Oberkampf ist übrigens der Name des Inhabers einer der ersten großen Textilmanufakturen in der Nähe von Paris), und schließlich kriecht der Bus die steile rue Ménilmontant hinauf. Wenn ihr an der Haltestelle Ménilmontant-Pelleport aussteigt, seid ihr ungefähr am höchsten Punkt der Strecke.

Das Gebiet der ehemaligen Gemeinde Belleville, zu der Ménilmontant gehörte, war bis vor kurzem noch eine Welt für sich. Hier hatten sich die Arbeiter und Handwerker angesiedelt, die durch die Haussmann-Renovation aus dem Zentrum vertrieben worden waren. Hier war, weit weg von Paris, das «unten» lag, weit weg von der Glitzerwelt der Champs-Élysées, ein Viertel mit starkem Zugehörigkeitsgefühl, einem eigenen Dialekt voller charakteristischer Argot-Ausdrücke entstanden – verschachtelte, am Hang gelegene Häuser und Gärten, kleine Schuhfabriken und Hinterhofbetriebe. Einiges von dieser Atmosphäre ist in den Nachkriegsfilmen von Marcel Carné eingefangen. Jetzt aber kommt das andere Paris heraufgekrochen, die Gegend ist voller Abrißlücken und Neubauten, deren Wohnungen sich die bisherigen Einwohner nicht leisten können. Sie werden aufs neue vertrieben, diesmal ganz aus Paris raus.

Zur Zeit der «Commune» von 1871 war Belleville die letzte Bastion der Kommunarden: Nachdem das übrige Paris längst in den Händen der Versailler Truppen war, wurde der Hügel noch verbissen verteidigt. Die Kirche Notre-Dame de la Croix, deren Turm ihr etwas unterhalb sehen könnt, war zu jener Zeit ein Club. Hier wurde am 6. Mai 1871 durch Mehrheitsbeschluß der Anwesenden die Hinrichtung des Erzbischofs von Paris sowie anderer Geiseln beschlossen. In Blickrichtung auf Paris liegt rechts, Nr. 140, eine große alte Sozialwohnanlage, eine Arbeiter-Wohnburg aus Klinkersteinen, mit mehreren ineinandergehenden Höfen und gewölbeartigen Durchfahrten. Wenn der mißtrauische Hausmeister euch nicht abfängt, geht ruhig mal rein – das Ding macht einen fast surrealistischen Eindruck, und die vielen Kinder aller Hautfarben, die tagsüber auf den Höfen spielen, sind sehr kontaktfreudig. Auf der anderen Straßenseite, in der Nr. 145, hatte im 19. Jahrhundert eine 40 Mann und

Total von gestern: Arbeiter-Wohnhof

Dichter haben den neunzehnten und den zwanzigsten Arrondissement zwei von Paris umschlossene Dörfer genannt. Sie heißen Belleville und Ménilmontant. Es sind Dörfer der Armut, Dörfer der Arbeit, Dörfer der Ländlichkeit, Dörfer der Industrie, es sind romantisch-vorstädtische Visionen, Villagen eines poetischen Realismus. Nicht die Malerei, kaum die Literatur, aber die Filmkunst hat den Zauber dieser Gegenden entdeckt, die der Schauplatz der frühen Filme, der großen Zeit des Marcel Carné sind. Bei Nebel erinnert alles an den «Quai des Brumes», in jedem Zimmer der großen Mietshäuser scheint sich das einsame Drama von «Le jour se lève» zu ereignen, und jeder Gasthof erinnert an die traurige, schöne Geschichte des «Hôtel du Nord». Ein Stadtbild, ein Dorf alter verwinkelter Unordnung. Noch Straßen mit grobem ländlichem Steinpflaster. Hügelland. Irrgarten. Zauberreich. Ein Auf und Ab von Wegen, Treppen, Steigen und Zäunen. Im Morgengrauen eine Heerstraße der Fabrikarbeiter. Von den Höhen ein Blick zum Montmartre. Aus dem Frühdunst, aus den Wolken hebt sich dann Sacré-Cœur wie ein weißer Gral. Mietskasernen, windschiefe Dorfhütten, ausgetretene Steintreppen, zersplitterte hölzerne Fensterläden, zerschundene Dächer und manchmal ein Baum, der Stamm wie mit Wunden bedeckt.

(Wolfgang Koeppen, 1961. In: Paris. Deutsche Republikaner reisen. Herausgegeben von Karsten Witte. Insel, Frankfurt/M. 1980)

Frau starke Abspaltung der sozialutopischen Saint-Simonisten-Bewegung frühe Experimente mit alternativen Lebensformen unternommen. Sie hatten hier eine Art Wohngemeinschaft gebildet, trieben hinter ihrer Villa, in lange Gewänder gehüllt, Gartenarbeit und versuchten obendrein, wenn auch reichlich mystisch verbrämt, ihr Geschlechtsleben zu entkrampfen. Das ging natürlich zu weit. Die WG wurde zwangsgeräumt, ihre Mitglieder wurden wegen «Unsittlichkeit» angeklagt und verurteilt.

Wenn ihr euch nach rechts haltet, zum Beispiel die rue Pixérécourt und die rue Charles Friedel entlanggeht, kommt ihr auf die rue de l'Ermitage. Auf dieser bergab geht es an der ehemaligen Markthalle vorbei, die jetzt eine öffentliche Badeanstalt beherbergt. Kurz nach der Überquerung der rue des Pyrénées zweigt rechts eine schmale Treppe ab, die auf die rue des Cascades runtergeht. Hier könnt ihr nach rechts abbiegen und kriegt einen Eindruck, wie große Teile dieser Gegend vor nicht allzu langer Zeit aussahen. Zuerst kommt ihr an einem aus groben Steinen gemauerten Häuschen vorbei. Es verbirgt eine Quelle, die hier seit Urzeiten sprudelt und von der sich die Leute hier früher ihr Wasser geholt haben. Am ziemlich steilen Hang entlang drücken sich niedrige Häuser aneinander, dazwischen Werkstätten, Schuppen, auf deren Dächern die unvermeidlichen Katzen herumlungern, ein paar Gärten, aus denen das Unkraut herauswuchert.

Nach ein paar hundert Metern mündet die rue des Cascades auf einen Platz, von dem sternförmig mehrere Straßen ausgehen. Durch die rue des Envierges erreicht ihr eine Stelle, von der aus euch die fortgeschrittene Sanierung einen starken Ausblick beschert: Paris liegt zu euren Füßen – Eiffelturm, Notre-Dame, Panthéon, alles da. Noch vor ein paar Jahren sah man nicht viel, da standen hier nämlich Häuser, leicht verslumte Arbeiterbehausungen – an ihre Stelle werden nun schnieke Appartementblocks hingesetzt. So 'ne prima Hanglage kann man ja wohl nicht den Proleten überlassen ...

Außerdem ist auf dem freisanierten Hügelgelände eine etwas sterile Parkanlage im Entstehen.

Im unteren Teil Bellevilles sind viele Straßen vom Abriß gezeichnet oder bedroht: die rue Pali-Kao, Sénégal, Tourtille, Bisson, Ramponneau, dort, wo die letzten Barrikaden der Commune standen und wo heute das Straßenleben eher an Tunis oder Ouagadougou erinnert als an Paris. In den Metzgereien – einige mohammedanisch, die meisten jüdisch – hängen, wie lange, aufgerollte Schläuche, «Merguez», knallrote nordafrikanische Würste. Gegen Abend beleben sich die unzähligen neonbeleuchteten Cafés und schummrigen Kneipen, die vielen Restaurants mit jüdisch-tunesischen Spezialitäten, mischt sich der Geruch von gegrilltem Hammelfleisch mit dem von süßem Mandelgebäck. An den Ecken stehen paarweise die Flics herum und werfen unauffällige Blicke auf den Straßenbetrieb – hier wird nämlich gern mit verbotenen Rauschmitteln gehandelt.

Belleville ist seit Beginn des Jahrhunderts ein Emigrantenquartier. Hier ließen sich zunächst die osteuropäischen Juden nieder, die vor den Pogromen des zaristischen Rußlands geflohen waren – oft kamen sie nur mit einer alten Nähmaschine, um sich hier eine neue Existenz aufzubauen.

Markt ohne Treiben

Ihnen folgten Armenier, Griechen, republikanische Spanier, tunesische Juden und die Arbeitsemigranten aus dem Maghreb und verschiedenen schwarzafrikanischen Ländern wie Senegal, Mali, Kamerun – alle drängten sich (und drängen sich noch immer) in den oft unsäglich heruntergekommenen Wohnungen zusammen. Während des Zweiten Weltkriegs hatten Gestapo und faschistische Miliz bei der Festnahme von Résistance-Verdächtigen oftmals Schwierigkeiten: Sie kannten sich im Gewirr der Hinterhöfe und Gänge nicht aus, so daß ihnen manch einer entwischen konnte. Geht mal durch die Toreingänge, um einen Eindruck vom Innenleben dieser Häuserblocks zu kriegen, mit ihren kleinen Handwerksbetrieben, den abbröckelnden, rissigen Rückfronten, den Höfen, wo das Gras zwischen den Pflastersteinen sprießt, Nachbarinnen hin und her tratschen zwischen den Fenstern, vor denen die Wäsche hängt.

Der am Boulevard gelegene Teil von Belleville war wegen der Nähe zur Zollgrenze von Paris früher ein beliebtes Ausflugsziel, ein volkstümliches Amüsier-Eldorado. Sonntags kamen Massen von Menschen hier raus, um sich billig zu betrinken, um zu tanzen oder sich Boxkämpfe anzusehen. Ein besonders derbes Vergnügen waren die Tierkämpfe, die bis Mitte des 19. Jahrhunderts in der Nähe des heutigen KP-Hauptquartiers (place du Colonel Fabien) veranstaltet wurden. Daneben gab es eine Reihe von populären Tanzlokalen, wo zu Akkordeonklängen intensiv Tango geschoben wurde – ein Tanz, den angeblich Pariser Zuhälter aus Argentinien eingeführt haben. Berühmteste Vertreterin der Musikszene von Belleville war die Sängerin Édith Piaf, die, wie eine Tafel am Haus rue Belleville Nr. 72 stolz verkündet, hier in trostlosen Verhältnissen geboren wurde. Heute ist von dieser Tradition praktisch nichts mehr übriggeblieben. In der rue Desnoyez hat sich der letzte Festsaal, «Folies-Belleville», in einen Supermarkt verwandelt. Auf dem breiten Bürgersteig des boulevard de Belleville ist Platz für diverse Betriebsamkeiten: Meist steht da eine Bude mit einem großen Glücksrad, manchmal auch ein Karussell; auf dem Pflaster blüht Klein- und Kleinsthandel: Radios, Musikkassetten, Armbanduhren werden von Gelegenheitshändlern angeboten, bisweilen gehen auch Teppichverkäufer, ihre knallbunte Ware über der Schulter, stoisch auf und ab. Schuh- und Klamotten-Geschäfte verlängern sich mit Ständern und Wühlkisten auf den Boulevard hinaus und schaffen eine basarartige Atmosphäre. In anderen Läden: unbekannte Gemüsesorten, Datteln, siruptriefendes Gebäck, Eimer voller Oliven, Säcke mit Nüssen und Kichererbsen, Bündel frischer Minze. Aus den Musikboxen der Kneipen dringen klagende arabische Weisen. Hier kann man sonntags nachmittags in einem Straßencafé sitzen und das Völkergemisch vorbeiflanieren lassen. Der lebendige Teil des Boulevards ist allerdings bereits stark eingeschränkt. Jenseits der rue de Belleville und der rue des Couronnes grüßen die üblichen langweiligen Einheitsfassaden der Blocks für mittlere und höhere Angestellte, zu deren Gunsten die letzten Arbeiterviertel abgeräumt werden. Auf der anderen Seite des Boulevards setzt sich der Orient in der rue d'Orillon

fort. Hier ist die Gegend vorwiegend mohammedanisch-arabisch. Rechts, durch einen Torbogen, zweigt die rue Robert Houdin ab, eine schmale Gasse, fast wie in einer Medina. Sie führt auf die rue Faubourg du Temple, wo schon im Mittelalter reger Verkehr herrschte. Drüben in der Nr. 105, verborgen in der hintersten Ecke einer seltsamen, halbverlassenen dreistöckigen Ladenpassage, betreibt einer der letzten authentischen Akkordeon-Virtuosen ein altmodisches «Dancing». Musik gibt's noch mehr in dieser Straße: Weiter unten liegt der New-Wave-Tempel «Gibus», nicht weit von der Kreuzung der rue Faubourg du Temple mit dem boulevard Jules Ferry.

Von dort ein paar Schritte nach rechts, und ihr erreicht die Stelle, wo der Kanal St. Martin, den der Baron Haussmann gegen mögliche Arbeiteraufstände teilweise überdeckt hat, ans Tageslicht kommt. Entlang des Kanals, an den Schleusen, gibt es jeweils winzige Anlagen mit Bäumen und ein paar Bänken. An warmen Tagen kann man hier faul rumsitzen, mit Baguette, Käse und Wein, und eine ruhige Kugel schieben, die Enten beobachten oder den Schleusenwärter bei seiner nervenaufreibenden Arbeit, wenn alle Jubeljahre mal ein Schiff kommt ... Manchmal macht auf dem Kanal der Lastkahn «La Péniche» fest, auf dem dann eine Saison lang Rockmusik und Theater gespielt wird. Manchmal ist er aber auch woanders.

Vom Kanal sind's nur ein paar Meter zur place de la République: Von der großen Metro-Umsteigestation aus – es ist übrigens die mit der höchsten Polizistendichte – kommt ihr leicht zum nächsten Ziel eurer Sehnsüchte. ■

Am Canal St. Martin

Expedition ins Vierzehnte

Wenn ihr aus der Metrostation Montparnasse-Bienvenüe kommt und auf dem boulevard Montparnasse steht, seht ihr euch gleich einem modernen, düster-pompösen Komplex gegenüber, aus dessen Mitte ein fünfundfünfzigstöckiger Turm hervorragt, eingerahmt von einem Einkaufszentrum und dem Bahnhof Montparnasse, dessen Horror-Front den Hintergrund bildet. Die ganze Anlage wurde 1972, im Rahmen der Paris-Modernisierung, fertiggestellt. Sie hat das Leben, den Charakter des Viertels gründlich verändert, nicht nur weil diesem Komplex eine Menge Häuser und unter anderem 500 Künstlerateliers zum Opfer gefallen sind, sondern auch, weil hier nun 20000 neue Angestellte, davon 7000 allein im Turm, hereingeströmt sind und ein neues soziales Klima geschaffen haben.

Was hat es überhaupt mit dem Viertel Montparnasse auf sich? In seinem Mittelpunkt, sozusagen als Seele, liegt der Boulevard – eine breite Straße mit regem Autoverkehr, großen Kinos, Leuchtreklamen, teuren Restaurants und Cafés – nichts sonderlich Spektakuläres oder Pittoreskes. Der legendäre Ruf von Montparnasse geht zurück auf die Zeit, in der sich hier eine Kolonie von Malern, Bildhauern, Schriftstellern und politischen Emigranten angesiedelt hatte. Bis 1910 war die Gegend verpennt-vorstädtisch, weit ab vom Schuß. Eben diese Abgeschiedenheit war es wohl, die die ersten Maler bewog, vom Montmartre, der schon damals zum Rummelplatz wurde, zu desertieren. Zunächst gab es am Boulevard nur ein kleines, schäbiges Café, «La Rotonde», an dessen Ofen sich die Handvoll frierender Hungerkünstler aufwärmte, und in einiger Entfernung noch eine halb ländliche Ausflugskneipe, «La Closerie des Lilas», die zum zweiten Stammsitz der frühen Montparnasse-Maler wurde – heute ein stinkteures Etablissement.

Die Gegend kam dann immer mehr in Mode: Modigliani, Picasso, Chagall, Miró, Mondrian, Brancusi – die versammelte Avantgarde jener Zeit, damals meist noch von der Hand in den Mund lebend, ließ sich hier nieder. Eine regelrechte Künstler-Infrastruktur entstand, mit Malakademien, Farbengeschäften und immer mehr Cafés, die um die Kreuzung des boulevard Montparnasse mit dem boulevard Raspail herum wie Pilze aus dem Boden schossen. Viele Maler kamen in den Ausstellungspavillons unter, die vom Weltausstellungsgelände auf dem Champs-de-Mars hierher verpflanzt wurden. Sie stammten aus der Werkstatt von Gustave Eiffel und waren fast ganz aus Stahl und Glas, eigneten sich also hervorragend als Ateliers. Einige der aus diesen Pavillons gebildeten Künstlerkolonien existieren heute noch.

Einst in der Coupole

Zu dieser internationalen Künstlergemeinde gesellten sich exilierte russische Revolutionäre und bildeten mit ihr die Stammkundschaft der Cafés. Trotzki, Lunatscharsky und Ilja Ehrenburg waren häufige Gäste, manchmal tauchte auch zum Schachspielen Lenin auf, der nicht weit entfernt eine Zweizimmerwohnung in der rue Marie-Rose bewohnte. Obwohl die Russen scharf von der Polizei bespitzelt wurden, entfalteten sie eine rege Aktivität: Getrennt nach konkurrierenden Fraktionen (Bolschewiken, Menschewiken und Sozialrevolutionären) wurden Vorträge, Versammlungen und Feste organisiert. 1917 gingen sie nach Rußland zurück und machten in den Cafés und Hotels Platz für die «weißen» Russen, die nun in Scharen nach Paris emigrierten.

Nach dem Ersten Weltkrieg wurde Montparnasse allmählich berühmt: Immer mehr Maler und Schriftsteller zogen hierher, viele arme Schlucker von früher waren zu Geld gekommen. Eine eigenartige Fauna von reichen Spinnern, Snobs und Dandies entwickelte sich: Manche Klofrauen in den Cafés handelten mit Kokain, Nachtklubs und Luxusbordelle machten auf. Sauwohl fühlten sich in diesem Milieu offenbar auch die amerikanischen Dichter der «Lost Generation» – starke Trinker, die hier die Bars unsicher machten, während die USA durch die Prohibition trockengelegt war. In Hemingways Roman «Fiesta» und vor allem in «Paris, ein Fest fürs Leben» könnt ihr einiges darüber nachlesen. Heute profitieren die Cafés des Boulevards meist nur noch von ihrer berühmten Vergangenheit und verlangen gesalzene Preise. Die meisten sind zu geschmacklos aufge-

motzten Touristenfallen geworden. Zumindest von der Inneneinrichtung her relativ unverändert sind bloß die Bahnhofshallen-ähnliche «Coupole» und das «Select», in dem tatsächlich auch noch Künstler, oder wenigstens Künstler-Darsteller, verkehren.

Wenn ihr den Boulevard verlaßt und in die rue Montparnasse oder die rue Delambre einbiegt, trefft ihr auf eine Reihe von bretonischen Lebensmittelgeschäften und Crêperien. Sie erinnern daran, daß am Bahnhof Montparnasse die Züge aus der Bretagne ankommen. Viele der Neuankömmlinge haben sich gleich in der Nähe des Bahnhofs niedergelassen, andere, die nachkamen, gesellten sich zu ihren Landsleuten. So ist im 14. Arrondissement eine Art bretonische Subkultur entstanden. In der rue Delambre Nr. 22 gibt es das Kulturzentrum «Mission Bretonne», wo regelmäßig Folk-Konzerte mit Musik aus «keltischen» Ländern (Bretagne, Irland, Wales, Schottland) stattfinden. In der bretonischen Buchhandlung «Breizh», rue du Maine, bekommt man neben Literatur und Schallplatten auch die Zeitschriften der militanten Autonomisten. Sogar in einigen ganz normalen Cafés sind die Musikboxen mit Liedern in bretonischer Sprache bestückt.

Beide Straßen führen auf den boulevard Edgar-Quinet, auf dem mittwochs und samstags ein quirliger Markt stattfindet. Hier gerät wieder das Turm-Monster ins Blickfeld. Abends leuchten an seinen Rändern rote Lämpchen, damit die Flugzeuge nicht dagegenfliegen. Auf der anderen Seite des Boulevards ist das nüchterne Eck-Café «La Liberté», wo früher bisweilen Henry Miller zu sitzen und an seinen phallokratischen Romanen zu schreiben pflegte. In den letzten Jahren saß hier auch manchmal Jean-Paul Sartre, der gleich nebenan wohnte. Das Café liegt an der Ecke der rue de la Gaîté, der «Straße der Fröhlichkeit», die lange vor der allgemeinen Montparnasse-Entdeckung bereits eine Vergnügungsader war. Sie lag bis 1860 unmittelbar vor der Zoll-Barriere von Paris, unterlag also nicht der Weinsteuer. Schon früh war hier deshalb eine Ansammlung von Gartenlokalen, kleinen Theatern und «cafés-concert» entstanden, in denen oft Bürgerschreck-Chansons mit radikalen politischen Untertönen vorgetragen wurden. In diese Straße kamen vor allem die «kleinen Leute», um sich zu amüsieren, hin und wieder aber auch bessere Herrschaften, um sich bei der Berührung mit der «canaille», dem Pöbel, wohlig zu gruseln. Auch heute ist in der rue de la Gaîté noch ein Rest dieser alten Atmosphäre zu spüren, wenn auch das Porno-Gewerbe hier hart zugeschlagen hat. Dennoch gibt es weiterhin die kleinen Theater. Die traditionsreiche Music-Hall «Bobino», in der unter anderem Georges Brassens und

Jacques Brel berühmt geworden sind, wurde zwar demoliert, wird aber an gleicher Stelle neu errichtet.

Parallel zur rue de la Gaîté verläuft die Mauer des Friedhofs Montparnasse, einer friedlichen und vor allem grünen Oase in dieser an Parks nicht eben reichen Gegend. Eingänge findet ihr am oberen wie am unteren Ende der Straße, in der rue Froideveaux, gleich neben einem Porno-Kino, und am boulevard Edgar-Quinet. Eine seltsame Stadt für sich, dieser Friedhof, der zur Zeit der Französischen Revolution draußen vor der Stadt angelegt worden war und nun von Appartement-Blocks und Büro-Hochhäusern umrahmt ist. Hunderte von Katzen haben ihn sich als Wohnsitz erkoren, alte Mütterchen aus dem Viertel stellen ihnen manchmal was zu essen hin. Die anderen Besucher kommen meistens wegen der Prominenz hierher: Baudelaire, Proudhon, Tristan Tzara, Sartre, Dreyfus, Citroën und der hingerichtete Vichy-Ministerpräsident Laval sind hier unter anderem beerdigt. Aber auch von solchen Berühmtheiten abgesehen hat der «Cimetière du Montparnasse» einen eigentümlichen Reiz mit seinen dichtgedrängten Grabhäuschen und skurrilen Monumenten, alles quasimilitärisch in Divisionen aufgeteilt. Mittendrin steht ein betagtes rundes Gemäuer: Le Moulin de la Charité, der Rumpf einer uralten Windmühle. Schon im 17. Jahrhundert stand sie hier draußen in der Landschaft und war ein Ausflugsziel für die Studenten des Quartier Latin, denn sie produzierte nicht nur Mehl, sondern war gleichzeitig eine Kneipe. Ähnlich verhielt es sich übrigens mit anderen Windmühlen auf den Anhöhen rings um die Stadt. Wieder zurück zu den Lebenden: die rue de la Gaîté stößt an ihrem oberen Ende auf die avenue du Maine, auf deren anderer Seite sich heruntergekommene Gemäuer mit der bedrückenden Moderne der sechziger Jahre und der ornamentfreudigen Postmoderne unserer Tage mischen. Dort beginnt das Hinterland von Montparnasse, das Viertel Plaisance, ein Sanierungsgebiet mit verrammelten Hauseingängen und Läden, über denen die Markisen in Fetzen herunterhängen. In den vorerst verbliebenen schmalen Gassen verbergen sich kleine Araber-Kneipen und unscheinbare Couscous-Restaurants. Plaisance: Das war (und ist bis auf weiteres immer noch) ein Arbeiterviertel, in der zweiten Hälfte des 19. Jahrhunderts entstanden, später auch Rückzugsgebiet für viele Maler und Bildhauer, die hier erschwingliche Ateliers fanden und den Montparnasse-Snobismus gegen nachbarschaftliche Atmosphäre eintauschten. Sie waren auch ein belebender ökonomischer Faktor: Von ihnen zehrte eine große Zahl von Handwerkern – die Hersteller von Pinseln und Bildhauerwerkzeug, die Rahmenmacher ... Auch die Surrealisten fanden eine Zeitlang Gefallen an diesem Viertel. In einem Haus der rue du Château gaben sie sich ihren Experimenten mit der «automatischen Schreibweise» hin, außerdem waren sie begeisterte Besucher der «Negerbälle», die von den damals hier ansässigen schwarzen Arbeitern veranstaltet wurden.

Ein großer Teil dieses Viertels soll, soweit es nicht schon verschwunden ist, im Rahmen der allgemeinen Sanierungsstrategie wegrasiert werden. In der Tat sind viele Gebäude in einem beklagenswerten Zustand. Fließendes Wasser gibt es oft nur auf dem Hof, von Badezim-

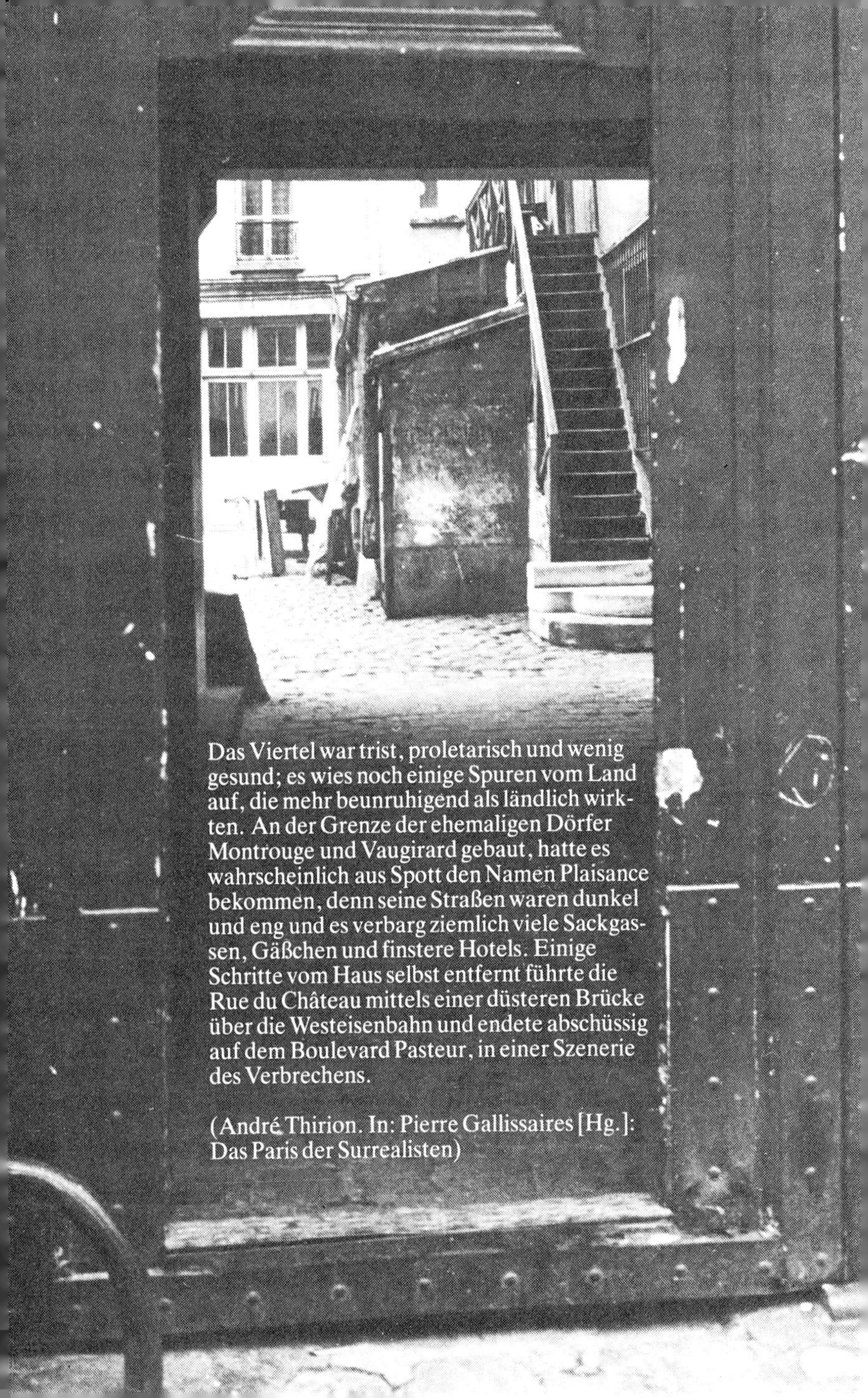

Das Viertel war trist, proletarisch und wenig gesund; es wies noch einige Spuren vom Land auf, die mehr beunruhigend als ländlich wirkten. An der Grenze der ehemaligen Dörfer Montrouge und Vaugirard gebaut, hatte es wahrscheinlich aus Spott den Namen Plaisance bekommen, denn seine Straßen waren dunkel und eng und es verbarg ziemlich viele Sackgassen, Gäßchen und finstere Hotels. Einige Schritte vom Haus selbst entfernt führte die Rue du Château mittels einer düsteren Brücke über die Westeisenbahn und endete abschüssig auf dem Boulevard Pasteur, in einer Szenerie des Verbrechens.

(André Thirion. In: Pierre Gallissaires [Hg.]: Das Paris der Surrealisten) mern und dergleichen ganz zu schweigen – daher die noch immer existierenden öffentlichen Badehäuser «bains-douches». Freilich sind diese alten Wohnungen auch entsprechend billig. Was daneben an komfortablen Appartements hochwächst, ist kaum für die gleiche Sorte von Bewohnern gedacht, auch wenn ein gewisser Prozentsatz der Neubauten aus Sozialwohnungen besteht. Einen guten Eindruck von der Transformation eines «quartier populaire» kriegt man, wenn man die rue de l'Ouest runtergeht. Vor einigen Jahren war dies noch eine belebte Geschäftsstraße, wo sich Laden an Laden reihte. Jetzt hat sich der obere Teil bereits in ein neues, cleanes Mittelklasse-Wohnquartier verwandelt. Besonders eigenwillig sticht aus dem architektonischen Mischmasch eine rundgebaute, einheitliche Häuserfront an der rue Guilleminot hervor. Die in heller Sandsteinfarbe gehaltene Fassade mutet altmodisch an, weist Formelemente wie aus der Jahrhundertwende auf. Aber bei näherem Hinsehen besteht diese Tradition aus vorgefertigten Betonteilen. Bei dieser großen Wohnanlage mit ihren Tordurchbrüchen, kulissenhaften Innenplätzen und Ziersäulen handelt es sich um die Schöpfung eines Stars der postmodernen Architektur: Ricardo Bofill, desselben, der auch in den «villes nouvelles» tätig geworden ist. Immerhin hätte es schlimmer kommen können. Die ursprünglichen Sanierungspläne aus den sechziger Jahren hatten noch phantasielose Blocks und Wohnscheiben vorgesehen, wie sie aber nur in der rue Vercingétorix entstanden sind. Die sind eindeutig scheußlich, aber über Bofill kann man sich wenigstens noch streiten. Gegen die verordnete Kahlschlagsanierung hatte sich in den siebziger Jahren im Viertel eine Protestbewegung gebildet, die ziemlich viel Zulauf kriegte und den Stadterneuerern eine Zeitlang massiven Widerstand entgegensetzte. So vermochte sie zu verhindern, daß quer durchs Quartier der Autobahnzubringer «Radiale Vercingétorix» gebaut wurde. Und wahrscheinlich hat dieses Bündnis lokaler Initiativgruppen auch eine Verzögerung der Abrißaktionen bewirkt sowie ein Umdenken der Planer, zumindest was die ästhetische Seite ihres Vorhabens betrifft, weshalb sich die Verunstaltung in Grenzen hält. Plaisance war eine der letzten Hochburgen solcher Stadtteil-Agitation gewesen, hatte eine Vielzahl von Squattern, Freaks und Ökologisten angezogen, durch die hier eine rege Subkultur entstand, das, was man so «Alternativszene» nennt. Inzwischen ist hier wie im übrigen Land die Militanz abgestorben, die Szene hat sich weitgehend verflüchtigt. Zurückgeblieben ist, neben einer Anti-Kahlschlag-Wandmalerei in der rue Pernéty, eine ungewöhnliche Menge von kleinen Restaurants, Bier- und Musikkneipen, Zen-Buddhisten und Vegetariern, als Erbe aus bewegteren Zeiten.

In der rue Gergovie Nr. 42 setzt sich der Wirt des Bistro «Magique» zu vorgerückter Stunde ans Piano und gibt alte Music-Hall-Chansons oder auch Selbstgefertigtes zum besten, als gälte es, die gleich dahinter beginnende Beton-Landschaft wegzusingen. Jazz und Blues live in verqualmter Atmosphäre bei erlesenen belgischen Bieren bieten «Ecume» und «Utopia» in der rue de l'Quest. Zwischen diesen Jazzclubs hat ein junges Zuckerbäckerkollektiv seinen Laden eröffnet. Spezialität: rosa

Riesentorten in Gestalt von Elektro-Gitarren. Um die Ecke, in der rue Francis de Pressensé, betreibt in einem geräumigen Loft Leni ihr unkonventionelles Restaurant, das durchs Foyer eines stillgelegten Kinos zu erreichen ist. Falls es «Chez Leni» zu voll ist: Gleich daneben liegt «Le Troupeau», wo es bis ein Uhr nachts nordafrikanische Spezialitäten wie Couscous oder Tagine gibt. Wer das bodenständig Französische vorzieht, findet in der Verlängerung dieser Straße, der rue Boyer-Barret, das Wein-Bistrot «L'Echancon».

Von der rue Boyer-Barret zweigt eine unscheinbare Gasse ab, die rue des Thermopyles. Hier bröckelt effektvoll der Putz von den Fassaden, Kinder und Hunde spielen auf dem Kopfsteinpflaster, und auf den Mauern dösen, wenn's warm ist, die Katzen. Eine fast dörfliche Stimmung geht von dieser unberührten Straße aus. Sie führt auf die rue Raymond-Losserand, die nach einem von den Nazis erschossenen Widerstandskämpfer aus dem Viertel benannt ist. Seit die Sanierer die rue de l'Ouest verrammelt haben, ist die rue Raymond-Losserand die Lebensader des Viertels – eine für Pariser Wohnviertel typische Einkaufsstraße. Sie scheint weit ab von den verkehrsreichen Boulevards und mondänen Geschäftsgegenden, es geht kleinstädtisch zu. Bäcker, Gemüsefrauen, Fischhändler und Pferdemetzger haben ihre Stammkundschaft, die Leute kennen sich und quatschen miteinander. Wenn ihr die Straße hinaufgeht, das heißt in Verkehrsrichtung, kommt ihr an der Metrostation «Pernéty» vorbei, die in ein Wohnhaus eingebaut ist, was ein bißchen an London erinnert, und kurz darauf rechts an einem alten, etwas heruntergekommenen Gebäude (Nr. 71) mit einem Toreingang, über dem sich in der Hauswand zwei leere Nischen befinden. Da standen mal Heiligenfiguren drin, früher war das nämlich ein kleines Nonnenkloster.
Auf dem Hinterhof mit seinen Blumenbeeten hat man den Eindruck ländlicher Abgeschiedenheit. Weiter geht es vorbei am Naturkostladen in der Nummer 42 (unter anderem erstklassiger Honig und biologische Bordeauxweine), dem schaurig-schön ausstaffierten Bauchtanz-Kabarett «Chams El Assile» und der Bäckerei an der nächsten Ecke mit ihrer altmodisch

rue de l'Ouest

bemalten Geschäftsfront. Einen besonderen Hinweis verdient auch das «Hôtel de Bretagne» in der Nummer 33. Es beherbergt das allerbilligste Restaurant weit und breit, wo an wachstuchgedeckten Tischen Handwerkern, Arbeitern und Hergelaufenen solide Mahlzeiten serviert werden.

Die rue Raymond-Losserand endet an der avenue du Maine. Ein paar Schritte nach rechts, gegenüber dem viel zu großen und viel zu häßlichen Polizeihauptquartier des 14. Arrondissements, beginnt die rue Daguerre, eine zu ihrem anderen Ende hin immer belebter werdende Geschäftsstraße, mit den üblichen neonumrahmten goldenen Pferdeköpfen der «Boucherie Chevaline» und den Charcuterie-Auslagen, die einem den Mund wäßrig machen. Auch gibt's hier zwei kleine «Restaurants Réunionais», deren Inhaber von der französisch regierten Insel Réunion im Indischen Ozean kommen und ein eigenartiges Gemisch aus afrikanischer und asiatischer Küche fabrizieren. Verfolgt ihr die Seitenstraßen nach rechts, so kommt ihr auf den baumbestandenen Rathausplatz des Arrondissements, wo bei Wind und Wetter Boule gespielt wird und sich manchmal ein klappriges Karussell dreht.

Über den letzten Abschnitt der rue Daguerre, auf dem außer montags ein Markt stattfindet, kommt ihr auf die breite, verkehrsreiche avenue du Général-Leclerc. Dieser Leclerc stand an der Spitze der französischen Exilarmee, die 1944 über diese Straße nach Paris einrückte. Links um die Ecke liegt die weitläufige place Denfert-Rochereau, in deren Mitte ein grünlicher Bronze-Löwe sitzt. In einem Vorläufer des Cafés «Belfort» auf der andern Seite des Platzes hielten übrigens vor 1917 Lenin und seine Parteifreunde im Hinterzimmer ihre Versammlungen ab. Auffallend sind zwei quaderförmige Gebäude beiderseits der Straße. Sie bildeten früher die Zollbarriere, waren also ein Eingangstor ins Paris des 18. und 19. Jahrhunderts. In einem davon befindet sich die Treppe zu den Katakomben. Der Boden, auf dem ihr hier steht, ist äußerst porös – und nicht nur hier: Ein Zehntel der Fläche von Paris ist unterminiert. In bergwerksähnlichen Stollen wurden jahrhundertelang Steine gebrochen, wodurch 300 Kilometer unterirdischer Gänge und Hohlräume entstanden sind. Manche Viertel stehen buchstäblich über Abgründen, und immer mal wieder kommt es vor, besonders auf dem Montmartre, daß ein ganzer Straßenzug absackt, ein Haus zusammenkracht. Als 1785 der bis dahin größte Pariser Friedhof, der «Cimetière des Innocents», aufgelöst wurde, schaffte man die angesammelten Gebeine hierher in die unterirdischen Steinbrüche. Immer mehr Überreste aus aufgehobenen Friedhöfen kamen im Lauf der Zeit dazu. Eingegangen in den allgemeinen Knochenhaufen sind auch die Reste von Danton und Robespierre sowie von über fünf Millionen anderer Menschen. 1944, während der «Libération» von Paris, befand sich in den Katakomben die Kommandostelle der Résistance. Der Abstieg in diese Unterwelt ist nur jeden ersten und dritten samstag des Monats möglich. Ihr könnt aber ansonsten auch gleich daneben in die Metro hinabsteigen, deren Eingang sich hier noch mit seiner Jugendstilverzierung präsentiert, und nach Hause oder sonstwohin fahren. ■

Raus aus der Stadt

Grüne Oasen in der Banlieue

Auch in der Umgebung von Paris gibt es eine Reihe von lohnenden Zielen, die leicht mit öffentlichen Verkehrsmitteln erreichbar sind. Wenn ihr mit der Metro zu den Endstationen Boulogne-Pont de Saint-Cloud oder Pont de Sèvres fahrt, braucht ihr nur noch über die Seine-Brücke zu gehen, um zum Park von Saint-Cloud zu gelangen. Die Gemeinde Saint-Cloud gehört seit jeher zur «besseren» Banlieue. Dichter und Musiker, natürlich auch Maler, haben sich hier gerne niedergelassen. Balzac, immer auf der Suche nach Geldquellen, versuchte hier Ananas zu züchten, was ihm leider danebenging. Ganz am Anfang wohnte hier ein gewisser Clodoald, ein Enkel von König Chlodwig. Nachdem dieser fromme Mann im Jahre 560 gestorben war, ereigneten sich um sein Grab herum mancherlei Wunder, weshalb er dann später heilig gesprochen wurde. Und daher heißt nun also dieser Ort Sankt Clodoald, beziehungsweise Saint-Cloud. Bekannt war das Städtchen vor allem wegen seines königlichen Schlosses. Der General Bonaparte veranstaltete dort seinen Putsch vom 19. Brumaire 1799, und nach dem

Sieg über Napoleon hatte sich hier der Marschall Blücher 1815 einquartiert. Bei der preußischen Belagerung von 1871 ging das Schloß dann zu Bruch: Heute ist nur noch der Schloßpark mit seinen Pavillons, Bassins und Fontänen da. Für Fußgänger ist der Eintritt frei, Reiter dagegen müssen für ihr Pferd eine Eintrittskarte lösen.

Prächtig spazierengehen kann man auch im Wald von Meudon, erreichbar mit der RER-Linie C (Station: Meudon – Val-Fleury). Da gibt es stille Teiche, friedliche Alleen und eine im 17. Jahrhundert gebaute, hochgelegene Aussichtsplattform, die «Terrasse de Meudon», mit einem weiten Blick über die Umgebung. Gleich daneben steht ein altes Observatorium, auf den Resten eines früheren Palastes gebaut sowie ein seltsamer moderner Turm: eine Beobachtungsstation für Weltraumsatelliten. Das Städtchen Meudon war ebenfalls ein gepflegtes Refugium für Kulturschaffende. Leute wie Jean-Jacques Rousseau, Edouard Manet oder Max Ernst hielten sich hier auf, Richard Wagner komponierte hier seinen «Fliegenden Holländer». Offenbar ist diese Umgebung besonders stimulierend.

In der südlichen Banlieue, erreichbar mit der RER-Linie B, liegt der Parc de Sceaux, vom königlichen Gartenarchitekten Le Nôtre für den Finanzminister Ludwigs XIV., Colbert, angelegt. Die vielen Statuen, die ihn einstmals zierten, verschwanden während der großen Revolution. Heute strahlt dieser große Park mit seinen langen, geraden Durchblicken und den von Pappeln eingefaßten Wasserbecken eine melancholische Vornehmheit aus, vor allem an normalen Wochentagen, wenn sich die wenigen Besucher im weiten Gelände verteilen.

Endstation der RER-Linie B im Westen ist St. Germain-en-Laye, ein Ort, der seine besondere Attraktivität seiner geographischen Lage verdankt: Er liegt auf einem Hügel über der Ebene von Paris. Das hat sicherlich die französischen Könige bewogen, sich auch an dieser Stelle einen Sitz einzurichten. Ludwig XIV. hielt sich hier mit Vorliebe auf, bevor sein Versailler Neubau bezugsfertig war. Aber nicht das Schloß, das eigentlich einen recht mickrigen Eindruck macht, sondern die «Terrasse» ist die Hauptattraktion von St. Germain-en-Laye: eine schnurgerade, fast drei Kilometer lange, von Lindenbäumen gesäumte Promenade, die an einem Abhang entlangführt. Von dort aus geht der Blick über die weite Ebene mit den Vorstädten bis hin zu den Türmen von Paris am Horizont. Auf der anderen Seite der Terrasse beginnt der große Wald von St. Germain-en-Laye.

Dann ist da natürlich auch noch das Schloß von Versailles, dessen riesiger Park voller kalkulierter Perspektiven und Raffinessen, Statuen, Wasserbassins und Touristen steckt – weitläufig, aristokratisch, streng: eine kalte Pracht. Sein Besuch lohnt sich eher zum Studium der Selbstdarstellung absolutistischer Herrscher als zu einem entspannten Aufenthalt im Grünen.

Stadtflucht für einen Tag

Wollt ihr wirklich mal ganz aus der Stadt raus, sie für einen Tag hinter euch lassen zugunsten der nichtverstädterten Natur? Das geht, trotz der immensen Ausdehnung der Pariser Stein- und Betonwelt, einfacher und schneller, als man meinen könnte! So besteht zum Beispiel die Möglichkeit, mit dem Vorortzug zu einer Station rauszufahren, wo Fahrräder zu vermieten sind. Für solche Touren solltet ihr euch vorher präzise Karten der jeweiligen Gegend besorgen: Eine große Auswahl findet ihr in den drei FNAC-Buchhandlungen (siehe Adressenverzeichnis unter: Kartenvorverkauf).

Ein Vorschlag: von der Gare du Nord nach Chantilly, das dauert 20 bis 30 Minuten. In Chantilly gibt es, zum Anschauen, ein schönes Schloß, und von dort aus könnt ihr eine nach Belieben lange Rundfahrt durch angenehme Landschaften machen, zum Beispiel am Schloß vorbei, nicht über die Hauptstraße N 324, sondern durch den Wald über die Dörfer Avilly, St. Léonard nach Senlis, einer alten, behäbig-provinziellen Kleinstadt mit kopfsteingepflasterten Gassen und mittelalterlichen Winkeln. Hinter Senlis geht es weiter über Nebenstraßen durch ein weitläufiges Waldgebiet in Richtung auf das Dorf Ermenonville. Wem die Natur nicht reicht, für den gibt's auch hier Kulturelles: etwa die Klosterruine Chaalis oder die Tatsache, daß hier der große Aufklärer und Naturfreund Jean-Jacques Rousseau ausgedehnte Spaziergänge unternahm. Er starb übrigens im Schloß von Ermenonville, wo er eine Stelle als Hauslehrer innegehabt hatte, und war hier auch zeitweilig begraben, bis man ihn ins Panthéon nach Paris überführte, was ihn sicher geärgert hätte. Von hier könnt ihr den Weg über die Dörfer Mortefontaine, Thiers-sur-Thève und Pontarmé nehmen – halb durch Wälder, halb über Felder und an Fischteichen vorbei kommt ihr so nach Chantilly zurück.

Ein sehr schöner Wald ist auch der von Fontainebleau, nur wissen das leider auch die Pariser, die an Samstagen und Sonntagen wie Heuschreckenschwärme einfallen. An einigen Stellen haben sie dem Wald schon arg zugesetzt. Gewissen Besuchern ist es auch zu verdanken, daß dort fast jedes Jahr Waldbrände ausbrechen. Es empfiehlt sich, im Lauf der Woche, an einem normalen Arbeitstag zu kommen. Mit dem Zug fährt man von der Gare de Lyon ab, auch am Bahnhof Fontainebleau-Avon können Fahrräder gemietet werden. Der Wald bietet eine Menge verschiedenartigster Szenerien: seltsame Felsenformationen, mit Heidekraut überwachsene Lichtungen, weiße Sandflächen und natürlich

Klosterruine Chaalis

In Senlis

Bäume jeder Art, neben vielen Eichen und Birken sogar Mittelmeer-Pinien, und trotz der vielen Wochenendbesucher lebt hier eine erstaunliche Menge von Hirschen, Rehen und Wildschweinen. Diese eigenartige Landschaft ist von einem System markierter Wege durchzogen, das im letzten Jahrhundert von einem spleenigen Sonderling namens Dénécourt angelegt wurde, der dem Wald von Fontainebleau große Teile seines Lebens und seines Vermögens opferte. An einigen Stellen werdet ihr vielleicht plötzlich ein auf- und abnickendes, an ein großes Insekt erinnerndes Metallgestänge vor euch sehen: Jawohl, hier wird tatsächlich nach Erdöl gebohrt! Ein besonders beeindruckender Teil des Waldgebietes ist der Massif des Trois-Pignons, ein bizarres Felsenmeer, das man für eine Urlandschaft halten könnte, würde er nicht durch die Autobahn Paris–Lyon in zwei Teile geschnitten.

Auch um den Wald herum findet ihr einige lohnende Fahrtziele, beispielsweise die romantischen kleinen Schlösser Courances oder Fleury-en-Bière im Westen von Fontainebleau. Von einem Besuch des Dorfes Barbizon, ebenfalls am Westrand des Waldes, ist allerdings dringend abzuraten, auch wenn es in Reiseführern gewöhnlich angepriesen wird: Da hatte sich im 19. Jahrhundert eine später berühmt gewordene Malerkolonie niedergelassen, und heute ist der Ort eine Standard-Anlaufstation von Reisebussen. Ähnliche Rummelatmosphäre herrscht – wenigstens an Wochenenden – in Milly-la-Forêt, einer Kleinstadt am Waldrand, in der der Dichter und Maler Jean Cocteau gewohnt hat.

Südwestlich von Paris liegt, umgeben von Wäldern und erreichbar mit der Eisenbahn vom Bahnhof Montparnasse aus, die kleine Stadt Rambouillet. Das dortige Schloß dient der französischen Regierung als Tagungsstätte, der Wald ist das persönliche Jagdrevier des Staatspräsidenten. Dennoch darf man mit dem Fahrrad (am Bahnhof zu mieten) drin herumfahren. Verschiedene reizvolle Strecken sind denkbar: etwa in Richtung Norden an den Étangs de Hollande entlang, die angelegt wurden, um die Wasserspiele von Versailles zu versorgen, nach Montfort l'Amaury, einem verschlafenen kleinen Kaff mit mittelalterlichen Häuschen, oder nach Épernon über das Dorf Poigny-la-Forêt und am Sumpf von Cerisaie vorbei, oder auch in die alte Provinzstadt Dourdan über la Celle-les-Bordes und Boullion. Überall liegen im Forst versteckt kleine und größere Teiche, und überhaupt ist der Wald von Rambouillet reichlich feucht: Im Herbst und Winter wird es hier äußerst matschig.

Noch eine Möglichkeit, schnell aufs «Land» zu kommen: mit der RER-Linie C nach Étampes (auch hier Fahrradverleih). Von da aus könnt ihr etwa nach Norden durch das Tal der Juine fahren, mit seinen Herrenhäusern und Schlössern und ihren teils gepflegten, teils verwilderten Parks: Jeurre, Morigny, Chamarande, Gillevoisin, Mesnilvoisin ... Ihr könnt auch von Étampes aus in einem großen Bogen nach Süden durch lauschige grüne Täler fahren, erst die Chalouette entlang über Chalou-St. Mars nach Chalou-Moulineux, dann über Saclas nach Méréville, wo auf dem Dorfplatz eine hölzerne Markthalle aus dem Mittelalter steht, und dann über Fontaine-la-Rivière zurück nach Étampes. ■

politische umtriebe

Die Hauptstadt – Nabel der Welt

Paris ist so etwas wie der politische Wasserkopf Frankreichs, ein aufgedunsenes Monstrum, das seine Existenz dem beispiellosen französischen Zentralismus verdankt. Hier, an der Spitze einer verästelten Hierarchie, sind alle wichtigen politischen Institutionen zusammengeballt, hier sitzt fett und sichtbar der Staat. Bis zum Wahlsieg der Sozialisten 1981 wurde das Land von Paris aus über die von der Regierung eingesetzten Präfekturen beherrscht, die über die Angelegenheiten der Regionen entschieden. Nirgendwo sonst gab es ein solch rigoroses zen-

tralistisches System, das den Regionen derart wenig Entscheidungsmöglichkeiten ließ.

Zentralismus: Das heißt, daß Paris außer in politischer auch in jeder anderen Hinsicht die tonangebende Stadt ist. In diesem Ballungsraum – jeder fünfte Franzose lebt hier – sind die führenden Instanzen aller gesellschaftlichen Bereiche zusammengedrängt: außer den Schaltstellen der Wirtschaft auch die richtungweisenden kulturellen Institutionen, die ganze Infrastruktur des intellektuellen Lebens, die Forschungsstätten, Verlage, Universitäten, Eliteschulen – kaum verwunderlich, daß viele Pariser ihre Stadt für den Nabel der Welt halten. Auch verkehrsmäßig führt kaum ein Weg an der Hauptstadt vorbei: Alle wichtigen Eisenbahnen enden in einem der sechs großen Bahnhöfe. Von Paris aus gehen strahlenförmig die Autobahnen in die Provinzen. Auf der Landkarte sieht das aus wie ein Spinnennetz – ein treffendes Abbild für das Verhältnis zwischen Hauptstadt und Provinz. Das öffentliche Leben spielt sich in Paris ab, den Regionen bleibt nichts übrig, als es nachzubeten. Ihnen wurde weder politische noch kulturelle Eigenständigkeit gewährt. Seit Jahrhunderten hat Paris die Provinzen leergepumpt, ihre besten Kräfte und Talente angesogen, sich Wissenschaftler, Künstler und Politiker einverleibt. Nicht nur mit Lebensmitteln, sondern auch mit Köpfen ernähren die Regionen das Monstrum, das aus allen Nähten platzt, während sie selbst zu veröden drohen.

Dieser Zentralismus blickt auf eine lange Geschichte zurück. Für viele Franzosen ist er etwas völlig Normales – er ist ihnen so in Fleisch und Blut übergegangen, daß sie sich kaum etwas anderes vorstellen können. Die aufeinanderfolgenden Regimes haben dieses Erbe stets sorgsam gehütet und ausgebaut. Mit der Macht übernahmen sie zugleich auch deren Organisationsprinzip. Den Jakobinern der Französischen Revolution wurde es vom vorhergegangenen Absolutismus vererbt. Schon 1740 schrieb Montesquieu: «In Frankreich gibt es nur Paris und einige weit abgelegene Provinzen, die sich einzuverleiben Paris bislang noch keine Zeit gehabt hat.» Sicherlich waren gerade zur Zeit der Revolution die Provinzen Hochburgen

der reaktionären Kräfte: Adel, Klerus und konservative Landbevölkerung bildeten ein bedrohliches gegenrevolutionäres Potential, das den straffen zentralistischen Staatsapparat zu rechtfertigen schien. Andererseits wurde durch dieses Allheilmittel jeder Ansatz zu regionaler Demokratie unterbunden, jeder direktere Einfluß der Basis auf das lokale politische Geschehen abgewürgt. Für die Provinzbevölkerung wurde Paris so immer mehr zu einem Symbol der Bevormundung, Willkür und Arroganz.

Die unmündige Hauptstadt

Was aber der Hauptstadt zur Last gelegt wird – die Entmündigung der Regionen –, darunter litt sie paradoxerweise selbst, denn bis 1977

wurde Paris verweigert, was noch für das letzte französische Kaff selbstverständlich war: eine gewählte Gemeindevertretung mit eigenem Bürgermeister. Die Hauptstadt existierte im administrativen Sinn nicht als «Stadt», für sie galt – und gilt teilweise noch immer – ein Sonderstatus, und auch dies ist ein Aspekt des Zentralismus.

«Die Hauptstadt gehört der Regierung», hatte 1859 der Baron Haussmann gesagt. In der Tat sind alle staatlichen Institutionen in Paris zusammengeballt – die Nationalversammlung am quai d'Orsay, der Sitz des Staatspräsidenten im Élysée-Palast, der Senat im Palais du Luxembourg; im ehemaligen Aristokratenviertel Faubourg St. Germain, dem heutigen 7. Arrondissement, residieren die Ministerien in prächtigen alten Adelspalästen. Aber drum herum lebte, jedenfalls noch zu Haussmanns Zeiten, leider Gottes dieser gefährliche Pöbel, breitete sich das von sämtlichen Regierungen gefürchtete Paris des Volkes aus, «die Küche, worin die Revolution gekocht wurde», wie Ludwig Börne das nannte – und dieses Paris galt es an die Kette zu legen, rechtlos und unmündig zu halten, um der Staatsmaschinerie ein ungestörtes Funktionieren zu gewährleisten.

So blieb Paris eine Phantom-Gemeinde und war von den Regeln der bürgerlichen Demokratie ausgenommen – die Bevölkerung wurde von ihren eigenen Angelegenheiten ferngehalten. Zwar durfte sie einen Stadtrat wählen, doch der hatte nur beratende Funktion, im Rathaus saß kein Bürgermeister, sondern der

A LA RECHERCHE DU TEMPS PERDU

Präfekt, der den Despotismus des Staates über die Stadt verkörperte: Sanierungen, Autobahnbau, Errichtung neuer Bürokomplexe, Krankenhäuser, Verkehrsbetriebe, Schlachthöfe – was immer die Stadt und ihre Einrichtungen betraf, wurde geplant, bearbeitet und entschieden in den anonymen Amtsstuben irgendwelcher Ministerien.

Vorsicht, Ordnungshüter!

Neben dem Stadtpräfekten herrschte und herrscht noch immer ein zweiter Regierungsvertreter über Paris: der Polizeipräfekt. Ein einmaliger Fall in Frankreich: Die Polizei der Stadt ist nicht der Gemeindevertretung unterstellt, sondern über den Präfekten direkt dem Innenminister. Die Pariser Bürger sind somit nicht, wie anderswo – wenigstens formell –, über den von ihnen gewählten Bürgermeister die Arbeitgeber ihrer eigenen Ordnungshüter, sondern viel eher deren Untertanen.

Diese außergewöhnliche Situation hat Folgen: die extreme Selbstherrlichkeit, Willkür und oft unbekümmerte Gewalttätigkeit der Polizei, der stets noch die Rückendekkung des Ministeriums gewährt wurde. Düster ist die Bilanz der Pariser Flics. Die Polizeibrutalität erreichte traurige Höhepunkte zur Zeit des Algerienkrieges. Neben einem 1961 veranstalteten Massaker an algerischen Demonstranten hat vor allem die «Charonne»-Affäre den Ruf der Polizei nachhaltig geschädigt: Die Flics hatten Teilnehmer einer friedlichen Antikriegsdemonstration in den Eingang dieser Metrostation gedrängt und dann von oben Metallgitter und Caféhaus-Tische auf die zusammengepferchte Menge geworfen. Acht Todesopfer forderte dieser Exzeß. Hemmungslos tobten sie sich auch im Mai 68 aus, waren aber zu ihrer Verwunderung hier zum erstenmal mit handfestem Widerstand konfrontiert.

Auch im ganz normalen Polizeialltag schlagen die Pariser Ordnungskräfte gern mal zu. Sie haben einen besonderen Kieker auf dunkelhäutige Ausländer und sparen nicht mit

Der Algerienkrieg – ein dunkles Kapitel

rassistischen Beschimpfungen. Im übrigen sind auch Vergewaltigungen in Polizeiautos aktenkundig. Weit entfernt ist das allgemein verbreitete Image des Flics von dem des ach so höflichen Londoner Bobbys oder selbst von dem des deutschen «Freunds und Helfers».

Lenin ante portas

Im Jahre 1977 ist nun nach langer Zeit mit dem Gaullisten Chirac in Paris wieder ein Bürgermeister gewählt worden. Damit ist etwas geschehen, was bisher nur in revolutionären Phasen als kurzfristige Ausnahme möglich war. Abgesehen von der Beibehaltung des Polizeipräfekten bekam damit Paris fast die Statuten einer normalen französischen Gemeinde. Die Verwaltung war nämlich im Gestrüpp der ministeriellen Zuständigkeiten immer ineffizienter und chaotischer geworden. Außerdem war nun durch die über hundert Jahre hindurch betriebene Sanierungspolitik die Stadt von ihren bedrohlichen Elementen weitgehend gereinigt worden: Bei der Wahl bestand keine Gefahr mehr, daß sich irgendwelche unzuverlässigen Kräfte hätten durchsetzen können.

Die waren nun fast alle aus der Stadt vertrieben und hatten um Paris herum den vielbejammerten «Roten Gürtel» gebildet, einen Ring von KPF-regierten Gemeinden mit Lenin-Alleen, Gagarin-Straßen, Karl-Marx-Avenuen und französisch-sowjetischen Freundschaftsclubs in den Rathäusern. Klar, daß angesichts solcher Verhältnisse nichts an den anachronistischen, aus dem Jahr 1860 stammenden Stadtgrenzen von Paris verändert wurde. Wo man diese Leute endlich draußen hatte, würde man sie wohl kaum durch Eingemeindung wieder reinholen, selbst wenn es aller urbanistischen Vernunft widerspricht.

Bomben und Schafe gegen die Metropole

In den Regionen ist seit 1968 ein stärkerer Widerstand gegen den inneren Kolonialismus der Zentralregierung erwacht. Die wirtschaftliche Vernachlässigung und die Unterdrückung der kulturellen Traditionen haben vor allem in den Randprovinzen der sprachlichen Minderheiten das Gefühl verstärkt, sich mit der Hauptstadt in einer Art Kriegszustand zu befinden, und zu einer Wiederbesinnung auf die sprachliche und kulturelle Eigenständigkeit geführt. Radikale Autonomistengruppen machen sich gelegentlich auch in Paris bemerkbar. Manchmal hat ihr Protest schon ungemütliche Formen angenommen: Mehrere Sprengstoffanschläge wurden bisher von der korsischen FNCL verübt, aber auch die bretonische Befreiungsfront hat bereits zugeschlagen und eine Bombe im Schloß von Versailles, dem Symbol des französischen Zentralismus, hochgehen lassen. Friedlicher und origineller machten es die südfranzösischen Bauern, die sich gegen den Plan wehrten, die als Weideland genutzte Hochebene von Larzac in ein militärisches Übungsgelände zu verwandeln. Nachdem sie bereits mehrfach mit Traktoren und Transparenten nach Paris gezogen waren, brachten sie schließlich klammheimlich 60 Schafe mit, die sie mit großem Publikumserfolg und zum Entsetzen der ratlosen Flics unter dem Eiffelturm grasen ließen.

Die Larzac-Verteidiger haben inzwischen ihr Ziel erreicht. Auch sonst beginnt sich einiges zu ändern: seit 1981 ist die seit langem schon beschworene Dezentralisierung tatsächlich in Gang gekommen. Einige wichtige Kompetenzen wurden auf die Regionen übertragen, den Regionalsprachen wurde ein offizielles Existenzrecht eingeräumt. Aber es wird noch lange dauern, bis sich die jakobinischen Strukturen auflösen. Vorerst jedenfalls ballen sich weiter die großen Konzerne in der Hauptstadt zusammen, verquicken und durchdringen sich ökonomische und staatliche Institutionen. In einem Umkreis von zwei Kilometern um die Pariser Oper befinden sich heute 80 Prozent aller französischen Banken und Versicherungen, mehr als die Hälfte sämtlicher Computer Frankreichs steht in Paris. Wohl nur sehr allmählich wird sich der Zentralismus abbauen lassen, und noch für längere Zeit wird sich alles, was zählt, an der Seine abspielen. Wer immer es zu etwas bringen will oder sich bemerkbar machen möchte, ist gezwungen, in Paris vorzusprechen, denn nur hier findet letzten Endes die französische Öffentlichkeit statt. Auch die Larzac-Bauern mußten sich herbemühen, um mit ihrer Schaf-Aktion endlich die Aufmerksamkeit der Medien zu erregen, weil noch so massenhafte Demonstrationen vor irgendwelchen Provinz-Präfekturen nicht ohne weiteres in die Schlagzeilen der in Paris konzentrierten «großen» Presse vordringen. ■

Mai 68 und die Folgen

Immer wieder taucht in Unterhaltungen, Zeitungsartikeln oder Büchern, wenn es um die Entwicklung des politischen Bewußtseins in Frankreich geht, als legendäres Datum der «Mai 68» auf – mal als eine historische Wendemarke, mal als Beschwörungsformel, mal als nostalgische oder düstere Erinnerung. Meist werden dabei bestimmte Bilder wachgerufen: die besetzte Sorbonne, rote und schwarze Fahnen, phantasievolle Plakate, akademische Happenings, Straßenschlachten zwischen Studenten und martialisch ausgerüsteter CRS-Polizei, brennende Autos im Quartier Latin.

Aber weder war, was sich da ereignete, ein Ausbruch aus heiterem Himmel, noch handelte es sich dabei um eine bloß studentische Angelegenheit. Die «neue Linke» außer-

halb der klassischen Parteien hatte sich bereits seit einigen Jahren schrittweise herausgebildet. Nach dem Ungarn-Aufstand 1956 hatten sich viele von der fromm-stalinistischen KPF abgewendet, und im Verlauf des Algerienkriegs, der erst 1962 zu Ende ging, hatten sich innerhalb und außerhalb der Universitäten linke politische Gruppen formiert, die mit der Haltung der Parteien gegenüber dem antikolonialistischen Befreiungskampf der Algerier nicht einverstanden waren.

Außerdem wird gerne verdrängt, daß der Mai 68 (er dauerte übrigens drei Monate an) zwar auch zum Teil eine Studentenrevolte war, aber vor allem ein einschneidendes Ereignis für die französische Arbeiterbewegung: Damals fand der größte Streik in der Geschichte Frankreichs statt,

Pressereaktionen ...

und fast hätte de Gaulles Fünfte Republik dabei ein vernichtendes Debakel erlebt.

Von der Demo zur Revolte

Geographischer Ausgangspunkt der Mai-Ereignisse war die Universität Nanterre, gerade erst in einer tristen Pariser Arbeitervorstadt aus dem Acker gestampft, ein öder Betonkomplex, eine Lernfabrik umgeben von Mietskasernen und Barackensiedlungen, in der die Studenten einem entmündigenden Reglement unterworfen waren. Wie an vielen anderen französischen Unis gärte es hier schon seit einiger Zeit. Protestaktionen gegen den Vietnamkrieg fanden statt, man fühlte sich solidarisch mit der bereits in Gang gekommenen Studentenbewegung in der Bundesrepublik. Permanente Unruhe entstand durch die Aktivitäten rechtsradikaler Schlägerkomman dos, die an manchen französischen Universitäten immer noch erstaunlich präsent sind.

Am 22. März wurde in Nanterre aus Protest gegen die Verhaftung einiger Studenten ein Uni-Verwaltungsgebäude besetzt, ein erstes deutliches Zeichen für das Ende der Bravheit. Aus den Besetzern bildete sich eine Gruppe mit dem Namen »22. März», zu deren Zentralfigur die Medien alsbald Daniel Cohn-Bendit hochstilisierten. Durch die verknöcherte Reaktion der Universitätsleitung (Nanterre wurde geschlossen) konnte der Funke auf die Pariser Sorbonne überspringen. Am 3. Mai holte dort der Rektor die Polizei gegen eine lächerlich kleine Protestversammlung zu Hilfe. Das brutale Vorgehen der Flics führte zu spontaner Empörung auch bei nicht direkt Beteiligten und hatte tätliche Auseinandersetzungen zur Folge, die sich bald von der Sorbonne auf andere Punkte des Quartier Latin ausdehnten. Es war vor allem die Überreaktion der Regierung – die im Schnellverfahren ausgeteilten Gefängnisstrafen sowie die unangemessene Polizeibrutalität –, die nun im

Schneeballeffekt die eher unpolitischen Studenten in Paris, aber auch in den Provinzuniversitäten solidarisieren half.

Der KPF paßte das alles überhaupt nicht in den Kram, was sich da plötzlich außerhalb ihrer Einflußsphäre abspielte. Zudem waren es sehr bald nicht mehr bloß Studenten und eine Handvoll Professoren, die da demonstrierten – immer mehr junge Arbeiter und Arbeitslose gesellten sich dazu. Da aber alles, was spontan und autonom abläuft und ihrer Kontrolle entgleitet, für diese Partei vom Übel ist, stimmte sie ein heftiges Gezeter gegen die «Bourgeois-Söhnchen» an, die nur böswillig die fleißigen Studenten aus der Arbeiterklasse am Studieren hindern würden. Die KPF präsentierte sich mal wieder als Partei von Recht und Ordnung und hob – eine ihrer besonderen Spezialitäten – auf den Chauvinismus des «kleinen Mannes» ab: Cohn-Bendit wurde ausdrücklich als «deutscher» Anarchist angeprangert, der finstere Jugendverführer Herbert Marcuse als «deutscher» Philosoph. Eine Glanzleistung des Internationalismus.

Indessen befand sich das Quartier Latin sozusagen unter Belagerungszustand. Die Sorbonne war geschlossen, am 10. Mai begann der Barrikadenbau. Um 2 Uhr nachts griff dann die Polizei an, und es kam zu schweren Straßenschlachten. Radio Luxemburg und Europe 1 berichteten live in alle Winkel Frankreichs. Mit Hilfe der Medien schwappte so der Aufruhr über das ganze Land, in vielen Städten liefen nun Demonstrationen und auch in der Provinz machten manche Universitäten dicht.

... auf den Pariser Mai

Nichts geht mehr, alles scheint möglich

Die Bewegung, die ihren Ausgang von einigen studentischen Forderungen und Protestbekundungen genommen hatte, weitete sich überraschend schnell zu einer Infragestellung der wirtschaftlichen und politischen Machtverhältnisse aus. Spontane, sogenannte «wilde» Streiks und Fabrikbesetzungen häuften sich, mancherorts wurden die Direktoren und Manager in ihre Büros eingesperrt. Die Gewerkschaften wurden hierbei nicht weiter gefragt, sie hatten alle Mühe, noch auf den fahrenden Zug aufzuspringen, um ihn unter ihre Kontrolle zu bringen. Viele, vorwiegend jüngere Arbeiter griffen auf Aktionsformen zurück, die lange unter den eintönigen, von den Gewerkschaftsführungen inszenierten Ritualen verschüttet waren – unter jenen immer bis ins kleinste vorgeplanten Demonstrationen mit zentraler Parolenausgabe und vorgedruckten Spruchbändern, jener ernüchternden Routine, die die Arbeiter zu einer hierarchisch gelenkten Schafherde gemacht und das Bewußtsein ihrer Kraft und ihre Spontaneität abgetötet hatte. Die Versuche der Selbstorganisation in den Betrieben fanden die begeisterte Unterstützung vieler Studenten. Konkrete Annäherungen zeichneten sich ab, die aber die KPF-beherrschte CGT mit aller Macht zu unterbinden versuchte, während die CFDT, die zweite große Gewerkschaft, sich den Studenten gegenüber eher offen verhielt, sie zu Diskussionen über Selbstverwaltung in die besetzten Betriebe einlud und zu gemeinsamen Aktionen mit der Studentengewerkschaft UNEF bereit war.

Mitte Mai hatte die Revolte ganz Frankreich ergriffen. Eine Streikwelle rollte über das Land, vom 18. Mai an beteiligten sich die großen Gewerkschaften und die UNEF: Aus den zunächst punktuellen Arbeitsniederlegungen wurde ein Generalstreik, dem bis zu neun Millionen Menschen folgten – ein in der französischen Geschichte einmaliges Ereignis. Nicht nur die Fabrikarbeiter legten die Arbeit nieder, die Fischer blieben im Hafen, es streikten die Landarbeiter, die Zöllner, die Lehrer, ja sogar die Totengräber. Nichts ging mehr, Frankreich war paralysiert. In den Häfen rührte sich kein Kran, die Eisenbahn fuhr nicht, Busse und Metros standen im Depot, Kaufhäuser blieben geschlossen.

Die Post funktionierte nicht, das Telefon nur manchmal. Auch das lächerliche Aufenthaltsverbot für Cohn-Bendit änderte daran nichts.

Eine Zeitlang schien es tatsächlich, als stünde die Fünfte Republik vor dem Zusammenbruch – die Autorität des gaullistischen Staates löste sich auf. Hunderte von Rathäusern waren besetzt und mit roten Fahnen verziert, sogar in den Ministerien und Präfekturen streikten die Angestellten. Überall entstanden notgedrungen dezentralisierte, parallele Organisationen der Streikkomitees, die sich um die Versorgung der Streikenden wie der übrigen Bevölkerung kümmern mußten. In einigen Gemeinden zirkulierten improvisierte Lebensmittelkarten und Ersatzgeld, die Lagerbestände wurden beschlagnahmt und verteilt. Stellenweise hatten die Streikkomitees reale politische Macht in den Händen, beschränkten sich aber im allgemeinen darauf, organisatorische Aufgaben zu erfüllen. – In einer Reihe von Betrieben sowie in manchen Stadtvierteln waren darüber hinaus «Aktionskomitees» entstanden. In ihnen sammelten sich die Linken, die sich als revolutionäre Avantgarde verstanden. Diese lokalen Komitees waren als Keimzellen einer alternativen politischen Struktur gedacht.

Es war eine Zeit, in der auch die eingesperrte, unterdrückte Phantasie explodierte: Die Straße wurde als Artikulationsraum entdeckt, die Wände in Städten und Fabriken bedeckten sich mit witzig-aggressiven, absurden, schockierenden oder poetischen Parolen («Unter dem Pflaster liegt der Strand», «Realistisch sein, das Unmögliche verlangen!»), in der Pariser Kunsthochschule wurde ein «Volksatelier» eingerichtet, dessen Plakate neue Maßstäbe setzten und heute noch in Form nostalgischer Postkarten vertrieben werden.

Bald zeigte sich freilich, daß es kaum möglich war, die verschiedenen Strömungen der «neuen Linken» – Anarchisten, Trotzkisten, Maoisten, PSU-Anhänger – unter einen Hut zu kriegen. Zu unklar und zu divergierend waren die Vorstellungen über die zu wählende Strategie und die erstrebenswerte politische Organisationsform. So gelang es schließlich doch wieder den traditionellen Partei- und Gewerkschaftsbürokratien, sich der Führung des Aufruhrs zu bemächtigen und die Revolte in geordnete Bahnen zu lenken beziehungsweise zu entschärfen.

«retour à la normale»

Ein folgenschwerer Einschnitt war das Abkommen in der rue de Grenelle: Regierungsvertreter, Unternehmer und Gewerkschafter trafen sich hier im Sozialministerium, um über die Beendigung des Generalstreiks zu verhandeln. Die von den Bonzen ausgemauschelten Ergebnisse waren für die Arbeiter höchst dürftig. Dennoch präsentierte die CGT das Ergebnis hinterher als «Sieg». Sie hatte allerdings außerordentliche Mühe, den Streikenden den trüben Kompromiß schmack-

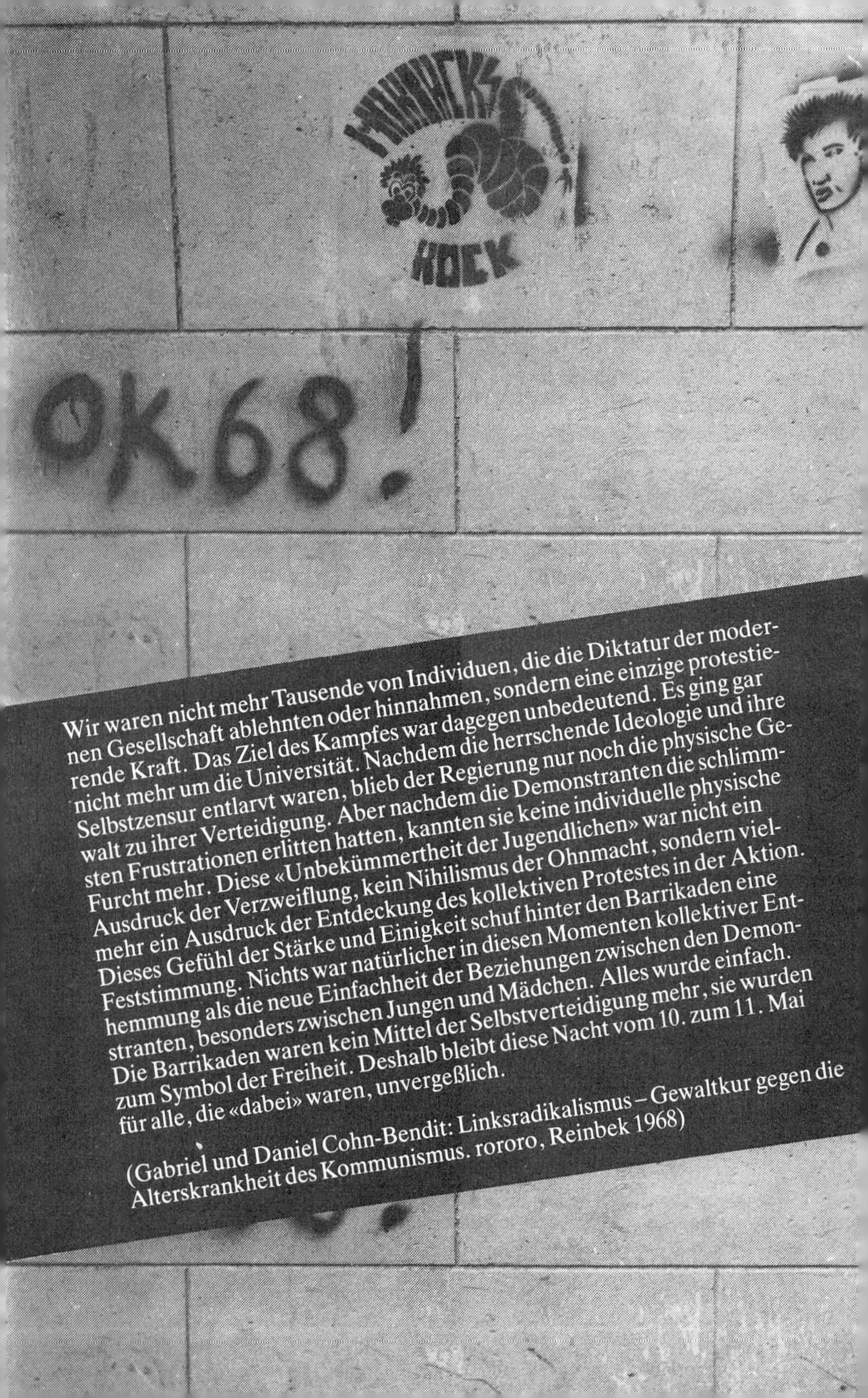

Wir waren nicht mehr Tausende von Individuen, die die Diktatur der modernen Gesellschaft ablehnten oder hinnahmen, sondern eine einzige protestierende Kraft. Das Ziel des Kampfes war dagegen unbedeutend. Es ging gar nicht mehr um die Universität. Nachdem die herrschende Ideologie und ihre Selbstzensur entlarvt waren, blieb der Regierung nur noch die physische Gewalt zu ihrer Verteidigung. Aber nachdem die Demonstranten die schlimmsten Frustrationen erlitten hatten, kannten sie keine individuelle physische Furcht mehr. Diese «Unbekümmertheit der Jugendlichen» war nicht ein Ausdruck der Verzweiflung, kein Nihilismus der Ohnmacht, sondern vielmehr ein Ausdruck der Entdeckung des kollektiven Protestes in der Aktion. Dieses Gefühl der Stärke und Einigkeit schuf hinter den Barrikaden eine Feststimmung. Nichts war natürlicher in diesen Momenten kollektiver Enthemmung als die neue Einfachheit der Beziehungen zwischen den Demonstranten, besonders zwischen Jungen und Mädchen. Alles wurde einfach. Die Barrikaden waren kein Mittel der Selbstverteidigung mehr, sie wurden zum Symbol der Freiheit. Deshalb bleibt diese Nacht vom 10. zum 11. Mai für alle, die «dabei» waren, unvergeßlich.

(Gabriel und Daniel Cohn-Bendit: Linksradikalismus – Gewaltkur gegen die Alterskrankheit des Kommunismus. rororo, Reinbek 1968) haft zu machen. Die enttäuschten Arbeiter pfiffen die CGT-Bosse erst mal aus. Viele fühlten sich schlankweg verarscht und dachten zunächst nicht daran, die besetzten Fabriken zu verlassen. In einigen Betrieben bildeten sich harte Kerne gegen die Kompromisse von Grenelle, es kam dort zu blutigen Kämpfen mit der Polizei, die versuchte, die Fabriken zu räumen und den Streikbrechern den Zugang zu sichern. Die CGT tat alles, um die hartnäckigen Militanten vom Rest zu isolieren und die Bewegung, an die sie sich selbst verspätet angehängt hatte, zu spalten. Dennoch dauerte es bis weit in den Juli hinein, bis die Streikbewegung allmählich abebbte.

Dadurch daß sich doch wieder die klassischen Verwalter der angeblichen Arbeiterinteressen an die Spitze einer eher gegen sie zustande gekommenen Bewegung manövrierten, war es nun der konservativen Propaganda möglich, die Mai-Revolte mit dem Parteikommunismus zu identifizieren. Die Gaullisten bliesen zum Gegenangriff: de Gaulle beschwor im Fernsehen pathetisch die Gefahr eines Bürgerkrieges, um Paris wurden ostentativ Panzereinheiten zusammengezogen. In der Hauptstadt selbst inszenierten die Konservativen eine monumentale Sympathiekundgebung, zu der aus dem ganzen Land Menschen angekarrt wurden. Das Schreckgespenst des roten Beelzebubs wurde in den grellsten Farben gemalt und verfehlte seine Wirkung nicht. Die Regierung bekam nun wieder Aufwind, Schritt für Schritt konnte die Staatsmaschine in Gang gebracht werden. Es gelang, das für Ende Juni angesetzte Spektakel der Parlamentswahlen in den Vordergrund des öffentlichen Interesses zu rücken und alles auf eine Auseinandersetzung mit dem «totalitären Kommunismus» zu reduzieren. Das Wahlergebnis war dementsprechend: ein gewaltiger Sieg der Rechten, herbe Stimmeneinbußen der «Altlinken». Jedenfalls aber war es den Reaktionären beider Lager gelungen, durch die Konzentration auf die Wahlen die radikalen Linken zu isolieren und ins Abseits zu manövrieren.

Nach der Resignation

Wie sieht es heute aus? Was ist von diesem sozialen Erdbeben zurückgeblieben? Wie es scheint, nicht sehr viel. Eher macht die linke Szene in Paris den Eindruck weitgehender Erschlaffung. Der einstige revolutionäre Elan ist verflogen, viele alte 68er haben den Rückzug ins Privatleben angetreten oder sind als oftmals zynische Karrieristen in den Schoß der gutbürgerlichen Gesellschaft zurückgekehrt.

Verkümmert sind all die vielen kleinen Zirkel und alleinseligmachenden Partei-Kirchen, die sich nach 68 erst mal gegründet, gespalten und den Besitz der ewigen Wahrheit streitig gemacht haben, die hierarchisch organisierten Volkserzieher mit ihrer dogmatischen Phraseolo-

Arbeiter schicken ihren «patron» nach Hause

gie. Übriggeblieben aus dieser «leninistischen» Epoche sind eigentlich bloß die Trotzkisten, die in mindestens drei stetig miteinander verfeindeten Gruppierungen (LCR, LO, PCI) eisern die Stellung halten.

Die Pariser Intellektuellen hingegen, die Denker und Publizisten vom linken Ufer, einstmals wildentschlossene Weggefährten der Revolution und Garanten einer kritischen Öffentlichkeit, hatten inzwischen ihr Gulag-Erlebnis. Viele von ihnen haben einen ideologischen Salto mortale hinter sich gebracht und wettern im Chor gegen die Gefahren des germanischen Pazifismus, der den freien Westen an die Russen zu verscherbeln droht. Eine Friedensbewegung wie in anderen europäischen Ländern konnte sich in Frankreich kaum entwickeln. Der seit den fünfziger Jahren existierende «Mouvement de la Paix» ist eine Gründung der KPF und von dieser beherrscht. Eine unabhängige Alternative dazu sollte das 1981 ins Leben gerufene CODENE (Comité pour le désarmement nucléaire en Europe) werden, bisher hat es aber keine größere Mobilisierung zustande gebracht.

«Nucléaire? Non merci»

Wenig zu hören ist auch von den Umweltschützern, die doch mal zur europäischen Avantgarde gehörten. 1974 war es für sie losgegangen: da kandidierte bei den Präsidentschaftswahlen der bekannte Öko-Professor René Dumont. Er bestritt den Wahlkampf mit dem Fahrrad und rüttelte als erster das Umweltgewissen der Franzosen wach. Der wichtigste Kristallisationspunkt für die Bewegung der «écolos» war natürlich wie überall der Kampf gegen Atomkraftwerke. Ortsnamen wie Fessenheim, Malville, Plogoff wurden zu Symbolen für große Anti-AKW-Demonstrationen. Inzwischen freilich ist auch dieser «mouvement» ziemlich eingeschlafen, auch wenn einige Umweltschützer bei Wahlen weiterhin beachtliche Ergebnisse erzielen. Nachdem die «écologistes» lange unter den Zwistigkeiten diverser miteinander konkurrierender Gruppen zu leiden hatten, haben sie sich vor ein paar Jahren zu einer gemeinsamen Organisation zusammengerauft, die sich nach deutschem Muster «Les Verts», die Grünen, nennt. Allerdings gehen die sehr sporadischen Wahlerfolge nicht einher mit einer Mobilisierung an der Basis. Der Öko-Boom der siebziger Jahre hat nicht in der gleichen Weise zu einer allgemeinen Sensibilisierung in Umweltfragen geführt wie in der BRD, eine vergleichbare Öko-Kultur ist nicht entstanden. Vom einstigen Engagement ist oft nur eine private Vorliebe für Bio-Lebensmittel geblieben. Reformhäuser, etwa die Kette «la Vie claire», machen gute Geschäfte, daneben halten sich auch einige Produktions- und Verbraucher-Kooperativen mit etwas marginalem Anstrich. Eine davon ist das «Cheval de Troie» in der rue Chevaleret 163 (im 13. Arrondissement). Hier kann man nicht nur ungespritztes, naturbelassenes Obst und Gemüse einkaufen, es gibt auch Kurse über vegetarisches Kochen, eine ökologische Bücherei und eine Recycling-Sammelstelle. Im ganzen Gebäude herrscht – wie nicht anders zu erwarten – Tabak- und Alkoholverbot. Auf der alljährlich stattfindenden großen Bio-Messe «Marjolaine» wird das Neueste über biologischen Anbau, sanfte Energien und natürliche Heilmethoden in geballter Form vorgestellt.

Anti-AKW-Demo 1981

Keimzellen der Gegenkultur

Alles, was in einem weitgefaßten Sinn zum «anderen» Frankreich gehört, was an neuartigen, dezentralen Aktivitäten aufblüht oder untergeht, wird aufmerksam von einer Zeitschrift registriert, die schlicht «Autrement» («Anders») heißt. Vieles, was sich in den letzten Jahren an sozialen Innovationen regte, wurde da ausführlich vorgestellt: Kooperativen, freie Radios, Organisationen der «immigrés», Kinderläden, experimentelle Schulen und so weiter. Etliche dieser Phänomene und Trends wurden optimistisch überbewertet. Manches, was zunächst als neu aufkeimende Form von «Mikropolitik» begrüßt wurde, hat sich nach einiger Zeit als Strohfeuer erwiesen oder in ganz anderer Weise entwickelt als erhofft. Einen Überblick über die bisherigen Bände dieser Revue kann man sich etwa im Buchladen «Autrement Dit» (anders gesagt) am Boulevard Saint-Michel machen, wo es im Untergeschoß eine große Auswahl theoretischer und literarischer Zeitschriften gibt. Viel ist es nicht, was derzeit in Paris an Resten oder Neuansätzen einer Gegenkultur existiert, das Wort erscheint eigentlich unangemessen. Von einer «Szene», wie sie dem deutschen Besucher vertraut sein mag, kann keine Rede sein. Es gibt keine alternative Infrastruktur, wenige WGs, kein weitverzweigtes Netz aus Szenekneipen und dergleichen. Was sich im Paris der späten Achtziger tut, blüht eher im verborgenen und muß aufgespürt werden. Hilfreich dabei ist noch immer die Tageszeitung «Libération», die in ihrer arg geschrumpften Rubrik

«Initiatives» Hinweise auf Veranstaltungen sozialer und politischer Art gibt, sowie einige der privaten Radiostationen wie «Radio Libertaire», «Radio Beur» oder «Oui FM».

Stadtteilgruppen und Buchläden

Brennpunkte der Aktivitäten sind meist in den äußeren Pariser Arrondissements zu finden, in den proletarischen Ecken, wie zum Beispiel in Ménilmontant, einem typischen Arbeiterviertel, wo die Zentren «Ménilmuche» und «Le Pressoir» verschiedene Assoziationen des Quartiers beherbergen, die alle auf ihre Weise in das Leben des Viertels eingreifen: mit Aktionen gegen die Bulldozersanierung, Sprachkursen für ausländische Arbeiter, Rechtsberatung und gegebenenfalls Demonstrationen. Auch werden gelegentlich größere Straßenfeste organisiert.

Im Quartier de la Butte aux Cailles, einer übriggebliebenen, anheimelnden Ecke des ansonsten stark modernisierten 13. Arrondissements im Süden der Stadt betreibt das Kollektiv «Culture au quotidien» alternative Kulturbelebung. Eine Gruppe von Alt-Protestlern, Anarchos und Gegen-den-Strom-Schwimmern organisiert in mehreren Cafés und Restaurants dieses kleinstädtisch wirkenden Viertels mehrmals in der Woche Abende mit Chansons, Jazz oder der Musik ethnischer Minderheiten, Veranstaltungen, die nicht viel kosten, die sich jeder leisten kann. Ein vielleicht Don-Quichottehafter, aber vorerst erfolgreicher Versuch, die Bewohner des Quartiers zum Nicht-Fernsehen, das heißt zum Ausgehen und Kommunizieren zu veranlassen. Die Initiatoren haben auch eine eigene Kneipe aufgemacht, «Le Merle moqueur» (Die Spottdrossel) in der rue de la Butte-aux-Cailles Nr. 18, wo einige der Veranstaltungen stattfinden und wo man leicht Kontakt kriegen kann.

In der rue de Charonne, im «Elften», liegt die AGECA, ein für linke

Wandmalerei im 14. Arrondissement

CAMPAGNE AUDIOVISUELLE: CLAP PREMIERE

Fabius donne ce soir à « l'Heure de Vérité » le coup d'envoi d'une campagne audiovisuelle où les grands leaders se sont arrangés pour ne pas trop se rencontrer. Les amateurs de combats des chefs risquent de rester sur leur faim. Lire pages 2 à 6.

4,50 F • MERCREDI 8 JANVIER 1986 • NELLE SERIE N° 1443

Libération

Le premier clip anti-drogue drague jeune

Aujourd'hui, grande première dans les journaux de TF1 et d'A2 pour le clip « La drogue, c'est de la merde » conçu par Jacques Séguéla et Jean-Marie Périer. Dur, dur, dur. Lire page 16.

Le parquet de Paris lance la contre-offensive en jugeant la transaction «illicite»

HERSANT-LE PROGRES: DEUXIEME ROUND

Partant de l'hypothèse que la nomination de Robert Hersant comme président du « Progrès » est illicite, le parquet va saisir en référé le tribunal de Commerce de Paris pour lui demander de désigner un administrateur provisoire qui va se substituer au patron du « Figaro ». Parallèlement, le parquet a ouvert une information pénale. A l'évidence, le gouvernement a décidé de riposter au coup de force du papivore. Lire page 12.

Sanctions anti-libyennes: Reagan cherche du renfort

Alors que la Libye mobilise une partie de ses réservistes et menace — guerre verbale oblige — de détruire les « bases hostiles » en Méditerranée, Reagan appelle les Occidentaux à serrer les rangs. Lire page 20.

D.R.

UN LONG «SOULIER DE SATIN»

Les conquistadors du studio débarquent à Paris. Le film-fleuve de Manoel de Oliveira, après Cannes et Venise, arrive à bon port. Claudel peut être content. Lire pages 27 et 28.

ANTILLES-REUNION 7,20 F • ALGERIE 2,50 D.A. • ALLEMAGNE 2 DM • AUTRICHE 15 Sch • BELGIQUE 32 F • CAMEROUN 385 CFA • CANADA $1,30 • COTE D'IVOIRE 315 CFA • DANEMARK 10 Kr • EGYPTE 1,80 L • ESPAGNE 140 Ptas • ETATS-UNIS $1,25 • FINLANDE 8,50 Mk • GRANDE-BRETAGNE 60 P • GRECE 110 Dr • ITALIE 1 700 L • LUXEMBOURG 32 F • MAROC 5 Dh • PAYS-BAS 2,25 Fl • PORTUGAL 110 Esc • SENEGAL 335 CFA • SUEDE 10 Kr • SUISSE 1,80 F • TUNISIE 430 M

Versammlungen sehr wichtiger Komplex von Räumen und Sälen. Alle Arten von Gruppen können hier ihre Veranstaltungen durchziehen. Daneben werden die Räume aber auch den Leuten aus der Nachbarschaft zur Verfügung gestellt, zum Beispiel für Familienfeste.

Wichtige Anlaufstellen und Treffpunkte sind überdies die verbliebenen «librairies différentes» – «andere» Buchläden, die oft zugleich auch lokalen Vereinen und Komitees Unterschlupf bieten oder als

Veranstaltungsorte dienen. So etwa die Kooperative «La Commune de la Butte-aux-Cailles» im eben erwähnten Viertel, oder die «Librairie 1984» im 12. Arrondissement. Die ist unter anderem Sitz einer Organisation, die für die Rechte der Wehrpflichtigen kämpft, sowie des «Comité Homosexuel d'Arrondissement». «L'Harmattan» in der rue des Écoles und «Le Tiers Mythe» in der rue Cujas, beide im Quartier Latin, d. h. im 5. Arrondissement, sind auf Probleme der Dritten Welt spezialisiert. In der rue de Tunis, einer schmalen Seitenstraße der place de la Nation, liegt «La Brèche», der Buchladen der trotzkistischen Ligue Communiste Révolutionnaire, und unweit der place de la République, in der rue Amelot, unterhält die Fédération Anarchiste ihre «Librairie Publico». Am östlichen Ende der rue St. Honoré, ganz zentral im Trubel des Hallenviertels, liegt immer noch «Parallèles», der alternative Ur-Buchladen mit der wahrscheinlich umfassendsten Auswahl.

Noch kurz einige Hinweise auf «normale», aber attraktive Buchhandlungen: das unschlagbar größte Angebot für sämtliche Ressorts bieten die drei monströsen Medien-Supermärkte der Firma FNAC (Forum des Halles, Étoile, Montparnasse). Außer Büchern gibt's da auch Schallplatten, Fotoartikel und Hi-Fi-Abteilungen. Das Verkaufsgeschehen wird ergänzt durch Diskussionsveranstaltungen, Vorträge und Fotoausstellungen. Gründer dieser Kette war ein organisationserfahrener Trotzkist, dem anfangs wohl eine Art linkes Unternehmertum vorschwebte. Einerseits unterbot er rabiat die Preise der Konkurrenz, zum anderen verschaffte seine stetig expandierende Multi-Media-Handlung vielen Genossen einen Arbeitsplatz mit außergewöhnlich guten Bedingungen, viele politische Asylanten fanden dort einen Job. Inzwischen hat die Führung gewechselt, die linken Aspekte haben sich verflüchtigt. Die FNAC ist aber weiterhin eine billige Einkaufsquelle mit Riesensortiment und an manchen Tagen so voll, daß sich die Leute auf die Füße treten.

Das Gros der Buchhandlungen befindet sich im Quartier Latin, das heißt im 5. und 6. Arrondissement, beiderseits des boulevard St. Michel: zum Beispiel der große «P.U.F.» (sprich «Püff») oder der edel gestylte Laden «Compagnie». Wer sich besonders für Kunst, Fotografie und Film interessiert, der ist bei «La Hune», neben der Kirche St. Germain des Prés, richtig – einer Buchhandlung, die übrigens bis Mitternacht geöffnet hat. ■

Frauen in Bewegung

Am 26. August 1970 legte eine Gruppe von Französinnen aus Solidarität mit einem Streik amerikanischer Frauen ein riesiges Blumengebinde am Grabmal des Unbekannten Soldaten unter dem Arc de Triomphe nieder. Die Slogans auf den Banderolen waren etwas ungewöhnlich: «Un homme sur deux est une femme» und «Jemand ist noch unbekannter als dieser Soldat: seine Frau». Die Frauen ließen sich dann, ohne Widerstand zu leisten, von herbeieilenden Polizisten inklusive Kranz und Banderolen zur nächsten Polizeiwache mitnehmen. Aber am nächsten Tag sprach endlich die ganze Presse von der neuen Frauenbewegung.

Eine bewegte Geschichte

In dieser französischen Republik, deren Symbol eine Frau, die Marianne, ist, hatten die Frauen zwar stets entscheidenden Anteil an den großen historischen Umwälzungen, mußten aber das Jahr 1949 abwarten, bis sie wenigstens mal wählen durften! Formale Gleichberechtigung in der Ehe erlangten sie erst im Gefolge des Mai 68, und damals entstand auch die «Mouvement de Libération des Femmes» (MLF). Den Feminismus gab es in Frankreich natürlich schon vorher. Er blickt auf eine lange Geschichte mit vielen Höhepunkten und bemerkenswerten Persönlichkeiten zurück. Schon bei der Französischen Revolution hatten die Frauen manche Initiative ergriffen und aktive Beiträge geleistet, dennoch blieben sie dann von den politischen Rechten ausgeschlossen. Die Revolutionsführer hatten wohl schreckliche Angst angesichts dieser politisch aktiven Frauen, denn sie untersagten ihnen die Handhabung von Waffen, verfügten die Schließung der Frauenclubs und schoben sie damit wieder an den heimischen Herd ab. Die einzige Errungenschaft für die Frauen war das Recht auf Ehescheidung, und das wurde dann schon 1816 wieder für lange Zeit zurückgenommen.

«Frauen, minderjährige Kinder und Bedienstete können kein Eigentum besitzen, da sie selber Eigentum sind.» So definierte mit wünschenswerter Klarheit das vielgepriesene napoleonische Gesetzeswerk, der «Code Civil», die fortbestehende Abhängigkeit des weiblichen Menschen. Dagegen wurde zwar aufgemuckt, aber ohne großen Erfolg. Gegen Napoleons frauenfeindliche Ideen erhob sich die Stimme der Schriftstellerin Madame de Staël. Auch entstanden einige Zeitschriften wie «L'Athénée des Dames», die gegen die Dürftigkeit der Ausbildungschancen für Mädchen protestierte.

Später dann befaßten sich die «utopischen Sozialisten» mit der Frauenfrage: Die Anhänger Saint-Simons erhoben die Frau zu einer Art Erlösergestalt – sie galt ihnen geradezu als Sinnbild sozialistischen Lebens. Charles Fourier erhoffte sich die Befreiung der Frau durch den neuen Erziehungs- und Lebensstil in den von ihm geplanten Genossenschaften, den «Phalanstères», und Étienne Cabet forderte eher reformistisch-pragmatisch erst mal das Wahlrecht auch für Frauen – unter der Bedingung, daß sie sich den von den Männern gemachten Gesetzen fügten.

Während der Revolution von 1848, in einer kurzen euphorischen Phase, drängte eine Menge Frauen, unter ihnen die Schriftstellerin George Sand, darauf, daß gefälligst auch sie in den Genuß der allgemeinen Bürgerrechte kommen sollten. Als jedoch das allgemeine Stimmrecht wieder eingeführt wurde, da galt es nur für die Männer. Obendrein wurde den Frauen die Mitgliedschaft in Clubs und politischen Vereinen verboten – alles wie gehabt.

Auch zur Zeit der Pariser Commune zeigte sich die Borniertheit der Herren Revolutionäre. Öffentlich protestierten da die Frauen, weil man sie daran hinderte, sich «dem Wohl des Volkes nützlich erweisen zu dürfen». Wenn's nach den Oberkommunarden gegangen wäre, von denen viele durch die frauenfeindliche Proudhon-Tradition geprägt waren, dann hätten sich die Frauen der Commune auf die «typischen» Tätigkeiten wie Verwundetenpflege und Essenkochen beschränkt. Einige Frauen allerdings, resolute Nachfolgerinnen der militanten Frühsozialistin Flora Tristan, verweigerten diese Unterordnung und wurden als

selbstbewußte Kämpferinnen unter dem Namen «pétroleuses» berühmt-berüchtigt.

Die Dritte Republik, die auf die Commune folgte, brachte für die Frauen die eine oder andere Reform, hat aber an ihrer Situation nichts Wesentliches geändert. Da wurde 1883 in Paris das erste Mädchengymnasium eröffnet, und ein paar Jahre später durften die Frauen dann – offiziell – sogar studieren. Unter der linken Volksfrontregierung von 1936 gab's für verheiratete Frauen einige rechtliche Verbesserungen, die Rolle des Familienchefs jedoch wurde letztlich nicht angetastet.

LE CHAR D'ASSAUT DES SUFFRAGISTES
Manifestation des 25 et 26 Décembre 1926, à Paris.

Eine schillernde Gegenwart

Nach 1968 nahm dann der feministische Kampf gegen die staatliche, das heißt männliche Bevormundung neue, bis dahin unbekannte Formen an. Die MLF, deren Begründerinnen aus politischen und gewerkschaftlichen Organisationen kamen und dort ihre Lektion über männliche Dominanz auch in der Linken gelernt hatten, verfolgte als dringlichstes Ziel zunächst die Legalisierung der Abtreibung. Bis dahin hatte die katholische Kirche eifersüchtig darüber gewacht, daß es um Gottes willen zu keiner Reform kam. Im April 1971 veröffentlichte der «Nouvel Observateur» ein inzwischen legendäres Manifest von 343 Frauen, unter ihnen viele Berühmtheiten wie Simone de Beauvoir, Jeanne Moreau und Françoise Sagan: Sie alle bezichtigten sich, gegen das Gesetz verstoßen zu haben. Viele Frauen wurden nun wach und begannen, sich bemerkbar zu machen. In kurzer Folge entstanden feministische

Vereinigungen wie «Choisir» oder MLAC (Mouvement pour la Liberté de l'Avortement et de la contraception). MLAC zog besonders durch die Organisation heimlicher Abtreibungen das öffentliche Interesse auf sich. Das neue Rumoren, das da von den Frauen ausging, führte mit dazu, daß 1974 ein Staatssekretariat für Frauenfragen eingerichtet wurde und unter der Gesundheitsministerin Simone Veil ein – wenn auch halbherziges – Gesetz über den freiwilligen Schwangerschaftsabbruch erlassen wurde.

Na, und dann, als ein Jahr später die UNO das «Jahr der Frau» proklamierte, da entdeckten sie auf einmal alle ihr Herz für die feministische Sache: Sogar die KPF, die jahrelang gegen Abtreibung und Empfängnisverhütung gestänkert hatte, erklärte sich flugs zur «Partei der Frauenbefreiung». Aus vielen Organisationen der Linken sprossen «feministische» Ableger und Publikationsorgane. Es entstand auch eine eigenartige Gruppe, von der sich inzwischen das Gros der bewegten Pariser Frauen entschieden distanziert: Mit viel Geld im Hintergrund hat

«Jemand ist noch unbekannter als dieser Soldat – seine Frau» – Demonstration am Arc de Triomphe 1970

demande aux femmes
de francesca solleville

Demande aux femmes

Elle sont nées pour faire rêver
Dans les magazines et dans les vitrines
les femmes ont tant de frivolité
demande à Gisèle et à Isabelle.

Elles sont nées pour balayer
Faire la vaisselle vider la poubelle
les femmes ont tant d'habileté
demande à Hélène et puis à Ghislaine...

Elles sont nées pour enfanter
Et savent dès l'enfance que c'est dans la souffrance
Les femmes ont tant de générosité
demande à Christine et à Micheline...

Elles sont faites pour travailler
Et faire chacune deux journées dans une
Les femmes ont tant d'agilité
demande à Colette et à Antoinette...

Elles sont faites pour lutter
Quand c'est leur colère qui remue la terre
les femmes aussi savent lutter
demande à Rosa et à Angela...

sich diese – ursprünglich «Psychanalyse et politique» genannte – Vereinigung ein kleines Imperium aus Buchhandlung, Verlag, Galerie und Zeitschrift errichtet und versucht, so was wie einen Alleinvertretungsanspruch auf den französischen Feminismus zu erheben. Sie ging dabei soweit, das Kürzel «MLF» als «geschütztes Markenzeichen» eintragen zu lassen, um diese Bezeichnung zu monopolisieren und allen anderen Gruppen ihre Verwendung verbieten zu können. Was da aufscheint – knallhartes Profitinteresse und Konkurrenzverhalten – sind eigentlich sehr männliche «Tugenden» . . .

Diese Spezial-MLF, von ihrer finanzkräftigen Chefin straff und autoritär wie eine Firma geführt, ist die stabilste, durchorganisierteste der Frauengruppen. Ebenfalls zentral organisiert sind außerdem MLAC und «Choisir» (die eine gleichnamige Zeitschrift rausbringen). Der größte Teil der Frauenbewegung hat aber mit solchen Organisationsformen wenig im Sinn: Er besteht vorwiegend aus lokalen Gruppen, die sich bei punktuellen Aktionen bemerkbar machen. Daneben sind auch in den Gewerkschaften C. G. T. und C. F. D. T. Frauenkommissionen entstanden. Außerdem hat sich im Zuge feministischer Aktivitäten eine Reihe von Gruppen ausländischer (zum Beispiel iranischer, chilenischer oder afrikanischer) Frauen gebildet, die sich im Pariser Exil erstmals ohne männliche Bevormundung zusammenfinden können.

Die wissenschaftliche Beschäftigung mit Frauenfragen nimmt sich noch recht bescheiden aus: Zur Zeit gibt's nur zwei Gruppen, eine an der «progressiven» Uni Paris VIII und eine andere namens «Feministische

Studiengruppe der Universität Paris VII», die auch die Zeitschrift «Pénélope – pour l'histoire des femmes» herausgibt. Und die feministische Presse sonst? Sie fluktuiert genauso wie die Bewegung selbst – die Zeitschriften haben oft nur kurze Lebensdauer, hier verschwindet eine, dort erscheint eine neue ...

Rat und Tat

Seit 1978 verfügt die Frauenbewegung über einen Telefonservice, die «répondeuses», die Neuigkeiten aus der Frauenszene wie auch persönliche Nachrichten oder Hilfegesuche mitteilen. Und wo könnt ihr hingehen, um direkten Kontakt mit mehr oder weniger bewegten Frauen aufzunehmen? Die beste Adresse ist wahrscheinlich das «Maison des Femmes» im Faubourg Saint-Antoine, das eine Vielzahl von Gruppen beherbergt. Für Frauen, die an handwerklichen, künstlerischen oder sonstigen Kursen interessiert sind, empfehlen sich die Assoziationen «3 F» oder «Elles tournent la page». Schließlich noch zwei wichtige Hinweise zur Frauenkultur: Alljährlich im März findet im Pariser Vorort Créteil ein internationales Frauenfilmfestival statt. Und wer (könnte ja sein) in Paris über Frauenfragen forschen und arbeiten möchte, sei auf die bemerkenswerte, 1932 begründete, wenig bekannte feministische Bibliothek «Marguerite Durand» hingewiesen, die sich in der 3. Etage des Rathauses vom 5. Arrondissement (place du Panthéon) versteckt.

Margaret Manale

Aus dem Frauenfilm «Regarde, elle a des yeux grand ouverts»

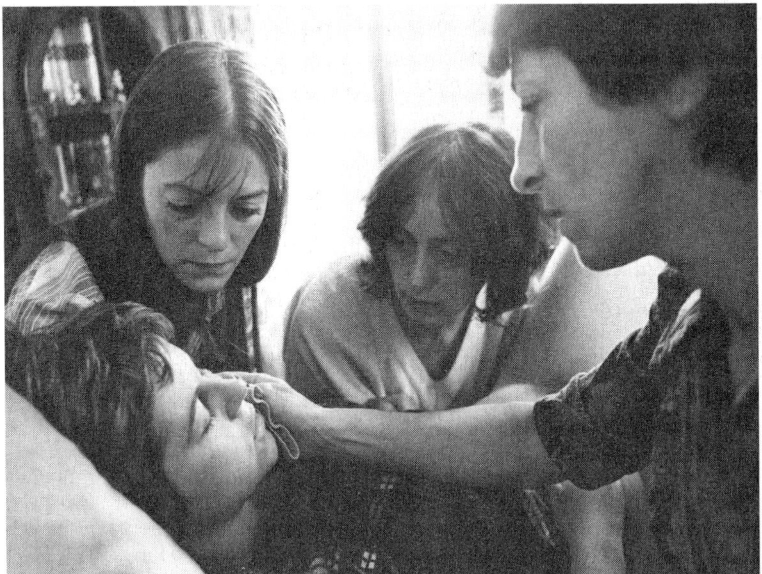

Gay Paris – Die Schwulen wachen auf

Paris, die Stadt des berühmtesten Riesenphallus der Welt (dem Eiffelturm, was sonst) wirkt wie ein Mekka für Schwule: Hotels, Bars, Restaurants, Diskos, Saunen, Kinos, Partnervermittlungen, Mode-Boutiquen, Zeitschriften, Radio, die Vereinigungen schwuler Postler oder schwuler Freimaurer – alles, was du willst, und das in großer Zahl. Aber all dies ist relativ neuen Datums, Folge einer Liberalisierungswelle, die ihre Anfänge, wie so vieles, der 68er-Bewegung verdankte.

Als Avantgarde in den frühen siebziger Jahren fungierte die FHAR (Front homosexuel d'action révolutionnaire), die sich als Teil der gesamten Bewegung begriff und entsprechend politisch-radikale Töne anschlug. Diese schwulen Revoluzzer waren es, die als erste offen gegen die vorherrschende Repression und Zensur anliefen, gegen die allgegenwärtige Diskriminierung und die aus der Vichy-Zeit geerbten Anti-Homo-Gesetze. Einige Jahre später machte der revolutionäre Elan einer pragmatischeren Orien-

tierung Platz, wie sie der CUARH (Comité d'urgence anti-répression homosexuelle) verkörpert, ein Verband, der sich primär als Interessenvertretung versteht.
Eine Menge hat sich geändert in knapp zwei Jahrzehnten, vor allem nach dem linken Regierungsantritt von 1981. Die gesetzliche Diskriminierung ist seither (fast) aufgehoben, schikanierende Vorschriften für den öffentlichen Dienst wurden ebenso abgeschafft wie die Schwulen-Kartei und die Anti-Homo-Brigaden der Polizei. Parallel dazu entfaltete sich in Paris eine blühende Gay-Szene. Hatten sich zuvor die schwulen Treffpunkte auf das teure Neon-Ghetto der rue Sainte-Anne unweit der Oper beschränkt, so begannen sich nun die Anlaufstellen der Gay-Gemeinde über die ganze Stadt zu verteilen. Besonders dicht gesät sind sie im Marais, einem der schönsten Viertel von Paris. Dort,

im Bermuda-Dreieck um die rue Sainte-Croix-de-la-Bretonnerie und die rue Vieille-du-Temple, liegen die beliebtesten Bars: «Le Swing», «Le Central», «L'Oscar» oder auch das Musiklokal «Le Piano Zinc», wo ab 22 Uhr im Untergeschoß herzzerreißend schön gesungen wird: dort findet man auch den ausgezeichnet sortierten Buchladen «Les Mots à la Bouche» – ein wahrhaftes Kulturzentrum des Gay Paris, wo neben einer großen Auswahl von literarischen, künstlerischen und theoretischen Werken auch die gesamte schwule Presse zu haben ist, so etwa «Gai Pied Hebdo», die unerläßliche Wochenzeitung, oder «Homophonies», das Bulletin des CUARH.
Neben dem CUARH gibt es noch einige andere Organisationen, die eine Rolle spielen, so die jüdische Schwulengruppe «Beit Haverim» oder der von Monsieur Douce, einem homosexuellen Baptistenpfarrer, gegründete CCL, der allen sexuellen Minderheiten, von Transsexuellen über Sado-Maso-Freunden bis hin zu ganz normalen Schwulen Heimstatt und Hilfe bietet. Weitere Gruppierungen sind, wen wundert's, im Zusammenhang mit der Ausbreitung von AIDS, französisch SIDA (Syndrome immuno-déficitaire acquis) entstanden. Frankreich steht in Europa an der Spitze der AIDS-Erkrankungen; von den bekannten Fällen sind neunzig Prozent schwul und neunzig Prozent wohnen in der Pariser Region. Die wichtigsten Organisationen, die sich mit diesem Kardinalproblem befassen, sind die Assoziation schwuler Ärzte (AMG) und die Gruppes AIDES, die sich konkrete Hilfeleistung für Seropositive und Information für alle zur Aufgabe gemacht hat.

Marc Ofmann

Verblaßte Größe – Die etablierte Presse

Mehr als 2000 Kioske mit oft überbordenden Auslagen bieten in Paris Presseerzeugnisse an. Doch der Eindruck, hier würde enorm viel Zeitung gelesen, täuscht: Im europäischen Vergleich liegen die Franzosen als Zeitungsleser statistisch erst an 22. Stelle. Was mögen die Ursachen sein für das Verblassen dieser einst so lebendigen vierten Macht im Staate, deren liberale oder repressive Handhabung Monarchien und Regierungen stärken oder stürzen konnte?

Trend zur Konzentration

Neben massivem Preisanstieg und der erdrückenden Konkurrenz der elektronischen Massenmedien hatte in den letzten Jahren besonders die Fusionierung katastrophale Folgen. Meinungsvielfalt in der Presse wurde in dem Maße zur inhaltsleeren Vokabel, wie sich große Konzerne die in Bedrängnis geratenen, ehemals renommierten Pressehäuser untereinander aufteilten. Während 1945 noch insgesamt 34 überregionale Tageszeitungen an den Kiosken der Hauptstadt und im Landesinneren zu haben waren, ist ihre Zahl inzwischen auf ein rundes Dutzend geschrumpft.

Einsam an der Spitze des französischen Presse- und Verlagswesens stand lange Zeit das Haus Hachette. Dieser scheinbar so unangreifbare Riese kam jedoch ins Wanken, als es einer der großen Industriegruppen – dem Rüstungsbetrieb Matra – 1980 gelang, sich durch geschickte Börsenspekulation mit 83 Prozent in das Aktienkapital des Verlagskonzerns einzukaufen. Ebenfalls von sich reden machte in den vergangenen Jahren der ehemalige Kollaborateur Robert Hersant durch den schier unaufhaltsamen Machtzuwachs seines Zeitungsimperiums. Er hat sich langsam, aber stetig zum französischen Axel Springer gemausert. Gegenwärtig nennt er die in Paris erscheinenden nationalen Tageszeitungen «Figaro» und «France-Soir» sowie verschiedene Provinzpublikationen und Freizeitmagazine sein eigen. Obwohl diese Konzentration gegen die Pressegesetze verstößt, verstand Hersant es bislang geschickt, sich dem Zugriff der Justiz zu entziehen, unter anderem durch den cleveren Einsatz von Strohmännern und durch den Schutz, den er bei den früheren Herren im Élysée-Palast genoß.

Die Pariser Tageszeitungen: viel Schatten, wenig Licht

Fangen wir unseren Überblick an mit der linksliberalen Abendzeitung «Le Monde», die den unangefochtenen Ruf genießt, die informativste und seriöseste französische Tageszeitung zu sein. Liebhaber leichter, griffiger Lektüre müssen jedoch gewarnt werden. In «Le Monde» gibt es prinzipiell keine Fotos, das Layout ist eher langweilig und so mancher Artikel recht anstrengend. Positiv ist unter anderem die umfangreiche Auslandsberichterstattung. Leser aus der Dritten Welt loben die Ausführlichkeit, mit der über ihre Heimatländer berichtet wird, beklagen jedoch die oft eurozentrische Optik des Blattes. Jedenfalls aber gibt es, was stilistische Brillanz und intellektuelles Niveau betrifft, keine Zeitung, die sich mit «Le Monde» messen könnte.

Immer noch auflagenstärkste Pariser Tageszeitung, trotz eines dramatischen Schrumpfungsprozesses während der letzten zehn Jahre –

von über eine Million auf ungefähr die Hälfte –, ist «France-Soir». Dem Geschmack der breiten Masse verpflichtet, bietet dieses 1976 von Presse-Zar Hersant gekaufte Volksblatt ein mit reichlich Aufmache untermischtes Nachrichtenpotpourri, hütet sich jedoch geflissentlich vor einer allzu offensichtlichen Rechtslastigkeit. Kleinanzeigen, Sportreportagen und Bildgeschichten nehmen breiten Raum ein.

«Le Figaro», der für sich in Anspruch nehmen kann, das älteste französische Journal zu sein (Geburtsjahr 1866), war einst eine renommierte konservative Zeitung. Er blickt auf eine stolze Tradition zurück, ist aber unter der Fuchtel Hersants aufs Niveau eines rechten Kampfblatts runtergebracht worden. Anders gesagt: früher ähnelte er der FAZ, heute eher der «Welt». Ganz ungenießbar ist die dicke Wochenendbeilage «Figaro-Magazine»: unter dem erzreaktionären Chefredakteur Louis Pauwels hat sie sich zum Tummelplatz der «Neuen Rech-

ten» entwickelt, die dort auf Hochglanzpapier fürs Abendland und die weiße Rasse streiten dürfen.

Die Zeitung der sogenannten kleinen Leute, der Kneipiers, Conciergen, Boutiquiers, ist der «Parisien libéré», ein in Inhalt und Aufmachung spießiges, ausländerfeindliches «Volksblatt». Seine Leserschaft umfaßt jedoch weit mehr als nur einen ausgesprochen rechtsorientierten Bevölkerungsteil. So geht aus einer Statistik hervor, daß der «Parisien libéré» mehr Kommunisten zu seinen Kunden zählt als das kommunistische Parteiorgan «Humanité».

Der noch bis 81 eher linksliberale «Quotidien de Paris» hatte nach dem damaligen Regierungswechsel rechts eine Marktlücke entdeckt und gibt sich seither kämpferisch-reaktionär, während der «Matin» aus seinen Sympathien für die Partei Mitterrands kein Hehl macht.

Für die Freunde einer streng an der Doktrin der KPF ausgerichteten Interpretation des Weltgeschehens ist auch gesorgt: «Humanité», 1904 vom Sozialistenchef Jean Jaurès ins Leben gerufen und seit 1920 Zentralorgan der KPF, bietet täglich garantiert keimfreie Parteikost. Nestbeschmutzer erhalten hier ganz einfach kein Schreibrecht. Bei den Lesern kommt so was allerdings immer weniger an: Sie laufen in letzter Zeit der Zeitung, die behauptet, die einzige zu sein, die die ungeschminkte Wahrheit sagt, in Scharen davon.

Eine Zeitung namens Befreiung

Eine Ausnahme im Blätterwald der französischen Tagespresse war lange Zeit die 1973 von Jean- Paul Sartre mitgegründete nonkonformistische Zeitung «Libération». Doch das Motto des Pariser Mai 68, «realistisch sein, das Unmögliche wagen», unter dem das Blatt einst als Herausforderung für die etablierte Presse angetreten war, hat inzwischen für die erfolgsorientierten Profis in der Libé-Mannschaft fast nur noch nostalgischen Erinnerungswert. Libé versteht sich zwar weiterhin als unkonventionelles Sprachrohr solcher gesellschaftlicher Gruppen, die von der sonstigen Presse nur in Ausnahmefällen beachtet werden – Briefe aus dem Knast, Berichte über malträtierte Frauen, über vernachlässigte alte Menschen, Umweltschutz und Bürgerinitiativen haben nach wie vor ihren festen Platz in «Libération». Der Charme des Blattes jedoch, sein bewußter Antiprofessionalismus und die Originalität seiner Aufmachung (nicht zuletzt der zum Markenzeichen gewordene Libé-Jargon) mußten schließlich dem eisernen Besen des «Fortschritts» weichen.

Die Verfechter der neuen Linie wollen aus Libé eine vollwertige, «richtige» Tageszeitung machen. Die eigenwilligen Töne, mit denen Libé früher das eher langweilige Konzert der französischen Tagespresse durchkreuzt hat, sind also um einiges gedämpfter geworden. Auch die Werbung, auf die anfangs bewußt verzichtet wurde, hat inzwischen Einzug gehalten. Libé ist ein rundum «modernes» Blatt geworden, zwar irgendwie noch links, aber gereinigt vom Militantismus der frühen Jahre. Seine Spezialität sind ausführliche, teilweise auch aufwendige Reportagen und ein Recherchen-Journalismus, wie er bis dato in der französischen Presse kaum bekannt war. Was überdies die Zeitung weiterhin zu einer unverzichtbaren Informationsquelle macht, ist der tägliche Veranstaltungskalender mit seinen Hinweisen auf Musik- und Theaterereignisse sowie auf politische Aktivitäten.

Und was es sonst noch gibt

Von den Nachrichtenmagazinen ist das auflagenstärkste «L'Express», einst von dem liberalen Politiker und Publizisten Jean-Jacques Servan-Schreiber nach dem Vorbild von «Time» und «Spiegel» gegründet und heute im Besitz des britisch-französischen Unternehmers Jimmy Goldsmith, einem Lebensmittelhändler, der sich auch einige Zeitschriften leistet. Nach dem Erwerb des «Express» hat Goldsmith, ein persönlicher Freund des früheren Präsidenten Giscard d'Estaing, die Redaktion geflissentlich von linken Elementen gereinigt. Dadurch verringerte sich der Unterschied zu «Le Point», dem Wochenmagazin der konservativen Rechten. Sozialisten und Linksliberale halten sich den etwas snobistischen «Nouvel Observateur». Als unabhängig-halblinks läßt sich das jüngste der Wochenmagazine einordnen, «L'Évènement du jeudi», das der einfallsreiche und vielseitige Pariser Journalist Jean-François Kahn mit Hilfe von Leseraktien aufgezogen hat. In der extrem rechten Schmuddelecke angesiedelt ist die rassistische Wochenzeitschrift «Minute», die von mehr Leuten gelesen wird, als man meint. Um so bescheidener sind dafür die Auflagen der linken Insiderblätter. Als trotzkistische Zeitschriften, die von miteinander konkurrierenden Gruppen stammen, sind «Rouge» und «Lutte Ouvrière» zu nennen. Die Fédération Anarchiste versorgt ihre Anhänger mit der Wochenzeitung «Le Monde Libertaire».

Im Gegensatz zu diesen Publikationen ist das satirische Enthüllungsblatt «Le Canard Enchaîné» über die Grenzen Frankreichs hinaus bekannt. Seine Veröffentlichungen über die Diamantengeschenke des afrikanischen Ex-Despoten Bokassa an die Familie seines lieben Freundes Giscard hatte dem «Canard» in der jüngsten Vergangenheit einmal mehr zu weltweitem Ruhm verholfen. Wie einst Libération duldet auch der «Canard Enchaîné» keinerlei Reklame. Daß er auch ganz gut ohne über die Runden kommt, zeigt die stolze Auflagenziffer von über 450000 Exemplaren pro Woche.
Aus einer Initiative von jungen Journalisten vorwiegend nordafrikanischer Herkunft ging die Monatszeitschrift «Baraka» hervor, ein Forum für die politischen und kulturellen Belange der Minderheiten. Hier erfährt man viel über den Alltag der verschiedenen ethnischen Gruppen und bekommt auch eine Menge Hinweise auf Feste und sonstige Veranstaltungen, die nirgendwo sonst zu finden sind.

Hille van Elst

PAN
A VENDRE
10 000 F

1 Veyron
2 Picha
3 Willem
4 Solé
5 Franc
6 Lauzier
7 Cabu
8 Margerin
9 Fred
10 Reiser
11 Loro
12 Pichon
13 Petillon
14 Pellos
15 Tardi
16 Denis
17 Bilal
18 Mass
19 Pailler
20 Cestac
21 Hugo
33 Binet
66 F'Murr
77 Coucho
91 Wolinski
97 Tartampion
99 Rochette

Zusammengezeichnet von Jean-Pierre Gaüzère

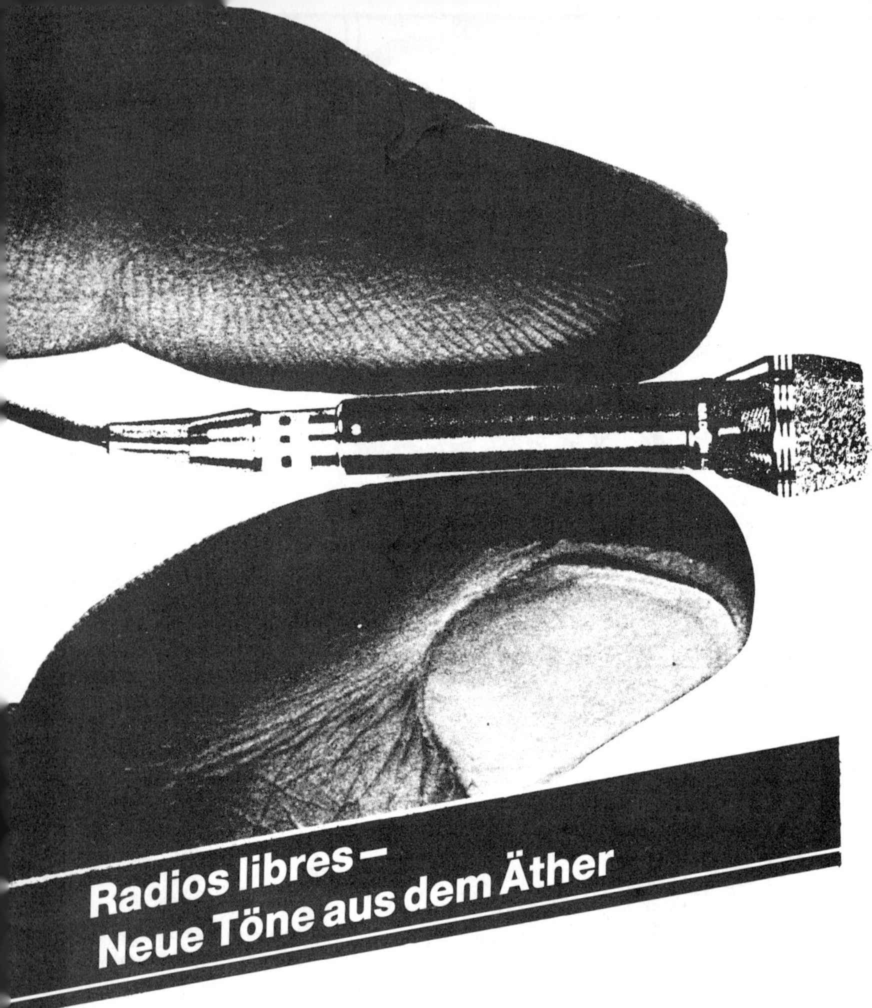

Radios libres – Neue Töne aus dem Äther

Als sich unter Staatspräsident Giscard die ersten Piratensender bemerkbar machten, wurden sie rigoros von der Polizei aufgespürt und demoliert. Für eine Aufhebung des staatlichen Rundfunkmonopols war der Staatschef nicht zu haben. Die damaligen Ätherpiraten fühlten sich in jener romantischen Zeit der Illegalität als Avantgarde, als progressive Vorkämpfer einer neuen Gegenöffentlichkeit. Dann kam Mitterrand, der sich selbst vorher demonstrativ an einem Piratensender beteiligt hatte, und alles wurde anders: nun sollte der Äther befreit werden, nun sollte durch bürgernahe «radios libres» überall die Kommunikation im lokalen Bereich gefördert werden, eine ganz neue Ära des Sendens und Hörens würde beginnen. Und sie begann. Kaum saß der

Mann im Élysée-Palast, da hob auf der Ultrakurzwelle ein wildes Geschnatter und Gedudel an. Eine chaotische Blütephase hatte begonnen, ein kreatives Wuchern war ausgebrochen. Die verschiedensten Gruppen, Grüppchen, Minderheiten, Einzelkämpfer meldeten sich zu Wort, eine nie gehörte kosmopolitische Kakophonie drang plötzlich aus dem Empfänger. Neue Energien waren freigesetzt, unbekümmert wurde in dieser Pionierzeit drauflosgestümpert. Einzige Bedingungen für Sendungswillige waren zunächst Verzicht auf Werbeeinnahmen und Begrenzung der Senderstärke. Ein Jahr später begann dann ein offizielles Genehmigungsverfahren. Es hatten bis dahin so viele mit dem Senden angefangen, daß sich von nun an mehrere Radios eine Frequenz teilen mußten. Bald wurde klar, daß einige der Stationen sehr wohl auch kommerzielle Interessen verfolgten. Raffiniert wurde zuerst das Werbeverbot durch Sponsoren und «Empfehlungen» unterlaufen, dann immer häufiger einfach ignoriert, bis sich die sozialistischen Wellenbefreier vor vollendete Tatsachen gestellt sahen und dem neuen Privatfunk schließlich doch Einnahmen aus der «publicité» zugestanden. Ihr ursprüngliches Konzept war damit gescheitert. Rasch haben sich daraufhin professionell gemachte Musiksender durchgesetzt, hinter denen meist größere Kapitalien stehen. Die knapp gewordenen Frequenzen werden zu manchmal astronomischen Summen gehandelt, vom versprochenen Aufbruch in die Ära des kommunikationsintensiven, alternativen Bürgerrundfunks aber ist nicht viel geblieben. «NRJ» (sprich: «énergie»), «95,2» («quatrevingtquinze – deux» – die Frequenz), «Radio Nostalgie», «RFM», «Chic FM»: so heißen einige der großen Kommerzmaschinen, die die Pariser UKW-Skala beherrschen. Was sie bieten: Dauerberieselung mit gängigen Hits, Jingles, Werbe-Spots, routiniertes Discjockey-Gequatsche, und das rund um die Uhr und in Stereo. Allenfalls gibt es dazwischen mal ein paar Kurznachrichten. Diese Sender, die sich nur in Nuancen unterscheiden, haben einen enormen Erfolg. Die Mehrzahl der Pariser Boutiquen läßt sich von ihnen beschallen, ihre Einschaltquoten sind teilweise höher als die der staatlichen Radiostationen. «NRJ» zum Beispiel hat über 2 Millionen Hörer und ist dabei, in den größeren französischen Städten ein «Network» aufzubauen. 'zig Werbeagenturen wurden gegründet, die sich mit nichts anderem als Rundfunkwerbung für Privatsender beschäftigen.

Programmagenturen sind entstanden, die vorgefertigte Musiksendungen und Star-Interviews liefern. Etwas zu unterscheiden von dieser Kategorie des reinen Kommerzfunks sind die «radios municipales», Stationen, die mit Unterstützung von Gemeinden oder Départements betrieben werden. Sie machen zwar auch Werbung, aber der Profit ist nicht ihr einziger Daseinszweck: sie sind außerdem noch Propagandainstrumente für die jeweilige Kommunalpolitik und dementsprechend parteipolitisch eingefärbt. Zu ihnen gehören etwa das vom Pariser Rathaus betriebene «Radio Service Tour Eiffel» oder auch «TSF 93», das von mehreren kommunistisch regierten Gemeinden der nordöstlichen Banlieue abhängig ist. – Daneben existieren allerdings auch noch unabhängige Sender, die auf Werbeeinnahmen völlig verzichten. Sie haben dafür Anspruch auf Subventionen, die von einer staatlichen Kommission verteilt werden. Unter diesen sogenannten «radios associatives» finden sich begreiflicherweise die interessanteren. Wenn auch ihre technischen Mittel nicht mit den Superstationen mithalten können, sind hier wirklich manchmal noch neue Töne zu hören, und es gibt oft ein intensives Feedback mit dem Publikum. Zur Orientierung: Ein Verzeichnis der meisten Stationen findet sich auf der letzten Seite des wöchentlichen Veranstaltungskalenders «Pariscope». Rund 40 UKW-Frequenzen sind in Paris belegt, manche illegal, zumal im Bereich zwischen 104 und 108 Megahertz. Die meisten werden von mehreren Radios benutzt, bei deren Zwangszusammenlegung versucht wurde, ähnlich geartete Partner miteinander zu verkuppeln. So teilen sich beispielsweise die drei jüdischen Radios «Communauté», «Judaïque F.M.» und «Radio Shalom» eine Frequenz ebenso wie die «Gastarbeiter»-Stationen «Media Soleil», «Afrique F.M.» und «Radio Berbère». Man kann auf der UKW-

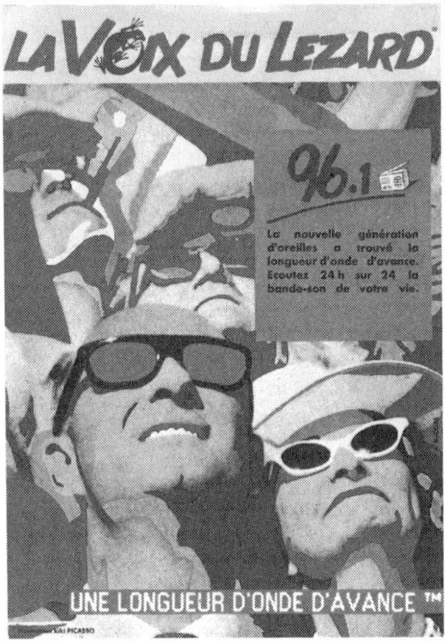

Skala kleine akustische Weltreisen unternehmen. Groß ist die Zahl der «ethnischen» Radios; kaum eine Bevölkerungsgruppe, die keinen eigenen Sender hätte: da ist «Radio Ask» für die Armenier, Radio Portugal für Portugiesen, «Transitalia FM» für Italiener. «Tropic FM» hat sich auf überseeische schwarze Musik spezialisiert und wird bevorzugt von den «Antillais» gehört. «Radio Latina» widmet sich dem gesamten Bereich «lateinischer» Kultur, besonders der lateinamerikanischen. «Radio Beur» sendet für die jungen Araber der «Zweiten Generation», und «Fréquence Gaie» bedient die homosexuelle Gemeinde der Hauptstadt. Viele Sender haben sich thematisch spezialisiert: Bei «Hit FM» wechselt gängige Popmusik mit Informationen und Gesprächen über die Kino-Aktualität. «Radio Classique» wendet sich an die Freunde klassischer Musik. «Radio Notre Dame» kommt katholisch-besinnlich daher, «Radio Solidarité» hetzt gegen alles, was links ist. «Radio Montmartre» versorgt ältere Mitbürger mit den Akkordeonklängen ihrer Jugend. Ausgiebige Hörerbeteiligung ist das Grundprinzip bei «Ici et maintenant»: hier kann jeder anrufen und ist dann ein paar Minuten unzensiert auf Sendung. Muntere Live-Diskussionen, nur sporadisch von «schwarzen» Chansons unterbrochen, veranstaltet «Radio libertaire», die Station der Fédération Anarchiste, die sich «La Voix sans maître» nennt. – Zwar werden solche Sender von viel weniger Leuten gehört als die großen Schlagerstationen mit ihrem hysterischen Gequassel, aber immerhin haben sie ihr Eckchen und sind lebensfähig; schließlich ist Radio-machen nicht so schrecklich teuer. Auf der nächsten Stufe der Medien-Liberalisierung wird es solche Reservate der Habenichtse kaum mehr geben: beim Privatfernsehen. Dessen Entwicklung ist in vollem Gange. Zunächst hatten «freie» TV-Stationen wie zu Zeiten der Piratensender mit sporadischem Sendebetrieb begonnen, pochten auf eine wirklich konsequente «Befreiung» der Ätherwellen und verwiesen auf die ungenutzten TV-Frequenzen. Und auch hier fiel die PS-Regierung 1985 schließlich um und ließ zu, was sie vorher ausdrücklich vermeiden wollte. Neben den bestehenden vier Programmen wurden zwei landesweite und 'zig lokale Privat-Kanäle eingeräumt, was im wesentlichen kapitalkräftige Medienlöwen auf den Plan ruft.

Gegen Ende des Jahrzehnts wird die Metropole obendrein voll verkabelt sein – von 60 Programmen wird gemunkelt. Dann wird sich Paris vollends in ein europäisches Medienbabel verwandelt haben.

Kultur & Konsum

Straße und Café – Schauplätze des Pariser Alltags

«Kein Geld, auch Paris wird dann kleiner.» (Ernst Bloch) So ist es, und Paris ist leider eine sauteure Stadt. Aber keine Panik! Es gibt auch einige äußerst preisgünstige Vergnügungen. Das größte Theater von allen kostet gar nichts: die Straße. In Paris treiben sich die Menschen sehr viel draußen rum, wodurch manchmal fast ein mediterraner Eindruck entsteht. Das Schauspiel, das sich da bietet, ist von unerschöpflichem Reichtum – je nachdem entweder ein Fest oder eine Folter für die Augen. Szenenwechsel könnt ihr selbst vornehmen, jede Gegend wartet mit ihrem eigenen Spektakel auf. In den Vierteln, die von modebewußten jungen Menschen frequentiert werden, zum Beispiel St. Germain-des-Prés, wird bald deutlich, wieso es in Paris keinen Karneval gibt:
Hier herrscht Mummenschanz das ganze Jahr, läuft der große Jahr-

markt der Eitelkeiten ab.

Immer noch gratis ist der Schaufensterbummel. Das französische Wort dafür: «lèche-vitrine», «Schaufenster-Ablecken», vermittelt die sinnliche Gier, die die bunten Fetische im Spaziergänger zu erwecken vermögen. Ihr braucht oft gar nicht in ein Geschäft reinzugehen, das Geschäft kommt zu euch raus: Klamotten, Bücher, Fleisch, Fisch, Käse, Gemüse drängen sich auf die Straße vor, stellen sich den Passanten in den Weg. Schlimm, wenn man Hunger, aber wenig Geld hat.

Für einige Leute sind die Straßen permanente Aufenthaltsorte: In der Nähe bedeutender Monumente oder auf den Großen Boulevards leben die Touristen-Fotografen. Nicht weit davon, weil ebenfalls auf Touristen, und zwar auf weibliche spezialisiert, arbeiten die Aufreißer, und überall dort, wo die Menschendichte einigermaßen hoch ist, die Schnorrer. Bis vor kurzem hieß ihr Standardsatz: «T'as pas un franc?» Mittlerweile macht sich auch hier die rasende Inflation bemerkbar, und es heißt jetzt schon hin und wieder: «T'as pas deux francs?»

Die Straßen sind natürlich auch das Arbeitsfeld der Straßenkünstler. Vor allem auf den Boulevards sind sie anzutreffen, dort, wo die Leute in der milden Abendluft flanieren: Musiker, Pantomimen, Zauberer, Feuerspucker, Hundedressierer oder Rasierklingen-Esser betreiben ihr Gewerbe auf dem Trottoir. Sie müssen dabei stets auf der Hut vor den Flics sein, denn seitens der Obrigkeit sind solche Darbietungen einzig auf dem Vorplatz des Centre Pompidou gestattet. Dort nimmt das Ganze zirkusartige Ausmaße an – nicht nur geduldet, sondern erwünscht. Allerdings ist das Freiluftspektakel nur zu bestimmten Zeiten erlaubt, deren Einhaltung deutlich sichtbare Ordnungshüter überwachen. So sind diese Aktivitäten alles andere als spontan.

Trotz dieser künstlichen Gaukler-Konzentration sind die Einzelkämpfer nicht kaputtzukriegen, die sich um das Verbot des wilden Spielens einen Dreck scheren. Die Kleinkunst-Attraktionen auf der Straße blicken auf eine lange Tradition zurück: Noch im vorigen Jahrhundert herrschte auf einigen Boulevards, besonders auf dem boulevard du Temple, ein permanentes jahrmarktähnliches Gewimmel – dicht drängten sich hier Musiktheater, Schaubuden, Sensationsdarstellungen. Einen Eindruck davon vermittelt Marcel Carnés berühmter Film «Kinder des Olymp». Auch diesem Treiben hat der große Stadtsanierer Haussmann ein Ende bereitet, denn dort gerieten ihm die unteren Klassen ein bißchen zu sehr außer Kontrolle. Fest und Revolution lagen eng beieinander, und er war kein Freund erregter Volksmassen. Einige verblaßte Relikte des Boulevard-Rummels haben sich indessen gehalten: Am boulevard du Temple steht immer

Rund ums Centre Pompidou

noch der alte Winterzirkus, an den Knotenpunkten des Fußgängerverkehrs finden sich klapprige Karussells, Schießbuden und Glücksräder sowie die kleinen Wohnwagen der Wahrsagerinnen.

Öffentliche Innenwelt

Aussichtsposten für das Treiben auf der Straße sind die Cafés – die zweitbilligste Möglichkeit, sich unterhalten zu lassen. Stundenlang kann man auf der Terrasse sitzen und sich an einem Kaffee festhalten, gucken, lesen, anbändeln, die Vorbeischlendernden betrachten, die sich ihrerseits die aufgereihten Café-Gäste anschauen. Das Café ist eine Verlängerung der Straße, der Unterschied zwischen drinnen und draußen verschwimmt: Oft befindet sich ein Teil des Cafés, die «Terrasse», auf dem Trottoir, außerdem sind die Türen meist weit geöffnet, und die Straßenfront ist voll verglast. Auffallend auch die großen Spiegel: Sie werfen «das bewegte Draußen, die Straße, in das Interieur eines Caféhauses» (Walter Benjamin). Und nicht nur das: Sie spiegeln auch die Eitelkeit des Pariser Publikums. Bereits in der ersten Hälfte des vorigen Jahrhunderts bemerkte der Parisbesucher Ludwig Börne «hohe Spiegel ringsumher an den Wänden, denn diese kann der Franzose nicht missen, und er zahlt gern doppelt für sich und für sein Bild im Spiegel, das mit ihm ißt und trinkt».

Auch für das politische und kulturelle Leben von Paris ist das Café seit mehreren Jahrhunderten eine zentrale Einrichtung. 1672 gab es den ersten Kaffee-Ausschank in einer Bude des Marché St. Germain, wenig später waren die Caféhäuser eine feste Institution des öffentlichen Lebens. Im 18. Jahrhundert wurden sie von Aristokraten und gehobenen Bürgern aufgesucht, waren gepflegte, salonähnliche Orte des Gedankenaustauschs, Treffpunkte der Geistesgrößen und somit auch Brutstätten für kritische, aufklärerische Ideen. Eine besondere Rolle spielte das «Procope». Es existiert immer noch in der rue de l'Ancienne Comédie, beherbergt heute allerdings ein Restaurant. Hier traf sich lange Zeit die Elite der französischen Denker: Voltaire, Diderot, Rousseau zählten zu seinen Gästen, später dann die Stars der Französischen Revolution. Die politische Bedeutung der Cafés wurde bald behördlicherseits erkannt. Die Regierung durchsetzte die Kundschaft mit ihren Spitzeln, da sie mit Recht vermutete, daß von diesen Orten aus gefährliche revolutionäre Gedanken verbreitet würden. Haupttreffpunkt der oppositionellen Öffentlichkeit war das Palais-Royal mit den unter seinen Arkaden eingerichteten Cafés. Hier durfte die Polizei keine Verhaftungen vornehmen: Sie hatte offiziell keinen Zutritt, denn das Palais und der von ihm eingeschlossene Garten waren Privatbesitz.

Daß die Caféhäuser zu Treffpunkten der Intellektuellen wurden, lag

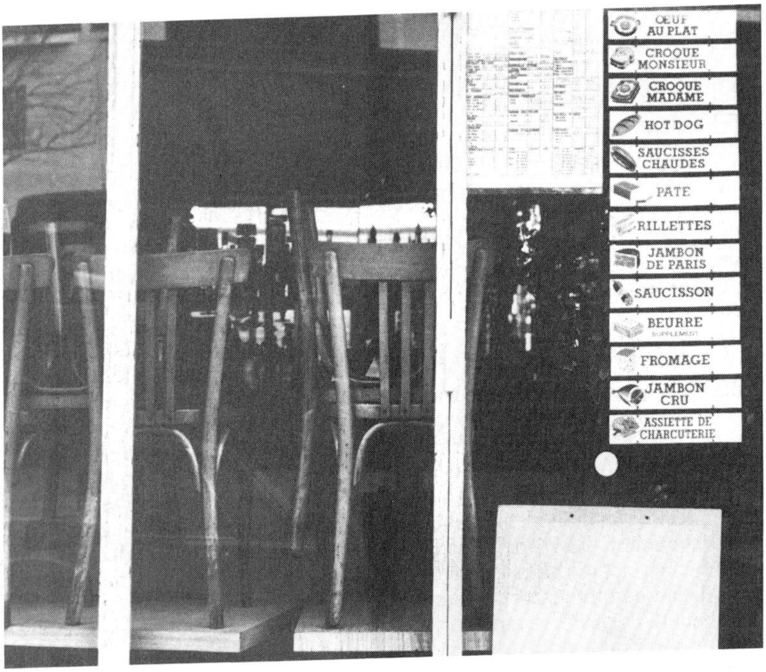

an den beiden neuen Giften, die es hier gab: Kaffee und Tabak. Die Cafés waren so ziemlich die einzigen Örtlichkeiten, wo geraucht werden durfte. Kaffee und Tabak gingen hier eine enge Beziehung ein: Noch heute befinden sich fast alle Tabak-Verkaufsstellen in Cafés – sie sind mit einem roten Rhombus gekennzeichnet.

Bürgerpaläste und Proletarierhöhlen

Mit der Entfaltung des industriellen Kapitalismus wurden die Cafés zur Domäne der auftrumpfenden Bourgeoisie. Was dem Adligen sein Salon war, wurde jetzt für den Emporkömmling das palastähnlich ausgestattete Caféhaus. Der Vergnügungsbetrieb verlagerte sich vom Palais-Royal auf die Grands Boulevards, die Einführung der Gasbeleuchtung brachte das abendliche Flanieren in Mode. Die Boulevard-Cafés wurden zu Stätten des Sehens und Gesehenwerdens. Sie ähnelten im Inneren pompüberladenen kleinen Schlössern, die Prachtentfaltung war immens: Stuckfiguren, Goldlamé und Seidentapeten prägten das Ambiente, in dem sich junge, reiche Nichtstuer, Spekulanten und die jeweils in Mode gekommenen Künstler vergnügten. Die Krönung war das «Grand Café Parisien», ein Etablissement von den Ausmaßen einer mittleren Kirche, mit vergoldetem Stuck dekoriert und durch modernes Gaslicht strahlend erhellt. Dreißig Billardtische standen zur Verfügung, eine Armee von Kellnern rotierte um die Gäste, 4000 Besucher konnten zur gleichen Zeit abgespeist werden.

So gut wie keine Gemeinsamkeit gab es zwischen diesen bombastischen Café-Palästen der Bourgeoisie und den Bistrots der Arbeiterviertel. Das waren enge, niedrige, meist schäbige Höhlen. Hier schätzte man laute und deftige Unterhaltung und vor allem den Alkoholkonsum, ge-

Bürgercafé ...

gen den allerlei wohlmeinende Reformer anzukämpfen versuchten. Eine besondere Spezies unter den Alkoholikern waren die Absinth-Trinker. Auf Bildern von Picasso und anderen sind sie uns überliefert: Stumpf, wie abwesend, sitzen sie am Kneipentisch, mit sich und ihrem grünlichen Schnaps allein. Das Zeug machte süchtig, wurde schließlich verboten und durch den ähnlich aussehenden und schmeckenden Pastis ersetzt.

Apropos Picasso: Manche Cafés spielten (und spielen) eine wichtige Rolle als «Kulturstätten», wurden zeitweilig zum Stammsitz von Künstlergruppen, zum zweiten Wohnsitz von Schriftstellern oder zum Treffpunkt von Musikern. Sie gewannen oder verloren an Bedeutung, je nachdem, welche Gegend gerade bei der Pariser Avantgarde in Mode war. Legendär wurde zum Beispiel St. Germain-des-Prés, wo in den fünfziger Jahren um Jean-Paul Sartre, Simone de Beauvoir und Boris Vian in einigen wenigen Cafés ein großer Teil des intellektuellen Betriebs von Paris stattfand. Literarische und künstlerische Moden wurden häufig in Cafés begründet, in Cafés wurden und werden Romane geschrieben, Umstürze geplant, konspirative Treffs abgehalten. Bei vielen Größen des geistigen Lebens darf man annehmen, daß sie sich öfter in Cafés aufhielten als bei sich zu Hause. In Pariser Cafés soff sich der österreichische Schriftsteller Joseph Roth zu Tode, in einem Café wurde der französische Sozialistenführer Jean Jaurès von einem Attentäter erschossen – die Büste, die man dort zu seiner Erinnerung aufgestellt hat, ist heute hinter einem Flipper verborgen.

Stuck, Kacheln, Neon und Plastikmarmor

Als eine weitere gastronomische Variante entstand um die Jahrhundertwende die «Brasserie», eine vorwie-

... und Proletenkneipe

gend auf Bierausschank spezialisierte Trinkstätte nach deutschem Vorbild. Chauvinistische Kräfte erhoben damals erbost ihre Stimmen: Sie beklagten den Einbruch barbarisch-teutonischer Unkultur. Bier, das bis dahin für die französischen Trinksitten kaum eine Rolle spielte, wurde von national gesonnenen Zeitungsschreibern als «widerwärtiges Getränk» und als «deutsches Gift» verketzert, die Nachäffung der Deutschen galt ihnen als Zeichen kulturellen Niedergangs. Mittlerweile sind im «Café» all die verschiedenen Typen zu einer Einheit verschmolzen, wenn auch in einigen Fällen der eine oder andere überwiegt.

Die Verschiedenartigkeit im Dekor lassen die Cafés zu Repräsentanten der jeweiligen Stilepochen werden. Noch immer finden sich einige Reste großzügig verzierter Bürger-Cafés, mit Stuck und Fresken. Auch ein paar altertümliche Bistrots mit vergilbten Wänden, trüben Spiegeln, alten Holzstühlen und bemalten Kacheln hinter der Theke haben sich über die Zeiten gerettet, in abgelegenen Straßen gibt es sogar noch letzte Exemplare des früher mal sehr verbreiteten Mehrzweck-Cafés, das zugleich Holz- und Kohlehandlung ist. Die meisten sind freilich den verschiedenen Modernisierungswellen zum Opfer gefallen. Bei manchen ist die «Modernität» schon wieder historisch: so bei den Stromliniencafés der frühen fünfziger Jahre, mit der Ästhetik der Nierentischzeit, geschwungenen Linien und Neonkringeln an der Decke. Meist überlagern sich die verschiedenen Stilrichtungen, wenn nicht das Café, wie es immer häufiger geschieht, gänzlich den neuesten Innenausstattungs-Verbrechern in die Hände fällt: Das komplett vorgestanzte Einheitsdesign aus der Gaststätteneinrichtungs-Spezialfabrik – Ausdruck pflegeleichter Trostlosigkeit – breitet sich aus wie die Pest.

Trotz dieser traurigen Entwicklung aber bleibt der regelmäßige

Cafébesuch ein fester Bestandteil des Pariser Alltagslebens. Das Café bietet einen Ruhepol im wuselnden Großstadtbetrieb, mit Merkmalen, die trotz aller Unterschiede, was Dekor, Kundschaft und Lage betrifft, gleichbleiben und den Gästen ein Gefühl von Vertrautheit und Sicherheit vermitteln. Gewisse Details finden sich, sozusagen als Grundausstattung, in fast allen Cafés wieder: der Plastikbehälter mit frischen Croissants neben der großen glänzenden Zuckerdose und dem runden Eierständer mit dem Salzfäßchen in der Mitte, hinter der Theke meist ein erstaunlich flink arbeitender und dabei gewöhnlich ungeduldig raunzender «Garçon», ihm gegenüber die übliche Ansammlung laut debattierender, witzereißender Stammkunden. Irgendwo im Saal führt eine enge Wendeltreppe runter zu Telefon und Klo. An der Kasse sitzt der zur Korpulenz neigende Wirt und liest den «Parisien Libéré» (Alle Wirte lesen dieses Blatt). Das Ganze wird beschützt von einem deutschen Schäferhund ungemütlichen Aussehens.

«à la tienne!»

Cafés waren stets auch traditionelle Spielstätten. Diese Eigenschaft haben sie – den aktuellen Verhältnissen angepaßt – beibehalten. Manche sind gleichzeitig Annahmestellen für Lottoscheine, andere für Pferdewetten – sie tragen die Bezeichnung «PMU»: Wenn die Rennen in Longchamp, Auteuil oder Vincennes stattfinden, drängen sich hier die Fanatiker der «Tiercé», der Dreierwette, während ein kleiner Fernschreiber die letzten Ergebnisse durchtikkert. Gewisse Cafés sind ausschließlich von Kartenspielern bevölkert, wieder andere sind Tempel für Billardfreunde. Ansonsten rattern und klimpern wie überall die Flipper und seit neuestem die Elektronik-Horror-Geräte, in denen man feindliche Raumschiffe und grüne Männchen abballern kann.

Tragende Säule des französischen Caféwesens ist weniger, wie man vielleicht meinen könnte, der Kaffee als vielmehr das alkoholische Getränk. Das Café ist eine Institution, die sicherstellt, daß Frankreich seinen einsamen Spitzenplatz im internationalen Wettbewerb um Alkoholismus und Leberzirrhose nicht einbüßt. Der Alkoholkonsum vollzieht sich allerdings fast unsichtbar. Selten sind Betrunkene zu sehen, das systematische Saufen der nördlichen und östlichen Nachbarn ist hierzulande unüblich. Statt dessen werden dem Körper in stetigen Abständen kleinere Dosen zugeführt: morgens ein Schluck auf dem Weg zur Arbeit, zwischendurch mal eine Pause für ein Gläschen, dann wird's bald Zeit für den «Apéro», und nach dem Essen, zu dem selbstverständlich Wein getrunken wird, noch einen Calvados, um den bitteren Kaffee runterzuspülen.

Einige Cafés haben sich auf besonders gute Weine spezialisiert, dort spielt der Kaffee nur eine ganz kleine Nebenrolle. Die beliebtesten davon sind «La Tartine» im Marais und «Le Rubis» am Marché St. Honoré, wo ihr obendrein auch noch vorzügliche Sandwiches bekommen könnt. Einige der Wein-Kultstätten sind übrigens nur mit Vorsicht zu betreten. Es gibt dickköpfige Wirte, die sich als letzte Inseln des guten Geschmacks in einem Meer von Unkultur verstehen und den Banausen, der einfach wie in irgendeiner Kneipe «ein Glas Rotwein» verlangt, sofort rausschmeißen … ■

Das große Fressen – Einladung zum französischen Volkssport

In kaum einem anderen Land wird der Nahrungsaufnahme so viel Aufmerksamkeit geschenkt wie in Frankreich. Das Phänomen «Essen» ist allgegenwärtig. Im Sommer muß man sich durch die auf den Trottoirs aufgestellten Tische der nahen Restaurants winden, auf Werbeplakaten in der Metro locken riesige Käse oder Steaks, in der rue du Départ teilt eine wandernde Leuchtschrift den Passanten die Menüfolge des Restaurants hoch oben im Montparnasse-Turm mit. In sämtlichen Zeitungen, auch den linken, gibt es wenigstens einmal pro Woche Restaurantbesprechungen, in denen die angestellten Esser ihren Lesern Geheimtips ins Ohr tuscheln: Scheinbar widerstrebend verraten sie die Adresse jenes kleinen Familienbetriebs, dem das Kochen nicht so sehr Verdienstquelle als vielmehr eine Weltanschauung ist. Manchmal brechen sie auch in donnernde Lobgesänge über ihre Entdeckungen aus. «Die Bouillabaisse, die echte, die wahre!» jubelt die Überschrift eines halbseitigen Artikels in «Le Monde».

«La Bouffe», das Fressen: Kein anderes Gesprächsthema ist so unerschöpflich. An der Bushaltestelle kann man Menschen über Rezepte diskutieren hören, montags erzählen sie am Arbeitsplatz übers Essen vom Wochenende. Die Eßbegeisterung bleibt keineswegs auf die Angehörigen der höheren Stände beschränkt. Gänseleberpastete, Austern, Wachteln, Jakobsmuscheln – dergleichen wird auch von Arbeitern geschätzt und – in bescheidenerem Maß – verzehrt. Die Leute geben sicherlich insgesamt wesentlich mehr Geld fürs Essen aus als anderswo und widmen ihm auch entsprechend mehr Zeit – sowohl für die Zubereitung wie für den Akt des Speisens selbst.

Demokratisierung des guten Essens

Die Pariser können sich in ihren Restaurants von allen Regionalküchen Frankreichs ernähren. Einer der wenigen positiven Aspekte des Zentralismus: Kulinarische Genüsse sehr verschiedener Art und Herkunft sind auf engem Raum versammelt. Bretagne, Bourgogne, Auvergne, Provence, Savoyen, Perigord, Baskenland, Elsaß und Korsika steuern ihre Spezialitäten zum Speisezettel des Hauptstädters bei, hinzu kommen alle anderen Länder der Welt, die in Paris mit Restaurants vertreten sind.

Woher aber kommt dieses gesteigerte Freßbewußtsein? Wie für so vieles ist auch hierfür die Französische Revolution verantwortlich. Davor nämlich war es mit dem allgemeinen Eßniveau des Durchschnittsfranzosen nicht weit her. Als aber der Hofadel, der unter dem Absolutismus sämtliche Genußformen auf die Spitze der Verfeinerung getrieben hatte, im Laufe der Revolution ins Ausland emigrierte oder den Kopf verlor, da waren die hochqualifizierten Köche aus den aristokratischen Häusern auf einmal arbeitslos. Von irgendwas mußten sie schließlich leben, und so begannen sie, ihre Kenntnisse zu Markte zu tragen: Sie eröffneten Restaurants und machten dort ihre anspruchsvollen Kochkünste einem größeren Publikum zugänglich. Während damals die Armen in langen Schlangen nach Brot anstanden, war in den neu entstandenen Restaurants das Beste vom Besten zu haben, unter anderem auch die Weine aus den Kellerbeständen der Adelshäuser. Zwar konnten sich zunächst nur die wohlhabenden Bürger an den aristokratischen Köstlichkeiten laben, aber immerhin war ihr Genuß nun nicht mehr an die Klassenzugehörigkeit gebunden, sondern «nur» noch an die Zahlungsfähigkeit. Das gute Essen, diese neue Form der Lustbarkeit, breitete sich rasch aus – es demokratisierte sich. Die ehemals aristokratischen Zubereitungsarten wurden Allgemeinbesitz, Rezeptsammlungen ließen die Eßbegeisterung auch in die privaten Haushalte eindringen. Allmählich wuchs so ein kulinarisches Bewußtsein, das die gastronomische Führungsrolle Frankreichs begründete.

Heute aber – nicht zu leugnen – ist die Bastion angeknackst. Am deutlichsten ist dies an der Leichtigkeit zu erkennen, mit der es den berüchtigten amerikanischen Hamburger-Verkäufern gelungen ist, sich in Paris festzusetzen und auszubreiten. Schon hat man eine französische

Antwort auf die Fast-Food-Invasion gefunden: die Croissant-Shops – vielleicht eine Spur weniger schlecht, doch ebenfalls ein Symptom für den schleichenden Verfall der Eßkultur. Aber auch in «normalen» Restaurants kann es passieren, daß man ein miserables Zeug vorgesetzt bekommt und dafür obendrein oft noch saftig zahlen darf. Zumal in den Touristen-Einfallschneisen gedeiht massenhaft der Nepp. Besonderes Mißtrauen ist angebracht bei den vielen vorwiegend griechischen Etablissements um die Metrostation St. Michel herum, wo viele geschickt beleuchtete bunte Spieße und über offenem Feuer rotierende Spanferkel als Blickfang aufgebaut sind. Eine ähnliche Quartier Latin-Rummelplatzstimmung findet sich inzwischen auch in der stark in Mode gekommenen rue Mouffetard, wo die gleiche Art von Speisehäusern um sich greift. Abgesehen von zweifelhafter Qualität und unverhältnismäßig hohen Preisen könnt ihr hier auch sicher sein, euch ausschließlich unter Touristen aufzuhalten.

Bei aller Augenwischerei und Anmacherei gibt es aber immer noch eine Menge guter und sehr guter Restaurants. Deren Besuch ist zwar gemeinhin mit erheblichen Kosten verbunden, doch kann es ein wirkliches Ereignis werden, wenn man sich mal ein großes Essen mit allen Schikanen und Raffinessen gönnt. Freunde solcher Schlemmereien seien auf die einschlägigen Ratgeber (Gault-Millau, Guide Michelin, Guide Kléber) verwiesen. Ihr könnt natürlich – und darum geht es hier – auch für wenig Geld akzeptabel und manchmal sogar sehr originell essen und dies vor allem in einer lockeren Atmosphäre, wie sie in den Stätten des gehobenen Speisens gewöhnlich nicht zu finden ist.

Die beiden Seitenfüllungen des Ladenfensters ... stellten pausbäckige Amoretten dar, die inmitten von Schweinsköpfen, Koteletts und Würstchengirlanden spielten, und diese mit Schnörkeln und Rosetten geschmückten Stilleben waren von einer so aquarellähnlichen Zartheit, daß das rohe Fleisch dazwischen rosige Tönungen von Konfitüren annahm. In dieser lieblichen Umrahmung war die Auslage aufgebaut.

Es war eine Welt von guten Dingen, von saftigen Dingen, von fetten Dingen. Zunächst stand ganz unten an der Scheibe eine Reihe Töpfe mit feingehacktem und in Schmalz gebratenem Schweinefleisch, dazwischen Töpfe mit Mostrich. Oberhalb davon kamen ausgebeinte Geflügelkeulen mit ihrem hübsch runden Gesicht, gelb wie geriebene Brotrinde, und ihrem in einem grünen Pompon auslaufenden Beinstück. Dann folgten die großen Platten: die nappierten Straßburger Zungen, die mit der roten Glasur ihrer Haut blutig wirkten neben den bleichen Würstchen und Schweinefüßen; die schwarzen, wie gutmütige Nattern zusammengerollten Blutwürste; die paarweise aufeinandergestapelten, vor Gesundheit strotzenden Bratwürste; die Dauerwürste, die in ihrem Silberornat steifen Kirchensängern glichen; die Pasteten, die noch ganz warm waren und die Fähnchen ihrer Etiketts trugen; die dicken Schinken, die großen gefrorenen Stücke Kalb und Schwein, deren Gelee durchsichtig wie Zuckerkandis war. Ferner standen da geräumige Schüsseln, auf deren Boden Fleischstücke und Gehacktes in geronnenem Fett schlummerten. Zwischen die Teller und Platten waren auf der Unterlage aus blauem zurechtgeschnittenen Papier Gefäße mit eingemachten Früchten, mit durchgeseihter Kraftbrühe, eingelegten Trüffeln, Schüsseln mit Gänseleber und schillernde Büchsen mit Thunfisch und Sardinen verstreut ... Florent überrieselte ein Schauer ...

(Émile Zola: Der Bauch von Paris. Winkler, München 1974)

Eine radikale Rôtisserie

Da ist zunächst ein Restaurant hervorzuheben, das in einem besonderen Sinn «alternativ» ist – nicht indem es sich der Bio-Ernährung verschrieben hat, sondern in seinem hartnäckigen Festhalten an einer fast altmodisch erscheinenden Idee von Solidarität. Es liegt im 15. Arrondissement und heißt «Rôtisserie Sampieru Corsu». Das Besondere? Jeder bestimmt hier selbst, was er bezahlen möchte. Dreh- und Angelpunkt dieser linken Oase ist der Inhaber-Koch-Kellner-Animateur Claude Lavezzi, ein starrköpfiger Korse, der seit Anfang der siebziger Jahre beharrlich demonstriert, daß es so auch geht: Arbeitslose, Streikende, in Not Geratene brauchen nichts zu bezahlen, die anderen je nach Selbsteinschätzung ihrer finanziellen Verhältnisse.

Claude hat bereits ein bewegtes Leben hinter sich. Von klein auf war er Kommunist, kämpfte im spanischen Bürgerkrieg in den Internationalen Brigaden, verließ dann aus Entsetzen über die stalinistischen Prozesse die KPF, war zeitweilig Mitglied in der linkssozialistischen PSU und unterstützt zur Zeit die korsische Unabhängigkeitsbewegung. Von Beruf ist er eigentlich Elektriker, übernahm aber 1970 dieses damals arg heruntergekommene Lokal in der rue de l'Amiral Roussin mit dem Ziel, hieraus ein Restaurant nach seiner Façon zu machen – einen Treffpunkt, der nicht dazu dienen sollte, anderen das Geld aus der Tasche zu ziehen. Es läuft mal besser, mal schlechter, für Claude und seine Mitarbeiter oft hart am Rand des Erträglichen. Aber dennoch: Obwohl 20 Prozent der Gäste nichts bezahlen, darunter auch solche, die es durchaus könnten, obwohl es Bullenrazzien gab, obwohl man dem alten Roten auch schon mal eine Bombe ins Lokal geschmissen hat, obwohl zuweilen der Strom gesperrt wird, weil die Rechnung nicht bezahlt werden konnte – deshalb wird hier auf einem Kohlenherd gekocht –, trotz all dieser Widrigkeiten: es funktioniert.

Das Essen im «Sampieru Corsu» ist einfach, aber meistens reichlich (Qualität und Menge richten sich halt danach, wieviel am Vortag be-

Gepflegte Niedrigpreise: Chartier

Couscous de luxe

zahlt worden ist). Auf der Speisekarte ist ein Richtwert angegeben, der – außer in den erwähnten Notfällen – als Minimum gelten sollte, aber niemand wird kontrolliert. In Umkehrung des bekannten Lenin-Satzes heißt es hier «Kontrolle ist gut, Vertrauen ist besser». Beim Rausgehen legt man, was man bezahlen will, diskret in eine Schublade neben der Tür.

Originell und billig

Zu Beginn der Dritten Republik, also nach 1871, entstanden in Paris Ketten von populären, oft riesigen Billig-Speisehäusern, die sogenannten «Bouillons». Die große Kundenmenge und der zentrale Großeinkauf für die ganze Kette gestatteten hier äußerst niedrige Preise. Nur ein authentischer Bouillon ist heute noch übrig: «Chartier» in der rue du Faubourg Montmartre. Man geht erst über einen Hof, dann durch eine Drehtür und steht unversehens in einem Freß-Bahnhof, einem großen Saal mit der unveränderten Einrichtung der Jahrhundertwende. Heerscharen von Kellnern wirbeln herum, es ist immer voll hier. Manchmal muß man ein Weilchen zwischen den Essern mit Luchsaugen auf und ab wandern, um sich möglichst in der Nähe von Leuten zu postieren, die schon beim Dessert sind. Das Essen hier ist keineswegs eine Offenbarung, was aber bei den nach wie vor gepflegten Niedrigpreisen ohne weiteres in Kauf genommen werden kann. «Chartier» hat übrigens noch zwei Filialen – «Le Commerce» und «Le Drouot» –, die zwar vom Dekor und von der Atmosphäre her nicht mithalten können, aber das gleiche Essen zu den gleichen Preisen anbieten.

Preisgünstig und originell könnt ihr aber auch in den unzähligen Restaurants der verschiedenen, in Paris ansässigen Minderheiten essen. Sehr billig und äußerst sättigend ist die arabische Küche. Deren Standardgericht Couscous, auf der Basis von Weizengries, gibt es in vielerlei Spielarten. Der spektakulärste Ort, um arabisch zu essen, dürfte wohl die große Moschee von Paris im 5. Arrondissement sein. Sie umfaßt einen Komplex von Einrichtungen: Dazu gehören ein Hammam (Dampfbad), eine Teestube mit einem kleinen Innenhof, der bei gutem Wetter geöffnet ist, wo man sehr entspannt beim Plätschern eines Brunnens Thé à la Menthe schlürfen kann, und eben auch ein Restaurant. Einziger Haken: Dies ist ein frommer mohammedanischer Ort, also gibt es zum Essen keinen Wein.

Sehr günstig kommt ihr auch bei

Vietnamesen und Chinesen weg. Hier könnt ihr obendrein noch die Entdeckung machen, daß deren Küche nicht viel gemeinsam hat mit dem, was einem in den Chinalokalen daheim vorgesetzt wird, wie beispielsweise das in Amerika erfundene «Chop Suey». Eine traditionelle Spezialität der chinesischen Küche ist «Dim Sum», eine Zubereitungsart, bei der die Gerichte in runden, übereinandergestapelten Bastkörben gedämpft werden und so auch auf den Tisch kommen. Da die Dim-Sum-Küche relativ viel Arbeit macht, gibt es nur noch wenige Lokale, die sie praktizieren. Von denen ist eines der preiswertesten das «Hoa Khoan», im Innenhof des Pavillon de Choisy, Metro Porte de Choisy. Die Umgebung mit ihren Wohntürmen ist zwar erschreckend, aber im Inneren des Restaurants werdet ihr feststellen, daß die Kundschaft zu 90 Prozent aus Asiaten besteht, was euch mit Zuversicht erfüllen sollte. Es empfiehlt sich, nicht später als 19 Uhr zu kommen, sonst riskiert man, daß das Beste schon weggegessen ist. (Übrigens: wer nicht mit Stäbchen essen kann, dem bringt der Kellner auch gerne eine Gabel).

Eine weitere exotische Eßkultur, die das Budget nicht übermäßig belastet, bietet die Pariser Diaspora der französischen Überseeprovinzen Martinique, Guadeloupe und Réunion. Die billigste Möglichkeit ist wahrscheinlich die schmucklose, neonbeleuchtete kleine Garküche in der rue Galande, wo Madame Angèle in großen Töpfen rührt und ihre sich drängelnden Gäste mit Accras, Matoutou und Colombo bedient. Weitere einfache Antillen-Restaurants findet ihr im proletarischen Norden von Paris; dort gibt es außerdem allerlei schwarzafrikanische Lokale. In einem davon, «Le Port de Pidjiguiti» geheißen, könnt ihr sogar mit gutem politischen Gewissen essen: Die Einnahmen des Restau-

rants gehen an die Landwirtschaftskooperative Domingo Ramos in Guinea-Bissau! Es liegt in der rue Etex im 18. Arrondissement und zeichnet sich durch eine sehr freundliche Atmosphäre aus.

«service non compris»

Wen es um 3 Uhr morgens überkommt, sich irgendwo gegen Geld ein Essen servieren zu lassen, für den gibt es zwei Möglichkeiten – eine teure: «Le Pied de Cochon» im Hallenviertel, das seit 1944 nicht eine Sekunde lang geschlossen war, und eine billige: «La Nouvelle Gare», ein einfaches Restaurant, das zwar in einer atemberaubend öden Gegend des 13. Arrondissements liegt, zwischen einem Krankenhaus und dem Güterbahnhof, dafür aber 24 Stunden am Tag geöffnet hat.

Noch einige allgemeine Tips: Draußen ist stets die Speisekarte mit den Preisen angeschlagen: Achtet darauf, ob der Laden ein «Menu» hat, das heißt normalerweise drei Gänge zu einem Festpreis. Damit kommt ihr immer billiger weg, als wenn ihr «à la carte» eßt. Aber aufgepaßt! Seht genau hin, ob im angegebenen Preis des Menüs die Bedienung enthalten ist oder nicht – das steht meistens kleingeschrieben in einer Ecke, macht aber runde 15 Prozent der Rechnung aus. Manchmal ist sogar das Getränk im Preis mit inbegriffen. Zwei auf den ersten Blick gleiche Preise können sich somit im Endeffekt erheblich unterscheiden. Und noch zwei Kleinigkeiten: Beim Bestellen von Steaks und ähnlichem sollte man stets sagen, wie man's haben will (saignant – blutig, moyen – mittel, bien cuit – gut durch), sonst kriegt man es blutig; ferner: In den Toiletten geht das Licht meistens erst an, wenn von innen verriegelt wird.

Was es sonst noch gibt: gebrannte Mandeln beim feinsten Pariser Straßenhändler an der Oper

Spezialitäten für Selbstversorger

Viel billiger, als in Restaurants zu gehen, ist es natürlich, wenn man sich selber was zu essen kauft und das dann im Park oder am Seine-Kai verzehrt. Falls ihr gar über eine Kochgelegenheit verfügt, eröffnen sich geradezu festliche Perspektiven. In jedem Wohnviertel gibt es einen Markt oder eine Geschäftsstraße, wo ihr alle notwendigen Läden findet: Boucherie, Charcuterie, Boulangerie, Crèmerie, Obst- und Gemüsehändler, Poissonnerie und Weinhandlungen. Die meisten sind auch am Sonntagvormittag geöffnet, dafür ist der größte Teil am Montag geschlossen. Und überall gibt es in der Nachbarschaft eine gewöhnlich von Arabern geführte Lebensmittelhandlung, die noch spät am Abend, bis etwa 22 Uhr, aufhat. Wenn es noch später wird, dann hilft der Supermarkt «As Eco» (11, rue Brantome, 3 e), der außer sonntags 24 Stunden am Tag den Hungrigen zu Diensten ist.

Abgesehen davon, daß ihr schon in der Charcuterie nebenan oder beim Käsehändler um die Ecke tolle und oft unbekannte Sachen finden könnt, gibt es für Enthusiasten auch noch etliche Spezialadressen. Zu den Großmeistern der Käsezunft gehören zum Beispiel «Benoit» in der rue Richelieu und «Androuet» in der rue d'Amsterdam, der auch Käse-Geschenkpackungen zusammenstellt, falls ihr den Lieben daheim was Originelles mitbringen wollt. Solltet ihr mal auf der Île St. Louis spazierengehen und dort zufällig auf eine lange Schlange von geduldig wartenden Menschen treffen, so befindet ihr euch in der Nähe des Pariser Speiseeis-Königs Berthillon. Er ist keineswegs teurer als andere, aber er gilt als ein solcher Künstler, daß die Leute für eine Eiswaffel bisweilen eine halbe Stunde anstehen. Ein ähnliches Phänomen ist in der rue du Cherche-Midi zu betrachten: Hier ist es das Brot der Bäckerei «Poilâne», das die Gourmets zu Pilgerzügen veranlaßt.

Lebensmittel-, besser Genußmittelgeschäfte für die Großbourgeoisie und die reiche Schickeria haben sich um die tempelähnliche Madeleine herum angesiedelt. Das tägliche Brot in Gestalt von Weinbergschnecken, Trüffeln, Kaviar und anderem Grundbedarf wird hier feilgeboten. Der größte und berühmteste Laden ist «Fauchon», dessen Schaufenstergestaltung auch Angehörige der Mittel- und Unterschicht Geschmacksfäden ziehen läßt: Kunstwerkartig arrangierte Langusten, Meeresfrüchte-Pasteten, Lachs in Gelee, gefüllte Küken in Blätterteig, Hechtklößchen, Wachteleier und was der Unverschämtheiten mehr sind, bieten sich schamlos dar. Kaum verwunderlich, daß Fauchon bereits mehrfach das Opfer «anarchistischer» Attentate geworden ist. Das letzte Mal war es eine Brandbombe, die den Laden im Dezember 78 voll erwischte. Zu der Tat bekannte sich eine Gruppe, die sich «Aktion Schwarze Weihnachten für die Reichen» nannte und sich auf Flugblättern zugute hielt, den Fauchonkunden auf einen Schlag die anstrengende Arbeit des Kaufens, Verzehrens und Verdauens erspart zu haben. Weniger banausisch war da schon die vorletzte Anti-Fauchon-Aktion: Einige Bösewichter stiegen nachts ein und holten säckeweise die Köstlichkeiten heraus, um sie anderntags dann in einem Pariser Arbeiterviertel in Robin Hood-Manier auf der Straße zu verteilen. ■

Handel und Wandel – Paris als Marktplatz

Für begeisterte Konsumenten ist Paris der Nabel der Welt. «Wissen, wie man verkauft, verkaufen können und verkaufen! Das Publikum ahnt nicht, wieviel Großes Paris diesen drei Seiten desselben Problems verdankt. Der Prunk von Geschäften, die ebenso reich sind wie vor 1789 die Salons des Adels, der Glanz von Cafés, der oft und mühelos den von Neu-Versailles in den Schatten stellt, das Gewicht von Auslagen, die jeden Abend zerstört und jeden Morgen von neuem geschaffen werden; die Eleganz und Vornehmheit der jungen Leute, die mit den Verkäuferinnen unterhandeln, die pikanten Gesichter und Toiletten der jungen Mädchen, die die Käufer anziehen sollen ...» – so ereiferte sich Balzac 1831, und seitdem hat sich die Ware der Stadt noch weitaus intensiver bemächtigt. Von jeher war der Handel natürlich das Lebensgesetz von Paris. Das Schiff im Stadtwappen verweist auf die zentrale Rolle der Kaufleute. Seit dem frühen Mittelalter haben sich Schritt für Schritt die Methoden verändert und fortentwickelt, mittels derer Nützliches oder Unnützes an den Mann oder die Frau gebracht wurde. Alle diese Stufen existieren heute noch, zumindest in Relikten; vom herumwandernden Teppichhändler über die offenen oder überdachten Märkte, die Luxusgeschäfte der rue du Faubourg St. Honoré, die Passagen und Kaufhäuser des 19. Jahrhunderts bis hin zu den hypermodernen «Centres Commerciales» – die verschiedenen historischen Erscheinungsformen der Warenzirkulation lassen sich in ein und derselben Stadt nebeneinander besichtigen.

800 Jahre «Les Halles»

Im 12. Jahrhundert entstand auf Betreiben des reformerischen Königs Philippe Auguste ein Markt auf dem rechten Seine-Ufer, im Stadtteil des Handelsbürgertums, der bald das Herz des Groß- und Einzelhandels von Paris wurde: «Les Halles», benannt nach dem deutschen Wort «Halle». Er blieb dort über 800 Jahre lang, bis er 1969 in den Vorort Rungis, nicht weit vom Flughafen Orly, verpflanzt wurde.

Unmittelbar neben dem größten Friedhof von Paris, dem Cimetière des Innocents, wurde die erste Markthalle gebaut. Das war kein sonderlich gut beleumundeter Ort: Zwischen den Gräbern trieb sich ein zwielichtiges Völkchen herum. – Diebe, Prostituierte, betrügerische Händler, und nach Einbruch der Dunkelheit wurde es hier gänzlich unsicher. Der Markt wurde schnell zu einem Magneten für Händler aus der näheren und weiteren Umgebung der Stadt. Dem Fiskus konnte das nur recht sein, denn die Hallen waren eine Steuereinnahmequelle ersten Ranges. Die Konzentration der Händler an einem Ort verstärkte die Konkurrenz untereinander und half dadurch, Wucherpreise zu verhindern. Außerdem konnten Gewichte, Maße und Qualität besser kontrolliert werden, und auch die – freilich noch recht weitmaschigen – Hygienevorschriften ließen sich von der Marktpolizei leichter durchsetzen (von Ratten angefressenes Brot beispielsweise durfte nur stark verbilligt sonntags vor der Kathedrale Notre-Dame feilgeboten werden). Bald dehnte sich der Markt über das ganze Viertel aus, weitere Hallen kamen dazu, ringsumher entstand ein Labyrinth von Buden und offenen Ständen. Noch heute weisen die Namen einiger Straßen darauf hin, was da mal verkauft wurde: In der rue de la Lingerie war es Wäsche, in der rue de la Ferronerie Eisen, in der rue de la Cossonerie (früher Cochonnerie) gab es hauptsächlich Schweinefleisch.

Ein wimmelnder Ameisenhaufen war das, ein Theater, das sämtliche Sinne ansprach. Die Geräuschkulisse wurde vom Lärm der Marktschreier gebildet, Fisch, Käse, Abfälle, faulige Pfützen und Exkremente sorgten für starke Gerüche. Die Hallengegend war ein Eldorado für Gaukler, Huren und Spitzbuben – nicht zufällig gibt es in diesem Viertel eine rue de la Grande-Tru-

Längst gefüllt: das legendäre Loch

Das beleuchtete Zifferblatt von Saint-Eustache verblich, starb hin wie ein vom Morgen überraschtes Nachtlicht. Bei den Weinhändlern hinten in den benachbarten Straßen erloschen eine nach der andern die Gaslampen wie in Licht fallende Sterne. Und Florent sah zu, wie die großen Hallen aus dem Dunkel, aus dem Traum hervortraten, in dem er sie gesehen hatte, und ihre Paläste sich grenzenlos im Tageslicht dehnten. Sie nahmen feste Formen von grünlichem Grau an, wurden noch riesenhafter mit ihrem gewaltigen Mastwerk, das die unendlichen Flächen ihrer Dächer trug. Sie schichteten ihre geometrischen Körper aufeinander, und als alle innere Helligkeit erloschen war und sie viereckig und gleichförmig im aufgehenden Tageslicht badeten, erschienen sie wie eine über alles Maß hinausgehende große moderne Maschine, wie eine Dampfmaschine, ein für die Verdauung eines ganzen Volkes bestimmter Kessel, ein riesiger metallischer Bauch, verbolzt, vernietet, aus Holz, Glas und Eisen zusammengesetzt, von der Eleganz und Leistungsfähigkeit eines Antriebsmotors . . .

(Émile Zola: Der Bauch von Paris, Winkler, München 1974)

anderie, die Straße der Großen Betrügerei, oder die rue de l'Arbre-Sec, die Straße zum trockenen Baum, womit der Galgen gemeint war. Wegen des hohen demonstrativen Werts stellte man die Strafgeräte bevorzugt dort auf, wo sich ohnehin schon größere Menschenansammlungen bildeten. So gab es eine Zeitlang noch einen Galgen inmitten des Marktes, der dann aber auf inständige Bitten der benachbarten Händler abgeschafft wurde, denn der Verwesungsgeruch der Verurteilten, die man recht lange hängen ließ, schadete dem Geschäft. Von da an wurden auf dem Markt nur noch Enthauptungen vorgenommen. Für kleinere Delikte gab es den Pranger, wo die ausgestellten Delinquenten vom Publikum beschimpft und mit Dreck, nicht aber mit Steinen beschmissen werden durften.

Hauptverkehrsadern der Marktgegend waren die rue St. Denis – vom Mittelalter bis heute eine der belebtesten Pariser Straßen – sowie jene Wege, auf denen morgens in langen Wagenkolonnen aus verschiedenen Richtungen die Waren anrollten. Die Fische kamen aus dem Norden vom Meer über die Rue Montorgueil, die noch immer in ihrem oberen Teil rue Poissonnière heißt. Der Cimetière des Innocents war ins Marktgeschehen mit einbezogen. Neben einigen ärmeren Händlern und Prostituierten hatten sich hier vor allem die öffentlichen Schreiber niedergelassen, obwohl es infolge der unentwickelten Bestattungstechnik entsetzlich stank. Erst Ende des 18. Jahrhunderts wurde dieser Krankheitsherd beseitigt, indem man den Friedhof auflöste. An seiner Stelle befindet sich heute ein Brunnen, die Fontaine des Innocents.

Der Bauch von Paris

Jahrhundertelang behielten die Hallen ihren pittoresken, leicht chaotischen Charakter. 1799 vermißte der deutsche Nationalist Ernst Moritz Arndt pikiert die geziemende Sittsamkeit und Sauberkeit: «Hier ist die aufgehäufte, aber ekelhafte Speisekammer von Paris in ihrem Glanze. Die besten und teuersten Fische, das beste Fleisch, der reichlichste Vorrat von lebendigen und gerupften Putern, Hühnern, Tauben, Wildbret und was der leckere Gaumen und der gierige Magen nur wünschen und fordern mögen. Aber hier, wo dies alles ist, ist auch der größte Schmutz, Gestank und das häßlichste Gesindel, was sich in Paris findet.» Im weiteren dann erzählt der brave Professor aus der Provinzstadt Bonn mit wohligem Schauer von den entsetzlichen Fischweibern und der «wilden Freiheit jedes schmutzigsten Lasters». Auch als er sich einmal zur Abendzeit unter dieses lose Volk mischte, mußte der arme Mann Empörendes feststellen: «Nirgends hängen sie sich einem hartnäckiger und unverschämter an, die Dirnen ... Jedes Haus ist offen, und seine Bewohnerin, oder einige Miets- und Pensionstöchter treten dem Spazierenden, oder Verirrten einige Schritte auf die Gasse entgegen, und laden ihn gastfrei zum Bette und Schlummer ein.»

Für ein bißchen Ordnung in diesem Tohuwabohu sorgte dann Napoleon. Er ließ an Stelle des Durcheinanders einheitliche Hallen hinstellen, die er als den «Louvre des Volkes» bezeichnete. Wenig später, als sein Neffe Napoleon III. und der unermüdliche Baron Haussmann Paris umgestalteten, waren diese Gebäude schon wieder zu klein und wurden

Schickes Shopping: Le Forum des Halles

durch Stahl- und Glaskonstruktion in der Art von Bahnhofshallen ersetzt. Trotz alledem behielt der umliegende Stadtteil seinen speziellen, vom Markt geprägten Charakter bei: Er blieb düster, arm, voll starker Gerüche, eine Hochburg der Prostitution, mit einer Unzahl von schmuddeligen kleinen Bistrots durchsetzt, in denen sich die Marktbevölkerung um fünf Uhr morgens die legendäre Zwiebelsuppe zuführte. Émile Zola hat diese spezielle Welt nach sorgfältigen Studien vor Ort in seinem großen Roman «Der Bauch von Paris» verewigt, und in neuerer Zeit hat auch Hollywood mit der Filmkomödie «Irma La Douce» von der besonderen Szenerie des Hallenviertels zu profitieren versucht.

Nach dem Zweiten Weltkrieg aber war immer deutlicher zu erkennen, daß die Hallen den Anforderungen der Metropole nicht mehr gewachsen waren – Belieferer und Abholer verursachten ein unsägliches Verkehrschaos. In den sechziger Jahren wurde beschlossen, den Markt nach Rungis auszulagern. Die leerstehenden Gebäude wurden zunächst für kulturelle Veranstaltungen benutzt und dann schließlich, trotz vieler Proteste, abgerissen. Einen der Pavillons schaffte man immerhin nach Nogent-sur-Marne, um ihn dort als Konzerthalle wiederaufzubauen. Im Hallenviertel blieb nur die aus dem 18. Jahrhundert stammende ehemalige Kornhalle stehen, die jetzt die Handelsbörse beherbergt.

Mit dem Verschwinden der Hallen hatte das Viertel, das immer noch und wohl für alle Zeiten «Les Halles» heißt, sein wirtschaftliches Rückgrat verloren. Ein Freiraum war entstanden, in dem sich wunder-

bar die Spekulation entfalten konnte. In kürzester Zeit wurde dieser so günstig gelegene Stadtteil völlig umgekrempelt und in ein Boutiquen-Disneyland verwandelt. Nur ganz wenige Ecken haben noch etwas von ihrem alten Charakter bewahrt, so etwa die rue Montorgeuil oder die rue Montmartre, in denen weiterhin vormittags Marktbetrieb herrscht und wo sich frühmorgens ab 5 Uhr die Metzger und Fischhändler in Bistros wie dem altmodischen «Cochon à l'oreille» einen genehmigen. Ein anderes Überbleibsel erinnert an die schäbigen Zeiten des Hallenviertels: das Spezialgeschäft für Schädlingsbekämpfung in der rue des Halles, das in seinem verstaubten Schaufenster mit aufgehängten Rattenkadavern wirbt.

Rund um den Marché d'Aligre

Neben den «Hallen» sind mit der Zeit auch viele lokale Märkte in den Stadtteilen entstanden. Einige finden unter freiem Himmel statt, andere sind überdacht. Einer der empfehlenswertesten ist sicher der Marché d'Aligre im 12. Arrondissement. Die nächstgelegene Metrostation heißt «Ledru-Rollin». Am besten steigt ihr aber schon an der «Bastille» aus und geht von dort aus die rue Faubourg St. Antoine entlang. Der große, weite Platz der Bastille mit der grünen Säule in der Mitte hat in der politischen Geographie von Paris einen besonderen symbolischen Stellenwert: Seit der Erstürmung der Festung im Juli 1789 ist der Platz ein bevorzugter Versammlungsort bei revolutionären oder sonstigen «linken» Anlässen. Auch als im Frühjahr 1981 die Giscard-Ära durch die Wahl des sozialistischen Präsidenten Mitterrand beendet wurde, sammelten sich hier spontan an die 200000 Menschen und brachten ihre Freude und Erleichterung dadurch zum Ausdruck, daß sie Feuerwerkskörper abbrannten und auf der Straße tanzten. Jeden Freitagabend treffen sich außerdem hier die Pariser Motorradfans, drehen Runden um die Julisäule, fachsimpeln in kleinen Gruppen und donnern dann zu später Stunde zu Hunderten auf den Boulevards davon.

Der Faubourg St. Antoine, der östlich der Bastille liegt und den ihr auf der gleichnamigen Straße betretet, war in der Geschichte von Paris stets eines der aufrührerischsten Viertel – seine Bevölkerung war bei den Straßenkämpfen der Revolution oft die treibende Kraft. Das hat einen besonderen Grund: Der vor den Toren von Paris gelegene Faubourg

Place d'Aligre – ein Markt, billig und bunt

war bereits früh, zu Zeiten des Ancien régime, von der für das Handwerk geltenden strengen Zunftordnung ausgenommen. Deshalb entstanden hier früher als anderswo Manufakturen und Fabriken mit «freien» Lohnarbeitern. Schon vor der Französischen Revolution hatte es in diesem frühindustriellen Milieu gegärt, und beim Sturm auf die Bastille waren die Leute aus dem Faubourg natürlich maßgeblich beteiligt, denn das verhaßte Ding lag ihnen ja direkt vor der Nase. Neben Tapeten- und Porzellanmanufakturen hatten sich hier vor allem Möbelfabriken angesiedelt. Die Möbelherstellung wurde schließlich die große Spezialität des Viertels. Aus vielen Ländern kamen Tischler hierher, um sich weiterzubilden oder einen Betrieb zu eröffnen – davon zeugen noch immer die italienischen, deutschen oder sogar chinesischen Namen über den Geschäften. Auch heute noch prägt diese Branche entscheidend den Charakter des Stadtteils. Die rue Faubourg St. Antoine ist von Möbelgeschäften gesäumt. In einem Großteil der Schaufenster lassen Pseudostilmöbel der Epochen Louis Quatorze, Quinze, Seize unter musealem Kronleuchtergebammel die extreme Behaglichkeit gutbürgerlicher französischer Wohnstuben erahnen. Das sollte aber den Blick nicht davor verschließen, daß es in dieser uralten Straße auch eine Reihe ehrwürdiger, schöner Häuser gibt. Hinter der Kreuzung mit der avenue Ledru-Rollin werden die Tempel der bürgerlichen Wohnkultur seltener, dafür seht ihr auf der rechten Seite eine freundliche Grünanlage mit einem dieser dekorativen, aber praktisch nie benutzten Musikpavillons: ein Square, sprich «Skwahr», eine jener übers Stadtgebiet verteilten grünen Lungen, wie sie der Baron Haussmann, der englischen Mode seiner Zeit folgend, in Paris einführte.

Ein Stück weiter, ebenfalls zur Rechten, liegt die rue d'Aligre, wo der Straßenmarkt beginnt. Von einigen Häuserfassaden hängen aufgereiht Hemden, Jacken und Mäntel, drunter häufeln sich Artischocken, Paprikaschoten, Gurken und so weiter, je nach Jahreszeit. Dazwischen wird bisweilen ein gelbes Wunderpulver gegen müde Füße angeboten. Wo die Straße in die Place d'Aligre mündet, befindet sich der mit Palmwedeln verzierte Laden «Aux Caraibes», wo es das Nötige für den exotischen Küchenbedarf gibt. Der Marché d'Aligre, der hier eigentlich erst beginnt, besteht aus einem offenen Markt und einer Markthalle. Sie ist noch vor der Phase der Stahl-Glas-Architektur entstanden – wenn ihr in ihrem Inneren den Blick nach oben wendet, seht ihr das imposante Holzgebälk des Dachstuhls. Den nahrhaften Inhalt der Halle bilden Fische und Krustentiere, Kaninchen, Lämmer, Hühner, Enten, Wachteln, Tauben und weißgekalkte Würste aus französischen Provinzen. In der Mitte, wo sich die Wege kreuzen, steht ein kleiner Brunnen und in einer Ecke der Verschlag des Wärters, über dem eine Tricolore der Autorität den nötigen Nachdruck verleiht. Draußen auf dem Vorplatz steht noch ein kurioses kleines Gebäude mit Uhrturm und Glocke, von wo aus früher das Marktgeschehen überwacht wurde. Hier auf dem Platz wird mit Klamotten gehandelt. Kleidungsramsch liegt auf großen Haufen und wird billigst verscherbelt. Es gibt aber auch fabrikneue, buntbedruckte Stoffe, vor allem bei Arabern sehr beliebt. Die Lebensmittelstände setzen sich im Süden des Platzes fort bis hinunter zur rue de Charenton; dieser Teil wird vor allem von nordafrikanischer Kundschaft frequentiert.

Der Marché d'Aligre ist der billigste Markt von Paris. Das Volksgedränge, mit einem hohen Anteil von Fremdarbeitern, ist samstags und sonntags am dichtesten. Wer eine Pause einlegen möchte, dem bieten sich eine Reihe von Marktcafés an. Nicht auf den ersten Blick zu finden, weil etwas abseits gelegen, ist der «Baron Rouge», gleich hinter der Halle, in der rue Théophile-Roussel. Hier wird Landwein, Bier und Cidre vom Faß abgefüllt. Hinter den Fässern in der Ecke gibt es auch eine

Theke, wo alles probiert werden kann. Ein paar Schritte weiter, in derselben Straße, findet ihr das «Café du Square Trousseau» – eine Perle unter den Bistrots, mit Stuck an der Decke, einem Kanonenofen in der Mitte und einer freundlichen Dame hinter dem Tresen.

Wem weiter nach Rumbummeln zumute ist: Die Gegend nördlich der rue Faubourg St. Antoine ist sehr gut geeignet, umherzustreunen, sich treiben zu lassen, es so zu machen, wie der große Meister des Flanierens, Siegfried Kracauer, der geschrieben hat: «Straßen gibt es in allen Städten. Während sie aber sonstwo aus Trottoirs, Häuserreihen und leicht gewölbten Asphaltflächen bestehen, spotten sie in Paris der Zerlegung in die verschiedenen Elemente. Was immer sie seien: enge Schluchten, die in den Himmel ein-

Im Faubourg St. Antoine

münden, ausgetrocknete Flußläufe und blühende Steintäler – ihre Bestandteile sind ineinandergewachsen wie die Glieder von Lebewesen. Oft fließen die Seitenwände und Pflasterböden unmerklich zusammen, und ehe er sich's versieht, gerät der Träumende wie zu ebener Erde über senkrechte Mauern bis zu den Dächern und weiter, immer weiter ins Dickicht der Schornsteine hinein. Auf diesen Routen trieb ich mich umher und mußte in jedem Passanten den Eindruck eines ziellosen Schlenderers erwecken.»

Zwei weitere betriebsame Straßen des Viertels sind die rue de Charonne sowie die rue de la Roquette, in deren Nr. 40 Étienne der Tätowierer arbeitet. Wunderschöne Werbefotos hat er im Schaufenster. Er macht auch Vielfarben- und Ganzkörpertätowierungen, bitte sehr. Einige seiner Kunden kann man abends ein paar Schritte weiter bei «Phify's» antreffen, in der von Rockern und Motorradfreaks frequentierten Kneipe eines legendären Ex-Rausschmeißers.

Das ganze Viertel ist durchsetzt mit kleinen Gassen und unerwarteten Durchgängen, wo aus zahlreichen Möbelwerkstätten der Geruch von Leim, Firnis und Sägespänen dringt. Die alten Hobel, die im Bistrot «Aux Cinq Points Cardinaux», in der versteckten passage St. Bernard, als Schmuck von der Dekke hängen, verweisen darauf, daß die Kundschaft, die hier mittags ihr Billig-Menü verzehrt, vorwiegend mit Holzbearbeitung zu tun hat. Allerdings wird die Situation der kleinen Betriebe immer problematischer. Viele haben in letzter Zeit dichtgemacht, und die leerstehenden, geräumigen Fabriketagen dieses Proletenstadtteils haben bereits die Vorhut der gutsituierten Pariser Künstler-Bohème angelockt – schikke Menschen mit der Nase im Wind, die sich hier «lofts» nach New Yorker Vorbild einrichten, schon jetzt als Preistreiber wirken und vielleicht in einigen Jahren auch dieses volkstümliche Viertel versaut haben werden.

Apropos «volkstümlich»: keine Illusionen über die Wohnverhältnisse in diesen alten, verwinkelten Gassen und Hinterhöfen! Sie sind zum Teil katastrophal. An vielen dieser Häuser ist jahrzehntelang nichts renoviert oder auch nur repariert worden. Ein in «Libération» erschienener Bericht über ein Haus in der passage Basfroi macht schaudern: Das Gebäude ist so baufällig, daß der Fußboden nicht mehr überall betreten werden darf. In den Mauern sind gewaltige Risse, an den Wänden Schimmelkulturen. Die Außenklos sind meistens verstopft. Die Wasserrohre platzen gerne, es zieht ständig durch die undichten Fenster. «Überall sind Ratten», erzählt eine tunesische Hausfrau, «letzte Nacht habe ich elf Stück getötet. Die Kinder haben schon alle Pickel, es ist hier alles voller Krankheitserreger. Die Luft ist so feucht, daß ich den Blagen morgens nasse Kleider anziehen muß.»

Klamotten zu Niedrigpreisen

Allerlei Märkte haben sich auf anderes als Lebensmittel spezialisiert. Da ist zum Beispiel der Blumenmarkt auf der Île de la Cité, dessen Stände am Sonntag von einem Markt für Zier- und Singvögel eingenommen werden. Tiere werden ansonsten an Wochentagen gleich gegenüber am anderen Ufer verkauft. Falls ihr mal am quai de la Mégisserie spazierengeht,solltet ihr euch nicht wundern, wenn plötzlich ein Hahn kräht. Im 3. Arrondissement, nicht weit von der place de la République, steht der «Carreau du Temple», ein blau angestrichenes Prachtstück von einer Markthalle, das gerade noch mal vor dem Abriß gerettet werden konnte. Täglich außer montags werden hier Kleider verkauft, sonst dient die Halle gelegentlich auch zum Theater- oder Basketballspielen. Einige der Händler haben ihre Läden in hölzernen Buden, die wie altertümliche Badekabinen aussehen; andere breiten ihre Mäntel, Jacken, Westen, Hosen auf großen Tischen aus. Ein Gang durch dieses Gebäude hat gewisse Ähnlichkeiten mit einem Spießrutenlauf, denn die Händler zeichnen sich durch ein sehr offensives Verkaufsverhalten aus. Es gibt keine Preisschilder und auch keine Festpreise: Hier muß also handeln, wer einen günstigen Fang machen will – nicht gerade einfach bei diesen ausgefuchsten Gegnern.

Der bekannteste unter den Nicht-Nahrungs-Märkten ist zweifellos der Flohmarkt. «Der» Flohmarkt ist eigentlich nicht korrekt, denn es gibt mehrere. Außer dem berühmten in St. Ouen sind da noch die Märkte von Montreuil, Vanves, Kremlin-Bicêtre, Les Lilas, La Villette, und gerade auf diesen weniger bekannten könnt ihr die interessantesten Funde machen. Manche Clochards verkaufen da, was sie auf ihren Streifzügen durch den Pariser Abfall gesammelt haben, und oft sind die Antiquitätenhändler des «großen» Flohmarkts ihre besten Kunden. Aber auch «Les Puces de Saint-Ouen», Metro Porte de Clignancourt, bestehen nicht nur aus teurem Touristennepp – der beschränkt sich auf gewisse Bereiche. Vor allem für Kleidung und Hausrat ist dieser Markt eine billige Einkaufsquelle. Nicht in den teuren Boutiquen der Innenstadt, sondern hier kleiden sich viele arabi-

Kleidermarkt im Carreau du Temple

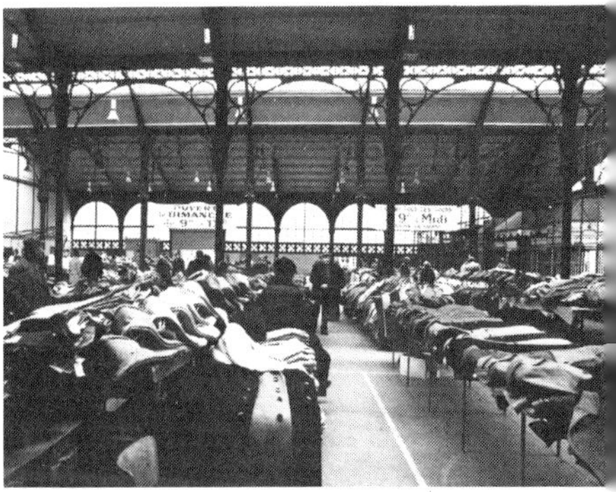

sche Fremdarbeiter und ärmere französische Familien ein. Für sie ist der Tag auf dem Flohmarkt zugleich ein Ausflug, ein Freizeitereignis. Dazu gehört der Besuch eines der simplen Restaurants der Umgebung, wo zu Muscheln und Fritten Live-Musik geboten wird – meist sind es klapprige Rentner, die sich durch das Bedienen eines Akkordeons ein Zubrot verdienen. Eine Ausnahme ist «La Chope des Puces» in der rue des Rosiers: Bei einem Kaffee an der Bar könnt ihr hier einer kleinen Zigeunerband zuhören. Über der Theke hängt das Porträt des großen Vorbilds Django Reinhardt.

Die Welt der Passagen

Eine neue, spezifisch großstädtische Form der Warenpräsentation erlebte ihre Blütezeit in der ersten Hälfte des letzten Jahrhunderts: die Passage, ein von einzelnen Geschäften gesäumter Durchgang zwischen den Häusern, mit einer verglasten Decke und der damals brandneuen Gasbeleuchtung. Sie bot ein völlig neues Spazier- und Einkaufsgefühl. Hier promenierten die Angehörigen der eleganten Welt gemessenen Schrittes an den Luxusläden entlang, um sich sowohl gegenseitig zu mustern, als auch die raffiniert ausgestatteten Schaufenster zu betrachten. 1830, zu den besten Zeiten, gab es etwa 140 Passagen in Paris, fast alle auf dem rechten Ufer, wo sich seit jeher das Zentrum des Handels befand. Heute sind die meisten verschwunden, zugemauert, abgerissen. Sie wurden von anderen Tempeln der Warenästhetik abgelöst. Dennoch: Einige Überbleibsel existieren weiterhin. Wie schrullige alte Tanten haben sie jede für sich ihren besonderen Charakter. Ein paar davon erleben sogar zur Zeit einen zweiten Frühling im Zusammenhang mit den sich ausbreitenden Fußgängerzonen. Nun ja, aber das ist doch nicht zu vergleichen mit damals, als die reichen, arroganten Dandies in den Passagen Schildkröten spazierenführten, um aller Welt zu zeigen, wieviel Zeit sie hatten.

Einen Ausflug in diese etwas verborgene Welt beginnt ihr am besten mit dem Vorläufer aller übrigen Passagen, dem Palais-Royal, an der gleichnamigen Metrostation. Durch einen nicht auf den ersten Blick zu findenden Durchgang neben der Comédie Française kommt ihr ins Innere dieses weitläufigen Komplexes. Ein paar Jahre vor der Französischen Revolution wurde, um die Finanzen der königlichen Familie aufzubessern, damit begonnen, in den langen Wandelgängen des Palastes Ladenlokale zu vermieten, wodurch sich dieser Ort alsbald zum turbulentesten Treffpunkt von Paris entwickelte, zu einer Stadt in der Stadt. Hier wimmelte es von Passanten, Spielern, Modegecken. «Mit Anbruch der Nacht erreichte die Anziehungskraft des Bazars ihren Höhepunkt», erzählt Balzac. «Aus allen Teilen von Paris eilten die Freudenmädchen in das Palais.» Eine solche Menschenmenge wälzte sich durch diesen «Tempel des käuflichen Gewerbes», daß man nur langsam wie bei einer Prozession vorankam. «Es war abscheulich und es war fröhlich», befindet der Schriftsteller etwas zweideutig. Heute aber scheint das Palais-Royal in einen aristokratischen Tiefschlaf versunken zu sein.

Außer ein paar Briefmarkenhandlungen und Antiquariaten gibt es kaum mehr Geschäfte, selten, daß sich Käufer unter die Arkaden verirren. Nur im Garten, den das Gebäude umschließt, sitzen vereinzelt zeitunglesende oder dösende Rentner, manchmal spielen ein paar Kinder im Sand. Man muß sich schon anstrengen, um sich den Trubel vorzustellen, der hier einst geherrscht hat.

Wenn ihr den rechten Ausgang an der Nordseite nehmt, seht ihr gegenüber eine kleine Treppe. Da geht's rauf, durch die winzige passage des Pavillons, die auf die rue des Petits-Champs mündet. Schräg rechts auf der anderen Straßenseite beginnt gleich die Passage Vivienne. Sie ist sicher von allen die reichste, bestgepflegte und mit ihrem Mosaikfußboden und den Stuckgöttinnen noch die ansehnlichste. Aber auch hier: vornehme Schläfrigkeit. Früher gab es hier das «Théâtre lyrique» sowie ein Marionettentheater und das «Cosmorama», eine optische Apparatur, mittels derer Landschaftsbilder dreidimensional wahrgenommen werden konnten. Alle diese Attraktionen sorgten dafür, daß die Passage von quirligem Leben erfüllt war. Ein Relikt ist das Buchantiquariat im hinteren Teil, die betagte «Librairie Ancienne et Moderne», wo unter dem mißtrauischen Blick der strengen Inhaberin vereinzelte Bibliophile in vergilbten Wälzern stöbern.

Der Weg knickt dann nach links ab und führt auf die rue Vivienne. In Fahrtrichtung, an der Börse vorbei, gelangt ihr zur Nr. 38: dem Eingang zu einem System mehrerer sich kreuzender Passagen. Von einem Labyrinth zu sprechen, wäre etwas übertrieben, aber im ersten Anlauf kann man doch schon ein bißchen die Orientierung verlieren. Hier haben sich viele ehemalige Geschäfte in Büros verwandelt, an die Stelle der luxuriösen Auslagen sind Milchglasscheiben getreten. Was mal ein Hort des gehobenen Geschmacks war, ist verödet, wird kaum beachtet, dient den wenigen durcheilenden Fußgängern gerade noch als Abkürzungsweg. Einzig die mittlere dieser Passagen, die passage des Panoramas, ist einigermaßen belebt. Hier waren 1817 die ersten Versuche mit der neuen Gasbeleuchtung unternommen worden. Hinter einer auffallend verschnörkelten Fassade, die heute ein kleines Restaurant schmückt, naschten einstmals Damen der höheren Gesellschaft Zukkerwerk und nippten an heißer Schokolade, was die alte Inschrift im ersten Stock noch ahnen läßt. Die passage des Panoramas endet auf dem boulevard Montmartre, drüben auf der andern Seite seht ihr aber schon, wo's weitergeht. Gleich neben dem Musée Grevin öffnet sich die passage Jouffroy – sie ist eine der lebendigsten, da sie mitten in einem brausenden Geschäftsviertel liegt. Aber schon in ihrem hinteren Teil, zu dem ein paar Stufen hinunterführen, ändert sich der Eindruck: Die

Passage Vivienne

... an einem Dezemberabend ging Graf Muffat in der Passage des Panoramas auf und ab. Es war ein milder Abend, ein Regenschauer hatte vorhin eine wahre Flut von Menschen in die Passage zusammengetrieben. Jetzt herrschte hier ein wirres Gedränge. Die Leute bahnten sich mühsam einen Weg, drückten und schoben sich aneinander vorbei, eng zusammengepreßt, wie sie zwischen den Läden eingekeilt waren. Unter dem in weißen Reflexen spiegelnden Glasdach war alles grell beleuchtet; blendendes Licht überflutete die Galerie, weiße Glaskugeln, rote Laternen, blaue Transparente, Gaslampen brannten, Uhren und riesige Fächer, von Flämmchen umrissen, loderten in der Dunkelheit; und die bunte Farbenpracht der Schaufenster, das gleißende Gold der Juweliere, die Kristallschalen und Gläser der Zuckerbäcker, die hellen Seidenstoffe der Modehäuser funkelten und blitzten hinter den spiegelblanken Glasscheiben im grellen Lichtschein der Reflektoren.

(Émile Zola: Nana. dtv, München 1976)

Läden sind weniger glitzernd – unattraktiver, verstaubter Kleinkram ist vorherrschend: antiquarische Bücher, Briefmarken, Hundebekleidung. Wieder ist eine Straße zu überqueren, um die Wanderung in der melancholisch vor sich hindämmernden passage Verdeau fortzusetzen. Auch hier haben sich seltsame, schrullige Geschäfte eingenistet: ein Laden mit vergilbten Kinderbüchern, ein Geschäft für Sammler von alten Fotokameras, ein anderes für Grammophonplatten, Reisebüros, die mit der Pleite kämpfen, daneben leere Schaufenster, in denen «zu vermieten» angeschrieben steht.

Es geht nun raus an die frische Luft und die belebte rue Richer entlang, die Einkaufsstraße für die frommen Juden des Viertels. Sie stößt, nachdem sich ihr Name in rue des Petits Écuries geändert hat, auf die rue du Faubourg St. Denis, eine Straße, die durch eine Reihe von offenen und überdachten Durchgängen mit ihren Parallelstraßen verbunden ist: den Passagen du Désir, Reilhac, Brady, du Prado. Einige davon erinnern an Hinterhöfe: Es gibt dort Lagerschuppen, Reparaturwerkstätten, Druckereien. In der passage du Désir (der Sehnsucht) befindet sich eine Polizeistation, der gegenüber ein Schild mit der Warnung «Défense d'uriner» angebracht ist. Der überdachte Teil der passage Brady war wohl mal eine gute Geschäftsadresse – jetzt aber sieht es hier übel aus: Das Pflaster ist aufgebrochen, unter dem trüben Glasdach hängen verrostete Lampen, viele Ladenlokale sehen aus wie Rumpelkammern, andere stehen leer, die Schaufensterscheiben sind verdreckt – wenig also ist vom früheren Glanz übriggeblieben. Jenseits des boulevard Strasbourg setzt sie

Galérie Vero-Dodat

sich als offene Passage fort, die Szenerie ändert sich total: Kopfsteinpflaster, niedrige Häuschen, ein Kostümverleih für Theater, Zirkus und private Verkleidungsabsichten, ein koscherer Metzger namens Wiletzki und ein urtümliches Café-Bois-Charbon, eine Kombination aus Kneipe und Kohlenhandlung – fast scheint hier die Zeit stehengeblieben zu sein.

Etwas weiter südlich, jenseits des alten Stadttores, wird aus der rue Faubourg St. Denis die rue St. Denis. Damenbekleidung und Prostitution sind hier die beiden ins Auge fallenden Gewerbe. Weniger auffällig sind die vielen Passagen, die zu beiden Seiten von der Straße abgehen; fast alle sind sie vom Textilhandel geprägt. In der langen und verzweigten passage du Caire findet sich all das, was man braucht, wenn man Kleider verkaufen will: Schaufensterpuppen, künstliche Pflanzen zur Dekoration, Kleiderständer – fast jeder Quadratmeter dieses Viertels ist der Menschenverpackungsin-

Ein Geschenk des Kaufhauskönigs: «La Pagode», heute Kino

dustrie gewidmet. Weiter in südlicher Richtung auf der rue St. Denis, jenseits der rue Réaumur, tritt an die Stelle der Geschäfte des Modegroßhandels mehr und mehr das Porno-Gewerbe. Einen Fluchtweg aus diesem trostlosen Neonrummel stellt die passage du Grand Cerf dar, deren gelblich-bräunliche Innenfassaden sogleich einen Hauch von Vergangenheit verbreiten. Hier ist es wieder ruhig, die Boutiquen der sich rapide ausbreitenden Fußgängerzone von «Les Halles» haben sich dieser Passage noch nicht bemächtigt – wenn es soweit ist, wird sich wohl die

Scherzartikelhandlung einen anderen verstaubten Winkel der Stadt suchen müssen.

Wenn ihr auf der anderen Seite über die rue Tiquetonne in die rue Jean-Jacques Rousseau weiterspaziert, habt ihr den Bogen vom Palais-Royal fast wieder geschlossen. Hier nun liegt das letzte Exemplar dieser archäologischen Exkursion, die schöne Galerie Vero-Dodat. Zwei wohlhabende Metzger, die Herren Vero und Dodat, haben sie im Jahre 1826 erbauen lassen und dabei nicht mit Mitteln für die Dekoration gegeizt. Die dunkle Holztäfelung und die Deckengemälde verschaffen dieser Passage den Charakter eines etwas lang geratenen, gepflegten Salons. Damit wäre ein pittoresker Abschluß für diese Tour gefunden, die allerdings so lang ist, daß ihr sie vielleicht besser in mehrere Teile zerlegt, sonst wird der Ausflug ins 19. Jahrhundert ein ermüdender Gewaltmarsch.

Paläste des Konsums

Die Stunde der Passage hatte geschlagen, als die Kaufhäuser aufkamen. Mit ihnen trat der Einzelhandel in eine qualitativ neue Phase: Was vorher in voneinander unabhängigen Geschäften angeboten wurde, war jetzt unter ein und demselben Dach konzentriert – und zwar in enormen Mengen dank der industriellen Massenproduktion. 1852 wurde als erster dieser neuen Warenpaläste der «Bon Marché». (Metro Sèvres-Babylone) eröffnet. Das Unternehmen wurde schnell ein riesiger Erfolg, so daß der Direktor es sich leisten konnte, als Geschenk für seine Frau eine in Einzelteile zerlegte, echte Pagode aus Japan kommen zu lassen und sie in der Nähe seiner

Wirkungsstätte Stein für Stein wiederaufbauen zu lassen. Dieses Wunderwerk ist heute für die Öffentlichkeit zugänglich: als Kino, das konsequenterweise «La Pagode» heißt.

Paris wurde rasch zur Hauptstadt der neuen Kaufhäuser. Dem erfolgreichen «Bon Marché» folgten im Verlauf des 19. Jahrhunderts bald weitere: «La Belle Jardinière», «Le Printemps», «Les Galeries Lafayette», «Le Bazar de l'Hôtel de Ville», «La Samaritaine» – um nur jene zu nennen, die noch immer existieren. Das waren keine eintönigen Silos wie die geläufigen Nachkriegskaufhöfe, sondern verschwenderisch ausgestattete Schlösser: Elegant geschwungene Treppenaufgänge, Balustraden, Säulen, kunstvolles Gitterwerk und vor allem die von einer großen Kuppel gekrönten Lichthöfe zauberten in den Kunden das Gefühl herbei, ein für sie bestimmtes Paradies des Überflusses zu betreten. Was heute davon übrig ist, beschränkt sich vorwiegend auf die barocke Pracht der Belle Époque-Fassaden, während sich im Inneren zeitgenössische Nüchternheit, Allerweltsbanalität breitgemacht hat. In einigen Häusern ist allerdings die alte Raumaufteilung beibehalten worden, auch sind immer noch die gläsernen Kuppeln des «Printemps» und der «Galeries Lafayette» zu bewundern.

Inzwischen ist die Entwicklung noch einen Schritt weitergegangen, und diesen Warenhäusern haftet nun schon wieder etwas Altmodisches an,

obwohl besonders die am boulevard Haussmann gelegenen Kauftempel nach wie vor große Publikumsmagnete sind. Die bislang letzte Stufe des Massenkommerzes bilden die «Centres Commerciales». Vor allem in neu hingeklotzten Vierteln schießen sie aus dem Boden: das «Centre Beaugrenelle» an der Front de Seine im 15. Arrondissement, «Galaxie» an der place d'Italie, «Quatre Temps» in La Défense und wie sie sonst noch alle heißen. Die Filialen großer Ladenketten sind hier mit Bars, Restaurants und Kinos zu einer geschlossenen Einkaufs- und Freizeitlandschaft zusammengefügt, einer hochmodernen Welt für sich, mit unterirdischen Parkplätzen und oft direktem Anschluß ans Metrosystem. ■

Quand on aime la vie, on va au cinéma – Die Pariser Kinokultur

Paris ist eine der Weltmetropolen des Films, nicht so sehr, was die Produktion angeht, sondern auf Grund des Publikums, das jeden Tag zwischen 12 und 24 Uhr in die 400 Kinos strömt, um sich «'ne Leinwand zu machen» (se faire une toile). Die Bevölkerungsdichte ist dabei nicht der einzige Grund. Seit Lumière und Méliès ihre ersten Streifen hier vorführten, gibt es eine Kinobegeisterung, ja, eine Kinokultur, wie sie in Deutschland nur in gewissen Intellektuellenkreisen zu finden ist. Um in die neuesten Filme reinzukommen, muß man zwangsläufig Schlange stehen (oft vergeblich!), und das Urteil der Pariser Zuschauer auf den Champs-Élysées oder im Quartier Latin entscheidet über den Erfolg der neuen Streifen. Wer hier miese Zuschauerzahlen hat, kommt gar nicht erst in die Lichtspieltheater der französischen Provinz, die im Vergleich zur Hauptstadt eine Kino-Wüste darstellt. So gönnen sich denn viele Provinzler, wenn sie nach Paris kommen, eine «ciné-cure» (Filmkur).

Obwohl die Franzosen mehrere Spielfilme pro Tag im Fernsehen serviert bekommen und die Eintrittspreise bis zu 15 Mark (plus zwei Francs Trinkgeld für die Platzanweiserin) betragen, werden jede Woche 800000 Karten verkauft, laufen jedes Jahr 800 Filme im Kino. Ausländische Filme werden bevorzugt im Originalton (v. o. = version originale) mit französischen Untertiteln gezeigt: So könnt ihr auch heimische Filme ohne Sprachprobleme sehen. Manche deutschen Filme haben in Paris sogar Erstaufführung. Fast alle sind offene Geheimtips für Filmliebhaber: Bei Herzog, Faßbinder, Wenders oder Sanders sind die Säle meistens voll, und sogar deutsche Vorkriegsfilme schaffen es, Massen von Kultanhängern zu mobilisieren. Vollständige Informationen über das wöchentliche Kinoangebot liefern «Officiel du Spectacle» und «Pariscope». Diese billigen Blätter erscheinen jeden Mittwoch, dem Tag des Programmwechsels – ein «must» für den Kinofan, um die Programme, Uhrzeiten, Preise und Adressen zu erfahren. Manche Kinos zeigen mehrere Filme im selben Saal zu verschiedenen Zeiten. Bis auf Wochenenden (Freitagabend bis Sonntagnacht), Feiertage und deren Vorabende gibt es Ermäßigungen, wenn ihr einen internationalen Studentenausweis vorlegt. Außerdem sind sämtliche Montagsvorstellungen fast überall um 20 Prozent billiger. Trotzdem strömt die arbeitende Bevölkerung vor allem an den Wochenenden ins Quartier Latin, auf die Champs-Élysées und die «Grands Boulevards», um dort beeindruckend lange Schlangen zu bilden.

Wie anderswo auch haben sich die meisten Pariser Kinos inzwischen in Supermarkt-Komplexe mit drei bis acht Mini-Sälen verwandelt, wo dann «für jeden Geschmack etwas» gezeigt wird. In manchen Vorstädten gibt es nur noch einen einzigen Komplex dieser Art, und die Freiheit der Wahl besteht dort zwischen

Paris im Film
René Clair: «Entr'acte»,
«Sous les toits de Paris» /
Marcel Carné: Nogent, el-
dorado du dimanche», «Le
jour se léve» / Jacques de
Baroncelli: «La chanson de
Paris» / Raymond Bernard:
«Faubourg Montmartre» /
Jean Renoir: «Boudu sauvé
des eaux / Jean Vigo: «L'Atalante» / Jean Dréville:
«Copie conforme» / Jean Cocteau:
«Orphe / Joris Ivens: «La Seine à
Rencontre Paris»

Karate, Sex, dämlichen Komödien oder dem letzten Spielberg-Film. Diese Kino-Schachteln sind fast alle in der Hand der Monopolverleihe UGC, Gaumont und Parafrance, die durch rationalisierte Steuerung der Aufführungen größtmögliche Profite machen. An richtigen großen Kinos sind nur wenige übriggeblieben: jeweils einen stattlichen Saal gibt's noch in den Komplexen Paramount Opéra, UGC Normandie oder Montparnasse Pathé; ein vielbesuchter Prachtsaal mit Riesenleinwand, Dolby-Stereo und allen Schikanen ist das etwas abgelegene «Kinopanorama» im 15. Arrondissement. Und ein wahrhafter Palast schließlich ist das «Grand Rex» am boulevard Poissonnière, mit seinen 2800 Plätzen ist es das größte Lichtspielhaus Frankreichs. Ein Traum von einem Kino, mit zwei Balkon-Etagen und einer kuriosen, «atmosphärischen» Raumarchitektur, einer Decke, an der Sterne glitzern und Wolken ziehen, und zu Weihnachten spielt die Wasserorgel. Hier laufen fast ausschließlich die großen Kassenfüller, wie soll man das Ding sonst vollkriegen. Deshalb wird selten mal ein ansehnlicher Film gezeigt. Trotzdem: allein um die Erfahrung zu machen, was Ins-Kino-Gehen früher mal bedeuten konnte, lohnt es sich, dieses altmodische Monument zu besuchen.

Kinos en masse

Neben den Filmtheatern der großen Produktions- und Verleihfirmen, die durchaus auch anspruchsvolle Filme zeigen, gibt es eine einzigartige Menge von «Cinémas d'Art et Essai», was ungefähr den deutschen Programmkinos entspricht. Es sind Kinos, die meist von Film-Narren betrieben werden und in denen das zu sehen ist, was allgemein als Filmkunst bezeichnet wird: engagierte, «schwierige», zu Unrecht vergessene Filme, Kultfilme, Serien mit bestimmter Thematik; auf kleinen Festivals werden Filmkulturen präsentiert, die bei uns keiner kennt: das indische, das ägyptische, das brasilianische Kino ... Es gibt Hommages an einzelne Regisseure – da werden z. B. wochenlang die wichtigsten Filme von Rohmer, Antonioni, Ozu, Buñuel, Hitchcock oder Fritz Lang gezeigt. Wieder andere Reihen sind bestimmten Schauspielern gewidmet oder auch mal dem legendären amerikanischen Verleih «RKO Radio Pictures», kurz: die gesamte Filmgeschichte bleibt hier lebendig. – Oft werden die Streifen nicht einfach nur runtergespult, sondern es gibt Hintergrundinformationen dazu. In den Kinos der «Action»-Kette erfährt der Besucher vor dem Kartenkauf, in welchem Zustand sich die Kopie befindet. Ein

Star unter den Programmkinos ist das «Escurial» am boulevard de Port Royal. Vier junge Filmfreaks haben 1981 dieses ehrwürdige Lichtspielhaus übernommen und mit den Einnahmen der ersten Jahre aufwendige Umbauten finanziert. Der Fünfziger-Jahre-Glamour des alten Stadtteilkinos – roter Samt, Faltenvorhang, gerahmte Starfotos – verbindet sich seither mit technischen Raffinessen wie Dolby-System und Panorama-Leinwand. Das «Escurial» ist ein Paradies für Freunde des totalen Kinos: Ganze Nächte mit Brigitte Bardot waren hier schon zu erleben, und in der Samstagnacht-Vorstellung laufen regelmäßig Kultfilm-Dauerbrenner wie «Eraserhead». Andere gut programmierte Kinos: «Saint André des Arts», «Mac Mahon», «République Cinémas», «14 Juillet» und und ... Im «Studio Bertrand» laufen manchmal zehn Stunden lang nonstop fünf verschiedene Filme hintereinander für den Preis von einem, ähnliche Filmshows bietet gelegentlich das «Escurial». «Le Latina» zeigt vorwiegend lateinamerikanische, das «Cosmos» hingegen ausschließlich sowjetische Filme, oft solche, die nicht mal in Moskau zu sehen sind. Das «Studio 43» ist auf die Geschichte des französischen Films spezialisiert, im «Vendôme» in der Nähe der Oper gibt es, das liegt nahe, nichts als Opernfilme.

Freunde des Horrorfilms seien auf das düster-verschmuddelte «Brady» am Ostbahnhof verwiesen, und wer das echte Abenteuer sucht, sollte sich mal in die bevorzugt von Arabern und Schwarzen besuchten Kung-Fu-Tempel «Trianon» oder «Cigale» am boulevard Rochechouart wagen – zwei beeindrukkende Großkinos, die bessere Tage gesehen haben und die, wie auch das gegenüberliegende «Gaîté-Rochechouart», ein rundum exotisches Kinoerlebnis gestatten (das Publikum geht mit wie beim Boxkampf). Die beiden schönsten Pariser Kinos sind aber sicherlich «Le Ranelagh», ein altes, holzgetäfeltes Theater – eine Oase in der Kinowüste des 16. Arrondissements, die auf jeden Fall einen Ausflug lohnt, und zweitens «La Pagode», in einer echten, 1896 aus Japan hierher transportierten Pagode und seit 1931 nicht allein we-

gen seiner Architektur ein Tempel: Auch heute noch beherbergt das phantastische Gemäuer ein Avantgarde-Kino. Außerdem könnt ihr hier in einem japanischen Gärtchen Tee mit Backwerk genießen.

Die «Cinémathèque Française» im Palais de Chaillot, wo sich auch das Filmmuseum befindet, ist Petersdom und Mekka zugleich für all diejenigen, die wenigstens zwanzig Filme in der Woche sehen müssen. Neben diesem «Ur-Saal», wo man sich möglicherweise auf dem Stammplatz von Truffaut, Godard oder Chabrol räkelt, gibt es auch von 15 bis 21 Uhr Vorstellungen der Cinémathèque im Centre Pompidou. Dort befindet sich auch noch eine weitere «visuelle» Attraktion: die Videobibliothek. Hier kann man sich rund 1400 Filme gratis in den Videorecorder schieben lassen, darunter ganz ausgezeichnete Titel politischer oder historischer Art, die nie in Kinos laufen.

Schließlich noch ein Hinweis auf das allerneueste und verrückteste Pariser Lichtspielhaus: die «Géode», eine stahlverkleidete, glänzende Kugel im Park von La Villette. Für «Le Monde» ist sie ein «Meilenstein in der Geschichte der Cinématographie, eine Vorwegnahme des Kinos des 21. Jahrhunderts». Auf der Innenseite der Kuppel befindet sich eine 1000 Quadratmeter große, gewölbte Leinwand, auf die eigens hergestellte Special-Effect-Filme projiziert werden. Der Zuschauer, halb in seinem Sessel liegend, wird vollständig ins Geschehen reingezogen. Alles in allem ein perfektioniertes Jahrmarktsvergnügen, bei dem einem schlecht werden kann wie auf der Achterbahn.

Film zum Lesen

Frankreich ist das Land, in dem neben den USA die meisten Filmzeitschriften erscheinen. Über 50 Titel sind im Verkauf, fast alle werden in Paris verlegt. Die meisten sind cinephiler Art und enthalten vor allem mehr oder weniger ehrfürchtige Besprechungen der neuesten Filme. Zu

den intelligenteren unter den weit verbreiteten Blättern zählen «Les Cahiers du cinéma» (schon geradezu legendär!), «image et son» (eine Zeitschrift der Filmclubverbände), «Cinématographe» und «Positif». Dann gibt's da noch die betont andersartigen, wie «Visuelles» (nicht nur für Frauen), «Cinéthique» (marxistische Filmanalysen) und «Cinémaction» (jede Nummer wie ein Nachschlagewerk zu bestimmten Themen: Rassismus, Frauen, Homosexualität, arabischer Film Video). Um diese Blätter zu finden, muß man schon etwas suchen, am besten vielleicht in den spezialisierten Filmbuchhandlungen. Die bestsortierten sind «Le Minotaure», «Atmosphère», «Les feux de la rampe» und «Les visiteurs du soir».

Alternative Film- und Videoarbeit

Seit Mai 68 vor allem haben sich, anläßlich der politischen und ökonomischen Auseinandersetzungen, viele Filmkollektive und seit einigen Jahren auch Videogruppen gebildet. Die meisten Gruppen sind informell um ein Projekt herum entstanden und nach dessen Abschluß wieder auseinandergegangen. Viele haben aber auch nach ihren ersten verlore-

nen «Revolutionen», bestärkt durch die einigermaßen befriedigende Erfahrung praktischer und künstlerischer Tätigkeit, weitergemacht. Und manche haben sogar den Grabenkrieg zwischen den politischen Organisationen überlebt. So diskutieren heute alte «68er» mit einigen fortschrittlichen professionellen Filmschaffenden und der nachgerückten Generation Themen wie Neue Sensibilität, Feminismus, Dezentralisierung sowie technische und formale Innovationen.

Freilich: In einer von Kultur- und Massenmedien so vollgepfropften Stadt wie Paris ist es gar nicht so leicht, diese Medienaktivisten überhaupt zu finden. Helfen können dabei einige alteingesessene Kollektive, die gute Verbindungen zu allen anderen Gruppen haben, zum Beispiel die ISKRA, die neben einer eigenen Filmproduktion vor allem den Verleih der meisten linken beziehungsweise alternativen Filme besorgt, oder «Mon Œil», die zentrale Vertriebsorganisation für Videoproduktionen oder das «Centre audiovisuelle Simone de Beauvoir» – eine Medieninitiative von Frauen für Frauen.

Klaus-Jürgen Gerke / Günter Liehr

Garstige Lieder und exotische Klänge – Musik in Paris

Musik in Paris? Da denken sicher viele zunächst mal an französische Chansons, und das ist auch ganz berechtigt, denn sie machen einen beträchtlichen Teil des Pariser Musiklebens aus. Damit ist freilich nicht der Schlagersirup à la Mireille Mathieu gemeint, der den Markt in Frankreich wie anderswo überschwemmt, sondern eine gerade für Paris typische Musiktradition, deren Anfänge weit in die Geschichte zurückreichen.

Ein spätmittelalterlicher Ahnherr des Chansons war beispielsweise François Villon mit seinen respektlosen, lästerlichen Liedern aus dem Säufer-, Spieler- und Gaunermilieu. Seine Heimat hatte das Chanson lange Zeit in den unteren Schichten – es war dem Leben des «niederen» Volkes verpflichtet. Meist waren die Lieder spottlustig, aufsässig, manchmal obszön und oft anarchisch. Legendärer Vertreter der Pariser Chansons im 19. Jahrhundert wurde ein Kutscher aus der Gegend des Nordbahnhofs: Aristide Bruant, der sich in den Kaschemmen der Faubourgs bewegte wie ein Fisch im Wasser. Seine Lieder aus dem Milieu der Deklassierten, der kleinen Diebe, Huren und Zuhälter sang er im Argot, dem Pariser Vorstadt- und Gaunerjargon. Zentrum für die Pariser Chansonsänger wurde gegen Ende des letzten Jahrhunderts der Montmartre mit seinen Keller- und Gartenlokalen – eine Welt, deren Atmosphäre uns durch die Bilder von Toulouse-Lautrec überliefert ist. Einige dieser «Cabarets» wurden rasch berühmt und zogen auch die Snobs der Hauptstadt an. Allmählich wurde das in breiten Schichten beliebt gewordene Chanson nun kommerzialisiert und hielt Einzug in die Music-Halls, wo es vor großem Publikum gesungen wurde. Manche der aus ärmlichen Vorstadtverhältnissen stammenden Sänger und Sängerinnen wurden zu Riesenstars, wie zum Beispiel die ehemalige Prostituierte Édith Piaf aus Belleville.

Chansons, auch ohne Schmalz

Auch heute noch behauptet das Chanson seinen Platz im Musikangebot von Paris. Neben alten Hasen wie Jean Ferrat, Leo Ferré oder Juliette Gréco, die problemlos große Säle füllen, gibt es eine Chanson-Szene, die sich ständig erneuert und verschiedenste Einflüsse aufnimmt. Die beiden Hochburgen, die höchsten Ziele für ehrgeizige Chansonniers, sind die Music-Halls «Olympia» und «Bobino» (derzeit im Neuaufbau). Wem es gelingt, hier aufzutreten, der hat seine Karriere in der Tasche. Unterhalb dieser beiden Monumente gibt es aber ein breites Netz von kleinen Bühnen und Lokalen, in denen sich der Nachwuchs präsentiert: «Chez Georges», «Café d'Edgar», «La Tanière», «L'Écume»... unmöglich, all diese Keller und Cafés-théâtres aufzuzählen, in denen sich Komödianten, Chansonniers und manchmal auch Jazzer abwechseln. Allerdings: beim jüngeren Publikum ist literarische oder politische Qualität nur wenig gefragt. Nachwuchsmusiker, die versuchen, an die sub-

Aristide Bruant – von Toulouse-Lautrec und im Film

Les Frères Jacques

Georges Brassens

versiven und poetischen Traditionen anzuknüpfen, tun sich schwer und kommen selten groß raus. Sie tingeln oft Jahrzehnte durch kleine Clubs, treten bei politischen Feten oder in Provinz-Kulturhäusern auf. Die französische Jugend begeistert sich mehr für das internationale Standardangebot anglo-amerikanischer Herkunft. Das Kulturministerium versucht da gegenzusteuern mit massiver Unterstützung neuer Talente. «La nouvelle chanson française» wird eifrig gefördert. Was dabei rauskommt, ist aber eher eine Art Popmusik-Verschnitt mit französischem Touch. Fließend sind die Übergänge zur populären Schlagerszene, die beherrscht wird von Größen wie dem ewigen Blondchen France Gall, dem ewigen Sonnyboy Julien Clerc oder dem reaktionären Michel Sardou. Zu den neueren Kräften, die sich in den letzten Jahren durchgesetzt haben, gehören die exzentrisch aufgetakelte Jeanne Mas, der Ohrwürmer-Produzent Jean-Jacques Goldman oder Softies wie Alain Souchon. Die Popmusik in Frankreich ist nicht besser und nicht schlechter als anderswo auch. Einige ragen aus dem erfolgreichen Durchschnitt etwas hervor: etwa Bernard Lavilliers, ein früherer Fernfahrer und Boxer mit einer Neigung zu Exotischem, der seine Lieder gern mit Salsa-, Samba- oder Reggae-Rhythmen aufmöbelt. Oder da wäre Charlélie Couture, der seine ironischen Texte gekonnt mit Blues- und Rockelementen verschmilzt und damit einen eigenwilligen, intelligenten Stil entwickelt hat. Vom herumziehenden Straßensänger zu einem wahrhaften Superstar hat sich in kurzer Zeit der blondmähnige Renaud gemausert. Sein Markenzeichen ist der «look» des «loubard», des rauhen Vorstadttypen mit rotem Halstuch, Stiefeln und schwarzer Lederjacke, der aber trotzdem zu zarten Gefühlsregungen fähig ist. In seinen oft im Pariser Argot gesungenen Liedern ist viel von Außenseitern und Rebellen die Rede. Musikalisch schlägt er eine Brücke von den Akkordeonklängen einstiger «bals musettes» zur Rockmusik unserer Tage. Renaud gehört zur anwachsenden Zahl jener Musikstars, die in Gestalt kostenloser Galas ihr Scherflein beitragen zum Kampf gegen den Hunger in Afrika, aber auch gegen den Rassismus im eigenen Land. Was natürlich für viele schon wieder eine Image-Frage ist.

Leo Ferré, Bernard Lavilliers, Jacques Higelin

Die Jazz-Szene erwacht

Ähnlich intim wie bei den Chansonniers geht es bei den Jazzern zu. Die eigene französische Jazz-Szene ist nicht sehr groß, das musikalische Geschehen wird vornehmlich von gastierenden Ausländern getragen. Außerdem hat sich eine ganze Reihe amerikanischer Jazzer in Paris angesiedelt. In letzter Zeit ist der Jazz allerdings doch ein wenig aus der Intimität der Spezialisten-Clubs herausgetreten: Einige größere «boîtes» haben ihre Tore geöffnet, so der «New Morning» in der rue des Petits Écuries, einer ehemaligen Fabrik mit 600 Plätzen, wo Leute auftreten, die zur internationalen Crème de la Crème gehören. Ebenfalls auf der rive droite befinden sich «Le Baiser Salé» (der salzige Kuß) und das «Sunset», beide in der rue des Lombards, einer Hauptader des musikalischen Nachtlebens im Hallenviertel – die Konzerte fangen dort um 23 Uhr an und dauern gewöhnlich bis um drei. Das gleiche gilt für «Le Petit Opportun» ein paar Schritte weiter, unweit der place du Châtelet. An diesem Platz steht auch das «Théâtre de la Ville», ein großer alter Kasten mit gemischtem Musikprogramm, wo Publikumsmagneten vom Kaliber eines Michel Petrucciani gastieren. Weitab vom Betrieb der mondänen Viertel liegt hingegen das «Dunois», wo Avantgarde-Jazz gemacht wird. Vom Snobismus des «tout Paris» ist hier wenig oder nichts zu spüren, dazu ist schon die Gegend, das von den Sanierern zerstörte und verbaute 13. Arrondisse-

Jazz im «Dunois»

ment, viel zu un-schick. Über ein beachtliches Konzertprogramm hinaus werden hier auch Workshops, in Paris «ateliers» genannt, angeboten, unter anderem auch für Kinder: Das «Dunois» hat sich zu einer wichtigen kulturellen Institution dieses Viertels entwickelt.

Noch eine interessante Adresse für Jazz-Platten-Freaks: «Les Mondes du Jazz» in der rue de la Petite-Truanderie (im 1. Arrondissement). Zwei absolute Jazzfans haben hier einen auf Jazz spezialisierten Schallplatten- und Buchladen aufgemacht, in dem aber auch wirklich alles zu finden ist. Hier werdet ihr aufs gewissenhafteste beraten – die Leute sind mehr als bloß fachkundig: Sie sind besessen.

Import-Rock und Eigenbau

Natürlich findet sich in einer Stadt mit den Ausmaßen von Paris auch ein umfangreiches Rock-Angebot. Zunächst mal kommen hier selbstverständlich alle «Großen» aus Amerika und England durch. Ihre Konzerte finden im gigantischen Zeltbau des «Zénith» im Park von La Villette oder im «Pavillon Baltard» in Nogent-sur Marne statt. Neuere Gruppen, Aufsteiger und Geheimtips treten vorwiegend in Sälen wir dem «Palace» auf, einem ehemaligen Theater und zur Zeit die beliebteste Discothek in Paris, oder in «Les Bains», einem ehemaligen Badehaus und ansonsten die zweitbeliebteste Discothek – die jungen Modesnobs geben sich hier noch um

einiges exklusiver als im «Palace». Wenn in «Les Bains» nicht gerade ein öffentliches Konzert stattfindet, kommt hier nur rein, wer dem Türsteher bereits bekannt ist oder aber so exzentrisch gekleidet, daß er/sie dessen Wohlwollen erregt.

Etwas weniger blasiert geht es im «Gibus» zu, einem Club, der anfangs auf Punk spezialisiert war und nach wie vor eher rauhe Musik bevorzugt. Gelegentlich werden auch von der Zeitschrift «Actuel» (ein Hochglanzprodukt für moderne junge Menschen wie du und ich) in einer leerstehenden Fabrik am quai d'Austerlitz nächtliche Konzerte mit der Bezeichnung «Rock in Loft» organisiert.

Neben den durchreisenden Rokkern, die stets die neuesten angloamerikanischen Trends repräsentieren, existiert natürlich auch eine französische Rock-Szene, die im Gefolge von Punk, New Wave, Elektronik-Rock und anderen jeweils aktuellen Richtungen bunte Blüten treibt

AMOUREUX DE PANAME

Ecoutez-moi, vous les ringards,
écologistes du sam'di soir,
cette chanson-là vaut pas un clou
mais je la chante rien que pour vous.
Vous qui voulez du beau gazon,
des belles pelouses, des p'tits moutons,
des feuilles de vigne et des p'tites fleurs,
faudrait remettre vos montres à l'heure.

Ecoutez-moi, vous les ringards,
écologistes des boul'vards,
vos beaux discours y'en a plein l'dos,
y'a du soleil dans les ruisseaux.
La Tour Montparnasse elle est belle,
et moi j'adore la Tour Eiffel,
y'a plein d'amour dans les ruelles
et d'poésie dans les gratt'ciel.

Ecoutez-moi, vous les ringard
écologistes des grands soirs,
la pollution n'est pas dans l'air,
elle est sur vos visages blêmes.
Moi j'aime encore les pissotières
j'aime encore l'odeur des poubell
j'me parfume pas à l'oxygène,
j'gaz carbonique c'est mon hygiè

Moi j'suis amoureux de Paname,
du béton et du macadam,
sous les pavés ouais c'est la plage,
mais l'bitume c'est mon paysage,
le bitume c'est mon paysage.

CHANSON VON RENAUD

Paname = Paris
ringard = Spießer
plein l'dos = die Nase voll
blème = öde
pissotière = Pissoir
macadam, bitume = Asphalt

– «Indochine», «Taxi Girl», «Marc Seberg», «Rita Mitsouko» und wie sie alle heißen – ihre Musik kopiert meist mehr oder weniger sorgfältig anglophone Vorbilder.

Überhaupt wird alles, was über den Kanal oder den großen Teich kommt, in Paris noch mal eine Mode zweiten Grades. Das wird schon bei der Kleidung deutlich: In den Boutiquen des Hallenviertels gibt es die fertig zusammengestellten Punk-, Ted-, Mod-, Rockabilly-Ausrüstungen zu kaufen, für den wahnsinnig ausgeflippten Feierabend junger Büromenschen. Und ähnlich ist es eben oft auch mit der Musik: Die Gruppen haben sich einen Typ kreiert, haben gelernt, den Vorbildern entsprechend «sauber» zu spielen, haben die Gestik gut einstudiert und versuchen nun halt, ihre aufgewärmte Ware zu verkaufen und auf dem Plattenmarkt groß rauszukommen. Nur leider: Der noch so perfekten Nachahmung fehlt meistens der Biß, es bleibt bei modischer Imitation. Das kommt nicht aus dem Bauch, wirkt ein bißchen hohl, so wie die Gesichter der stubenreinen Freizeit-Punks und Nachwuchs-Dandies in der Hallengegend.

Absolut zu verallgemeinern ist dieses Urteil natürlich nicht. Es gibt auch Gruppen, die aus Milieus kommen, wie sie für das Gedeihen authentischer Rockmusik günstig sind: aus der Banlieue etwa, mit ihren trostlosen Mietskasernenblocks, Fabrikgeländen, Autobahnen, jener auch «La zone» genannten Gegend, die geprägt ist von Arbeitslosigkeit, Mangel an Freizeitangeboten, Jugendbanden und einem hohen Anteil von Zuwanderern aus dem Maghreb. Hier draußen, abseits von Moderummel und Jungschickeria, weit weg von der teuren, glitzernden Discothekenszene entsteht im Milieu der «beurs», der Jugendlichen arabischer Abstammung, eine sehr spezielle Musik, in der sich Rock und Rap verquicken mit nordafrikanischen Elementen, wo sich zu den elektrischen Instrumenten bisweilen auch Derbouka, Bandir und Oud gesellen, wo auch die Texte oft arabisch-französisch gemischt sind. «Rockin' Babouches» oder «Bossa Nova Kabyle» heißen solche Gruppen zum Beispiel, aber die Szene fluktuiert stark, die neue Ära multikultureller französischer Rockmusik hat gerade erst angefangen.

Musik von fernen Inseln

Zur Vielfalt des Pariser Musiklebens trägt ganz entschieden der hohe Ausländeranteil der Bevölkerung bei. Da wären zum Beispiel die Musikgruppen aus dem Maghreb, die in der Banlieue und im Pariser Norden auftreten, manchmal aber auch große Säle wie die «Mutualité» füllen. Viele dieser Musiker sind Kabylen, deren Kultur und Sprache in Nordafrika unterdrückt werden, und für die Paris eine der wenigen Möglichkeiten bietet, sich ungehindert zu äußern.

Stark vertreten ist auch Musik aus

Lateinamerika. Viele Musiker, die auf Grund der politischen Verhältnisse ihre Heimatländer verlassen haben, leben und arbeiten seither vorzugsweise in der französischen Hauptstadt. Dazu zählen zum Beispiel so bekannte Leute wie der Argentinier Atahualpa Yupanqui und die chilenische Gruppe Quilapayun.

Der Bärenanteil exotischer Musik in Paris kommt aber aus «französischen» Landen: nämlich aus den Überseeprovinzen, im offiziellen Sprachgebrauch D. O. M. genannt (département d'outre-mer). Damit sind vor allem die Antilleninseln Guadeloupe und Martinique gemeint – mittlerweile leben mehr von dort stammende Menschen in der Pariser Region als auf den Inseln selbst. Paris wird von verschiedenen musikalischen Brennpunkten der Karibik versorgt. Sehr populär, auch bei den frankophonen Schwarzen, ist der jamaikanische Reggae samt zugehöriger Kleidung, Haartracht und Rasta-Religion. Der stärkste musikalische Einfluß auf die französischen Antillen aber kommt aus der spanischsprachigen Karibik, vor allem aus Kuba und Puerto Rico: Das dort zubereitete Gemisch heißt Salsa

Alterndes «enfant terrible»

(spanisch für «Sauce») und hat in den letzten Jahren rapide die schwarze Pariser Szene erobert. Salsa ist eine Synthese aus lateinamerikanischen Melodiebestandteilen und afrikanischen Rhythmen, mit einem enormen Aufgebot von Perkussionsinstrumenten. Gespielt wird das von ziemlich großen Bands, fast schon richtigen Orchestern, vor denen die Menge in Bewegung gerät – keine Musik, um sich zurückzulehnen und wie ein Konzertbesucher zu lauschen! Um nur eine Adresse zu nennen: Jeden Abend ab 23 Uhr spielen im Jazzclub «La Chapelle des Lombards» in der Rue de Lappe Starbands aus der Karibik.

Eine häßliche kleine Bemerkung muß nun aber gemacht werden, die auf ziemlich alle Musikveranstaltungen zutrifft: Sie sind meistens ekelhaft teuer, und dadurch wird das Vergnügen mitunter stark getrübt. Es gibt aber dennoch Möglichkeiten, in den Genuß von Live-Musik zu kommen, ohne dabei arm zu werden: auf den zahlreichen Festen politischer Organisationen wie Lutte Ouvrière (L. O.), Ligue Communiste Révolutionnaire (L. C. R.), P. S. U. oder der Jeunesse Ouvrière Catholique (J. O. C.), die immer ein umfangreiches Musikprogramm anbieten. Diese Veranstaltungen, die immer sehr preisgünstig sind, finden in der Regel in den Frühlingsmonaten statt. Vor allem im Mai und Juni gibt es laufend irgendwelche Großfeten, zu denen oft die erste Garde der Rockstars und Chansonsänger angeheuert wird. Dazu kommen die Straßenfeste in den politisch aufgeweckteren Vierteln von Paris sowie das alljährliche, profihaft organisierte «Festival du Marais» im Juni und Juli. Viel kostenlose Musik gibt es natürlich auch in der Nacht auf den

Zwischen Rock und Ricard: La fête de L'Humanité

14. Juli, dem französischen Nationalfeiertag. Eine zweite Welle von Billigveranstaltungen kommt dann im September mit der «rentrée scholaire», dem Monat, in dem die Pariser aus den Ferien zurückkommen und das urbane Leben wieder einsetzt. Am bekanntesten ist das Fest der KP-Zeitung «Humanité», das auf einem riesigen Festgelände des Vororts La Courneuve stattfindet. Hunderttausende, wenn nicht Millionen wälzen sich da durch einen aus Rummelplatzattraktionen, politischen Reden und Popmusik zusammengesetzten Jahrmarkt.

Im Monat August ist übrigens von einem Parisbesuch dringend abzuraten, es sei denn, man liebt es, durch verödete Straßen zu wandern. In diesem Monat ist die Stadt in weiten Teilen wie tot: Die Bewohner sind an die Küsten evakuiert, die meisten Geschäfte, Cafés und Restaurants geschlossen, Theater- und Musikveranstaltungen auf ein Minimum reduziert, und einige zentrale Punkte wie die Champs-Élysées, Montmartre oder die Hallen sind kampflos den Touristenarmeen in die Hände gefallen. ■

Theater – so und anders

Theater in Frankreich – mit Ausnahme der beiden berühmten Festivals in Avignon und Nancy bedeutet das: Theater in Paris. Hier befinden sich einmal die großen subventionierten Traditionseinrichtungen wie Oper, «Comédie Française», «Odéon» oder «Théâtre du Chaillot» – Kulturaushängeschilder, die aber keineswegs nur verstaubt-ehrwürdiges Theater bieten: In den kleinen Nebensälen, zum Beispiel im «Petit Odéon», werden sogar betont experimentelle Stücke gespielt. Interessant an diesen Theatern ist auch, daß die staatlichen Subventionen einigermaßen niedrige Eintrittspreise erlauben.

Den Löwenanteil der Zuschüsse streicht die altehrwürdige «Comédie Française» ein. Noch bis zur Französischen Revolution war sie das einzige Theater, das die königliche Erlaubnis besaß, Stücke in französischer Sprache aufzuführen, und heute ist sie so etwas wie ein nationales Monument, eine Pflegestätte des kulturellen «Erbes». Lange Zeit hindurch wurden in diesem prachtvollen alten Kasten auf höchst museale Weise die Stücke der französischen Klassiker, vor allem Molière, Corneille, Racine, aufgeführt, immer wieder dieselben in immer den gleichen verzopften Inszenierungen. In letzter Zeit jedoch hat auch hier eine Öffnung stattgefunden: Nun werden auch neuere Stücke, manchmal sogar ausländische, ins Programm aufgenommen. Eine einzigartige Besonderheit stellt übrigens der Status der Comédie Française-Schauspieler dar: Sie genießen die speziellen Privilegien von Staatspensionären und sind unkündbar wie deutsche Beamte. Dafür unterliegen sie gewissen Beschränkungen: Sie dürfen außer in der «Comédie» nur in gewissen anderen staatlichen Häusern spielen, und gänzlich verboten ist ihnen, in Werbefilmen aufzutreten.

Außerhalb der Sphäre der Subventionsbühnen beginnt das weite Feld der privaten Theater. Quantitativ vorherrschend sind da seit langem die Boulevardtheater, die sich, wie ihr Name schon vermuten läßt, an die «Grands Boulevards» angelagert haben – dort, wo sich einst das brausende Nachtleben konzentrierte. Immer noch, wie zur Zeit ihrer Entstehung um die Mitte des vorigen Jahrhunderts, bieten sie ausschließlich Zerstreuung fürs bürgerliche Publikum. Diese Art von Theater mag einmal geistreich und witzig gewesen sein, heute ist davon nicht viel mehr als spießig-muffige Unterhaltung übriggeblieben, wie man sie sonst aus dem Fernsehen kennt: Humorige Salonszenen, nette kleine Intrigen, gehörnte Ehemänner, das ganze übergossen mit einer Sauce aus abgestandenen Witzchen und zahmen Frivolitäten. Als zeitgemäßer, kommerziell florierender Seitenzweig dieser Gattung hat sich seit einigen Jahren das sogenannte erotische Theater dazugesellt. Bei stark erhöhten Eintrittspreisen sind hier die Dialoge etwas loser, und es wird, während die Handlung auf ein Minimum schrumpft, reichlich mit entblößten Körperteilen gewackelt.

Abseits der Boulevards

Nur wenige Pariser Theater haben, wie die «Comédie Francaise», ein festes Ensemble, so etwa die «Compagnie Renaud-Barrault». Jean-Louis Barrault, eine legendäre Gestalt des französischen Theaters, vielen zumindest aus dem Film «Kinder des Olymp» bekannt, verlor 1968 seinen Posten als Direktor des Staatstheaters «Odéon», weil er den Studenten, die damals diesen Kulturtempel stürmten und zum Hauptquartier erkoren, keinen Widerstand entgegensetzte. Er zog daraufhin in die stillgelegte Gare d'Orsay, aus der er wiederum vertrieben wur-

de, weil Giscard d'Estaing hier sein Museum des 19. Jahrhunderts einrichten wollte. Inzwischen ist Barrault mit den Seinen in einer umgebauten Eislaufhalle an den Champs-Élysées, dem «Théâtre du Rond-Point», gelandet, wo er nun wohl auch bleiben wird.

In den meisten Fällen bezeichnet das Wort «Theater» in Paris nur die Spielstätte, in der abwechselnde Truppen gastieren. Die gibt es wie Sand am Meer. Vor allem für jüngere Truppen ist es ein Dauerproblem, einen Platz zum Spielen zu finden – für die meisten ein permanenter Kampf ums Überleben. Die Schauspielerei ist, wie schon seit jeher, eine brotlose Kunst: 80 Prozent der Mimen sind arbeitslos. Manche machen aus der Not, keinen Saal zu finden, eine Tugend und spielen, wenn es die Witterung erlaubt, im Freien – auf absanierten Terrains etwa. Alles ist recht: eine leerstehende Fabrik, ein Lastkahn auf dem Kanal St. Martin, eine alte Lagerhalle am Bassin de la Villette ...

Eine Anzahl bemerkenswerter Theater findet sich abseits der Boulevards und der zentral gelegenen Subventionsbühnen. Sie haben sich in abgelegenen Nischen der großen Stadt, in den augenscheinlich unattraktiven Randbezirken festgesetzt. So zum Beispiel die «Bouffes du Nord», ein Vorstadttheater aus dem 19. Jahrhundert, in einem damals zwielichtigen, von Diebesbanden beherrschten Viertel. Die dort gespielten Stücke waren deftig-populär, entsprechend wild war das Treiben des Publikums. 1952 war das Theater pleite und machte dicht. Es geriet in Vergessenheit, zerbröckelte und verschimmelte, bis es 1974 von dem englischen Starregisseur Peter Brook entdeckt und wieder-

eröffnet wurde. Seither hat er hier seinen Stammsitz und produziert Avantgardetheater. Bis auf die nötigsten Reparaturen hat er das Innere in einem dekorativ vergammelten Zustand belassen.

In vielen anderen Fällen konnten vorgefundene Gebäude zum Theaterspielen umfunktioniert werden. Im hintersten Winkel des zur Wüste sanierten, aber an Initiativen reichen 13. Arrondissements etwa ist es einer jungen Truppe, der «Compagnie du Lierre» gelungen, sich eines nicht mehr gebrauchten Eisenbahnschuppens zu bemächtigen und ihn im Schweiße ihres Angesichts zu einer Spielstätte nach ihrem Gusto herzurichten. Ein ähnlicher Fall ist das «Théâtre Noir», das in ehemalige Fabrikräume unweit der place de la Nation eingezogen ist, eine

Einrichtung, die sich sowohl an Afrikaner als auch an Kreolen wendet und eine Heimstatt für schwarze Kultur jeglicher Art bietet. In einer sechsstöckigen Fabrik ist auch das «Lucernaire Forum» untergekommen, das jeden Tag mit bis zu sechs verschiedenen Stücken aufwartet und zur Milderung der Geldsorgen zusätzlich ein Kino, ein Restaurant und ein Café betreibt.

Mit unterschiedlichem Erfolg versuchen diese Bühnen meist, in ihrem Stadtviertel zu einem kulturellen Ausstrahlungspunkt zu werden. Besonders gut gelungen ist dies dem «Théâtre de la Bastille», einem ehemaligen «bal espagnol» in der rue de la Roquette, wo die Arbeiter des Quartiers samstags Tango tanzten. 1982 wurde das im Abseits vor sich hin kümmernde Theater von einer innovationsfreudigen Equipe übernommen und zu einem Pool der Kreativität umgestaltet. Die Bedingungen waren günstig, da schon seit einigen Jahren der umliegende Stadtteil dabei ist, sich in ein neues Insiderviertel zu verwandeln: Künstler, Galeristen und Szene-Cafés siedeln sich zwischen alten Möbelfabriken und Hinterhofwerkstätten an. Der neu hinzuströmenden Bevölkerung entspricht der Stil des Theaters. Die Atmosphäre ist entspannt, das Programm experimentell und pluralistisch. Neben Theater gibt es auch Ballett, Filme und Kunstausstellungen.

Avantgarde in der Vorstadt

Ein beachtlicher Teil des Pariser Theaterlebens findet gar nicht in Paris, sondern in der Banlieue statt. Dort gibt es in einigen Gemeinden des «Roten Gürtels» ambitionierte Bühnen, die für wenig Geld oft er-

staunliche Programme anbieten: zum Beispiel das «Théâtre des Amandiers» in Nanterre, das «Théâtre de Gennevilliers» oder das «Théâtre Gérard-Philipe» in Saint-Denis. Sie verdanken ihre Existenz der früher einmal verbreiteten Ideologie des «Volkstheaters»: Die Arbeiter sollten an die ihnen bis dahin versagte Kultur herangeführt werden – Theater mit Erziehungsaufgabe. Dementsprechend wurde denn auch eine Zeitlang sehr viel Brecht gespielt – bis zum Erbrechen, fanden manche. Nur hat sich die Sache nicht ganz so entwickelt, wie die wohlmeinenden Volkserzieher sich das gedacht hatten: Die Arbeiter bleiben weitgehend der ihnen zugedachten Kultivierung fern, sie stellen nur etwa 5 Prozent der Besucher – nicht viel mehr als anderswo auch. Dafür aber strömen um so reichlicher die kulturbeflissenen Theaterkonsumenten aus der angrenzenden Hauptstadt in die proletarischen Vororte – die meisten der Banlieue-Theater sind unproblematisch mit der Metro zu erreichen.

Noch in Paris gelegen, wenngleich ziemlich abseits vom allgemeinen Trubel, nämlich im Bois de Vincennes, ist die «Cartoucherie» zu einem Wallfahrtsort für Freunde ungewöhnlichen und politisch engagierten Theaters geworden. Angefangen hatte es mit dem 1964 von Ariane Mnouchkine gegründeten «Théâtre du Soleil», einer Truppe, die von Beginn an außerhalb der offiziellen französischen Bühneninstitutionen gearbeitet hat. Zunächst hatte sie, wie die meisten anderen, keine feste Spielstätte: Mal trat sie in einem Zirkuszelt auf, mal spielte sie in besetzten Fabriken, einmal auch im «Élysée-Montmartre», der Pariser Catch-Arena.

Charakteristisch für das «Théâtre du Soleil» ist die Wiederentdeckung von Traditionen jenseits des arrivierten Theaters, wie die der Bänkelsänger, Akrobaten und Jongleure; daneben finden sich Einflüsse des französischen Marionettentheaters und der Commedia dell'arte. Sehr deutlich ist dies bei «1789» erkennbar, einem Stück über den Beginn der Französischen Revolution, das es auch als Film gibt. Für die Proben zu diesem Spektakel durften damals die Soleil-Schauspieler die halbverfallene Lagerhalle einer ehemaligen Schießpulverfabrik benutzen, halb Bahnhof, halb Kirche, und weil dann für die Aufführung kein anderer Saal zu finden und die Truppe außerdem pleite war, drückte die Stadt Paris ein Auge zu und vermietete ihnen die Ruine. In gemeinsamer Arbeit der 45 Mitglieder wurde dann die «Cartoucherie» hergerichtet, und obwohl die Zuschauer damals, im Winter 1970, in der eiskalten Halle froren wie die Schneider, wurde das Stück ein Riesenerfolg.

Die Mitglieder der Truppe sind in Form einer Arbeiter-Kooperative organisiert: Sie bekommen alle das gleiche (niedrige) Gehalt und arbeiten gemeinsam an jeder neuen Inszenierung. Bis so ein Stück mal fertig ist, braucht es enorm viel Zeit und Energie. Was dann zur Aufführung kommt, ist das Ergebnis langwieriger Forschungen, Umarbeitungen und Proben – viele Köche verbessern hier den Brei. Entscheidend für die Arbeit war immer, sich völlige Unabhängigkeit zu bewahren und sich in nichts von außen reinreden zu lassen. Dafür mußte zeitweilig auch finanzielle Not in Kauf genommen werden, denn da dieses Theater lange Zeit den Kulturverwaltern politisch nicht in den Kram paßte, wurde es mit Subventionen nicht gerade verwöhnt. Durch den sehr erfolgreichen «Molière»-Film, den Ariane Mnouchkine und ihre Leute 1978 gemacht hatten, konnten allerdings die Finanzen erheblich aufgebessert werden.

Das «Théâtre du Soleil» teilt sich die Cartoucherie noch mit zwei weiteren Truppen: dem «Théâtre de la Tempête» und dem «Théâtre de L'Aquarium», das aus einer Studentenbühne der bewegten sechziger Jahre hervorgegangen ist. Das «Aquarium» ist ein im engeren Sinne «linkes» Theater, dessen Stücke sich mit der sozialen und politischen Realität Frankreichs auseinandersetzen. Die Themen stammen aus dem Alltag: Stadtzerstörung, Situation der Frauen, Schulkonflikte, Fabrikbesetzungen ... Ähnlich der Mnouchkine-Truppe erarbeiten auch hier die Schauspieler ihre Stücke gemeinsam. Bevor das Thema Stadtsanierung auf die Bühne gebracht wurde, widmeten sie sich einem umfangreichen Studium von Dokumenten, trafen sich mit Architekten, Soziologen, Mieterkomitees und Bürgerinitiativen. Als Vorbereitung zum Fabrikbesetzungs-Stück hielten sich alle zwei Wochen lang in einer besetzten Fabrik auf. Eines freilich macht diesem militanten Theater Kopfzerbrechen: Das Publikum setzt sich letztlich doch wieder zum größten Teil aus den ohnedies eingeweihten Mitgliedern der linken Intellektuellen-Familie zusammen ...

Theater als Apéritif

Eine Pariser Besonderheit ist das Café-théâtre. Schwer zu erklären, was das ist – einerseits kein Café, andererseits auch kein richtiges Theater. Meistens drückt sich dort ein fröhlich gestimmtes Publikum auf unbequemen Sitzen in einem kleinen Saal, in dem kurze Stücke in Minimalbesetzung gespielt werden – häufig sind es one-man (beziehungsweise -woman)-shows, manchmal treten auch Jazzer oder Chansonniers auf. Etliche Schauspieler und Unterhaltungsgrößen haben hier ihre ersten Schritte gemacht. Es gibt eine Menge dieser Mini-Bühnen, und die Qualität der Aufführungen, die von den Parisern als geistige Appetithäppchen vor dem Abendessen konsumiert werden, ist sehr unterschiedlich. Gemeinsam ist ihnen das Vorherrschen von Sprachwitz und Wortspielereien, und das kann eben von sehr dünnen Kalauern bis zu Höchstleistungen an Ironie und «esprit» gehen. In jedem Fall aber ist man verraten und verkauft, wenn man nicht ziemlich gute Sprachkenntnisse mitbringt. ■

«Das wahre Theater findet auf der Straße statt» (Charlie Chaplin)

Keine Ehrfurcht vor Museen

Museumsbesuche sind oft langweilige Pflichtübungen: In ermüdendem Geschiebe geht es ans Wiedererkennen und Abhaken berühmter Werke. Die Mona Lisa «muß man schließlich gesehen haben». Muß man wirklich? Niemand soll davon abgehalten werden, sich in den Louvre zu stürzen, ohne Zweifel eines der großartigsten Museen der Welt. Allerdings: auch Museen, die man nicht «gesehen haben muß», können einen ganz starken Reiz ausüben. Oft sind es gar nicht so sehr der künstlerische Wert, die Berühmtheit, die Seltenheit oder Kostbarkeit der ausgestellten Objekte, auf die man anspricht – genausogut kann es auch die eigenartige Stimmung sein, die überraschende, verrückte, schrullige oder verträumte Atmosphäre der Lokalität. Anstatt sich laufend belehren oder «bilden» zu lassen und damit zugleich vor der belehrenden Institution schuldige Ehrfurcht und Widerwillen zu entwickeln, kann man versuchen, die Stadt mit ihren Einrichtungen, also auch mit ihren Museen, so zu benutzen, zu entdecken oder links liegen zu lassen, wie es einem paßt. Und es ist schon enorm, was Paris an Museen bereithält: Schreibmaschinen-, Brillen-, Blindenschrift-, Tabak-, Édith-Piaf-, Frisuren-, Freimaurer-, Fälschungs-, Mode-, Türschlösser-, Polizei-, Victor-Hugo-Museum, um nur einige von den weniger bekannten zu nennen. So ist denn auch die hier unternommene Zusammenstellung einiger Museen auf keinen Fall als Pflichtliste zu verstehen, eher als höchst subjektive Auswahl.

Annäherungen an Geschichte

Gleich das erste ist allerdings keineswegs unbekannt, sondern einfach schön und sehr lohnend für jeden, der sich für die Geschichte der Stadt interessiert: das Musée Carnavalet in einem Renaissanceschloß des alten Marais-Viertels, weitgehend gestaltet von dem berühmten Architekten Mansard, dem wir unter anderem die Mansarde verdanken. Das Gebäude ist für sich allein schon bemerkenswert. Es hat erlesene Innenhöfe, und auch einige der Räume sind mit ihrem Mobiliar erhalten geblieben, in andere sind Möbel und Holztäfelung benachbarter «Hôtels» (Stadthäuser des Adels) gebracht worden. Unter anderem befindet sich hier auch die Innenausstattung eines vornehmen «Cafés» aus dem 18. Jahrhundert.

Gleich hinter dem Eingang des Museums steht ein Modell der mittelalterlichen Île de la Cité, an dem deutlich wird, daß diese heute so verödete Insel einmal das eng bebaute Zentrum der Stadt war. Die Revolutionszeit wird durch ein Sammelsurium von Kultobjekten und Gebrauchsgegenständen illustriert: ein Ofen in Form der Bastille, Fächer und Tabaksdosen mit republikanischen Motiven, ein Medaillon mit einer Haarlocke von Robespierre, Tassen und Teller mit Abbildungen der Guillotine, sowie zwei von englischen Kriegsgefangenen liebevoll aus Knochen geschnitzte Zier-Guillotinchen. Aus der Kaiserzeit ist allerlei von dem ausgestellt, was Napoleon auf seinen Reisen benötigte: eine Art Picknick-Koffer für die Feldzüge, Taschenmesser und Kniestrümpfe, daneben einige Erinnerungsstücke von der Verbannungsinsel St. Helena.

Einen Großteil des Musée Carnavalet machen Bildergalerien aus, deren Gemälde über die wechselnden Gesichter der Stadt, über Architektur, Alltagstreiben, Straßenbetrieb, Feuersbrünste, Abriß und Neubau Auskunft geben und unweigerlich zu Vergleichen mit dem heutigen Paris herausfordern. Einige markante Szenerien sind wiederzuerkennen, oft sind nur noch Bruchstücke übrig, meist aber wird dem Betrachter klar, was für grundlegende Veränderungen die Stadtlandschaft in wenigen Jahrhunderten durchlaufen hat.

In diesem Museum nähert man sich also der Geschichte auf eine eher seriöse Art. Aber es geht auch anders. 1910 schrieb der historische Materialist Wladimir Iljitsch Lenin aus Paris an seine Mutter: «Während der Feiertage haben wir uns amüsiert, wir sind in die Museen und ins Theater gegangen, und wir haben das Musée Grevin besucht, das mir sehr, sehr gefallen hat.» Aha! Sehr, sehr gefallen! Nur freilich empfing

damals noch nicht gleich hinter dem Eingang der fürchterlich grinsende Ronald Reagan die Besucher. Das Musée Grevin ist nämlich ein Wachsfigurenmuseum, eine sehr populäre Attraktion, in der sich das Publikum – vorwiegend Kinder und französische Provinzler – für eine Weile in einer naiv-prachtvollen Scheinwelt bewegen darf. Im Erdgeschoß begegnet man den Großen von Film, Funk und Fernsehen. Die Herren Mitterrand, Breschnew, Sadat, Björn Borg und wie die Stars alle heißen, lösen das allgemeine Aha-Erlebnis des Wiedererkennens aus. Wir dürfen einer Privataudienz bei Papst Woytila sowie einem Empfang beim König von Marokko beiwohnen und einen Wachsabdruck der Originalhände von Victor Hugo bewundern. Hoch oben auf einem Gerüst tanzt derweil Rudolf Nurejew, während sich Salvador Dalí mit anderen Prominenten in der Opernloge getroffen hat.

Im Keller erwarten den Besucher dann die großen Momente der französischen Vergangenheit. Die königliche Familie in Gefangenschaft während der Revolution: Von draußen hält der wüste Pöbel den auf eine Lanze aufgespießten Kopf einer soeben massakrierten Prinzessin vors Fenster ... die Königin Marie-Antoinette fällt in Ohnmacht. Aber ach! Gleich im nächsten Bild wartet sie selbst im Kerker auf ihre Hinrichtung, und auf dem Fußboden der Zelle tummeln sich die Ratten. Ein paar Schritte weiter ist der Revolutionär Jean-Paul Marat gerade von der fanatisch dreinblickenden Konterrevolutionärin Charlotte Corday erstochen worden. Die Badewanne, in der er sitzt, ist die echte, in der er ermordet wurde! Nach den Revolutions-Schrecknissen folgt ein buntes Panorama der französischen Geschichte: Der heilige Ludwig zieht in den Kreuzzug, Jeanne d'Arc begibt sich zum Scheiterhaufen, Ludwig XIII. läßt ein Porträt von sich malen, während Ludwig XV. dem etwas wasserköpfigen Wunderkind Mozart beim Klavierspielen lauscht.

Bezeichnenderweise sind es immer große Einzelpersönlichkeiten, die in diesen Tableaus Geschichte darstellen. Das hätte doch eigentlich dem Lenin auffallen müssen! Sah er etwa nicht, wie hier dem Volk ideologisches Blendwerk vorgegaukelt wird? Na egal. Jedenfalls hat mittlerweile die Kino- und Fernseh-Ära aus diesem wächsernen Geschichtsunterricht etwas liebenswürdig Altmodisches gemacht.

Von der ersten Etage eröffnen sich verwirrende Blicke auf die beiden Hauptsäle: Von oben ist schwer zu unterscheiden, wer von den Herrschaften da unten aus Wachs ist und wer nicht. Im (recht hohen) Eintrittspreis sind zwei Vorführungen inbegriffen, von denen ihr euch zumindest die erste nicht entgehen lassen solltet: «Le Palais des Mirages» – ein Einblick in die verzauberte Welt des Fernen Ostens! Dann nachts bei Gewitter im Dschungel! Schließlich ein Fest in der Alhambra! Wunderschön und zum Totlachen.

Das Museum als Geisterbahn

In der rue St. Martin Nr. 270 ist durch das Tor hindurch über den Hof eine gotische Kirche zu sehen. Wenn ihr sie betretet, werden euch einige Flugzeuge auffallen, die unter der Decke schweben. Bei diesem seltsamen Gebäude handelt es sich um das «Musée Nationale des Techniques», für das leider demnächst eine neue, hochmoderne Heimstatt errichtet werden wird. Hier, im Kirchenschiff, ist zwischen gotischen Säulen alles aufgebaut, was mit der Evolution der Verkehrsmittel zu tun hat: frühe Velozipede, ein dampfgetriebenes Dreirad, die ersten Autos, die fast noch wie Kutschen aussehen, ein archaisches Hubschrauber-Kuriosum und anderes Fluggerät. In einer Ecke steht, leicht zu übersehen, das erste Modell der Freiheitsstatue, die dann später von Paris nach New York geschafft wurde – es hat mit den anderen ausgestellten Stücken eigentlich gar nichts zu tun. In der Apsis, dort wo einst Choräle gesungen wurden, hat sich, vom Licht der trüben Kirchenfenster beschienen, eine Kongregation von Flugzeugmotoren versammelt. Insgesamt, darf man wohl sagen, ist dies eine Umgebung, die den technischen Objekten die angemessene Weihe verleiht.

Ebenfalls von surrealistischer Qualität, wenngleich einer ganz anderen Thematik gewidmet, ist das Museum der Anatomie, am Eingang des Jardin des Plantes, unweit der Gare d'Austerlitz gelegen. Der gro-

Museé Nationale des Techniques – Verkehrsmittel feierlich

Am neuen Wissenschaftsmuseum von La Villette

ße Saal im Parterre überrascht den Besucher durch eine gewaltige Ansammlung von Skeletten, vom Wal abwärts. Wie ein Wald aus Knochen sieht das aus: Scheinbar ohne besondere Ordnungsprinzipien stehen da dichtgedrängt die Gerippe von Büffeln, Giraffen, Pferden, Krokodilen – die Menschen allerdings haben immerhin eine eigene Vitrine für sich. An einer der beiden Längswände wird der schaudernde Betrachter mit in Spiritus schwimmenden Organen und Embryonen konfrontiert, deren Behälter mit ihren schmuddelig-bräunlichen, oft kaum mehr entzifferbaren Beschriftungen an einen riesigen Vorrat sehr alter Einmachgläser erinnern. Hier kann man endlich erfahren, wie eine Elefantenniere, der Verdauungsapparat des Schimpansen oder die Fortpflanzungsorgane beim Hausschwein aussehen. An der reichhaltigen Gehirnsammlung hätte Dr. Frankenstein seine helle Freude. In der ersten Etage (beim Raufgehen auf das exzentrische Treppengeländer achten!) befindet sich dann die Saurierabteilung, die mit Mammuts, Mastodonen, Urpferden und anderem, seit langem verschwundenen Getier aufwartet.

Hausbesuch bei Künstlern

Nun ist so ein Gruselkabinett sicher nicht nach jedermanns Geschmack, darum rasch etwas Gefälligeres. Die Gruppe der Surrealisten um den Chefdenker André Breton hatte eine spezielle Vorliebe für das Musée Gustave Moreau in der rue de la Rochefoucauld. Einmal betrachteten sie den Symbolisten Moreau als einen ihrer Vorläufer, dann war es aber wohl auch die besondere Atmosphäre des Museums, die sie anzog. Es befindet sich in Moreaus einstigem Atelier- und Wohnhaus und besteht aus zwei durch eine elegante Wendeltreppe verbundenen großen Sälen, die mit Gemälden, Vorentwürfen, Skizzen und Zeichnungen total vollgehängt sind – Phantasielandschaften voller mythologischer und religiöser Symbolik, Traumwelten, von Göttern, Göttinnen, Einhörnern, Schwänen und Engeln bevölkert. Ein intimes Museum, mehr als eine Handvoll Besucher sind hier selten drin – viel Platz also und viel Ruhe, um sich auf die Mythenwelt Moreaus einzulassen.

Ebenfalls recht abgeschieden und wenig bekannt ist das Musée Bourdelle, unweit des Bahnhofs Montparnasse. Antoine Bourdelle war ein Bildhauer, über dessen Rang und Bedeutung man sicher verschiedener Meinung sein kann. Es sind aber weniger die Werke im einzelnen, als vielmehr der Gesamteindruck eines verwunschenen Ortes, der den Besuch dieses seltsam uneinheitlichen Museums lohnt. Auch hier ist übrigens kaum je mit großem Publikumsansturm zu rechnen, ja, es ist sogar gut möglich, daß man sich als einzigen Besucher vorfindet. Zum Museum gehört das alte Wohnhaus des Meisters, in dem trübes Licht auf seine Möbel und angefangenen Skulpturen fällt, dann ein Ateliergebäude mit mehreren, unordentlich vorgestellten Räumen, daneben ein moderner Ausstellungssaal und schließlich zwei sonderbare Gärten, efeuüberwachsen, zwischen deren Bäumen Zentauren, Bogenschützen, monströse Siegesgöttinnen, eine überdimensionale, grünlich angelaufene Muttergottes und ein Reiterstandbild des Generals Soundso wartend herumstehen. Ein dicker schwarzer Kater streicht mit kontrollierendem Blick um all diese Pracht, die Hausmeistersfrau hält Kaninchen und Tauben im Garten.

Museé Bourdelle – beim Künstler zuhaus

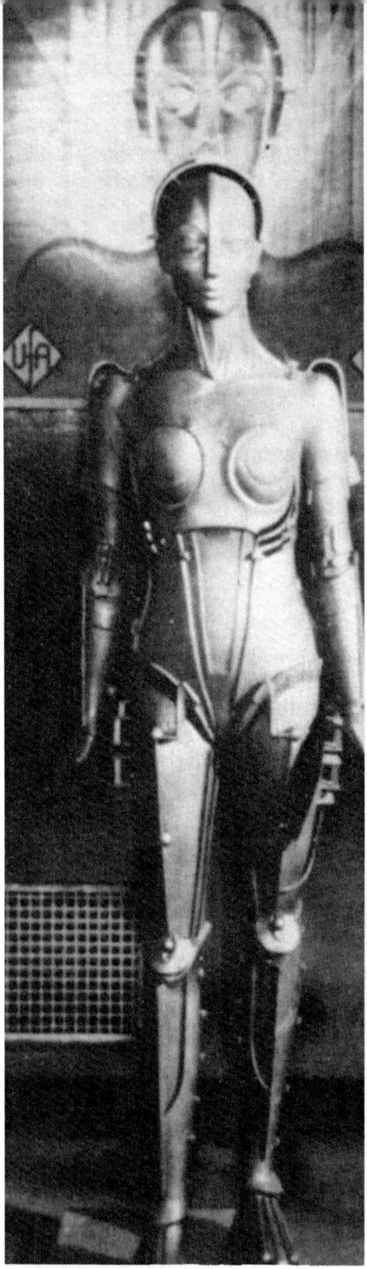

Der weibliche Roboter aus Fritz Langs «Metropolis»

Reliquien für Kinofans

Im bombastischen Palais de Chaillot im Angesicht des Eiffelturms, das unangenehm an faschistische Architektur erinnert, gibt es gleich drei Museen. Das bemerkenswerteste und ungewöhnlichste ist das Musée du Cinéma. Ihr könnt da aber nicht einfach reingehen, sondern müßt euch einer der Führungen anschließen, die im allgemeinen viermal pro Tag stattfinden. Das ist allerdings, angesichts der Unübersichtlichkeit der Anlage, durchaus sinnvoll.

Eingerichtet hat dieses Museum der verstorbene Leiter der Pariser Cinémathèque, Henry Langlois, ein Kino-Besessener allerhöchsten Ausmaßes. Man merkt es auf Schritt und Tritt an der liebevollen Auswahl und Zusammenstellung der Exponate. An 5000 Ausstellungsobjekten (von der Eintrittskarte bis zur Studio-Kulisse) wird dem Besucher die Geschichte des Films aus der subjektiven Perspektive eines begeisterten Sammlers präsentiert. Wie ein staunendes Kind darf man hier durch die Historie eines Mediums spazieren, die heute hinter der Banalität des alltäglichen Gebrauchs verborgen ist. Angefangen bei den frühesten Versuchen, Bilder zum Laufen zu bringen, erlebt man die Geburtswehen des Films. Vom Praxionoscope und anderen von Tüftlern ersonnenen Apparaturen führt der Weg zu den großen Pionieren, den Gebrüdern Lumière und zu Méliès, dann über die Stummfilmära bis etwa in die Gegenwart.

Diese Entwicklung wird illustriert durch alles, was so zu Kino und Film dazugehört: Plakate, Szenenfotos, Originalkostüme der Stars, Verträge, Kameras, Kinosessel, Studiofelsen und -säulen aus Pappmaché. Die expressionistisch verzerrten Kulissen aus dem berühmten deutschen Stummfilm «Das Kabinett des Dr. Caligari» sind hier aufgebaut, und in einem Modellschaukasten wird vorgeführt, wie der riesige Drache funktionierte, den Fritz Lang für seinen Film «Siegfrieds Tod» hatte bauen lassen. Auch das Originaldrehbuch von Friedrich Murnaus «Nosferatu» ist vorrätig. Insgesamt also eine Reliquiensammlung, ein Raritätenkabinett, das dem Kinofreund zahlreiche Wiederbegegnungen gestattet: Da steht der weibliche Roboter aus «Metropolis», da hängt John Waynes Cowboy-Kleidung ... und was machen die drei Zahnräder an der Wand? Sie stammen aus Charlie Chaplins «Moderne Zeiten». Was bedeutet dieses komische Porträt aus Stoffetzen? Asta Nielsen, die Stummfilmdiva, hat es aus Teilen ihrer Filmkostüme selbst gefertigt. Und dort in der Ecke, wie furchtbar, sitzt Antony Perkins' mumifizierte Mutter aus Alfred Hitchcocks «Psycho»!

Die Kulturmaschine

«Ich hätte gerne, daß Paris ein Kulturzentrum besitzt, das gleichzeitig als Museum und Kreationszentrum fungiert, wo alle Künste nebeneinander ihren Platz hätten.» Also sprach 1969 der damalige Staatspräsident Pompidou, und angesichts der Machtfülle des französischen Präsidenten kam dieser Wunsch einem Befehl gleich. Abgesehen von des Herrschers Eitelkeit ging es dabei auch ums nationale Prestige: Mit dem neuen Zentrum sollte Paris seine Bedeutung als internationale Kunstmetropole wiedererlangen, die seit längerem an andere Hauptstädte verlorengegangen war. Nachdem der Bau des ehrgeizigen Projekts eine runde Milliarde Francs verschlungen hatte, konnte das «Centre National d'Art et de Culture Georges-Pompidou», von den Einheimischen nach dem Viertel, in dem es steht, Beaubourg genannt, 1977 mit großem Getöse eröffnet werden. Der Auftraggeber Pompidou selbst war allerdings inzwischen verstorben, dafür schwebt nun sein Bildnis über dem Besuchergewimmel in der Eingangshalle.

Während sich Ästheten und Architekten darüber streiten, ob das Monstrum aus Metallgestänge, bunten Röhren und Glas nun schön sei oder eher scheußlich, steht statistisch eindeutig fest, daß es beim Publikum ein großer Erfolg ist: Es zieht gewaltige Menschenmengen an, die beim Aufstieg in die Etagen von einem elektronischen Zählwerk ängstlich registriert werden. Denn der Eindruck des Instabilen, Zerbrechlichen, den die Beaubourg-Maschine erweckt, täuscht nicht: Tatsächlich zeigen sich bereits nach den paar Jährchen ihrer Existenz bedenkliche Defekte und schlimme Roststellen. «LASST DAS BEAUBOURG ZUSAMMENKLAPPEN! Die neue revolutionäre Parole. Unnötig, es anzustecken, überflüssig, es anzufechten. Geht einfach hin! Das ist die beste Art und Weise, es zu zerstören», empfiehlt der Soziologe Jean Baudrillard fröhlich. Wohlwollende Interpreten des «Centre» behaupten, es führe die Massen in nie gekannter Weise zu Kultur und Kunst. Kritische Stimmen erheben dagegen den Einwand, daß das Publikum sich aus den traditionellen Kulturkonsumenten zusammensetzt: Allenfalls fünf Prozent der Besucher sind Arbeiter. Im übrigen wird darauf aufmerksam gemacht, daß hier ein riesiger «Supermarkt» entstanden sei, in dem Kulturelles als Gag konsumiert würde.

All dies ist sicherlich bedenkenswert, aber das Ding ist nun einmal da, und daher sollte man trotz allem vielleicht versuchen, den bestmöglichen Gebrauch davon zu machen. Die enormen Geldmassen, die hier verbaut worden sind und fürs Funktionieren jedes Jahr aufs neue reingepumpt werden, schaffen durchaus faszinierende Möglichkeiten. Wie kriegt man nun etwas Überblick in diesem ausufernden Komplex? Wenn ihr vom großen Vorplatz, auf dem es meistens heftig fidelt, dudelt oder trommelt, in die große Eingangshalle tretet, so befindet sich dort erst mal für alle Fälle ein Auskunftsstand. Zur Rechten liegen einige Räume, in denen meist Fotoausstellungen zu sehen sind, in der Mitte tut sich eine kraterartige Vertiefung auf, die für wechselnde Zwecke benutzt wird, während es links zum Aktualitätensaal geht, wo ihr in die neuesten Zeitschriften, Bücher und Schallplatten reinschnüffeln könnt – alles gratis.

Eine erste Rolltreppe führt ins Zwischengeschoß, das weitgehend vom Zentrum für industrielle Kreation belegt ist und wechselnde Ausstellungen zu Design, Umwelt, Architektur veranstaltet. Diese Abteilung verfügt über eine eigene Bibliothek und Filmothek. Die drei ersten Etagen des Beaubourg beherbergen die öffentliche Informationsbibliothek (B. P. I.), die nur über den zweiten Stock zugänglich ist, und zwar unentgeltlich und ohne Sonderausweis.

Über die dritte Etage kommt ihr ins «Musée National d'Art Moderne», einer der bedeutendsten Samm-

«La Raffinerie» – der Pariser Kultursupermarkt

lungen moderner Kunst, kostenpflichtig außer sonntags. In der fünften dann befindet sich der Eingang zu den großen Sonderausstellungen, für die das Centre Pompidou berühmt geworden ist («Paris–New York», «Paris–Berlin», «Paris–Moskau», «Paris–Paris» . . .): Hier oben gibt es auch eine Filiale der Pariser Cinémathèque, eine Cafeteria und ein neonbeleuchtetes Selbstbedienungsrestaurant. Wieder zurück nach unten: Auch an die Kinder hat man gedacht. Für sie gibt es eine eigene Bibliothek, ihr Eingang befindet sich vom Vorplatz aus gesehen ganz links. Außerdem finden für sie regelmäßig Workshops zum Erlernen verschiedener bildnerischer Techniken statt.

Für Informationshungrige und Kunstsüchtige kann also das «Beaubourg» sehr ergiebig sein – und vielleicht dauert es mit dem Zusammenbruch doch noch ein paar Jahre. Derweil ist die Pariser Museumslandschaft um ein weiteres Großobjekt bereichert worden: am linken Seine-Ufer wurde Ende 86 das Musée d'Orsay eröffnet, in einem stillgelegten Prachtbahnhof aus dem Jahre 1900. Es deckt die Periode von 1848 bis 1914 ab. Über die bildende Kunst hinaus – Schwerpunkt ist die großartige Impressionistensammlung – werden auch Bereiche wie Architektur und Fotografie einbezogen, «ein Museum neuen Typs», wie sein Direktor stolz verkündete. Dies gilt nicht zuletzt für die Innenarchitektur: Unter dem hohen Glasgewölbe der 140 Meter langen Halle ist eine Doppelreihe postmoderner Kunst-Grabkammern eingerichtet. Die italienische Star-Architektin, die sich hier austoben durfte, hat der alten Gare d'Orsay reichlich respektlos ein neues Design verpaßt. Aber trotz solcher Schockeffekte ist dieser Kunstbahnhof eine beispiellose Schatzkammer des 19. Jahrhunderts.

Die Pariser Parks – Reglementierte Oasen

Straßenpflaster, Märkte, Passagen, Cafés, Metrobahnsteige, Museen – alles gut und schön, aber irgendwann überkommt jeden in der Großstadt das starke Bedürfnis nach Grünem, nach Bäumen, Rasen, Blumen, nach Nichtstun und Sauerstoff. Sich ein bißchen von der Steinwüste erholen, ohne sie doch wirklich zu verlassen – dafür bieten sich die Parks an. In Paris ist es damit nicht sonderlich gut bestellt:

Das Parkangebot ist recht kümmerlich, verglichen etwa mit London oder Berlin. Die Mehrzahl der innerstädtischen Grünflächen sind sogenannte Squares, in die Wohnviertel eingestreute Anlagen von den Ausmaßen eines größeren Platzes – oft verborgene, überraschend zu entdeckende Areale, in denen Rentner Tauben füttern und Kinder im Sandkasten wühlen. Manchmal stehen als Schmuck ein paar Statuen oder ein Musikpavillon mittendrin.

Die meisten öffentlichen Grünanlagen sind neueren Datums. Während sich früher die Masse der Bevölkerung in engen, lichtlosen Gassen und Höfen herumdrückte, hatten die Aristokraten hinter ihren Stadtpalästen private, sorgsam abgeschirmte Gärten, wo sie zu lustwandeln und prächtige Feste zu veranstalten pflegten. Der erste Park, der der Öffentlichkeit zugänglich gemacht wurde, war der Schloßpark der Tuilerien. Allerdings hatten hier nur «anständig gekleidete» Menschen Zutritt, was die Benutzerschaft wieder erheblich einschränkte. Bei der Öffnung der Parks für den gemeinen Bürger ging es nicht nur darum, ihm den nötigen Auslauf in Sonne und frischer Luft zu verschaffen – den Parks wurde auch eine erzieherische Bedeutung beigemessen: Hier sah das Volk die gehobenen Stände und konnte sich an ihnen ein Beispiel nehmen, ihre Kleidung und ihr Benehmen nachahmen und sich auf diese Weise gewissermaßen zivilisieren. In der bürgerlichen Ära übernahm man diesen Erziehungsgedanken. Vor allem die Kinder hatten darunter zu leiden – die Squares der Nachbarschaft wurden zu Folterstätten: Beaufsichtigt von Müttern oder pedantischen Kindermädchen und mit schmutzempfindlichen Matrosenanzügen bekleidet, mußten die Kleinen hier lernen, sich in der Öffentlichkeit gut zu benehmen.

Noch immer gelten auf den Squares und in den Parks strenge Vorschriften. Erbe der früheren Volkserziehung ist das «Reglement», das an allen Eingängen gebieterisch auf altmodischen grünen Ständern steht. Seine Einhaltung wird von Parkwächtern überwacht, die in jeder Grünanlage über ein ebenfalls grünes Wächterhäuschen verfügen. Sie sind ähnlich gekleidet wie die Polizisten und betätigen bei Sichtung einer Regelübertretung gern ihre Trillerpfeife (wenigstens schießen sie nicht). Verboten ist eine Menge: Erst mal darf der Rasen nicht betreten oder belegt werden, wo kämen wir denn da hin. Ruhebedürftige Parkbesucher haben sich gefälligst in einen der überall rumstehenden Metallstühle zu klemmen. Ballspielen ist auch untersagt, na klar, und selbstverständlich auch das Betreiben von Musikinstrumenten und Radiogeräten. «Unsauberen», verwahrlosten Menschen wird der Eintritt von vornherein verweigert. Insgesamt also recht kleinkarierte, pedantisch-bürokratische Einschränkungen, die den gutbürgerlichen Ablauf des Parkbesuchs gewährleisten. Aber dennoch: Man gewöhnt sich dran, und schließlich reizen solche Regeln ja gerade zum Übertreten. Der Beliebtheit der Pariser Parks tun sie keinen Abbruch, oder anders gesagt: Die Leute haben keine Wahl. Hin und wieder wird dem unzureichenden Grünanlagen-Angebot noch was Neues hinzugefügt: Sei es, daß ehemalige Privatgärten von Villen oder Klöstern öffentlich werden, oder daß neue Parks angelegt werden, wie zum Beispiel auf dem Gelände der alten Citroën-Fabrik im 15. Arrondissement und – wahrscheinlich – auf dem Terrain der abgerissenen Markthallen.

Aristokraten, Esel, Sonnenanbeter

Die ersten Pariser Parks gehörten zu Schlössern und weisen die Formen des aristokratischen «französischen Gartens» auf: gerade Linien, symmetrische Raumaufteilung und kunstvoll zurechtgestutzte Natur – im Gegensatz zur englischen Parktradition, wo eine Illusion von Natürlichkeit vermittelt werden sollte. Das gilt für die Tuilerien ebenso wie für den Jardin du Luxembourg, den sich Cathérine de Médicis im Jahre 1613 anlegen ließ. Draußen vor der Stadt kaufte sie mehrere Besitzungen auf, unter anderem ein Hôtel de Piney-Luxembourg, von dem dann der Name auf den ganzen Komplex überging. Im Laufe der Zeit kam zum streng symmetrischen französischen Garten im südlichen Teil eine englisch inspirierte Partie dazu, mit gebogenen Wegen und ungeordnet eingesprengtem Buschwerk. Außerdem wurde die Zentralperspektive durch eine Park-Allee in Richtung auf das Observatorium verlängert, die an einem großen Brunnengebilde mit wasserspeienden Schildkröten endet. Der Palast selbst rottete viele Jahrzehnte hindurch leer dahin. Während der Französischen Revolution diente er als Waffenlager und später zeitweilig als Gefängnis. Heute sitzt der Französische Senat drin, der sich einen Teil des Parks als Privatgarten reserviert hat.

Der Jardin du Luxembourg bedeckt heute nur noch einen kleinen Teil seiner einstigen Fläche. Die um ihn herum gewachsene Stadt hat ihm einiges weggefressen, aber immer noch ist er in dieser enorm dichtbesiedelten Gegend eine willkommene grüne Oase. An sonnigen Tagen ist er manchmal brechend voll. Voll von Leuten, die sich bräunen lassen, lesen, über mehrere Stühle hingestreckt schlafen, stricken, studieren, alleinsitzende Frauen anquatschen oder zwischen den vielen Statuen (unter anderem gibt's hier auch eine kleine Version der New Yorker Freiheitsstatue) herumflanieren. Andere wieder spielen Boule, Tennis oder Schach. Vor allem aber ist der Park voller Kinder, denen hier einiges geboten wird: von Reiteseln über Karussells, Schaukeln, Segelbooten, Kiosken mit Luftballons und Zukkerstangen bis hin zum berühmten Marionettentheater – ein volles Programm. Und bei all diesen dichtgebündelten Erholungsfunktionen hat der Garten sogar noch eine landwirtschaftliche Bedeutung: Es gibt hier achtzehn Bienenstöcke, die pro Jahr rund 600 kg Honig produzieren. Er ist in der rue Pernety Nr. 41, im 14. Arrondissement, käuflich zu erwerben, und dort könnt ihr euch auch für Bienenzüchter-Lehrgänge einschreiben, die im Jardin du Luxembourg veranstaltet werden.

Des Herzogs Lustgarten

Eine ungewöhnliche Geschichte hat der Parc Monceau im 8. Arrondissement. 1778 beschloß der Herzog von Orléans, sich hier einen «englischen» Park anzulegen – bei den Aristokraten herrschte damals gerade die englische Mode. Er ließ sich einen verspielten Lustgarten entwerfen, in dem er ein Sammelsurium poetischer Details installierte: chinesische Torbögen, Kaskaden, kleine Tempel und Pavillons, künstliche Ruinen, einen künstlichen Bach, damit er eine romantische Brücke darüberführen konnte, Marmorgötter, nachgemachte Grabstätten, einen Obelisken. Auch eine holländische Windmühle mußte her sowie Grotten mit künstlichen Korallen, die als Kerzenhalter dienten: So entstand eine Illusionswelt zur Ergötzung der Aristokraten und ihrer Mätressen, ein lauschiger Ort zum Lustwandeln, ein Abenteuerspielplatz für eine Klasse, die unter nicht enden wollender Freizeit litt.

Als der Park 1851 in den Besitz der Stadt kam, war er noch fast unverändert. Dann freilich setzte eine Zeit umfangreicher Spekulation und Bautätigkeit ein, wodurch er um die Hälfte zusammenschrumpfte. Ringsumher mußte er Platz machen für die protzigen Villen der Neureichen des Zweiten Kaiserreichs. Er verrottete mehr und mehr und büßte einen großen Teil seiner phantasievollen Kinkerlitzchen ein. 1871, nach der Niederschlagung der Pariser Commune, diente er gar als Hinrichtungsstätte. Dann aber wurde er angesichts des Mangels an Grünflächen restauriert und präsentiert sich heute wieder als kleines Schmuckstück. Er ist stark von Müttern mit Kindern aus den umliegenden besseren Vierteln bevölkert und ansonsten ein beliebter Mittagspausen-Aufenthaltsort sonnenanbetender Sekretärinnen. Ein Restbestand der einstigen Verrücktheiten ist noch zu bewundern: Die im Halbrund um einen Teich errichteten tempelartigen Kolonnaden, ein Pyramidengrabmal und einige Statuen sind pittoreske Zeugen der verflossenen Ruinenästhetik.

Der Park der melancholischen Tiere

Wieder anderen Ursprungs ist der Jardin des Plantes, nicht weit von der Gare d'Austerlitz. Er wurde 1626 als Heilpflanzengarten des Königs angelegt und hat seither stets auch einen «wissenschaftlichen» Charakter bewahrt. Einer der größten Naturforscher der Aufklärung, Georges de Buffon, war hier als königlicher Intendant tätig. Er klassifizierte sämtliche Pflanzen und schrieb seine gigantische «Histoire Naturelle». Zur Revolutionszeit wurde zusätzlich eine Menagerie eingerichtet. Die ganze Natur, Pflanzenreich wie Tierreich, galt es zu repräsentieren und erforschbar zu machen. Zugleich aber sollte die Menagerie auch zur Belustigung und Bildung des Volkes beitragen. Pflanzen aus allen Winkeln der Erde, von den Alpen bis zum Himalaja, wurden im Park zusammengetragen. Die ältesten Bäume, die heute noch drinstehen, wurden im 17. Jahrhun-

Parc Monceau – Abenteuerspielplatz für Aristokraten

dert gepflanzt. 15000 verschiedene tropische Pflanzen sind in den Gewächshäusern des Gartens vertreten. Später kam eine Reihe von Museumsgebäuden hinzu, die zusammen das «Muséum National d'Histoire Naturelle» bilden.

Außer seiner Funktion, ein «normaler» Park für die Bewohner des Stadtteils zu sein, weist der Jardin des Plantes also gewisse Besonderheiten auf. Immer noch existiert die Menagerie, wenn auch ihre Bedeutung zugunsten des großen Zoos im Bois de Vincennes stark zurückgegangen ist. Sie macht heute einen leicht vergammelten Eindruck, ein eigentümlicher Reiz des Verkommenen und Verschlafenen geht von ihr aus. In großen, altmodischen, reichlich verschmutzten Käfiganlagen hocken vereinzelt Tiere herum und blinzeln gelangweilt auf die wenigen Besucher. Ein paar Wölfe trotten verloren durch ihr Gehege, während unmittelbar daneben der Autoverkehr der Uferstraße vorbeibraust. Im Inneren der verwahrlosten Tierhäuser stehen viele Zellen leer, es riecht streng. Dies ist ein Zoo, der einem nichts vormacht: Hier gibt's keine Freigehege, die die Illusion von «freier Wildbahn» erwecken wollen, hier sind die Tiere klar erkennbar hinter Gittern: gefangene Ausstellungsstücke.

Inszenierte Landschaften

Im Rahmen der Stadtverschönerungsmaßnahmen des Barons Haussmann und der Weltausstellung des Jahres 1867 wurden die beiden Parks Buttes-Chaumont im Norden und Montsouris im Süden angelegt. Buttes-Chaumont ist einer der meistbesuchten Pariser Parks. Inmitten eines volkstümlichen Viertels gelegen, befindet er sich auf einer Anhöhe, an der einst ein besonders schlechter Ruf haftete. Der Hügel wurde als Mülldeponie benutzt, die Schinder verarbeiteten hier die Tierkadaver, es stank zum Himmel. Entlaufene Fremdenlegionäre versteckten sich hier, und allerlei fragwürdiges Gelichter trieb sein Unwesen. Früher stand als einziger Schmuck ein Galgen auf diesem kahlen Berg. Diese verrufene Ecke verwandelten die kaiserlichen Gartenarchitekten binnen kurzem in eine spektakuläre Phantasielandschaft mit künstlichen Felsen, Wasserfällen, Brücken und setzten an die höchste Stelle die Nachbildung eines Tempels aus Tivoli.

Der Parc Montsouris, in dem Lenin mit Vorliebe spazierenging, ist nach ähnlichen Prinzipien gestaltet. Auch hier gibt es romantische Wege und Treppen, einen künstlichen Bach und aufgeschüttete Hügel, wenngleich das Artifizielle weniger extrem hervortritt als im Parc des Buttes-Chaumont. Übrigens lief ausgerechnet am Tage der Eröffnung des Parc Montsouris vor den versammelten Ehrengästen aus dem künstlichen See das Wasser aus – wegen eines Konstruktionsfehlers. Der verantwortliche Ingenieur beging daraufhin Selbstmord.

An der höchsten Stelle des Parks steht ein seltsames, halb abgewracktes, orientalisches Gebäude: die Imitation eines tunesischen Palastes, ein Pavillon, der nach dem Ende der Weltausstellung von 1867 als Zierstück hierhergeschafft worden war. Eine Zeitlang diente dieser Palast als Behausung der Wasserwerkarbeiter, jetzt hat er keine Funktion mehr, der Putz bröckelt ab, die Fenster sind eingeschlagen, die Türen zugemauert.

Im Süden wird der Park durch den boulevard Jourdan begrenzt. Wenn ihr den überquert, gelangt ihr in die Cité Universitaire, eine internationale Studentenstadt mit Wohnheimen verschiedener Länder in allen erdenklichen Baustilen. Die Häuser liegen verstreut in einem weitläufigen Park, dem einzigen, in dem man offiziell auf den Rasen darf. Überhaupt herrscht hier eine gelockerte Atmosphäre, Kontakte sind schnell hergestellt, außerdem finden in den Häusern der verschiedenen Nationen häufig Feten statt.

Vom Jagdrevier zum Waldbordell

Die beiden Hauptlungen der Stadt sind der Bois de Boulogne und der Bois de Vincennes. Das sind gewissermaßen Wälder inmitten der Stadt, oder besser: verstädterte Wälder. Autostraßen führen durch sie hindurch, sie enthalten Sportanlagen, Museen, Luxusrestaurants, abgeteilte Parks und Blumengärten, Reitwege, Teiche, Spielwiesen und ziehen, je nach Gegend und Tageszeit, sehr verschiedenartige Besucher an. Beide sind kleine Reste eines einstmals riesigen Waldgebietes. Früher jagten hier die Könige, und Räuber lauerten durchreisenden Kaufleuten auf.

Als königliches Jagdrevier wurde der Bois de Boulogne schließlich durch eine Mauer umschlossen, da-

mit das Wild – es gab sogar Wölfe – nicht abhauen konnte. Heute verbergen sich die letzten verschüchterten Säugetiere im Unterholz dieses betriebsamen Waldes. Die Revolution machte dann Schluß mit den privaten Jagden, dafür konnten die Bewohner der umliegenden Dörfer nun nach Lust und Laune wildern und sich Bau- und Brennholz besorgen. Nach Napoleons Niederlage bei Waterloo kampierten hier die englischen Truppen und setzten dem Wald derart zu, daß sich der Baumbestand nie mehr so ganz davon erholt hat. Unter Napoleon III. wurde der Bois dann so hergerichtet, wie er im großen und ganzen jetzt noch aussieht. Der Kaiser ließ neue, sich sternförmig treffende Alleen anlegen und Felsbrocken aus dem Wald von Fontainebleau heranschaffen, mit denen ein Wasserfall konstruiert wurde. Das reiche Paris feierte unter dem Second Empire Tag und Nacht rauschende Feste im Wald, der sich immer mehr zu einem Treffpunkt der gehobenen Gesellschaft, zu einem Jahrmarkt der Eitelkeiten entwickelte. Aristokraten, Neureiche und ausgehaltene Kurtisanen kamen hier heraus und protzten mit ihren Equipagen. Überdies war der Bois das standesgemäße Terrain für Duelle, eine Heiratsbörse und ein Experimentierfeld: Hier machten die Damen und Herren aus den besseren Kreisen ihre ersten Radfahrversuche.

Nachdem im Westen von Paris der Bois de Boulogne zum Tummelplatz der vornehmen, neu- und altreichen Welt geworden war, wollte der Herrscher – gemäß seiner demagogischen Bekundungen, ein fürsorglicher Kaiser sämtlicher Franzosen zu sein – für den proletarischen Osten ein Gegenstück schaffen, und so gingen seine Gartenspezialisten daran, auch im Bois de Vincennes ein Wegesystem zu errichten, Teiche zum Kahnfahren anzulegen, Rasenflächen und Büsche anzupflanzen und ein paar Felsen einzustreuen in dieses große Gelände, das ebenso wie sein westliches Pendant einmal königliches Jagdgebiet war und lange Zeit als diskretes Refugium diente, in das sich die Könige mit ihren Liebschaften zurückzogen.

Beide «Wälder» bieten heute eine breite Palette von Attraktionen und Betätigungsmöglichkeiten an. Im Bois de Boulogne gibt es den Parc de Bagatelle und den Jardin d'Acclimatation – einst für die Aufzucht von Jagd-, Nutz- und Schmucktieren angelegt, heute ein Gelände voller Kinder-Attraktionen. Im Bois de Vincennes liegt der Parc Floral, ein großer Blumengarten mit einem Skulpturen-Freiluftmuseum, der Zoo von Paris mit seinem alles überragenden künstlichen Affenfelsen und die Cartoucherie, eine ehemalige Schießpulverfabrik, die zur Zeit das bedeutendste Experimentiertheater von Paris beherbergt. Am Rande des Waldes befindet sich das Schloß von Vincennes, in dessen mächtigem Turm der Marquis de Sade sieben Jahre lang wegen fortgesetzter Sittenskandale eingelocht war. (Danach kam er in die Bastille und schließlich ins Irrenhaus von Charenton.)

Ansonsten gibt es in beiden Bois Pferderennbahnen und nach Einbruch der Dunkelheit reichlich Prostitution. Vor allem der Bois de Boulogne ist nachts ein riesiges Freiluft-Bordell, durch das langsam die Autoschlangen hindurchkriechen, während am Straßenrand mehr oder weniger nackte Menschen oft undeutlichen Geschlechts stehen und sich

vom Scheinwerferlicht anstrahlen lassen. Hierzu das gewöhnlich gut informierte Nachrichtenmagazin «Der Spiegel»: «Im Bois de Boulogne spart der Interessent die 650 Francs für eine Flasche Whisky, die in den Clubs gefordert werden. Hier fallen die sozialen Barrieren und die Hüllen auf die Erde, über die tagsüber die Waldanrainer ihre Hunde Gassi führen. In der dunklen Anonymität des weiten Waldes kann der Büromensch nach Dienstschluß schnell noch einen lustvollen Stopp einlegen, bevor er zu Ehefrau und Kindern in den Vorort zurückfährt.» Na ja, was manche Leute so «lustvoll» nennen ... Jedenfalls kommt durch diesen Betrieb auch nachts die arme Tierwelt nicht zur Ruhe.

Ein Garten von Welt

Ein wenig außerhalb und versteckt liegt der Jardin Albert Kahn – in Boulogne, 9, quai du 4 Septembre: ein kleines, zwischen den Häusern dieses westlichen Pariser Vororts eingeklemmtes Terrain. Dieser Kahn war eine merkwürdige Gestalt: Er hatte gegen Ende des letzten Jahrhunderts seine Karriere zunächst als Straßenkehrer begonnen, wurde dann Laufbursche, Diamantensucher und schließlich ein reicher Geldsack – das alte Märchen, nur diesmal nicht in den USA.

Er hatte zwei große Leidenschaften, für die ihm keine Kosten zu hoch waren. Die erste war der Gartenbau: Er kaufte die um seine Villa liegenden Grundstücke zusammen und schuf auf ihnen eine Miniaturwelt aus Gärten verschiedener Stilrichtungen – ein Teil von einem englischen Park, ein Stück Wald mit Nadelbäumen wie in den Vogesen und als kunstvollste Partie einen japanischen Garten mit Tempeln, Teehäusern, Brückchen und Kirschbäumen.

Seine zweite Leidenschaft: Er begeisterte sich für die damals noch ziemlich neuen Medien Fotografie und Film. 1912 begann er mit einem riesigen und ehrgeizigen Unternehmen: Er gab Unsummen aus mit dem Ziel, eine Dokumentation der Welt, so wie sie zu seiner Zeit aussah, zu erstellen. Er engagierte Fotografen und Kameraleute und schickte sie in alle Winkel Frankreichs, aber auch rund um die Erde in die entferntesten Länder, mit dem Auftrag, sowohl bedeutende Ereignisse als auch Szenen aus dem normalen Alltagsleben festzuhalten. Die enorme Sammlung, die da zusammenkam, wurde von Kahn als «Archiv des Planeten» bezeichnet und in einem Gebäude des Parks untergebracht.

Seine Pionierleistung machte ihn zu einer Berühmtheit, prominente Politiker und Denker suchten ihn in seiner Villa in Boulogne auf und wandelten mit ihm durch seine Gartenwelt. Im Jahre 1929 aber kam die große Wirtschaftskrise und mit ihr der totale Ruin für den einstigen Millionär Kahn. Er war pleite und mußte seine Sammelarbeit einstellen. Verarmt starb er 1940 in seiner verödeten Villa, die Möbel hatten die Gerichtsvollzieher geholt. Immerhin: Das Bild- und Filmarchiv und den Garten hatte er gerettet. Beides läßt sich heute bewundern – als Überbleibsel aus einer Zeit, in der sich unter den Kapitalisten noch erstaunliche Persönlichkeiten fanden.

praktische hilfen & adressen

Erste Orientierung

Klassische Orientierungshilfen für Parisbesucher bietet das «Office du Tourisme de Paris», 127, avenue des Champs-Élysées (Metro George V). Zweigbüros davon befinden sich in den Bahnhöfen Gare du Nord, Gare de l'Est und Gare de Lyon sowie in den Ankunfts- und Abfahrtsstationen der Flughafenbusse: Aérogare des Invalides und Aérogare du Palais de Congrès an der Porte Maillot. Hier bekommt ihr die gängigen touristischen Informationen in Form von Übersichtsplänen und Veranstaltungskalendern, hier könnt ihr auch Hotelzimmer reservieren lassen. Die Angestellten dürften zumindest des Englischen mächtig sein, wenn nicht gar des Deutschen. *(Siehe Adressenverzeichnis: Touristeninformation)*.

Für das Zurechtfinden in Paris sehr hilfreich ist es, sich sofort mit der Aufteilung der Stadt in die 20 Arrondissements vertraut zu machen. Dann weiß man nämlich immer ungefähr, wo man ist, denn die Nummern der Bezirke stehen häufig auf den Straßenschildern mit drauf. Wichtig sind sie auch deshalb, weil sie gewöhnlich bei jeder Adresse angegeben werden, entweder in Klammern nach dem Straßennamen, zum Beispiel 16, rue de la Rochefoucauld (9^{e}), oder in Gestalt der Postleitzahlen, die in Paris alle mit 75 beginnen – 75014 beispielsweise ist die postalische Bezeichnung für das 14. Arrondissement.

Auch solltet ihr euch von Anfang an mit einem guten Stadtplan bewaffnen. Der genaueste ist wohl der «Plan de Paris» von Michelin: Da sind noch die unscheinbarsten Sackgassen, alle Einbahnstraßen und sogar Hausnummern verzeichnet. Nur hat er leider den Nachteil, recht unhandlich zu sein. Wer im dichten Straßengewühl, vielleicht obendrein noch bei starkem Wind versucht, so ein Monstrum zu entfalten, wird leicht nervös und aggressiv. Viel eleganter sind da die in Taschenbuchformat erhältlichen, auch von Einheimischen gern benutzten Pläne «Paris par Arrondissements» mit übersichtlichem und vollständigem Straßenregister, zu erwerben in Zeitungsläden und in jeder «Papeterie». Dazu gibt es an den Schaltern der meisten Metrostationen kostenlose Pläne des Metro- und Autobusnetzes.

Zur Orientierung über alles, was in der Woche an Veranstaltungen läuft – Kino, Theater, Konzerte, Ausstellungen, Vorträge – dienen die beiden jeden Mittwoch erscheinenden billigen Programmhefte «Officiel du Spectacle» und «Pariscope» (wobei das letztere ein paar Pfennige mehr kostet, dafür aber nur halb so viele Druckfehler hat). Vorsicht ist bei den dort ebenfalls angegebenen Restaurants geboten: Sie sind in der Regel nur etwas für dickere Brieftaschen. Natürlich informieren auch die Tageszeitungen über die Theater- und Kinoprogramme, wenn auch nicht so ausführlich wie jene beiden Heftchen. Eine kommentierte Auswahl des täglichen politischen und kulturellen Geschehens findet ihr in «Libération» unter der Rubrik «jour et nuit» – bei manchen speziell vermerkten «spectacles» bekommt ihr sogar eine Eintrittsermäßigung, wenn ihr an der Kasse die Libé-Ausgabe vom Tage vorzeigt.

Unterkunft

Die Pariser Hotels sind durch ein System von Sternen amtlich klassifiziert, und nach der Anzahl der Sterne (von 1 bis 4) richtet sich der Preis. Die jeweilige Kategorie ist draußen an der Tür auf einem blauen Schild angegeben. Dadurch wird der Ein-

druck erweckt, diese Hotels unterstünden einer regelmäßigen Kontrolle, was auf manchen Gast eine beruhigende Wirkung ausüben mag. Es gibt aber durchaus auch Hotels außerhalb dieser Stern-Kategorien. Zum einen sind das die absoluten Luxus-Absteigen, zum andern aber solche Etablissements, die höchstwahrscheinlich unterhalb der Mindestanforderungen für einen Stern liegen. Das müssen nicht unbedingt katastrophale Löcher sein, möglich ist das aber schon. Einige dieser «Hotels» bestehen aus vollgestopften Schlafsälen, in denen ausländische Arbeiter oft jahrelang unter finsteren Bedingungen hausen, manche sind auch Stundenhotels –, aber das merkt man ja relativ schnell, denn im Zweifelsfall ist es natürlich ratsam, sich die Zimmer vorher anzugucken. In jedem Fall gilt, daß die Hotels in den äußeren Arrondissements (abgesehen vom stinkvornehmen sechzehnten!) in der Regel preisgünstiger sind als die zentral gelegenen. Außerdem ist die Chance, einen Platz zu finden, dort größer. Zu den Preisen: In billigen Hotels zahlt ihr für ein Zweibettzimmer zwischen 30 und 50 Mark pro Nacht.

Überaus nützlich für junge zimmersuchende Menschen ist der unter Kontrolle des Ministeriums für Jugend, Sport und Freizeit stehende AJF (Accueil des Jeunes en France), der neben Reisen und Ausflügen vor allem billige und trotzdem anständige Schlafplätze in Pariser Jugendhotels vermittelt, zum Beispiel in einigen umgebauten schönen alten Marais-Häusern. Das Hauptbüro liegt gegenüber dem Centre Pompidou, weitere Büros befinden sich in der Gare du Nord und in der rue du Pont-Louis-Philippe im 4. Arrondissement. Vor allem in der Hauptreisezeit kann es freilich passieren, daß alles schon voll ist und nichts außer der trüben Aussicht auf eine Nacht im Bahnhofswartesaal übrigbleibt. Solchem Ärger entgeht, wer sich bereits vor Reiseantritt einen Platz in einem der Jugendhotels reserviert (die Preise: 15 bis 20 Mark).

Eine weitere Möglichkeit, in den Sommermonaten eine Unterkunft zu finden, bietet die Cité Universitaire, ein riesiger Campus aus internationalen Studentenheimen, wo in den Semesterferien viele Zimmer leerstehen und an Gäste vermietet werden. Die «Cité» liegt zwar am südlichen Stadtrand, ist aber durch die Schnell-Metro RER in Windeseile mit den wichtigen Zentren des brausenden großstädtischen Lebens verbunden. Es gibt in Paris eine Jugendherberge: 8, boulevard Jules Ferry (11e)
Metro: République
Tel. 43 57 55 60
und zwei weitere in der Banlieue: eine in Choisy-le-Roi im Süden (reichlich teuer: ca. 30 Mark die Nacht!), die andere in rueil-Malmaison im Westen, verkehrsmäßig relativ problemlos zu erreichen (15 Mark).

Schließlich besteht dann noch die Möglichkeit, auf einen der in der Umgebung von Paris gelegenen Campingplätze zu gehen. Die sind jedoch während der Sommersaison oft ausgebucht, es empfiehlt sich also auch hier, vorher zu reservieren. Wenn auch Komfort und Preise variieren, so ist dies wohl dennoch die billigste Art von Unterkunft (etwa 3 Mark fürs Zelt und 4 Mark pro Person). Bis auf den Pariser Campingplatz im Bois de Boulogne liegen die Plätze allerdings relativ weit draußen. *(Siehe Adressenverzeichnis: Camping, Unterkunft)*

Fortbewegung

Der größte Teil der Verkehrsmittel in und um Paris wird von der Verkehrsgesellschaft RATP (Régie Autonome des Transports Parisiens) betrieben: die Metro, die RER (Réseau Express Régional) und die Autobusse.

Metro und Schnellbahn

Das am häufigsten benutzte und zuverlässigste Fortbewegungsmittel im Stadtgebiet ist zweifellos die Metro. Innerhalb des U-Bahn-Netzes könnt ihr mit einem Ticket beliebig oft umsteigen. Übrigens kauft ihr euch besser gleich statt der Einzelfahrkarte ein «Carnet», das sind 10 Tickets auf einmal, wobei ihr eine ganze Menge spart (statt 1,50 DM pro Fahrschein sind es dann nur -,80 DM). Es gibt auch Touristenkarten für zwei, vier oder sieben Tage, aber viel günstiger ist die «Carte Orange», die unbegrenzte Bus- und Bahnbenutzung gestattet. Die billigste, für zwei Zonen (Paris und nahe Banlieue) kostet als Wochenticket ca. 10 Mark, als Monatsticket ca. 40 Mark – lächerlich wenig. Ihr bekommt sie auf den meisten U-Bahnhöfen und in allen RER-Stationen und benötigt dazu ein Paßbild.

Wie findet man im Gewirr der großen Umsteigestationen den richtigen Bahnsteig? Ganz einfach: Die Richtungsangaben auf den «Correspondance»-Schildern bezeichnen jeweils die Endstation der Linie. Ihr braucht also bloß auf einem der überall aushängenden Netzpläne rauszukriegen, wohin die Linie führt, auf der sich euer Zielbahnhof befindet, und könnt euch dann von den Richtungshinweisen durch die Flure leiten lassen.

Die ersten Metros fahren morgens ab 5.30 Uhr und die letzten, die dann vom Lautsprecher angesagt werden, verlassen die Ausgangsstationen zwischen 0.30 und 0.45 Uhr.

Die RER, die weit in die Vororte hinaus fährt, kann innerhalb der Stadtgrenzen mit normalen Metrotickets benutzt werden. Für weitere Fahrten stehen in den Stationen spezielle Fahrkartenautomaten. Das Ticket muß hier, im Unterschied zur normalen Metro, beim Ausgang wieder in so eine silbrig-glänzende automatische Sperre gesteckt werden, also nicht vorher wegschmeißen!

Busse

Ihr könnt nicht mit demselben Tikket von der Metro in den Bus umsteigen, sondern müßt dort wieder – je nach Länge der Strecke – ein oder zwei neue Fahrkarten entwerten. Die meisten Busse fahren nur werktags und auch nur bis etwa 20 Uhr, nur einige wenige Linien sind bis 24 Uhr sowie sonn- und feiertags in Betrieb. Wer die letzte Metro verpaßt hat, dem bleiben noch die neun Nachtbuslinien, die einmal pro Stunde vom Châtelet-Platz aus bis zur Stadtgrenze fahren. Sie sind etwas teurer als die normalen Busse, aber immer noch wesentlich billiger als die Taxis.

Taxi

Taxis sind längst nicht so teuer wie die deutschen. Zur Taxibenutzung: Es gibt fast keine Funktaxis – entweder findet man einen Taxistand, oder man winkt sich auf der Straße einen Wagen herbei. Er ist frei, wenn das Taxi-Zeichen weiß erleuchtet ist, und besetzt, wenn auf dem Dach ein rötliches Lämpchen schimmert. Auch bei einem freien Taxi kann es passieren, daß der Fahrer die Fahrt ablehnt, sei es, daß sie ihm nicht einträglich genug erscheint oder sei es, daß die Strecke in eine ihm nicht genehme Gegend führt. Es gibt drei verschiedene Tarife: «A», der niedrigste, gilt für Werktage, «B» für Sonntage, Nachtfahrten sowie Fahrten jenseits der Stadtgrenze und «C» für Sonntags- und Nachtfahrten in die Banlieue. Von 7–9 Uhr und von 18–20 Uhr sind Bus und Taxi wegen der vielen Verstopfungen nicht zu empfehlen. Auch die Metro ist dann recht ungemütlich, aber dennoch zuverlässig.

Auto

Wer mit dem eigenen Auto anrollt, der sollte es besser irgendwo sorgfältig parken und auf öffentliche Verkehrsmittel umsteigen, denn der Verkehr in Paris ist alles andere als erholsam. Aber auch das Parken ist bereits mit Schwierigkeiten verbunden: In manchen Vierteln darf nur mit Parkscheibe und nur kurz geparkt werden, in vielen Straßen gar nicht. Heere himmelblau gekleideter Damen schwärmen morgens aus, um Strafzettel zu verteilen. Da die von vielen Verkehrsteilnehmern sofort weggeschmissen werden (das Fahndungs- und Eintreibungswesen ist noch nicht sonderlich perfektioniert), geht die Polizei häufig zu rabiateren Methoden über: entweder wird dem falsch parkenden Auto mittels einer Spezialvorrichtung ein Rad blockiert, oder aber es wird einfach abgeschleppt und darf dann gegen umgerechnet etwa 100 Mark beim nächsten Kommissariat wieder ausgelöst werden. Am besten parkt sich's noch in den etwas ruhigeren äußeren Vierteln – allerdings solltet ihr euch nicht über die Beulen und Kratzer aufregen, die euer Gefährt nach einigen Tagen sehr wahrscheinlich verzieren werden ...

Eisenbahn

Die Verbindung zwischen Paris und der Banlieue wird (neben den RER-Linien A und B) im wesentlichen durch die Vorortzüge der SNCF hergestellt. Bis auf die mitten durch Paris führende, von der SNCF betriebene RER-Linie C fahren alle Eisenbahnzüge von einem der sechs großen Kopfbahnhöfe ab. Achtet vor dem Einsteigen darauf, ob der Zug auch wirklich an eurer Station hält! Das ist auf den Schrifttafeln festzustellen, die vor jedem Bahnsteig stehen. Ein Tarifverbund zwischen RATP und SNCF existiert innerstädtisch für die RER-Linie C, außerdem für die Inhaber der Carte Orange, wenn sie ein Monatsticket für die entsprechende Zone haben. *(Siehe Adressenverzeichnis: Bahnhöfe)*

Fahrrad

Schon der erste Blick macht deutlich, daß in Paris sehr wenig radgefahren wird. Dennoch kann sich, wer es wagen will, ein Fahrrad leihen und darf sich wie ein Pionier fühlen. Die Pariser Autofahrer sind im allgemeinen nichts weniger als rücksichtsvoll, und Fahrradwege gibt's natürlich keine. Aber vielleicht wäre es ganz nützlich, die Eingeborenen allmählich an den Anblick dieses ökologischen Instruments zu gewöhnen ... Teuer ist das Ausleihen nicht, ihr müßt nur bei den Verlei-

hern euren Personalausweis vorweisen und eine Kaution hinterlegen.
(Siehe Adressenverzeichnis: Fahrräder)

Trampen

Die Autobahnen in die französischen Provinzen zweigen von der Ringautobahn «Périphérique» ab, was für Tramper nicht gerade günstig ist. Entweder, man stellt sich in die Nähe größerer Auffahrten (Autoroute du Sud: Porte d'Orléans, Metro: Porte d'Orléans – Autoroute du Nord: Porte de la Chapelle, Metro: Porte de la Chapelle – Autoroute de l'Ouest: Pont de St. Cloud, Metro: Pont de St. Cloud – Autoroute de l'Est: nahe der RER-Station Joinville-le-Pont) oder man versucht's halt über die stark befahrenen Landstraßen. Und wer auf Nummer Sicher gehen will, für den gibt es auch zwei Mitfahrerzentralen.
(Siehe Adressenverzeichnis: Mitfahrerzentralen)

Banken, Post, Telefon

Banken

Die Banken sind gewöhnlich von Montag bis Freitag zwischen 9 Uhr und 16.30 Uhr geöffnet. Bis 20 Uhr hat die CCF, 103, avenue des Champs-Élysées, auf. Am Wochenende kann Geld in der Gare de Lyon, im «Office du Tourisme» (Champs-Élysées) sowie auf den Flughäfen Charles de Gaulle und Orly gewechselt werden. Wer ein Konto bei der Commerzbank oder der Deutschen Bank hat, kann bei

deren Pariser Zweigstellen problemlos Geld abheben. Es wird gleich in französischer Währung ausgezahlt. Ihr dürft übrigens in Frankreich ohnehin nur Devisen in Francs eintauschen, nicht umgekehrt!
(Siehe Adressenverzeichnis: Banken)

Post

Postämter, zu erkennen an der Bezeichnung P. T. T., sind Montag bis Freitag von 8 Uhr bis 19 Uhr und samstags bis 12 Uhr geöffnet. Rund um die Uhr ist das Hauptpostamt 52, rue du Louvre auf, wo sich auch der Schalter für postlagernde Sendungen (poste restante) befindet. Briefmarken sind außer auf Postämtern auch in allen «Tabac»-Verkaufsstellen zu kriegen. Was die Briefkästen betrifft, so ist darauf zu achten, daß sie zwei verschiedene Einwurfschlitze haben: einen für Paris, den anderen für den Rest der Welt.

Telefon

Bis vor kurzem noch beschränkten sich die Telefonier-Möglichkeiten auf Postämter oder Cafés. Seit neuerem aber sprießen nun auch in Paris überall Telefonzellen aus dem Boden, die sich dem allgemeineuropäischen Standard annähern. Das bedeutet aber auch, daß sie, wie überall, meistens kaputt sind. Um dem Vandalismus vorzubeugen, werden daher immer mehr Zellen auf bargeldlosen Betrieb umgerüstet und funktionieren nur noch mit Mikrochip-Karten, die in einen Schlitz einzuschieben sind. Diese «Telecartes» bekommt man in allen Postämtern und in manchen «Tabac»-Verkaufsstellen. Es gibt sie in zwei Varianten: für 40 oder 120 Einheiten.

Falls ihr eure Freunde in Singapur oder Mexico City oder sagen wir Castrop-Rauxel anrufen möchtet, aber deren Nummer zu Hause vergessen habt – kein Problem! Auf den beiden Postämtern 52, rue du Louvre und 8, place de la Bourse, könnt ihr alle Telefonbücher der Welt konsultieren. Um in die Bundesrepublik zu telefonieren, wählt man erst mal die 19, wartet den Summton ab, dann die 49 (Österreich 43, Schweiz 41) und dann die Vorwahl der Stadt, unter Weglassung der Null.

Gesundheit

Was, wenn ihr in Paris krank werdet und euch behandeln lassen müßt? Das günstigste in solchen Fällen ist eine Reisekrankenversicherung – die kostet nicht viel und gilt für längere Zeit (mindestens einen Monat),

meist auch gleich für verschiedene Länder. Sonst aber seid ihr auch in Frankreich über eure heimische Krankenkasse versichert und könnt einfach zu irgendeinem Arzt gehen. Wenn ihr auf einen deutsch sprechenden Mediziner Wert legt, ruft ihr am besten die Botschaft oder das Konsulat an, die können euch mit den entsprechenden Adressen versorgen. Vor längeren Auslandsaufenthalten ist es in jedem Fall ratsam, sich von der deutschen Versicherung einen Auslandskrankenschein zu holen, in Paris könnt ihr dann zu einem Arzt eurer Wahl gehen. Nach der Behandlung, die erst mal von euch bezahlt werden muß, bekommt ihr einen grünen Schein. Damit und mit dem internationalen Krankenschein eurer deutschen Versicherung begebt ihr euch dann zur «Direction des Relations Internationales» der französischen Sozialversicherung, 173–175, rue de Bercy (12 e), Metro: Gare de Lyon, Tel. 43461253. Dort werden euch 80 Prozent der Behandlungskosten zurückerstattet. Man kann die Papiere da auch hinschicken, aber dann dauert's wesentlich länger.

Für dringende Fälle, vor allem nachts und an Wochenenden, gibt es verschiedene Notdienste: für allgemeine ärztliche Hilfe SOS Médecins (47077777), bei Zahnproblemen SOS Dentiste (43375100), und falls gar ein Krankenwagen benötigt wird, ist da der SAMU (Service d'Aide Médical d'Urgence) unter der Nummer 45675050 oder der Ambulanzdienst der Assistance Publique (48872750). Eine Apotheke, die die ganze Nacht über geöffnet hat, findet ihr in der Passage «Les Champs» 84, avenue des Champs-Élysées.

Schwangerschaftsabbruch, vulgo «Abtreibung», ist in Frankreich legal. Es kommen aber immer wieder Schmuddeleien und Geldschneidereien seitens fragwürdiger Mediziner und Privatkliniken vor. Die beste Informationsadresse ist Le Planning Familial. *(Siehe Adressenverzeichnis: Abtreibung)*

Solltet ihr euch – so was kommt vor – eine Geschlechtskrankheit eingefangen haben oder zumindest Befürchtungen hegen, so könnt ihr euch kostenlos, anonym und freundlich behandeln lassen.' *(Siehe Adressenverzeichnis: Geschlechtskrankheiten)*

Wer auf der Suche nach alternativer Medizin ist, dem präsentiert sich in Paris eine bunte Palette von Lehren und Richtungen – Naturheilverfahren, Akupunkteure, Bioenergetiker ... Unter solchen Bezeichnungen wird freilich auch eine Menge Scharlatanerie getrieben. Seriös sind auf jeden Fall die homöopathischen Zentren. Darüber hinaus sei auf die «Boutiques de Santé» hingewiesen, die es in verschiedenen Arrondissements gibt. Das sind Assoziationen, die sich aus dem Bedürfnis heraus gebildet haben, dem gängigen, stumpf-gläubigen Medizin-Konsumententum zu entrinnen und sich in Zusammenarbeit mit aufgeschlossenen Ärzten aktiv um die Belange der eigenen Gesundheit zu kümmern. Im Mittelpunkt der im Stadtviertel verankerten Tätigkeit stehen Gesundheitsaufklärung, Erfahrungsaustausch und (kostenlose) Weitergabe von Informationen über alternative Behandlungsmöglichkeiten. *(Siehe Adressenverzeichnis: Gesundheit)*

Ärger mit den Flics

Die französischen Polizisten sind nicht gerade für höfliches, korrektes Verhalten berühmt. Sie bilden eine von der übrigen Bevölkerung ziemlich isolierte Kaste – auch der französische Normalbürger mag sie nicht besonders, trotz gelegentlicher Aktionen zur Image-Aufbesserung. Vor allem Leute mit dunklerer Hautfarbe oder solche, die gegen irgendeine imaginäre Kleider- und Haarschnittordnung verstoßen, werden häufig kontrolliert, sowohl auf der Straße als auch – vorzugsweise – in der Metro: «Vos papiers!» heißt es dann. Manchmal auch mit dem Zusatz «s'il vous plaît!.» Auch Menschen, die Gitarren bei sich führen, ziehen die Ordnungshüter magnetisch an. Besser ist es, immer einen Paß oder Personalausweis dabeizu haben und sich diesen Herren gegenüber extrem höflich zu verhalten – bei Widerworten neigen sie dazu, sehr schnell richtig unbehaglich zu werden. Sollte es sich um Zivilpolizisten handeln, habt ihr das Recht, euch den Polizeiausweis zeigen zu lassen.

Falls ihr weder Paß noch Personalausweis dabeihabt, können sie euch zur Feststellung der Personalien auf die Wache mitnehmen und euch dort für maximal 24 Stunden festhalten (garde à vue). Während dieser Zeit ist die Anwesenheit eines Rechtsanwalts nicht gestattet. Passiert euch das, seid möglichst vorsichtig und zurückhaltend mit euren Äußerungen. Ihr habt das Recht, überhaupt nichts zu sagen. Wundert euch nicht über das geläufige Duzen und laßt euch nicht durch den Gebrauch von Schimpfwörtern und Drohungen seitens der Ordnungskräfte einschüchtern. Diese «garde à vue» von 24 Stunden kann nur auf schriftliche Anordnung des Staatsanwaltes oder Untersuchungsrichters verlängert werden. Falls die Sache ernster zu werden droht, könnt ihr euer Konsulat anrufen, das euch zumindest Adressen von Rechtsanwälten mitteilen wird, die Deutsch sprechen. Sollte es zu irgendwelchen Mißhandlungen kommen, ist es wichtig, sich als erstes von einem Arzt untersuchen zu lassen. Sodann könnt ihr euch bei der Inspection Générale des Service, 21, rue de la Boétie (8e) beschweren und beim Procureur de la République, 4, boulevard du Palais (4e) Anzeige erstatten.

Eine Warnung: bei Drogen, auch wenn es bloß um winzige Mengen geht, ist seitens der französischen Polizei und Justiz mit sehr wenig Toleranz zu rechnen. Sofortige Festnahme ist die Regel, danach ist mit Geldstrafe und Ausweisung, verbunden mit einem mehrjährigen Aufenthaltsverbot in Frankreich, zu rechnen. *(Siehe Adressenverzeichnis: Recht)*

Einkaufen

Alles Eßbare (Obst, Gemüse, Fleisch, Fisch, Käse) kriegt man am besten und am billigsten auf den Märkten, wo das Rumlaufen und Auswählen ohnehin wahrscheinlich den meisten Spaß macht. In jedem Viertel gibt es wenigstens zweimal pro Woche einen Straßenmarkt. Einige größere Märkte sind bis auf einen Ruhetag die ganze Woche über in Betrieb. *(Siehe Adressenverzeichnis: Märkte)*

Gleich um einiges teurer sind die Lebensmittel in den vielen kleinen Läden der Einkaufsstraßen. Die Preise in den Supermärkten sind recht unterschiedlich. Sehr billig sind zum Beispiel die Filialen der Ketten «Leclerc» und «Franprix». Für Freunde biologischer Nahrung gibt es verschiedene Kooperativen wie «Les Réseaux Écoovie» oder «Coopeco», außerdem ist auch vielen makrobiotischen Restaurants ein kleiner Laden angeschlossen. *(Siehe Adressenverzeichnis: Naturkost)*

Für alles Übrige findet sich das breiteste Angebot in den großen Kaufhäusern, etwa bei «Printemps» und «Galéries Lafayette» am boulevard Haussmann hinter der Oper oder im «Bazar de l'Hôtel de Ville» und in der «Samaritaine» an der rue de Rivoli. Allerdings sind sie keineswegs besonders billig.

Was Klamotten betrifft, so ist für alles Exzentrische das Hallenviertel führend, aber bis auf einige Second-Hand-Läden auch relativ teuer. Wer einen günstigen Fang machen will, sollte nach einem «dégriffé»-Geschäft Ausschau halten: Das sind Läden, in denen Erzeugnisse der großen Modefirmen ohne Etikett zu stark herabgesetzten Preisen verramscht werden. Denen, die sich über billige Einkaufsmöglichkeiten genauer informieren möchten, ist das sehr nützliche Buch «Paris pas cher» zu empfehlen, das die günstigsten Adressen für so ziemlich alle Kaufgelüste enthält.

Die Öffnungszeiten sind in Paris angenehm flexibel: Schon um 6 Uhr öffnen Zeitungskioske und Flohmärkte, zwischen 6 und 7 Uhr die Bäckereien. Größere Geschäfte machen meist um 9.30 Uhr auf und schließen um 19 oder 20 Uhr, aber selbst danach findet sich immer noch eine «épicerie», wo bis 21 Uhr oder 22 Uhr eingekauft werden kann. Die meisten Lebensmittelgeschäfte haben auch Sonntag vormittag auf, dafür schließt ein großer Teil am Montag.

Jobsuche

Wer länger bleiben will und also nach einer bezahlten Arbeit («boulot») sucht, braucht ein dickes Fell und auf jeden Fall hinreichende Sprachkenntnisse. Für Bürger der Europäischen Gemeinschaft, die keine Arbeitserlaubnis brauchen, ist es dennoch mit einer gewissen Hartnäckigkeit möglich, was zu finden.

Kaum sonderlich ergiebig dürfte es sein, bei den offiziellen Arbeitsämtern (ANPE = Agence Nationale Pour l'Emploi) vorzusprechen, aber versuchen kostet ja nichts. Erfolgversprechender sind da schon die Stellenanzeigen der Tageszeitungen, etwa im «Figaro» oder im «Matin», oder, für manchmal etwas ungewöhnliche Angebote, in «Libération», wo ihr auch selbst kostenlos ein Stellengesuch reinsetzen könnt. Jobs für junge Menschen werden auch vom CIDJ (Centre d'Information et de Documentation Jeunesse), 101, quai Branly (15e), vermittelt. Oder ihr versucht es mal im Goethe-Institut: Da liegen gleich links neben dem Empfangstisch Verzeichnisse mit ein paar Arbeitsgesuchen und -angeboten aus, unter anderem auch mit Au-pair-Stellen.

Falls ihr Deutschunterricht geben wollt/könnt: Es gibt Hunderte von Sprachschulen in Paris, mit unglaublichen Unterschieden bezüglich Bezahlung und Arbeitsbedingungen – in manchen wird Sklavenarbeit für Hungerlöhne geleistet. Sie profitieren von einem Gesetz, das alle französischen Unternehmen verpflichtet, ihren Mitarbeitern Fortbildungskurse anzubieten, und das sind in den meisten Fällen Sprachkurse. Manche Schulen, meist die seriöseren, stellen nur Leute mit Sprachlehrerausbildung ein, bei anderen genügt es aber auch schon, Deutsch als Muttersprache zu sprechen.

Leuten, die halbwegs ein Musikinstrument beherrschen, bietet sich zum Musizieren die Metro an. Wer das legal betreiben möchte, kann sich bei der RATP eine Genehmigung besorgen. Und sonst gilt es halt beim Herumlaufen durch die Stadt die Augen aufzuhalten, ob etwa in einem Schaufenster nach einer Kassiererin, einem Nachtportier oder was auch immer gesucht wird . . .

Was tun mit Kindern?

Das steinerne Ungetüm Paris mit seinen spärlichen Grünflächen und dem menschenverachtenden Autoverkehr ist sicherlich kein Kinderparadies. Dennoch finden sich einige Reservate, wo einigermaßen unbeschwert gespielt werden kann – so zum Beispiel die Parks, die trotz aller Reglementierung eine Vielzahl von Amüsiermöglichkeiten bieten. Da wären etwa die Marionettentheater, von denen das berühmteste im Jardin du Luxembourg steht, aber es gibt auch welche in den Tuilerien, auf dem Champ de Mars, im Parc des Buttes-Chaumont und im Bois de Vincennes. An den großen runden Springbrunnenbassins des Luxembourg und der Tuilerien können kleine Spielsegelboote gemietet werden, und in fast allen Parks gibt es Karussells und Schaukeln sowie Kioske mit Luftballons, Waffeln, Zuckerwatte und anderen kariesfreundlichen Köstlichkeiten.

Ein spezieller Kinderpark befindet sich im nördlichen Teil des Bois de Boulogne: der Jardin d'Acclimatation. Von der Porte Maillot aus fährt eine kleine Eisenbahn rein. Der Garten ist reich an Lustbarkei-

ten: Rollschuhbahn, Skateboard-Anlage, Karussells, Ponys zum Reiten, ein Kasperltheater, Delphine, ein Spiegelkabinett und ein wirklicher Bauernhof, wo man inmitten von Ziegen, Gänsen und Hühnern Kaffee trinken kann. An Wochenenden ist es hier allerdings rammelvoll.

Tiere finden sich ansonsten in der altmodischen Ménagerie des Jardin des Plantes im 5. Arrondissement oder im großen Pariser Zoo des Bois de Vincennes (Metro: Porte Dorée). Gleich in der Nähe dieses Zoos, im Untergeschoß des Museums für afrikanische und ozeanische Kunst, befindet sich eines der beiden Pariser Aquarien. Das andere liegt im Parc du Trocadero, an der gleichnamigen Metrostation.

Und wenn's regnet? Im Herbst, Winter und Frühjahr spielen mindestens zwei Zirkusse, darunter der pittoreske alte Cirque d'Hiver am boulevard du Temple. Auch einige Museen sind für Kinder spannend, etwa das Wachsfigurenmuseum Grevin (allerdings recht teuer) oder der Palais de la Découverte, ein riesiges, «pädagogisch» eingerichtetes Naturwissenschaftsmuseum, wo allerlei Experimente von den Besuchern per Knopfdruck selbst ausgelöst werden können. Gratis ist die große «Bibliothèque Médiathèque des Enfants» (für Kinder von 4 bis 14 Jahren) im Centre Pompidou, mit Massen von Büchern und Diaserien. Eltern ist der Zutritt verboten! Ebenfalls im Pompidou-Zentrum befindet sich das «Atelier pour enfants», wo täglich außer dienstags und sonntags unter fachkundiger Anleitung Kinder mit kreativen Techniken bekanntgemacht werden, und zwar ebenfalls kostenlos – daher ist der Andrang auch meistens ziemlich groß. Die Stadt Paris unterhält auf der Seine einen umgebauten Lastkahn, in dem ebenfalls verschiedene Workshops für Kinder stattfinden. Er wechselt jeden Tag den Liegeplatz. Wo er sich gerade befindet, ist über die Telefonnummer 42715163 zu erfahren. *(Siehe Adressenverzeichnis: Kinder)*

Minibibliothek

Stadtpläne

Von den normalen Stadtplänen scheint mir der beste der «Michelin Plan de Paris». Um aber rauszubekommen, wo sich irgendeine x-beliebige Straße befindet, ist unersetzlich der «Plan de Paris par Arrondissements». Davon gibt es mehrere Ausgaben – die klassischste und wohl älteste ist die dunkelrote der Éditions A. Leconte.

Stadtführer – in französischer Sprache

«Le Guide du Routard: Paris», erschienen bei Hachette – kurze Beschreibungen der einzelnen Quartiers und jede Menge nützlicher Adressen von Hotels, Restaurants und Discos. Auf junge Leute zugeschnitten, eine Fundgrube.

«Paris Mode d'Emploi»
aus der Reihe «Autrement» – will ein «Führer für das Alltagsleben» sein, ist aber nicht nur für Einheimische von Nutzen. Geordnet nach Arrondissements finden sich, unterbrochen von kleinen Artikeln, alle nur erdenklichen Adressen, darunter viele Informationen über die Tätigkeit der verschiedenen Stadtteilgruppen.

«Paris pas cher»
(M. A. Éditions) – gibt Auskunft über alles, was in Paris «nicht teuer» ist oder sogar gratis. Da kommt erstaunlicherweise eine Menge zusammen – insgesamt enthält das Buch über 2000 Adressen.

«Le Guide de Paris»
von Gault-Millau – vorwiegend ein Freß-Führer, der gern in höheren (Preis-)Gefilden schwebt. Nützlich für die, die mal etwas mehr springen lassen möchten.

Reiseführer – in deutscher Sprache

«Michelin-Paris»
traditioneller Reiseführer, systematisch, übersichtlich; informiert gründlich über touristische Sehenswürdigkeiten.

«Richtig reisen: Paris»
erschienen bei DuMont – teuer aufgemacht, enthält stimulierende Aufsätze, manchmal mit einer etwas nostalgischen Note.

«dtv-Merian-Reiseführer Paris»
handliches Taschenbuch, webt tüchtig am bekannten Paris-Mythos («Paris als Kunstwerk»), brauchbarer Adressenteil, darin allerdings viele relativ teure Etablissements.

Sonstige Bücher

«Paris – Deutsche Republikaner reisen»
Insel Taschenbuch (herausgegeben von Karsten Witte) – sehr farbige und lehrreiche Sammlung von Reiseeindrücken deutscher Parisbesucher vom 18. Jahrhundert bis heute.

«Louis-Sébastien Mercier: Mein Bild von Paris»
Insel Taschenbuch – Der Pariser Alltag am Vorabend der Französischen Revolution.

«Ernest Hemingway: Paris – ein Fest fürs Leben»
rororo 1438 – Hemingway und seine Freunde von der «Lost Generation» bei ihren Streifzügen auf dem linken Seine-Ufer.

«George Orwell: Erledigt in Paris und London»
Diogenes-Tb 20533 – wie man sich durchschlägt, wenn man ganz unten angelangt ist. Paris und London aus der Perspektive der Habenichtse und Rumtreiber.

«Honoré de Balzac: Verlorene Illusionen»
Diogenes oder dtv – Ein junger Mensch aus der Provinz versucht, in der Metropole sein Glück zu machen. «Kommt der Bauer in die Stadt, so sagt ihm alles: verschlossen.» (Theodor W. Adorno)

«Jean-Paul Sartre: Paris unter der Besatzung»
rororo 4593 – Artikel und Reportagen aus den Tagen der Befreiungskämpfe des Jahres 1944.

Paris im Film

Auch Filme können eine gute Einstimmung auf eine Stadt sein, und gerade Paris hat immer wieder Thema oder Hintergrund für viele Filme abgegeben – kein Wunder bei einer Stadt, in der das Kino schließlich erfunden worden ist.

Zu den Filmen, die in besonderer Weise von der Pariser Atmosphäre leben, gehören die von Marcel Carné: in seinen «Kindern des Olymp» (Les Enfants du paradis, 1945) wird die Jahrmarktsstimmung der östlichen Boulevards im 19. Jahrhundert mit ihren volkstümlichen Sensationstheatern wiederbelebt. Der männliche Hauptdarsteller, Jean-Louis Barrault, ist heute ein ehrwürdiger alter Theatermann, der zusammen mit seiner Frau das eigens für sie eingerichtete «Théâtre du Rond Point» leitet.

Ein anderer legendärer Paris-Film Carnés ist «Hôtel du Nord», 1938. Er spielt mittten im pittoresken Proletenviertel am Canal St. Martin, das inzwischen einen arg gerupften Eindruck macht. Ebenfalls im Arbeitermilieu des Pariser Nordostens angesiedelt ist René Clairs «Mausefalle» (La Porte des Lilas, 1957), mit dem damals noch jugendlichen Georges Brassens in der Hauptrolle.

Häufig waren die Filme der «nouvelle vague» an die Pariser Szenerie gebunden: Jean-Luc Godards «Außer Atem» (À Bout de souffle, 1960) mit Jean-Paul Belmondo als jungem Anarcho-Gangster, Claude Chabrols «Schrei wenn du kannst» (Les Cousins, 1959), eine bissige Satire auf das vornehme Milieu des 16. Arrondissements, oder Jacques Rivettes «Paris gehört uns» (Paris nous appartient, 1962), wo Paris sich in eine surreale Stadtlandschaft zu verwandeln scheint.

Auch viele der französischen Kriminalfilme, wie etwa die des Großmeisters Jean-Pierre Melville, spielen im Pariser Stadt-Dschungel – beispielsweise «Der eiskalte Engel» (Le Samourai, 1967) oder «Vier im roten Kreis» (Le cercle rouge, 1970).

Als ein aktuelles Beispiel für die Thematisierung von Paris ist Juliette Bertos in Cannes 1981 prämierter Film «Neige» zu erwähnen. Hier wird die Gegend zwischen Pigalle und Barbès zu einem nächtlichen Unter- und Halbwelt-Labyrinth.

Früher, als man anders reiste

«In Paris angekommen…

Adressen – von Abtreibung bis Zoo

Abtreibung

MLAC
(Mouvement pour la liberté de l'avortement et de la contraception)
8, cité Prost (11 e)
Metro: Charonne
Tel. 43482491
Hilfreiche feministische Initiativgruppe

Le Planning Familial
94, bd. Masséna (13 e)
Metro: Porte de Choisy
Tel. 45848418
Offizielle Beratungsstelle

Anarchisten

Fédération Anarchiste
145, rue Amelot (11 e)
Metro: République / Oberkampf
Tel. 48053408
Traditionsreiche Vereinigung. Gibt die Wochenzeitung «Le Monde Libertaire» heraus und unterhält den freien Sender «Radio Libertaire» (89,5 Mhz)

O. C. L.
(Organisation Communiste Libertaire)
33, rue des Vignoles (20 e)
Metro: Avron
Tel. 43704686
Steht in Verbindung mit der kleinen Anarcho-Gewerkschaft CNT.

U. T. C. L.
(Union des Travailleurs Communistes Libertaires)
Postadresse: BP 333
75525 Paris
Cedex 11
Ist vor allem in den großen Gewerkschaften aktiv. Gibt die Zeitschrift «Lutter» heraus.

Atomkraftgegner

Les Amis de la terre
(Siehe Umweltschutz)
72, rue du Château-d'Eau (10 e)
Metro: Château-d'Eau
Tel. 47072523
Über 150 lokale Gruppen in ganz Frankreich

Groupement de scientifiques pour l'information sur l'énergie nucléaire
2, rue François-Villon
91400 Orsay
Dokumentationszentrum. Verfügt über fundiertes Informationsmaterial, gibt die Zeitschrift «La Gazette Nucléaire» heraus.

Mouvement d'écologie politique
(Siehe Umweltschutz)
65. bd. Arago (13 e)
Metro: Glacière
Tel. 43312274
Zielt ab auf eine stärkere Politisierung der Ökologisten.

Au-pair

Es gibt eine Unzahl von Agenturen, von denen manche hohe Vermittlungsgebühren verlangen. Die beiden hier angegebenen sind seriös und kostenlos.

Alliance Française
34, rue Fleurus (6 e)
Metro: St. Placide
Tel. 45443828

Entraide Allemande
(Deutsches Sozialwerk)
42, av. George V (8 e)
Metro: George V
Tel. 47202285

Auto

Central 1000
19, bd. St. Denis (10 e)
Metro: Strasbourg-St. Denis
Tel. 42361000
Reparaturwerkstatt, Tag und Nacht geöffnet

Touring Club de France
65, av. de la Grande Armée (16 e)
Metro: Argentine
Tel. 45021450
Entspricht dem ADAC

Bahnhöfe

Jeder der sechs großen Bahnhöfe verfügt über einen Telefondienst, der Auskunft über Abfahrtszeiten und Fahrpreise erteilt.

Gare d'Austerlitz
(13 e) Metro: Gare d'Austerlitz
Tel. 45841616
Richtung: Südwestfrankreich, Spanien, Portugal

Gare de l'Est
(10e) Metro: Gare de l'Est
Tel. 42 08 49 90
Richtung: Elsaß, Lothringen, Süddeutschland, Österreich

Gare de Lyon
(12e) Metro: Gare de Lyon
Tel. 43 45 92 22
Richtung: Südfrankreich, Italien

Gare Montparnasse
(15e) Metro: Montparnasse-Bienvenüe
Tel. 45 38 52 29
Richtung: Bretagne

Gare du Nord
(10e) Metro: Gare du Nord
Tel. 42 80 03 03
Richtung: Nordfrankreich, Belgien, Niederlande, Norddeutschland, Großbritannien

Gare St. Lazare
(8e) Metro: St. Lazare
Tel. 45 38 52 29
Richtung: Normandie, Großbritannien

Banken

Sie sind in der Regel von Montag bis Freitag zwischen 9 und 16.30 Uhr geöffnet. Nicht in allen Bankfilialen wird Geld gewechselt, nur dort, wo «Change» dransteht. Wer Konten bei den drei großen deutschen Banken hat, kann sein Geld in Paris abheben.

Deutsche Bank
10, place Vendôme (1 er)
Metro: Concorde
Tel. 42 60 65 73

Dresdner Bank
1, rue Tilsit (8 e)
Metro: Charles-de-Gaulle-Étoile
Tel. 45 63 07 00

Commerzbank
3, place de l'Opéra (2 e)
Metro: Opéra
Tel. 40 73 03 65

Crédit Commercial de France (CCF)
103, av. des Champs-Élysées (8 e)
Metro: George V
Tel. 47 20 92 00
(Mo–Sa bis 20 Uhr geöffnet)

An Sonntagen sind die Banken in der Gare de Lyon sowie auf den Flughäfen Orly und Charles-de-Gaulle geöffnet. Außerdem kann auch im Office du Tourisme, 127, av. des Champs-Élysées, Geld gewechselt werden.

Bootsfahrten

Paris vom Wasser aus – das bietet beeindruckende Perspektiven, wenn man sich nicht vom begleitenden Fremdenführer-Gelaber stören läßt. Die Fahrten dauern 1 Stunde und kosten etwa 6,– DM.

Bateaux Mouches
Pont de 'Alma (8 e)
Metro: Alma-Marceau
Tel. 42 25 96 10

Vedettes Paris-Tour-Eiffel
Pont d'Iéna (7 e)
Metro: Trocadéro
Tel. 45 51 30 08

Vedettes du Pont-Neuf
Pont-Neuf (1 er)
Metro: Pont-Neuf
Tel. 46 33 98 38

Botschaften und Konsulate

Botschaft der Bundesrepublik Deutschland
13–15, av. Franklin-D.-Roosevelt (8 e)
Metro: Franklin-D.-Roosevelt
Tel. 43 59 33 51

Konsulat der Bundesrepublik Deutschland
34, av. d'Iéna (16 e)
Metro: Iéna
Tel. 43 59 33 51

Botschaft der Bundesrepublik Österreich
6, rue Fabert (7 e)
Metro: Invalides
Tel. 45 55 95 66

Konsulat der Bundesrepublik Österreich
139, rue Faubourg St. Honoré (8 e)
Metro: St. Philippe-du-Roule
Tel. 45 61 19 43

Schweizer Botschaft und Konsulat
142, rue de Grenelle (7 e)
Metro: Invalides
Tel. 45 50 34 46

Buchläden

Das Gros der Buchhandlungen befindet sich im Quartier Latin, beiderseits des Boulevard St. Michel. Die folgende Liste berücksichtigt vor allem die alternativen und spezialisierten Buchläden.

La Brèche
9, rue de Tunis (11 e)
Metro: Nation
Tel. 43 67 63 57
Gehört der trotzkistischen Ligue Communiste Révolutionnaire.

Racine
24, rue Racine (6 e)
Metro: Odéon
Tel. 43 29 53 78
Buchhandlung der Kommunistischen Partei.

La Terrasse de Gutenberg
9, rue Emilio Castelar (12 e)
Metro: Ledru-Rollin
Tel. 43 07 42 15
Freundlicher Stadtteilbuchladen, gelegentlich Autorenlesungen

Compagnie
58, rue des Écoles (5 e)
Metro: Odéon
Tel. 43 26 45 36
Gepflegtes Bücherparadies an der Sorbonne

La Commune de la Butte aux Cailles
11, rue Barrault (13 e)
Metro: Corvisart
Tel. 45 80 08 71
Politik und Literatur. In einem Hinterzimmer können kostenlos linke Zeitungen aus aller Welt gelesen werden.

Autrement dit
73, bd. Saint-Michel (6 e)
Metro: Luxembourg
Tel. 43 54 30 69
Quartier Latin-Buchladen mit großem Zeitschriftenangebot

La Hune
170, bd. St. Germain (6 e)
Metro: St. Germain-des-Prés
Tel. 45 48 35 85
Großer Laden. Besonders gut für die Bereiche Kunst und Fotografie

1984
22, bd. de Reuilly (12 e)
Metro: Daumesnil
Tel. 46 28 08 01
Treffpunkt diverser Stadtteilgruppen, viele Diskussionsveranstaltungen

Minotaure
2, rue des Beaux-Arts (6 e)
Metro: St. Germain-des-Prés
Tel. 43 54 73 02
Vollgestopfter Filmbuchladen

Schwulen-Buchladen mit Galerie
6, rue Sainte-Croix de la Bretonnerie (4 e)
Metro: Hôtel de Ville
Tel. 42 78 88 30
Schwulen-Buchladen mit Café

Parallèles
47, rue St. Honoré (1 er)
Metro: Châtelet
Tel. 42 33 62 70
Eng und voll. Große Auswahl an politischen und ökologischen Büchern, reichhaltiges Zeitschriftensortiment

Le Pont Traversé
62, rue de Vaugirard (6 e)
Metro: St. Sulpice
Tel. 45 48 06 48
Schönes Antiquariat

Présence Africaine
29 bis, rue des Écoles (5 e)
Metro: Maubert-Mutualité
Tel. 43 54 57 69
Alles über Afrika

Publico
145, rue Amelot (11 e)
Metro: République/Oberkampf
Tel. 48 05 34 08
Buchladen der «Fédération Anarchiste», die hier auch ihren Sitz hat.

L' Astrolabe
46, rue de Provence (9 e)
Metro: Chaussée d'Antin
Tel. 42 85 45 95
«La librairie du voyageur»: Reisebücher und Karten aus aller Welt.

Shakespeare and Company
37, rue de la Bûcherie (5 e)
Metro: Maubert-Mutualité
Altmodisch vollgestopfter amerikanischer Literatentreff.

Le Tiers Mythe
21, rue Cujas (5 e)
Metro: Odéon/Luxembourg
Tel. 43 26 72 70
Bücher über die Dritte Welt. Sieht leicht chaotisch aus, aber der Buchhändler ist freundlich und hilfsbereit.

Büchereien

Die vielen gutausgestatteten städtischen Büchereien dürfen leider nur von Leuten benutzt werden, die nachweislich in Paris wohnen. Daneben gibt es aber einige andere, die frei zugänglich sind. Es sind alles keine Leihbüchereien!

Bibliothèque historique de la Ville de Paris
24, rue Pavée (4 e)
Metro: St. Paul
Tel. 42 74 44 44
Die Geschichte von Paris und von Frankreich

Bibliothèque Marguerite Durand
21, place du Panthéon (5 e)
Metro: Luxembourg
Tel. 43 26 85 05
Dokumente zur Frauenbewegung

Bibliothèque Nationale
58, rue de Richelieu (2 e)
Metro: Bourse
Tel. 42 66 62 62
10 Millionen Bände werden hier aufbewahrt. Zugang eigentlich nur für Leute mit Forschungsvorhaben, aber jeder kann sich einen 2-Tage-Paß besorgen.

Bibliothèque Publique d'Information (BPI)
im Centre Georges-Pompidou, 2. Etage
Eingang rue St. Martin
Metro: Hôtel-de-Ville/Rambuteau
Tel. 42 77 12 32
Sehr groß. Enthält alle Bereiche. Manchmal unangenehm überfüllt.

Cafés, Bistros, Kneipen

Es gibt die verschiedensten Arten von Trinkstätten, wobei die Übergänge fließend sind. Und es gibt so viele, daß hier nur eine recht subjektive Auswahl präsentiert werden kann.

Le Fitzcarraldo
8, rue Dussoubs (2 e)
Metro: Etienne Marcel
Bunte Modevögel und abgebrannte Freaks bis 2 Uhr morgens

Aux Cinq Points Cardinaux
7, passage Saint-Bernard (11 e)
Metro: Ledru-Rollin
Tel. 47 00 89 00
Winzige Kneipe in der Nähe des Marché d'Aligre, deren Kundschaft sich aus Handwerkern und den ins Viertel einfallenden Künstlern zusammensetzt.

Au Bock de Bohème
104, rue du Château (14 e)
Metro: Pernéty
Tel. 43 22 62 96
Exquisite Biere und gedämpfte Beleuchtung. Offen ab 20 Uhr.

Au Duc de Richelieu
110, rue de Richelieu (2 e)
Metro: Richelieu-Drouot
Tel. 42 96 38 38
Von 7 Uhr morgens bis 5 Uhr morgens geöffnet. Exzellenter Beaujolais, preiswertes Essen.

Chez Georges
11, rue des Canettes (6 e)
Metro: Mabillon
Eins der wenigen nicht aufgemotzten Bistros in diesem Viertel.

Au Rendez-vous des Amis
10, rue Sainte-Croix de la Bretonnerie (4 e)
Metro: Saint-Paul
Tel. 42 72 05 99
Treffpunkt der Marais-Fauna. Bis 1 Uhr geöffnet. Man kann auch etwas essen.

Meloni
12, rue des Arquebusiers (3 e)
Metro: St. Sébastien-Froissart
Tel. 48 87 94 12
Freundliche, lockere Atmosphäre.
Man kann da auch ganz gut essen.

La Palette
43, rue de Seine (6 e)
Metro: Mabillon / Odéon
Tel. 43 26 68 15
Schön alt, schön voll, traditionell unfreundliche Bedienung

H. L. M.
3, rue des Haudriettes (3 e)
Metro: Rambuteau
Tel. 42 72 81 10
von Mittag bis Mitternacht modische Szene bei Neonlicht und Rockmusik in ausgewählt spießigem Dekor.

Le Rubis
10, rue du Marché-St. Honoré (1 er)
Metro: Tuileries
Tel. 42 61 03 34
Auf guten Wein spezialisiert und meistens rammelvoll

Le Select
99, bd. Montparnasse (6 e)
Metro: Vavin
Tel. 45 48 38 24
Traditionsreiches, daher etwas teureres Montparnasse-Café. Bevölkert von «Künstlern» und Selbstdarstellern.

Le Cochon à l'oreille
15, rue Montmartre (1 er)
Metro: Les Halles
Tel. 42 36 07 56
Übriggebliebenes Hallen-Bistro mit schönen bemalten Kacheln. Öffnet um 4 Uhr morgens.

La Tartine
24, rue de Rivoli (4 e)
Metro: St. Paul
Tel. 42 72 76 85
Verräuchertes, volles Bistro. Guter Wein und prima Sandwiches.

Ty Joz
30, rue Delambre (14 e)
Metro: Edgar Quinet
Tel. 46 33 57 69
Bretonisches Kellerlokal. Manchmal spielen hier Folk-Gruppen.

Le Merle Moqueur
18, rue de la Butte-aux-Cailles (13 e)
Metro: Corvisart
Tel. 45 65 12 43
Alternativ angehauchte Musikkneipe

Camping

Im Sommer sind die Campingplätze in der näheren Umgebung von Paris meist ausgebucht. Daher ist es zu empfehlen, sich rechtzeitig im voraus anzumelden.

Fédération Française de Camping et de Caravaning
78, rue de Rivoli (4 e)
Tel. 42 72 84 08
Gibt den «Guide Officiel du Camping-Caravaning» heraus, in dem alle Plätze aufgeführt sind.

Camping des Cigognes
100, allée Centrale
94 Créteil
RER-Station St. Maur-Créteil (Linie A)
Tel. 42 07 06 75
Südöstlich von Paris. Mit dem Auto über die RN 19.

Camping du Bois de Boulogne
allée du Bord-de-l'Eau
Metro: Porte-Maillot, dann Mini-Bus
Tel. 45 06 14 98
Der nächstgelegene, daher vollste Platz

Camping de Porchefontaine
31, rue Berthelot
78 Versailles
RER-Station Porchefontaine (Linie C)
Tel. 49 51 23 61
Mit dem Auto erreichbar über die Route Nationale (RN) 10

Camping Le Tremblay
bd. des Alliés
94 Champigny-sur-Marne
Metro: Joinville-le-Pont
Tel. 42 83 38 24
Östlich von Paris. Erreichbar über die Autoroute A 4.

Comics

heißen auf französisch «Bande dessinée» oder kurz «B. D.» und sind überaus verbreitet. Vielen gelten sie als neue Kunstform. Sie werden in Spezialgeschäften verkauft und in Bibliotheken gesammelt. Neuerscheinungen werden in seriösen Kulturzeitschriften rezensiert.

Boulinier
20, bd. St. Michel (6 e)
Metro: St. Michel
Tel. 46 33 13 32
Großer, auf Comics spezialisierter Laden, wo man einen guten Überblick über die gängige Produktion bekommt.

La chambre d'Horus
14, rue Biot (17 e)
Metro: Place de Clichy
Fundgrube für historische Comics seit 1900.

Locus Solus
19, rue Ferdinand Duval (4 e)
Metro: St. Paul
Tel. 42 78 24 91
Kleiner Buchladen mit großer B. D.-Abteilung

Temps futurs
8, rue Dante (5 e)
Metro: Maubert-Mutualité
Tel. 43 25 85 19
Tempel für B. D.- und Science-fiction-Süchtige

Discos

Für alle gilt, daß sie ziemlich teuer sind (Eintritt rund 25 Mark). Aber das bedeutet nicht, daß das Publikum nur aus reichen Leuten besteht. Viele halten sich den ganzen Abend an dem einen Drink fest, der im Eintrittspreis eingeschlossen ist. Es geht in den Disco-Nächten vor allem um narzißtische Selbstdarstellung; exzentrische Aufmachung ist Pflicht. Die meisten Discos machen um 23 Uhr auf und schließen zwischen 5 Uhr und 7 Uhr morgens.

Les Bains
7, rue du Bourg-l'Abbé (3 e)
Metro: Étienne-Marcel
Tel. 48 87 34 40
Reichlich snobistisch. Wer rein will, muß dem Türsteher gefallen.

Bus-Palladium
6, rue Fontaine (9 e)
Metro: Place de Clichy
Tel. 48 74 54 99
Traditionell schummerige Disco mit guter Rockmusik

Gibus Club
18, rue du Faubourg du Temple (11 e)
Metro: République
Tel. 47 00 78 88
Stammsitz der gehobenen Pariser Punk-Scene

Le Katmandou
21, rue du Vieux-Colombier (6 e)
Metro: St. Sulpice
Tel. 45 48 12 96
Nur für Frauen

Malibu
44, rue Tiquetonne (2 e)
Metro: Étienne Marcel
Tel. 42 36 62 70
Viel schwarzes Publikum, Musik von den Antillen.

Le Palace
8, rue du Faubourg Montmartre (9 e)
Metro: Rue Montmartre
Tel. 42 46 10 87
Riesen-Diskothek in einem ehemaligen Theater. Aufwendige Lichteffekte.

La Locomotive
90, boulevard de Clichy (18 e)
Metro: Blanche
Tel. 42 57 37 37
Vor 25 Jahren spielten hier «Stones» und «Who», heute mit 2500 Quadratmetern die größte Pariser Disco.

Le Sept
7, rue Sainte-Anne (1 er)
Metro: Pyramides
Tel. 42 96 47 05
Schwulen-Disco, Frauen sind aber zugelassen.

Dritte Welt

Über Veranstaltungen, Arbeitskreise und Demonstrationen informiert die Rubrik «Initiatives» in «Libération» sowie die Wochenzeitung «Baraka».

Les artisans du monde
20, rue de Rochechouart (9 e)
Metro: St. Georges
Tel. 48785554
Laden mit Handwerk und Lebensmitteln aus Ländern der Dritten Welt

Centre d'études anti-impérialistes (CEDETIM)
14, rue Nanteuil (15 e)
Tel. 45314338
Veranstaltet Debatten und gibt Broschüren zu politischen Fragen heraus.

Union des Comités pour le Développement des Peuples
15, avenue de Trudaine (9e)
Tel. 45260281
Organisiert Partnerschaften mit Orten in Afrika und Asien und unterstützt konkrete Entwicklungsprojekte.

Inter Service Migrants
12, rue Guy-de-la-Brousse (5e)
Tel. 45357584
Informationszentrum und Medienverleih zu Themen der Dritten Welt und der Arbeitsemigration

Drogen

Alcooliques Anonymes
21, rue Trousseau (11 e)
Metro: Ledru-Rollin
Tel. 48064368
Hilfe für Alkoholsüchtige

Centre Didro
9, rue Paul (14e)
Metro: Plaisance
Tel. 45427500
Beratungszentrum. Hier bekommt man alle weiterführenden Informationen.

Centre médical Marmottan
19, rue d'Armaillé (17e)
Metro: Argentine
Tel. 45740004
Beratung und Behandlung in dringenden Fällen, täglich außer So.

SOS drogue
Tel. 47078705
Telefonischer Hilfsdienst für akute Notsituationen. Funktioniert Tag und Nacht.

Fahrräder

Radfahrer sind in Paris eine Rarität. Wer hier Fahrrad fährt, darf sich zur Avantgarde im Kampf um eine humanere Stadt zählen. Außerdem macht es Spaß und ist relativ billig: pro Tag beträgt die Leihgebühr zwischen 10,– DM und 20,– DM, pro Woche zwischen 30,– DM und 70,– DM plus Kaution.

Mouvement de défense de la bicyclette
43, rue du Faubourg St. Martin (10e)
Tel. 42065095
Kämpft für die Verbesserung der Radfahr-Bedingungen.

Autothèque
80, rue Montmartre (2e)
Metro: Les Halles
Tel. 42368790
Fahrradvermietung, Mo–Fr 8.30–12.30, 14–18.30 Uhr

Cooperr
37, rue de Trébois
Levallois
Metro: Louise Michel
Tel. 47377726
Billige Fahrradvermietung mit großem Angebot, Di–Sa 10–12.30 Uhr, 14–19.30 Uhr

La maison du vélo
8, rue de Belzunce (10e)
Metro: Gare du Nord
Tel. 42812472
Fahrradvermietung, Mo–Sa 10–19 Uhr

Paris-Vélo
2, rue du Fer-à-Moulin (5e)
Metro: Censier-Daubenton
Tel. 43375922
Fahrradvermietung, Mo–Sa 9–19 Uhr

Feste

Vor allem im Frühjahr finden in vielen Stadtteilen Straßenfeste statt. Informationen darüber, wo wann was läuft, finden sich in «Libération». Dann gibt es die meist recht aufwendigen Feste der verschiedenen linken Organisationen (PSU, LCR, Lutte Ouvrière). Wer sich vorher über Termin und Ort erkundigen möchte, sollte sich direkt an diese Gruppen wenden.

La Documentation française
29–31, quai Voltaire (7e)
Metro: Rue du Bac
Tel. 42615010
Hier bekommt man Auskunft über alle Festivals in Frankreich.

Festival du Marais
Informationen: 68, rue François-Miron (4e)
Metro: St. Paul
Tel. 48877431
Im Juni und Juli finden in diesem pittoresken Pariser Viertel Theater- und Musikveranstaltungen statt.

Fête du 14 Juillet
Der französische Nationalfeiertag. Am Abend des 13. Juli finden in allen Stadtteilen große Tanzereien auf Straßen und Plätzen statt. Am 14. gibt's dann Paraden und ein gewaltiges Feuerwerk.

Fête de l'Humanité
Alljährlich im September veranstaltet die Zeitung der KPF ein großes Fest im Vorort La Courneuve, ein Gemisch aus Rummelplatz, Rock-Konzert und politischer Versammlung. Genaue Informationen am besten bei «l'Humanité», 5, rue du Faubourg Poissonnière (9e),
Tel. 4246 8269.

Film

(Siehe auch Kinos)

Atmosphère
7–9, rue Francis-de-Pressensé (14e)
Metro: Pernéty
Tel. 45422926
Filmbuchhandlung im Komplex des Olympic-Entrepot-Kinos

Les Cahiers du Cinéma
9, passage de la Boule-Blanche (12e)
Tel. 43439220
Renommierte Filmzeitschrift, aus deren Redaktion Regisseure wie Truffaut und Chabrol hervorgegangen sind.

CinémAction
106, bd. St. Denis
92 Courbevoie
Tel. 43337034
Linke Filmzeitschrift. Jede Nummer ist einem Thema gewidmet, zum Beispiel Feminismus, Maghreb, Fremdarbeiter, Schwule.

Imagine
5, rue Claude-Tillier (12e)
Metro: Reuilly-Diderot
Tel. 43561939
Alternativer Filmladen mit wechselndem Programm.

Les feux de la rampe
2, rue de Luynes (7e)
Metro: Rue du Bac
Tel. 43591771
Gutsortierter Filmbuchladen

Les films du grain de sable
206, rue de Charenton (12e)
Tel. 43441672
Linke Filmemacher

Iskra
74, rue Albert (13e)
Tel. 45832265/45831118
Produktionskooperative und Filmverleih

Flohmärkte (Puces)

Puces de St. Quen
Porte de Clignancourt
Metro: Porte de Clignancourt

Der größte Pariser Flohmarkt (Sa, So, Mo). Wer hier einen guten Fang machen will, muß schon in der Morgendämmerung kommen. Ansonsten aber besteht die Attraktivität dieses Marktes gerade im unglaublichen Menschengewühl.

Puces de Montreuil
Porte de Montreuil
Metro: Porte de Montreuil
Großer Markt in einer öden Ecke hinter der Stadtautobahn (Sa, So, Mo).

Puces de Vanves
av. Marc-Sagnier (14e)
Metro: Porte de Vanves
Weniger hektisch als in St. Ouen, praktisch keine Touristen (Sa, So).

Puces de la Vilette
rue du Chemin-de-Fer
Metro: Porte de la Villette
(So vormittag)

und

Puces du Kremlin-Bicêtre
rue des Fusillés / av. Eugène-Thomas
94 Kremlin-Bicêtre
Metro: Porte d'Italie
(Di, Do, So)
Zwei Flohmärkte, wo schon um fünf Uhr morgens die Clochards auf dem Pflaster ausbreiten, was sie im Lauf der Woche an Schätzen gefunden haben. Nur wer sehr früh erscheint, kann den Antiquitätenhändlern zuvorkommen.

Frauen

(Siehe auch Lesben)

AFI
(Agence femmes information)
5, rue des Petis-Hôtels (10 e)
Metro: Poissonnière
Tel. 45 23 45 17 –
Fr, Sa 13 – 20 Uhr
Informationszentrum für Frauen

Saphonie
8, impasse des Trois Sœurs (11 e)
Metro: Voltaire
Tel. 48 06 28 24
Kurse und Arbeitsgruppen, Lesben-Treff

Centre audiovisuel Simone de Beauvoir
7, rue Francis de Pressensé (14 e)
Metro: Pernéty
Tel. 45 42 21 43
Sammlung von Filmen, Videobändern und Tonkassetten zur Geschichte der Frauen.

Elles tournent la page
8, impasse des Trois-Sœurs (11 e)
Metro: Voltaire
Tel. 48 06 72 86
Workshops und Bücherei für Frauen

Festival International de Film de Femmes
Maison des Arts de Créteil
place Salvador Allende
94 Créteil
Metro: Créteil
Tel. 48 99 90 50
Frauenfilmfestival, das jedes Jahr im Frühling, gewöhnlich im März, stattfindet.

Librairie des Femmes
74, rue de Seine (6 e)
Metro: Mabillon
Tel. 43 29 45 25
Buchladen einer Organisation, die sich vom Rest der Frauenbewegung abgespalten hat, um Profit zu machen.

Fémin' autres
72, rue du Château-d'Eau (10 e)
Metro: Château-d'Eau
Tel. 47 70 09 65
Hilft bei der Finanzierung von Frauenprojekten. Veranstaltet außerdem täglich ein Mittagessen.

Maison des Femmes
8, cité Prost (11 e)
Metro: Charonne
Tel. 43 48 24 91
Frauenzentrum, beherbergt verschiedene Organisationen.

MLAC
(Mouvement pour la liberté de l'avortement et de la contraception)
(Siehe auch Abtreibung)
8, cité Prost (11 e)
Metro: Charonne
Tel. 43 48 24 91
Eine der aktivsten militanten Frauengruppen

Nouvelles Questions Feministes
1, rue des Fossés-Saint Jacques (5 e)
Metro: Luxembourg
Tel. 43 29 83 07
Militante Frauenzeitschrift

Les Répondeuses
Telefon-Service für Frauen. Wer aktuelle Informationen hören will, wählt 45 39 80 30, wer Nachrichten übermitteln möchte, wählt 45 45 35 35.

Centre national d'Informations sur les droits de la femme
Tel. 45 62 44 88
telefonischer Informationsdienst,
Mo – Fr 9 bis 12.45 Uhr

Les Trois F
74, rue Villiers de l'Isle-Adam (20 e)
Metro: Gambetta
Tel. 46 36 56 17
Handwerkliche Ausbildung und Selbstverteidigung

Fundsachen

Bureau des objets trouvés
36, rue des Morillons
(15 e)
Metro: Convention
Tel. 48289730/45318210

Geschlechtskrankheiten

Untersuchung und Behandlung sind nach gesetzlicher Vorschrift anonym und gratis.

Dispensaire Alfred Fournier
2, rue Dareau (14 e)
Metro: St. Jacques
Tel. 43379540

Dispensaire de la Croix Rouge Française
35, rue Claude-Terrasse
(16e)
Metro: Porte de Saint-Cloud
Tel. 42883342

Institut Prophylactique
36, rue d'Assas (6e)
Metro: Notre-Dame-des-Champs
Tel. 43291289

Gesundheit

(Siehe auch Geschlechtskrankheiten, Notfälle, Psychiatrie)

Les Boutiques de Santé
18, rue Victor-Massé (9e)
Metro: Pigalle
Tel. 42815610
22, rue des Vinaigres
(10e)
Metro: Pigalle
Tel. 42069660
22, bd. de Reuilly (12e)
Metro: Daumesnil
Tel. 46280801
30, rue de la Butte-aux-Cailles (13e)
Metro: Corvisart
Tel. 45809617
9, rue des Gardes (18e)
Metro: Barbès-Rochechouart
Tel. 42518775
Alternative Beratungszentren von Stadtteilgruppen. Die Sprechstunden sind meistens vormittags, es empfiehlt sich, vorher anzurufen.

Dispensaire Homéopathique Danton
7, rue des Poitevins (6e)
Metro: St. Michel
Tel. 43265121

Dispensaire Homéopathique de l'Hôpital St. Jacques
37, rue des Volontaires
(15e)
Metro: Volontaires
Tel. 45669309
Zwei seriöse homöopathische Zentren

Gewerkschaften

C. G. T.
(Confédération générale du travail)
263, rue de Paris
93100 Montreuil
Metro: Porte de Montreuil
Tel. 48518000

C. F. D. T.
(Confédération française démocratique du travail)
Metro: Cadet
26, rue de Montholon
(9e)
Tel. 42477508
Pluralistisch-linke Gewerkschaft

C. F. T. C.
(Confédération française des travailleurs chrétiens)
13, rue des Écluses Saint-Martin (10e)
Metro: Colonel-Fabien
Tel. 47422589
Christliche Gewerkschaft

F. O.
(Force Ouvrière)
198, av. du Maine (14e)
Metro: Alésia
Tel. 45292203
Versteht sich selbst als «reformistisch». Hält sich bewußt von jeglicher Parteipolitik fern.

Heimweh

Calligrammes
82, rue de Rennes (6e)
Metro: St. Sulpice
Tel. 45487089
Deutsche Buchhandlung

Goethe-Institut
17, av. d'Iéna (16e)
Metro: Iéna
Tel. 47236121
Ausstellungen, Diskussionen, Filme und eine große Bibliothek mit Tageszeitungen und anderen Periodika

Maison d'Allemagne
45, rue Pierre-Charron (8e)
Metro: George V
Tel. 42258221
Deutsches Lebensmittelgeschäft

Marissal
42, rue Rambuteau (3e)
Metro: Rambuteau
Tel. 42743747
Noch eine deutsche Buchhandlung

Le Roi des Aulnes
159 bis, bd. du Montparnasse (6e)
Metro: Vavin / Port-Royal
Tel. 43268692
Das heißt auf deutsch «Erlkönig» – auch hier also deutsche Bücher!

Jugend

Deutsch-Französisches Jugendwerk
51, rue de l'Amiral-Mouchez (13e)
Metro: Cité Universitaire
Tel. 45811166
Veranstaltet Treffen deutscher und französischer Jugendlicher.

CIDJ
(Centre d'Information et de Documentation Jeunesse)
101, quai Branly (15e)
Metro: Bir-Hakeim
Tel. 45564020
Informationen über Freizeiteinrichtungen, Kurse, Jobs, Unterkunft. Mo–Sa, 9–19 Uhr

Kartenvorverkauf

Clémentine-Disques
87, bd. du Montparnasse (6e)
Metro: Montparnasse-Bienvenue
Tel. 45481835
Vorverkauf für Rock-Konzerte

FNAC-Étoile
26, av. de Wagram (8e)
Metro: Charles-de-Gaulle-Étoile
Tel. 47665250
In jeder Filiale dieses Medienkaufhauses gibt es einen Schalter, an dem Karten für Konzerte, Theater und sonstige Spektakel gekauft werden können. Vorverkauf für Kino ist in Frankreich nicht gestattet.

FNAC-Forum
Forum des Halles (1er)
Metro: Les Halles
Tel. 42618118

FNAC-Montparnasse
136, rue de Rennes (6e)
Metro: Montparnasse-Bienvenue
Tel. 45443912

Kinder

Association générale des étudiants en médecine
105, bd. de l'Hôpital (13e)
Tel. 45861944 tgl. von 14–19 Uhr
und

Centre régional des œuvres universitaires (CROUS)
31, av. Georges-Bernanos (5e)
Tel. 43291243 tgl. außer Sa u. So von 9–16.30 Uhr

Zwei Organisationen, die Studenten als Babysitter vermitteln

Atelier d'enfants im Centre Pompidou
rue St. Martin (4e)
Metro: Rambuteau / Hôtel-de-Ville
Tel. 42729976
Mi und Sa für Kinder von 4 bis 12 Jahren. Gratis.

Bibliothèque-Médiathèque des enfants
(Centre Pompidou)
rue St. Martin (4e)
Metro: Rambuteau / Hôtel-de-Ville
20000 Bücher, 10000 Dias, täglich außer Di von 12–19 Uhr für Kinder von 4 bis 14 Jahren

Cirque d'Hiver
110, rue Amelot (11e)
Metro: Filles-du-Calvaire
Tel. 47001225
Schöner alter Zirkus, der von der Artistenfamilie Bouglione betrieben wird.

Marionettes du Luxembourg
Jardin du Luxembourg (6e)
Metro: Luxembourg / Odéon
Tel. 43264647
Berühmtes Marionettentheater

Palais de la Découverte
av. Franklin-D.-Roosevelt (8e)
Metro: Champs-Élysées-Clémenceau/Franklin-D.-Roosevelt
Tel. 43591665
Die Welt der Naturwissenschaften für Kinder und Jugendliche pädagogisch, aber spannend aufbereitet. Montags geschlossen.

Point Virgul
7, rue Sante Croix de la Bretonnerie (4e)
Metro: Hôtel de Ville
Tel. 42786703
Hier werden regelmäßig Theaterstücke für Kinder gespielt.

Kinos

Was an Filmen läuft, kann den Tageszeitungen oder den Veranstaltungskalendern «Pariscope» und «Officiel du Spectacle» entnommen werden. Eintrittspreise liegen zwischen 8 Mark und 10 Mark. Im folgenden eine kleine Auswahl von Kinos, die in irgendeiner Weise bemerkenswert sind.

Action Ecoles
23, rue des Ecoles (5e)
Metro: Maubert-Mutualité
Tel. 43257207
Gehört zur Kette der preisgünstigen «Action»-Programmkinos.

Châtelet-Victoria
19, av. Victoria (1er)
Metro: Châtelet
Tel. 45089414
Billig. Bis zu zehn verschiedene Filme pro Tag.

Cinémathèque française
a) Palais de Chaillot, Eingang: avenue Albert-de-Mun (16e)
Metro: Trocadéro
Tel. 47042424
b) Salle Beaubourg, Centre Pompidou, 5. Etage
Metro: Rambuteau/Hôtel-de-Ville
Tel. 42783557
Filmgeschichte und aktuelle Avantgarde. Täglich wechselndes Programm, sehr billig.

La Géode
26, avenue Corentin-Carion (19e)
Metro: Porte de La Villette
Tel. 42456800
Totalkino mit sphärischer Leinwand

Escurial
11, bd. de Port-Royal (13e)
Metro: Gobelins
Tel. 47072804
Ambitioniertes Stadtteilkino

Le Grand Rex
1, bd. Poissonnière (2e)
Metro: Bonne-Nouvelle
Tel. 42368393
Prächtiges Riesenkino mit 2800 Plätzen, Wasserorgel und anderen Schikanen. Leider laufen meistens Mistfilme.

Kinopanorama
60, av. de La Motte-Picquet (15e)
Metro: La Motte-Picquet-Grenelle
Tel. 43065050
Großkino mit Riesenleinwand.

Le Latina
20, rue du Tempel (4e)
Metro: Hôtel de Ville
Tel. 42784786
Filme aus «lateinischen» Ländern

Le Cosmos
76, rue de Rennes (6e)
Metro: Saint-Sulpice
Tel. 45442880
Sowjetische Filmkunst. Großer Saal, gute Projektionsbedingungen.

La Pagode
57 bis, rue de Babylone (7e)
Metro: St. François-Xavier
Tel. 47051215
Gute Filme in einem pittoresken japanischen Tempel

Le Ranelagh
5, rue des Vignes (16e)
Metro: Muette
Tel. 42886444
Altes, holzgetäfeltes Theater. Niedrige Eintrittspreise, oft gute Filme

Studio 28
10, rue Tholozé (18e)
Metro: Blanche
Tel. 46063607
Ältestes Art et Essai-Kino von Paris. Hier wurde Buñuels «L'Age d'Or» uraufgeführt.

Saint-André-des-Arts
80, rue St. André-des-Arts (6 e)
Metro: St. Michel
Tel. 43 26 48 18
Kleines, anspruchsvolles Quatier-Latin-Kino

Studio 43
43, rue du Faubourg Montmartre (9 e)
Metro: Le Pelletier
Tel. 47 70 63 40
Spezialisiert auf ältere französische Filmkunst.

Knast

Amnesty International
18, rue de Varenne (7 e)
Metro: Rue du Bac
Tel. 42 29 91 32
Französische Sektion der internationalen Hilfsorganisation für Gefangene

Comités d'action prison-justice (CAP)
15, allée Anne-de-Beaujeu (19 e)
Metro: Colonel-Fabien
Tel. 42 05 12 45
Betreut Strafgefangene in französischen Gefängnissen.

Lesben

Lesbiennes radicales
c/o Les Mots à la Bouche
35, rue Simart (18 e)
Metro: Marcadet-Poissonniers
Tel. 42 52 07 87

M.I.E.L.
(Mouvement d'information et d'expansion des lesbiennes)
c/o Maison des femmes
8, cité Prost (11 e)
Metro: Charonne
Tel. 43 48 24 91

Märkte

Auch wenn man gar nichts kaufen will, macht es Spaß, sich auf den Pariser Märkten herumzutreiben. Die meisten finden nur vormittags statt, nur die Hallen sind auch nachmittags geöffnet.

Marché d'Aligre
place d'Aligre (12 e)
Metro: Ledru-Rollin
Markthalle und offener Markt. Täglich außer Mo.

Marché de la Chapelle
8, rue de la Guadeloupe (18 e)
Metro: Marx-Dormoy
Markthalle. Fr, Sa.

Marché Edgar Quinet
bd. Edgar Quinet (14 e)
Metro: Edgar Quinet
Mi, Sa.

Marché du Ménilmontant
bd. de Ménilmontant (20 e)
Metro: Ménilmontant
Di, Fr. Viel nordafrikanisches Publikum.

Marché Popincourt
bd. Richard-Lenoir (11 e)
Metro: Richard Lenoir / Oberkampf
Do, So.

Marché de la Porte Saint-Martin
rue du Château-d'Eau (10 e)
Metro: Château-d'Eau
Markthalle. Täglich außer Mo.

Marché de Saint-Quentin
87, bd. Magenta (10 e)
Metro: Gare de l'Est
Markthalle. Täglich außer Mo.

Mitfahrerzentralen

Allo Stop
65, passage Brady (10 e)
Metro: Strasbourg-St. Denis
Tel. 42 46 00 66
9–13 Uhr, 14–19.30 Uhr, Sa bis 18 Uhr, So geschlossen.
In beiden Fällen zahlen die Mitfahrer etwa 10 DM Vermittlungsgebühr, außerdem werden dann mit dem Fahrer die Benzinkosten geteilt.

Museen

Die Adressen der wichtigsten Museen sowie Angaben über aktuelle Ausstellungen finden sich in den unverzichtbaren Veranstaltungskalendern «Pariscope» und «Officiel du spectacle». Listen mit den Pariser Museen gibt es außerdem in den Filialen des Office du Tourisme *(siehe auch unter Touristeninformation)*.

Centre Georges-Pompidou
rue St. Martin / rue Beaubourg (4e)
Metro: Rambuteau / Hôtel-de-Ville
Tel. 42 77 12 33
In der 3. und 4. Etage befindet sich das «Musée National d'Art Moderne», eine der größten Sammlungen moderner Malerei. Daneben bietet das Centre laufend eine Vielzahl von Sonderausstellungen. Der Eintritt für das Kunstmuseum ist sonntags frei. Dienstags geschlossen.

Musée Picasso
5, rue de Thorigny (3e)
Metro: Saint-Paul
Tel. 42 71 25 21
Großartige Sammlung in einem alten Stadtschloß des Marais. Leider häufig überfüllt.

Musée Bourdelle
16, rue Antoine-Bourdelle (15e)
Metro: Montparnasse-Bienvenüe
Tel. 45 48 67 27
Atelier des Bildhauers Bourdelle mit verrücktem Garten. Sonntags gratis, montags geschlossen.

Musée Carnavalet
23, rue de Sévigné (3e)
Metro: St. Paul
Tel. 42 72 21 13
Pariser Stadtgeschichte. Sonntags gratis, montags geschlossen.

Musée du Cinéma
Palais de Chaillot (16e)
Metro: Trocadéro
Tel. 47 04 24 24
Liebevoll präsentierte Sammlung, die die Geschichte des Films illustriert. Montags geschlossen.

Musée Grevin
10, bd. Montmartre (9e)
Metro: Rue Montmartre
Tel. 47 70 85 05
Beliebtes Wachsfigurenkabinett

Musée Gustave Moreau
14, rue de La Rochefoucauld (9e)
Metro: Trinité
Tel. 48 74 38 50
Atelierhaus des Malers Moreau, vollgehängt mit fertigen und halbfertigen Werken und Entwürfen. Ein angenehm ruhiger Ort. Montags und dienstags geschlossen.

Musée de l'Holographie
Forum des Halles
Niveau –1
Metro: Les Halles
Tel. 42 96 96 05
Klein, aber aufregend: mittels Lasertechnik hergestellte Raumbilder.

Musée d'Orsay
1, rue de Bellechasse (7e)
Metro: Solférino, RER: Musée d'Orsay
Tel. 45 49 48 14
Museum des 19. Jahrhunderts in einem ehemaligen Prachtbahnhof.

Musée du Louvre
34, quai du Louvre (1er)
Metro: Louvre
Tel. 42 60 39 26
Die Mona Lisa und 400 000 andere Kunstwerke im ehemaligen Stadtschloß der französischen Könige. Sonntags Eintritt frei, dienstags geschlossen.

Musée national des Arts africains et océaniens
293, av. Daumesnil (12e)
Metro: Porte Dorée
Tel. 43 43 14 54
Kunst aus ehemaligen französischen Kolonien in einem Gebäude der Kolonialausstellung von 1931. Dienstags geschlossen.

Muséum National d'Histoire Naturelle
57, rue Cuvier (5e)
Metro: Gare d'Austerlitz / Jussieu
Tel. 43 36 14 41
Verschiedene Museumsgebäude im Jardin des Plantes, darunter die faszinierende Galerie d'anatomie.

Musée National des Techniques
270, rue St. Martin (3e)
Metro: Arts et Métiers
Tel. 42712414
Die technische Entwicklung seit dem 17. Jahrhundert. Ein Teil des Museums ist in einem gotischen Kirchenschiff untergebracht. Sonntags gratis.

Musik

Allgemeine Auskünfte über das Musikgeschehen geben die wöchentlichen Veranstaltungskalender und die Tageszeitungen; besonders anregend ist die kommentierte Auswahl in «Libération».

Le Monde de la Musique
Monatszeitschrift, die sich mit allen Arten von Musik beschäftigt und ein sehr ausführliches Veranstaltungsverzeichnis enthält.

Rock et Folk
Von Folk ist nicht mehr viel übriggeblieben. Heute ist dies die führende Rock-Musik-Zeitschrift.

Musik-live

Musikveranstaltungen sind meistens ziemlich teuer, das gilt für alle Richtungen. Richtpreis: 25 Mark. Zu den wenigen Ausnahmen zählen einige Kirchen, in denen regelmäßig kostenlose oder doch sehr billige Konzerte stattfinden.

Déjazet
41, boulevard du Temple (3 e)
Metro: République
Tel. 42742050
Meist französische Chansons der anspruchsvollen Sorte

Baiser Salé
50, rue de Lombards (1 er)
Metro: Châtelet
Tel. 42333771
Rock- und Jazzclub

La Chapelle des Lombards
19, rue de Lappe (11 e)
Metro: Bastille
Tel. 43572424
Jazz ab 20 Uhr, Salsa ab 23 Uhr.

Cithéa
112, rue Oberkampf (11 e)
Metro: Parmentier
Tel. 43579926
Rock in einem früheren Kino

Le Dunois
28, rue Dunois (13 e)
Metro: Nationale
Tel. 45847200
In der Wüste des 13. Arrondissements eine Oase ambitionierter Jazz- und Rockmusik

L'Écume
99 bis, rue de l'Ouest (14 e)
Metro: Pernéty
Tel. 45427116
Verräucherter Jazzkeller

Église Saint-Merri
78, rue St. Martin (4 e)
Metro: Hôtel-de-Ville
Tel. 42719393
Gratiskonzerte klassischer Musik, vor allem am Wochenende

Le Gibus
18, rue du Faubourg-du-Temple (10 e)
Metro: République
Tel. 47007888
Punk- und New-Wave-Gruppen

Magique
42, rue Gergovie (14 e)
Metro: Plaisance
Tel. 45422610
Chansons ab 23 Uhr, tgl. außer Mo und Di.

New Morning
7, rue des Petites-Écuries (9 e)
Metro: Château d'Eau
Tel. 47458258
Großer Jazztempel in einer umgebauten Fabrik. Hier gastiert, was Rang und Namen hat.

Notre-Dame de Paris
place du Parvis-Notre-Dame (4 e)
Metro: Cité
Tel. 43542263
Jeden Sonntag nachmittag Orgelkonzerte mit Star-Organisten.

Olympia
28, bd. des Capucines (9 e)
Metro: Madeleine/Opéra

Tel. 47425286
Hochburg des französischen Chansons: Hier singen die Superstars.

Palais des Glaces
37, rue Faubourg du Temple (10 e)
Metro: République
Tel. 46074993
Altes vergammeltes Kino. Blues, Jazz, Chansons.

Pavillon Baltard
Nogent-sur-Marne
RER: Nogent-sur-Marne
Tel. 48752531
Das einzige gerettete Exemplar der Pariser «Hallen». Jetzt spielen hier französische und ausländische Rockgruppen.

Le Balajo
9, rue de Lappe (11 e)
Metro: Bastille
Tel. 47000787
Ballsaal aus den dreißiger Jahren mit Akkordeon-Orchester,vor allem nachmittags

Le Petit Opportun
15, rue des Lavandières (1 er)
Metro: Châtelet
Tel. 42360136
Insider-Jazzclub. Manchmal auch brasilianische Musik

Radio France
116, av. du Président-Kennedy (16 e)
Metro: Passy
Tel. 45242424
Mehrmals in der Woche finden in den Sendesälen des französischen Rundfunks Konzerte statt, zu denen das Publikum umsonst zugelassen wird. Programme sind am Empfang zu kriegen.

Théâtre Noir
16, rue Louis-Braille (12 e)
Metro: Bel-Air
Tel. 43469193
Jede Art von «schwarzer» Musik

Trottoirs de Buenos Aires
37, rue des Lombards (1 er)
Metro: Châtelet
Tel. 42604441
Original argentinischer Tango ab 20 Uhr. (So und Mo geschl.)

Utopia
1, rue Niepce (14 e)
Metro: Pernéty
Tel. 43227966
Jazz, Blues und Bier

Mission Bretonne
22, rue Delambre (14 e)
Metro: Vavin/Edgar Quinet
Tel. 43213301
Keltische Folklore mit bretonischen und irischen Gruppen

Naturkost

L'Auberge In
34, rue du Cardinal-Lemoine (5 e)
Metro: Cardinal-Lemoine
Tel. 43264351
Vegetarisch, phantasievoll, preiswert. Sonntags geschlossen.

Le Cheval de 3
163, rue du Chevaleret (13 e)
Metro: Chevaleret
Tel. 45863533
Stammhaus der Ecoovie-Kooperative. Außer einem Bioladen gibt's hier ein vegetarisches Restaurant, eine Recycling-Kooperative, eine Kleidungs-Kooperative, eine ökologische Bücherei und und ...

Coopéco
173, rue du Faubourg St. Antoine (11e)
Metro: Faidherbe-Chaligny
Tel. 43407949
Biologische Kooperative, die neben Körnern und Gemüse auch Milchprodukte im Angebot hat.

Le Grain de Folie
24, rue de la Vieuville (18 e)
Metro: Abbesses
Tel. 42581557
Gemüse-Crêpes; Auberginen-Kaviar, Pilztorten auf dem Montmartre

Le Grenier de Notre-Dame
18, rue de la Bûcherie (5 e)
Metro: Maubert-Mutualité
Tel. 43299829
Vegetarisches Restaurant im Schatten von Notre-

Dame. Dienstags geschlossen.

La Montmartroise
17, rue Durantin (18 e)
Metro: Abbesses
Biologische Bäckerei

L'Épicerie verte
5, rue Saussier-Leroy (17 e)
Metro: Ternes
Tel. 47641968
Bio-Laden mit kleinem Restaurant

Notfälle

Notruf
Polizei: 17
Feuerwehr: 18
Krankenwagen: 45675050
oder 48872750

Apotheke (Tag und Nacht)
Pharmacie Dhéry
84, av. des Champs-Élysées (8 e)
Metro: George V
Tel. 42560241

Arzt
SOS Médecins
47077777

Zahnarzt
SOS Dentiste: 43375100

Depressionen
SOS Amitié: 42962626/46213131

Drogenprobleme
Centre Marmottan
19, rue d'Armaillé (17 e)
Tel. 45740004

Rechtsprobleme
SOS Avocats: 43293300
Beratung durch einen Anwalt. Mo–Fr 18–24 Uhr.

Vergewaltigung
Femmes contre le viol: 42787038

Parks

Die Benutzung der Pariser Parks ist einem strengen, oft etwas lächerlich wirkenden Reglement unterworfen. Uniformierte Herren mit Trillerpfeifen wachen über seine Einhaltung. So darf man zum Beispiel um Gottes willen nicht auf den Rasen. Die meisten Parks sind von einem Zaun umgeben und werden bei Einbruch der Dunkelheit zugesperrt.

Bois de Boulogne (16 e)
Metro: Porte d'Auteuil / Porte Dauphine / Porte Maillot
Stadtwald mit Teichen, Spielwiesen, Reitwegen. Nachts Prostitution jeder Art.

Bois de Vincennes (12 e)
Metro: Porte Dorée / Liberté / Bérault / Château de Vincennes
Das östliche Gegenstück zum Bois de Boulogne. Hier befindet sich der große Pariser Zoo.

Champ-de-Mars (7 e)
Metro: École-Militaire
Vom Eiffelturm beherrscht und von herrschaftlichen Häusern eingerahmt

Cité Internationale (14 e)
Metro: Cité Universitaire
Internationaler Studentencampus mit großzügigen Grünanlagen. Hier darf man auf den Rasen!

Jardin d'Acclimatation (16 e)
Metro: Les Sablons
Abgegrenzter Kinderpark im Nordteil des Bois de Boulogne: Tiere, Karussells, Rollschuhbahn und vieles mehr.

Jardin du Luxembourg (6 e)
Metro: Luxembourg / Odéon
Viele Attraktionen für Kinder. Frauen ohne Begleitung werden permanent angequatscht.

Jardin des Plantes (5 e)
Metro: Gare d'Austerlitz / Jussieu
Botanischer Garten und Zoo

Parc des Buttes-Chaumont (19 e)
Metro: Buttes-Chaumont / Botzaris
Spektakuläre künstliche Berg- und Tallandschaft mit Felseninsel und Wasserfall.

Parc Monceau (8 e)
Metro: Monceau
Einstiger Lustgarten mit «romantischen» Ecken.

Parc Montsouris (14 e)
Metro: Cité Universitaire
Hier gingen früher die exilierten russischen Revolutionäre spazieren.

Tuileries (1 er)
Metro: Tuileries / Concorde
Früherer Schloßpark. Beherbergt das Musée du Jeu de Paume und die Orangerie, um die herum sich tagsüber gern die Schwulen treffen.

Parteien

Die folgende Liste beschränkt sich auf die einigermaßen repräsentativen Gruppierungen. Natürlich gibt es darüber hinaus noch eine Menge Splitterparteien und politische Zirkel.

Ligue Communiste Révolutionnaire (LCR)
10, impasse Guéménée (4e)
Metro: Bastille
Tel. 42 72 88 96
Stramm organisierte trotzkistische Gruppe. Französische Sektion der 4. Internationalen, veröffentlicht die Wochenzeitung «Rouge».

Lutte Ouvrière (LO)
25–27, rue de la Folie-Méricourt (11 e)
Tel. 48 05 97 36
Metro: Ambroise
Eine andere Gruppe aus dem aufgesplitterten trotzkistischen Spektrum. Sie gibt die Wochenzeitung «Lutte Ouvrière» heraus.

Parti communiste français (PCF)
2, place du Colonel-Fabien (19 e)
Metro: Colonel Fabien
Tel. 42 38 66 55
Die französische KP ist seit einiger Zeit auf dem absteigenden Ast. Trotzdem bleibt sie eine einflußreiche politische Kraft, vor allem wegen ihrer Kontrolle über die größte Gewerkschaft, die CGT.

Parti Socialiste (PS)
10, rue de Solférino (7 e)
Tel. 45 50 34 35
Metro: Solfétino
Die Partei des Staatspräsidenten Mitterrand. Ein gemäßigt linkes Sammelbecken mit sehr verschiedenenartigen Strömungen.

Parti Socialiste Unifié (PSU)
9, rue Borromée (15 e)
Metro: Volontaires
Tel. 45 66 43 37
Linke Abspaltung von den Sozialisten

Rassemblement pour la république (RPR)
123, rue de Lille (7 e)
Metro: Chambre des Députés
Tel. 45 50 32 19
Die Gaullisten unter Führung des derzeitigen Pariser Bürgermeisters Jacques Chirac. Größte rechte Partei.

Union pour la démocratie française (UDF)
282, bd. St. Germain (7 e)
Tel. 45 50 34 20
Metro: Chambre des Députés
Konservatives Parteienbündnis. Zur Unterstützung des früheren Staatspräsidenten Giscard d'staing gegründet.

Les Verts
52, rue du Fbg. Poissonnière (10 e)
Metro: Poissonnière
Tel. 42 46 99 49
Die französischen «Grünen»

Pazifisten

Fédération des Objecteurs
3, rue Clavel (19 e)
Metro: Pyrénées
Organisation der Kriegsdienstverweigerer

Mouvement pour une alternative nonviolente (M. A. N.)
20, rue du Devidet
45 200 Montargis
Tel. (16) 38 93 13 73
Gibt die Zeitschrift «Non-Violence Politique» heraus.

Union Pacifiste de France
4, rue Lazare-Hoche
92 100 Boulogne-Metro: Boulogne-Jean-Jaurès
Tel. 46 03 27 62

Radios libres

Seit dem linken Wahlsieg von 1981 ist der UKW-Bereich unter gewissen Auflagen für freie Radios freigegeben. Daraufhin sind Sender wie Pilze aus dem Boden geschossen. Allerdings versucht nur ein Bruchteil davon, wirklich Alternativen zum bisherigen Rundfunk zu entwickeln. Im folgenden eine Auswahl der interessanteren Pariser Radios.

Fréquence Gaie (97,2 Mhz)
Tel. 42584176
Sender der Pariser Schwulen-Gemeinde

Radio Beur (98,5 Mhz)
Tel. 47974297
Wird von «beurs», das heißt von Jugendlichen nordafrikanischer Herkunft betrieben.

Oui FM (92,8 Mhz)
Sender von antirassistischen Organisation «SOS-Racisme»

Ici et maintenant (96,6 Mhz)
Tel. 47047847
Hier können sich die Hörer direkt am Programm beteiligen.

Radio Libertaire (89,5 Mhz)
145, rue Amelot (11 e)
Tel. 48053408
Wird von der Fédération Anarchiste betrieben.

Radio Nova (89,8 Mhz)
Tel. 43454262
Kreativ und verrückt

Radio Soleil (102,7 Mhz)
85 bis, rue Ménilmontant (20 e)
Tel. 47970085
Radio für ausländische Arbeiter

Rassismus

F. A. S. T. I.
(Fédération des association de solidarité avec les travailleurs immigrés)
4, square Vitruve (20 e)
Metro: Porte de Bagnolet
Tel. 43608441

L. I. C. R. A.
(Ligue internationale contre le racisme et l'antisémitisme)
40, rue de Paradis (10 e)
Tel. 47701328
Metro: Château d'Eau
Befaßt sich vorwiegend mit Formen des Antisemitismus.

M. R. A. P.
(Mouvement contre le racisme et pour l'amitié des peuples)
89, rue Oberkampf (11 e)
Tel. 48068800
Metro: Parmentier
Größte anti-rassistische Organisation. Veröffentlicht «Différences».
Solidaritätsorganisation von Franzosen und Arbeitsemigranten

SOS-Racisme
19, rue Martel (10 e)
Metro: Château d'Eau
Tel. 45230762
Unkonventionelle Initiative, die sehr erfolgreich Massendemos angeleiert hat.

Recht

In vielen Stadtteilen gibt es Rechtshilfe-Initiativen, «boutiques de droit», die in schwierigen Fällen weiterhelfen und geeignete Anwälte vermitteln.

Les boutiques de droit
22, bd. de Reuilly (12 e)
Metro: Daumesnil
Tel. 46280801, Di 18–20 Uhr
11, rue Barrault (13 e)
Metro: Corvisart
Tel. 45800871, Do 18–20 Uhr
88, rue de l'Ouest (14 e)
Metro: Pernety
Mi 18–20 Uhr
119, rue Morillons (15 e)
Metro: Convention
Tel. 45537975, Di, Do 17–20 Uhr
37 bis, rue des Maronites (20 e)
Metro: Ménilmontout
Fr 18–20 Uhr

Collectif d'avocats
52, bd. d'Ornano (18 e)
Metro: Simplon
Tel. 42523500
Linkes Anwaltskollektiv.

Billige Sprechstunden Mo–Fr 17–19 Uhr.

Conseil de l'ordre des avocats
Palais de Justice
Metro: Cité
4, bd. du Palais (1er)
Kostenlose Anwaltssprechstunden. Mo–Fr 10–12 Uhr, 14–18 Uhr, keine Voranmeldung.

SOS-Avocats
Tel. 43 29 33 00
Telefonische Rechtsberatung von 18–23 Uhr

Reisebüros

A.J.F.
(Accueil des jeunes en France)
119, rue St. Martin (4e)
Metro: Rambuteau/Hôtel-de-Ville
Tel. 42 77 87 80
Billige Flüge, ermäßigte Bahnfahrkarten, günstige Fährverbindungen nach England und Irland

Jeunes sans frontières
14, rue d'Antin (2e)
Metro: Opéra
Tel. 42 66 06 06
Billige Flugreisen in alle Welt

Transalpino
137, rue de Rennes (6e)
Metro: Saint-Placide
Tel. 45 48 67 56
Billige Eisenbahntickets für Leute unter 26.

Nouvelles Frontières
66, bd. St. Michel (6e)
Metro: Luxembourg
Tel. 43 29 12 14
Manchmal erstaunlich billige Flugangebote und exotische Gruppenreisen.

Le Point
54, rue des Ecoles (5e)
Metro: Odéon
Tel. 46 34 21 17
Allerbilligste Flugtickets, vor allem nach Afrika

Restaurants

Für Gourmets sei vorab auf den «Guide de Paris» von Gault-Millau hingewiesen, der in jeder Buchhandlung erhältlich ist. Die folgende Auswahl beschränkt sich mit einigen Ausnahmen auf Restaurants für den schmalen Geldbeutel, das heißt solche, bei denen die Rechnung für ein Menü umgerechnet etwa zwischen 15 und 25 DM liegt.

Pitchi Poi
7, rue Carow (4e)
Metro: Saint-Paul
Tel. 42 77 46 15
Ostjüdische Spezialitäten. Jeden Tag geöffnet.

Au Port de Pidjiguiti
28, rue Étex (18e)
Metro: Guy Moquet
Afrikanisch. Der Profit geht an eine Landkooperative in Guinea-Bissau. Montags geschlossen.

Aux Artistes
63, rue Falguière (15e)
Metro: Pasteur
Tel. 43 22 05 39
Meistens so voll, daß man ein bißchen an der Bar warten muß. Große Portionen, kontaktfördernde Enge. Sonntags geschl.

Aux Crus de Bourgogne
3, rue Bachaumont (2e)
Metro: Sentier
Tel. 42 33 48 24
Altertümliches Restaurant, nicht ganz so billig. Am Wochenende geschl.

Le Troupeau
11, rue Francis de Pressensé (14e)
Metro: Pernéty
Tel. 45 43 45 96
Freundliches Couscous-Restaurant, bis 2 Uhr morgens geöffnet, mittwochs geschlossen.

Le Flamboyant
11, rue Boyer-Barret (14e)
Metro: Pernéty
Tel. 45 41 00 22
Spezialitäten von den französischen Antillen. So und Mo geschl.

Chartier
7, rue du Faubourg Montmartre (9e)
Metro: Rue Montmartre
Tel. 47 70 86 29
Riesiges, altes, billiges Volks-Speisehaus

Café-Restaurant du Square Trousseau
1, rue Antoine-Vollon (12e)
Metro: Ledru-Rollin
Tel. 43 43 06 00
Authentisches Bistrot aus der Zeit der Jahrhundertwende. Sa und So geschl.

Chez Léni
7–9, rue Francis-de-Pressensé (14e)

Metro: Pernéty
Tel. 45410617
Im Gebäude des Kinos Olympic-Entrepot. Sehr gut, sehr viel und ein bißchen teurer als gewöhnlich (ca. 35 DM). Dienstags geschlossen.

Le Drouot
102, rue de Richelieu (2e)
Metro: Richelieu-Drouot
Tel. 42966823
Im ersten Stock. Voller junger Menschen und armer Schlucker.

Foutatorro
3, rue du Nord (18e)
Metro: Marcadet-Poissonniers
Tel. 42554273
Senegalesisch. Spezialität: Maffé und Foufou. Montags geschlossen.

Restaurant des Arts
11, rue Bonaparte (6e)
Metro: St. Germain des Prés
Tel. 43269264
Billig und voller Kunststudenten.

La Mosquée
39, rue Geoffrey-Saint-Hilaire (5e)
Metro: Censier-Daubenton
Tel. 43311814
Arabisches Restaurant in der großen Moschee von Paris

La Nouvelle Gare
49, bd. Vincent-Auriol (13e)
Metro: Chevaleret
Tel. 45847429
In einer trostlosen Gegend, aber rund um die Uhr geöffnet. Sonntags geschlossen.

Le Petit Gavroche
15, rue Sainte-Croix-de-la-Brétonnerie (4e)
Metro: Hotel-de-Ville
Tel. 48877426
Eng und immer voll. Das Menü ist mit Kreide auf einer großen Tafel angeschrieben. Sonntags geschlossen.

Polidor
41, rue Monsieur-le-Prince (6e)
Metro: Odéon
Tel. 43269534
Traditionelle, einfache französische Küche. Sonntags geschlossen.

Le Ravaillac
10, rue du Roi-de-Sicile (4e)
Metro: St. Paul
Tel. 42728585
Polnisches Restaurant. Borschtsch und Bœuf Stroganoff bis Mitternacht. Sonntags geschlossen.

Rôtisserie Sampieru Corsu
12, rue de l'Admiral-Roussin (15e)
Metro: Cambronne
Utopisches Restaurant: Jeder bezahlt, was er für richtig hält. Am Wochenende geschlossen.

Le Temps des Cérises
18, rue de la Butte-aux-Cailles (13e)
Metro: Corvisart
Tel. 45896948
Kooperativ betriebenes Restaurant. Lockere Atmosphäre, schwankende Qualität. Sonntags geschlossen.

Schallplatten

Die meistfrequentierten Pariser Plattengeschäfte sind die drei Filialen der FNAC (Adressen siehe Kartenvorverkauf). Schallplatten sind in Frankreich teuer, deshalb sind eigentlich nur Läden von Interesse, die irgendwas Besonderes zu bieten haben.

Anvers-Musique
35, bd. de Rochechouart (9e)
Metro: Barbès-Rochechouart
Tel. 42801856
Platten von den französischen Antillen

Crocodisc
42, rue des Écoles (5e)
Metro: Maubert-Mutualité
Tel. 43544795
Second-hand-Laden

New Rose
7, rue Pierre Sarrazin (6e)
Metro: Odéon
Tel. 46341886
Tempel der Rock- und New-Wave-Freunde.

Le Monde du Jazz
2, rue de la Petite-Truan-

cerie (1 er)
Metro: Les Halles
Tel. 42 33 63 42
Jazzladen mit vielen Raritäten

Nuggets
30, av. Georges V (8 e)
Tel. 47 23 51 41
Riesiger Laden, alle Musikrichtungen, viele Sonderangebote

Schwimmbäder

Piscine de la Butte-aux-Cailles
5, places Paul-Verlaine (13 e)
Metro: Place d'Italie
Tel. 45 89 60 05
Eines der ältesten Bäder in Paris. Wird von einer eigenen eisenhaltigen warmen Quelle gespeist. Hallenbad mit einem Freiluftbecken im Sommer.

Piscine Déligny
25, quai Antole-France (7 e)
Metro: Solférino
Tel. 45 51 72 15
Direkt an der Seine gelegenes, relativ teures Freibad. Schöne junge Menschen zeigen sich hier ihre Körper. Das Becken ist mit Trinkwasser gefüllt. Prost.

Piscine Hébert
2, rue de Fillettes (18 e)
Metro: Marx-Dormoy
Renoviertes altes Hallenbad, dessen Dach sich im Sommer öffnet.

Piscine Jean Taris
16, reu Thouin (5e)
Metro: Cardinal-Lemoine
Tel. 43 25 54 03
Hallenbad am Panthéon

Piscine Molitor
Porte Molitor (16e)
Metro: Michel-Ange-Molitor
Tel. 46 51 10 61
Im Sommer als Freibad, im Winter überdacht.

Schwule

Assoziation schwuler Ärzte
45, rue Sedaine (11 e)
Metro: Voltaire
Tel. 48 05 81 71

Centre du Christ libérateur
3 bis, rue Clairaut (17 e)
Metro: La Fourche
Tel. 46 27 49 36
Kontakt und Hilfe für alle Arten von sexuellen Minderheiten

C. U. A. R. H.
(Comité d'urgence antirépression homosexuelle)
67, rue de Dunkerque (9 e)
Metro: Anvers
Tel. 42 80 25 94 (Di und Mi abends ist immer jemand da)
Dachorganisation für Homosexuelle beiderlei Geschlechts. Gibt die Zeitschrift «Homophonies» heraus.

Le Gai Pied
45, rue Sedaine (11 e)
Metro: Voltaire
Tel. 43 57 52 05
Wochenzeitschrift für Schwule. An den meisten Zeitungskiosken zu kriegen.

Les Mots à la Bouche
6, rue Sainte-Croix de la Bretonnerie (4 e)
Metro: Hôtel de Ville
Tel. 42 78 88 30
Schwulen-Buchladen mit Café

Ein paar sympathische, nicht so teure Bars:

Le Swing
42, rue Vieille-du-Temple (4 e)
Metro: Hôtel-de-Ville/Saint-Paul
Tel. 42 72 16 94

Hotel Central
33, rue Vieille-du-Temple (4 e)
Metro: St. Paul
Tel. 42 78 11 42

Le Piano Zinc
49, rue des Blancs-Manteaux (4 e)
Metro: Rambuteau
Tel. 42 74 32 42

Hollywood Bar
12, rue du Plâtre (4 e)
Metro: Rambuteau
Tel. 48 87 58 18

Sport

Centre d'information et documentation jeunesse (CIDJ)
101, quai Branly (15 e)
Metro: Bir-Hakeim

Tel. 45664020
Hier bekommt ihr gratis eine vollständige Liste mit allen Sportarten, die ihr in Paris betreiben könnt.

Direction départementale de la jeunesse, des sports et des loisirs de Paris
25, rue de Ponthieu (8e)
Metro: Franklin-D.-Roosevelt
Tel. 43590169
Gibt Auskunft über mögliche Aktivitäten, organisiert im Sommer sehr billige Einführungskurse in die verschiedensten Sportarten.

Sprachschulen

Wer in Paris Französisch lernen möchte, dem bieten sich unzählige Sprachschulen an. Viele davon sind sehr teuer, manche unseriös. Im folgenden sind einige der preisgünstigeren Möglichkeiten angeführt. (Die Gebühren liegen zwichen 5 und 10 Mark pro Stunde.)

Alliance Française
101, bd. Raspail (6e)
Metro: St. Placide
Tel. 45443828
Größte und wahrscheinlich billigste Sprachschule. Mindestkursdauer 1 Monat.

Eurocenter
13, passage Dauphine (6e)
Metro: Odéon
Tel. 43258140
Private Sprachschule mit gutem Ruf

Fondation Postuniversitaire
30, rue Cabanis (14e)
Metro: Glacière
Tel. 4589840
Audiovisuelle Kurse in kleinen Gruppen

Institut de Langue et de Culture Françaises
Institut Catholique, 21 rue d'Assas (6e)
Metro: St. Placide
Tel. 42224180
Dreimonatige Kurse

Stadtteilarbeit

CAIRN
18, rue Victor-Massé (9e)
Metro: Pigalle
Tel. 42815610
Sitz verschiedener Initiativgruppen (Gesundheit, Verbraucherberatung, Mieterschutz) des 9. Arrondissements

Le Ménilmuche
46, rue de Ménilmontant (20e)
Metro: Ménilmontant
Tel. 46361424
Sehr aktives Zentrum der Gruppen des Arbeiterviertels Ménilmontant. Schwerpunkte: Arbeitsemigranten, Dritte Welt. Veranstaltet im Frühjahr beliebte Straßenfeste.

1984
22, bd. de Reulliy (12e)
Metro: Daumesnil
Tel. 46280801
Buchladen, der gleichzeitig Kontaktadresse für diverse Gruppen des Viertels ist (Rechtsberatung, Schwulengruppe, die Stadtteilzeitung «La Brèche»)

Culture au Quotidien
18–20, rue de la Butte-aux-Cailles
(13e)
Metro: Corvisart
Kollektiv, das sich die kulturelle, vor allem musikalische Belebung des Viertels zur Aufgabe macht.

Vivre dans le Quatorzième
88, rue de l'Ouest (14e)
Metro: Pernéty
Kämpft gegen die Kahlschlagsanierung des Viertels Plaisance, außerdem Sitz einer «boutique de droit» (Rechtsberatung).

Studenten

Les dossiers de l'étudiant
11, rue de la Ville-Neuve (2e)
Tel. 45080242
Ein dicker, jedes Jahr erscheinender «Guide», in dem so ziemlich alles drinsteht, was ein Student in Paris wissen muß. In Zeitungsläden oder direkt beim Verlag erhältlich.

Office National des Universités et Écoles Françaises (ONUEF)
96, bd. Raspail (6e)
Metro: Notre-Dame-des-Champs
Tel. 42225020

Hier bekommt ihr alle wesentlichen offiziellen Informationen über ein Studium in Frankreich.

Teesalons

Erfreuen sich in letzter Zeit starker Beliebtheit. Meist sind das sehr behagliche, ruhige Orte, wo man neben verschiedenen Teesorten auch allerlei Kuchen und Pasteten probieren kann.

A-Priori-Thé
35–37, galérie Vivienne (2e)
Metro: Bourse
Tel. 42974875
In einer der schönsten Passagen von Paris.

Le Flore en l'Île
42, quai d'Orléans (4 e)
Metro: Pont-Marie
Tel. 43298827
Auf der schönen Île Saint-Louis. Hervorragendes Eis von Berthillon, dem Speiseeiskönig, täglich von 11 bis 1 Uhr geöffnet

Le Loir dans la Théière
3, rue des Rosiers (4 c)
Metro: St. Paul
Tel. 42729061
Bequeme Sessel und Sofas, hervorragende Torten

La Mosquée
39, rue Geoffroy-Saint-Hilaire (5 e)
Metro: Censier-Daubenton
Tel. 43311814
Teestube der Pariser Moschee

Telefondienste

(Siehe auch Notfälle)
Telefonauskunft
Für Paris: 12
Für Frankreich: (16) 1112
Fürs Ausland: (19) 33, dann die Vorwahlnummer des jeweiligen Landes, zum Beispiel 49 für die BRD

Informations Spectacles
47047020
von 11–21 Uhr: Informationen über Kino- und Theatervorstellungen

Jazz-Information
43252827: alle aktuellen Jazz-Veranstaltungen

RATP
43461414: Auskunft der Pariser Verkehrsbetriebe

Wetter
45559590

Theater

Ein komplettes Verzeichnis der Pariser Theater und ihrer Programme enthalten «Pariscope» und «Officiel du Spectacle». In vielen Theatern gibt es eine Ermäßigung für Studenten, wenn sie einen französischen oder den internationalen Studentenausweis vorzeigen. Im folgenden ein paar Hinweise auf interessante, zum Teil wenig bekannte Theater.

Bouffes du Nord
209, rue du Faubourg-St. Denis (10 e)
Metro: La Chapelle
Tel. 42393450
Im poetisch verrotteten Saal eines alten Volkstheaters werden unter Leitung von Peter Brook Klassiker der Moderne und Avantgarde-Stücke gespielt.

La Cartoucherie
Route de la Pyramide (12 e)
Metro: Château-de-Vincennes, dann Bus 306
Théâtre du Soleil:
Tel. 43742408
La Tempête:
Tel. 43283636
L'Aquarium:
Tel. 43749971
Die alte Pulverfabrik im Bois de Vincennes beherbergt drei Theater, darunter das inzwischen schon legendäre «Théâtre du Soleil» von Ariane Mnouchkine. Dessen bisherige Produktionen (1789, Mephisto, Shakespeare) waren allesamt nonkonformistische Theater-Sensationen. Auch die beiden anderen Theater sind für unkonventionelle Inszenierungen bekannt.

Le Lierre
22, rue du Chevaleret (13 e)
Metro: Chevaleret
Tel. 45865583
Ambitioniertes Theater zwischen Eisenbahngelände und Sanierungsgebiet

Lucernaire Forum
33, rue Notre-Dame-des-Champs (6e)
Metro: Notre-Dame-des-Champs
Tel. 45445734
Theater, Café-théâtre, Kino, Restaurant – alles in einer ehemaligen Fabrik

Théâtre des Amandiers
7, av. Pablo-Picasso
92 Nanterre
RER: Nanterre-Préfecture
Tel. 47211881
Anspruchsvolles, preisgünstiges Banlieue-Theater

Théâtre de l'Est Parisien (TEP)
15–17, rue Malte-Brun (20e)
Metro: Gambetta
Tel. 47979606
Zur kulturellen Belebung des Pariser Ostens in einem großen alten Kino eingerichtetes staatliches Theater.

Théâtre Noir
16, rue Louis-Braille (12e)
Metro: Bel-Air
Tel. 43469193
Ein Forum der schwarzen Kultur mit sehr abwechslungsreichem Programm

Théâtre de la Bastille
76, rue de Roquette (11 e)
Metro: Bastille
Tel. 43574214
Neben modernen Theaterstücken auch Ballett und Konzerte. Experimentierfreudige Bühne in einem Viertel, das seit kurzem von Nachtschwärmern und Kultur-Insidern entdeckt wird.

Touristeninformation

(Siehe auch Telefondienste)

Office du Tourisme de Paris
127, av. des Champs-Élysées (8e)
Metro: George V
Tel. 47201678/47200496

Zweigstellen:
Gare de l'Est
Tel. 46071773
Gare du Nord
Tel. 45269482
Gare du Lyon
Tel. 43433324
Aerogare des Invalides (Busbahnhof zu den Flughäfen) Tel. 47058281

Umweltschutz

(Siehe auch Atomkraftgegner)

Les Amis de la Terre
72, rue du Château-d'Eau (10e)
Tel. 47072523
Assoziation von über 150 lokalen Umweltschutz-Gruppen

Comité d'action pour le solaire
7, rue du Laos (15 e)
Metro: Cambronne
Tel. 47834831
Aktionskomitee zur Förderung der Sonnenenergie

Greenpeace
3, rue de la Bûcherie (5e)
Metro: Maubert-Mutualité
Tel. 43259137
Aktiv gegen Meeresverschmutzung und französische Atomtests

Unterkunft

(Siehe auch Camping)

Office du Tourisme de Paris
(Adresse siehe Touristeninformation)
Die Hotelzimmer, die hier vermittelt werden, gehören zur mittleren und gehobenen Kategorie.

Accueil des jeunes en France (AJF)
119, rue St. Martin (4e)
Metro: Rambuteau/Hôtel-de-Ville
Tel. 42778780
auch: 16, rue du Pont-Louis-Philippe (4e)
Metro: Hôtel-de-Ville
Tel. 42780482
und die Zweigstelle in der Gare du Nord
Tel. 42858619
(alle von 9.30–19 Uhr, außer So)
Die AJF-Büros vermitteln billige, ordentliche Zimmer in zentral gelegenen Jugendhotels. Die Altersgrenze liegt bei 30 Jahren, aber die Leute sind da nicht so kleinlich

Le d'Artagnan
80, rue Vitruve (20e)
Metro: Porte de Bagnolet
Tel. 43610875
Moderne Jugendunterkunft mit 300 Plätzen in einem traurigen Viertel

Centre International de Séjour de Paris (CISP)
6, av. Maurice-Ravel (12e)
Metro: Porte de Vincennes
Tel. 43431901
Großes, modernes Jugendhotel mit Schwimmbad und allen Schikanen. Leider etwas abseits gelegen.

Le Fauconnier
11, rue du Fauconnier (4e)
Metro: St. Paul/Pont-Marie
Tel. 42742345
Jugendhotel in einer alten Adelsvilla im schönen Marais-Viertel

Foyer International d'Accueil de Paris (FIAP)
30, rue Cabanis (14e)
Metro: Glacière
Tel. 45898915
komfortable 1-, 2- und 5-Bett-Zimmer

Maison Internationale des Jeunes
4, rue Titon (11e)
Metro: Faidherbe-Chaligny
Tel. 43719921
3- und 8-Betten-Schlafsäle, für Menschen von 18 bis 30 Jahren, höchstens 5 Tage

Maubuisson
12, rue des Barres (4e)
Metro: Hotel-de-Ville
Tel. 42727209
Ähnlich wie das Fauconnier

Jugendherbergen
Es gibt eine innerhalb von Paris und zwei in der Banlieue. Den Jugendherbergsausweis kann man notfalls vor Ort erwerben. Die JH sind keineswegs billiger als die Jugendhotels (15 bis 30 Mark) und haben um 1 Uhr Sperrstunde. Trotzdem hier die Adressen:

Auberge de jeunesse
8, boulevard Jules Ferry (11e)
Metro: République
Tel. 43575560

Auberge de jeunesse
4, rue des Marguerites
92 Rueil-Malmaison
Vorortzug von St. Lazare nach Suresnes
Tel. 47494397

Auberge de jeunesse
av. de Villeneuve-Saint-Georges
94 Choisy-le-Roi
RER-Station: Choisy-le-Roi (Linie C)
Tel. 48909230

Studentenzimmer

Cité Universitaire
19, bd. Jourdan (14e)
Metro: Cité Universitaire
Tel. 45896852
Während der Semesterferien stehen auf diesem großen Campus viele Zimmer leer und werden vermietet.

Video

Informelles
3, rue Mulot, 93 800 Épinay
Tel. 48201478
Frauen-Videogruppe

Mon Œil
20, rue d'Alembert (14e)
Metro: Mouton-Duvernet
Tel. 43276900
Produktion- und Verleihkooperative

Vidéo-ciné-troc
15, passage de la Main d'Or (11e)
Metro: Ledru-Rollin
Tel. 48065500
Billiges Second-hand-Video- und Filmmaterial

Zeitungen und Zeitschriften

Groß ist die Fluktuation im Bereich der alternativen Presse. Nur wenigen Blättern gelingt es, sich über Jahre hinweg zu halten. Daher ist jede Aufstellung provisorisch, so auch diese.
(Siehe auch Anarchisten, Frauen, Parteien)

Autrement
4, rue d'Enghien (10e)
Metro: Bonne Nouvelle
Tel. 47701250
Unregelmäßig erschei-

nende Revue über soziale Innovationen und alternative Projekte

Le Gai Pied
45, rue Sedaine (11 e)
Metro: Voltaire
Tel. 43575205
Wöchentlich erscheinendes Magazin für Schwule

Libération
9, rue Christiani (18 e)
Metro: Barbès-Rochechouart
Tel. 42623434
Linke, undogmatische Tageszeitung. Unverzichtbare Informationsquelle für alles, was in Paris an Politischem und Kulturellem läuft.

Le Monde Libertaire
145, rue Amelot (11 e)
Metro: République
Tel. 48053408
Anarchistische Wochenzeitung

Non-violence politique
20, rue du Dévidet
45 200 Montargis
Tel. 4 (38) 931373
Zeitschrift aus der autonomen Friedensbewegung.

Pour l'autogestion
42, rue d'Avron (20 e)
Metro: Buzenval
Tel. 43733657
Monatszeitung für eine alternative Linke.

Rouge
2, rue Richard-Lenoir
93 Montreuil
Metro: Robespierre
Tel. 48080081
Wochenblatt der trotzkistischen Ligue Communiste Révolutionnaire

Baraka
33, bd. St. Martin (3 e)
Metro: République
Tel. 42784478
Monatszeitschrift mit den Schwerpunkten Arbeitsemigration und Dritte Welt

Zoos

Aquarium im Musée national des Arts africains et océaniens
293, av. Daumesnil (12 e)
Metro: Porte Dorée
Tel. 43431454
Tropische Fische, Amphibien und Reptilien im Untergeschoß eines Museums
(tägl. außer Di 9.45 Uhr–12 Uhr, 13.30 Uhr–17.15 Uhr, Eintritt ca. 3 Mark)

Aquarium du Trocadéro
Jardins du Trocadéro (16 e)
Metro: Trocadéro
Tel. 47236295
Hier sind alle Fische versammelt, die in französischen Gewässern vorkommen.
(täglich von 10–17.30 Uhr, Eintritt ca. 1 Mark)

Les ménageries du Jardin des Plantes
Metro: Gare d'Austerlitz
Leicht heruntergekommener Zoo mit altmodischen Käfigen und melancholischen Tieren
(täglich von 9–17 Uhr, Eintritt ca. 4 Mark)

Parc zoologique de Vincennes
avenue Daumesnil (12 e)
Metro: Porte Dorée
Der große Pariser Zoo im Bois de Vincennes
(täglich von 9–17.30 Uhr, Eintritt ca. 6 Mark)

Die Bildermacher

Pierre Andrieu 234, 235
Archives Cinema Politique 44, 73, 99, 126, 149, 154, 155, 162, 172, 224, 230, 233, 254
Patrick Chevillard 113, 114, 115
Beatrix von Conta 12, 13, 247
Guy Ferrandis 14, 19, 60, 143, 148, 232, 234, 235, 237, 238, 244
Jean-Pierre Gaüzère 180, 181, 268, 269, 270, 273, 274, 276, 277, 278, 280, 281
Klaus Jürgen Gerke 6, 10, 11, 22, 43, 100, 101, 113, 119, 148, 158, 159, 161, 163, 169, 170, 173, 176, 177, 182, 187, 189, 190, 209, 212, 214, 215, 221, 222, 226, 230, 242, 248, 257
Bernard Heymann-Launey 17
Stefan Huter 70, 135, 188, 191, 311
Ursula Langmann 165
Günter Liehr 9, 14, 48, 54, 56, 60, 65, 67, 72, 77, 79, 82, 83, 84, 85, 86, 88, 92, 98, 106, 107, 108, 110, 111, 118, 120, 123, 125, 128, 129, 130, 137, 139, 141, 146, 147, 200, 201, 202, 203, 204, 205, 216, 217, 219, 222, 223, 243, 251, 253, 257, 258, 261, 263, 265, 267
Stefan Liehr 69, 124, 133, 204, 256
Anita Mathiot 212
Robert Munoz 16, 17, 80, 105, 160, 193, 218, 241
Alain Pollack 225, 250
Christine Poutout 151
Prefecture de Police 57
Philip Priestley 245
Nathalie Raverat 125
Ruth Schneider 262
Angela Schwarz 2, 3, 4, 18, 58, 59, 61, 63, 66, 74, 102, 112, 131, 192, 196, 213, 228, 240, 252
Romain Urhausen 198, 208, 210
Christian Würth 190, 206
Jean Benoit Zimmermann 175

Register

Kursive Seitenzahlen verweisen auf den Serviceteil (Praktische Hilfen & Adressen)

A·N·D·E·R·S·R·E·I·S·E·N

STÄDTE

Roland Günter
Amsterdam (7506)

zitty-Illustrierte Stadtzeitung
Berlin (7576)
Planbuch Berlin
(7581)

Jan Gralle/Annette Wiborg
Kopenhagen (7504)

Manfred Waffender/Jonathan Walters
London (7502)

Werner W. Wille
New York (7512)

Günter Liehr
Paris (7509)

Peter Kammerer/Henning Klüver
Rom (7514)

Manfred Waffender
San Francisco (7507)

Frida Bordon
Venedig (7570)

Herausgegeben von Falter
Wien (7563)

sachbuch rororo

C 1089/16

A·N·D·E·R·S·R·E·I·S·E·N

REISESACHBÜCHER

Ingrid Backes
Das EisenbahnReisebuch (7529)
Das Frauenreisebuch (7572)

Hartwig Bögeholz
Das ArbeitsReisebuch
Ein Wegweiser für Einsatzfreudige
(7561)

Hartwig Bögeholz/Werner Radasewsky
Almanach '86
Adressen, Infos & Ideen (7566)

Michael Cannain/Gisela Himmelseher
Tips und Tricks für Tramps und Travellers
(7501)

Das FahrradReisebuch
Herausgegeben vom
Fahrrad-Büro Berlin (7513)

Axel Jaque/Matthias Straetling
Das TramperReisebuch
(7523)

Isabelle Jue/Nicole Zimmermann
Sprachbuch Frankreich
(7520)

Emer O'Sullivan/Dietmar Rösler
Sprachbuch Großbritannien/Irland
(7564)

Sprachkollektiv Senzaparole
Sprachbuch Italien
(7571)

sachbuch rororo

C 1089/16 b